图书在版编目(CIP)数据

媒介的尺度:经典侵权案例解析/石屹著.—北京:北京大学出版社,2013.8
ISBN 978-7-301-23004-6

Ⅰ.①媒… Ⅱ.①石… Ⅲ.①新闻工作-侵权行为-案例-中国
Ⅳ.①D923.15

中国版本图书馆 CIP 数据核字(2013)第 187278 号

书　　　　名:媒介的尺度:经典侵权案例解析
著作责任者:石　屹　著
责 任 编 辑:黄　蔚　旷书文　王业龙
标 准 书 号:ISBN 978-7-301-23004-6/D·3391
出 版 发 行:北京大学出版社
地　　　　址:北京市海淀区成府路 205 号　100871
网　　　　址:http://www.pup.cn
新 浪 微 博:@北京大学出版社
电 子 信 箱:law@pup.pku.edu.cn
电　　　　话:邮购部 62752015　发行部 62750672　编辑部 62752027
出版部 62754962
印　刷　者:三河市博文印刷厂
经　销　者:新华书店
730 毫米×980 毫米　16 开本　20.75 印张　392 千字
2013 年 8 月第 1 版　2013 年 8 月第 1 次印刷
定　　　　价:45.00 元

媒介的尺度

经典侵权案例解析

石屹◎著

北京大学出版社
PEKING UNIVERSITY PRESS

图书在版编目(CIP)数据

媒介的尺度:经典侵权案例解析/石屹著.—北京:北京大学出版社,2013.8
ISBN 978-7-301-23004-6

Ⅰ.①媒… Ⅱ.①石… Ⅲ.①新闻工作-侵权行为-案例-中国
Ⅳ.①D923.15

中国版本图书馆 CIP 数据核字(2013)第 187278 号

书　　名:媒介的尺度:经典侵权案例解析
著作责任者:石　屹　著
责 任 编 辑:黄　蔚　旷书文　王业龙
标 准 书 号:ISBN 978-7-301-23004-6/D·3391
出 版 发 行:北京大学出版社
地　　址:北京市海淀区成府路 205 号　100871
网　　址:http://www.pup.cn
新 浪 微 博:@北京大学出版社
电 子 信 箱:law@pup.pku.edu.cn
电　　话:邮购部 62752015　发行部 62750672　编辑部 62752027
出版部 62754962
印　刷　者:三河市博文印刷厂
经　销　者:新华书店
730 毫米×980 毫米　16 开本　20.75 印张　392 千字
2013 年 8 月第 1 版　2013 年 8 月第 1 次印刷
定　　价:45.00 元

CONTENTS 目　录

CONTENTS 目 录

CONTENTS 目 录

CONTENTS 目 录

作者简介

石屹　毕业于复旦大学新闻学院，华东政法大学人文学院副教授，中国视协纪录片学术委员会理事、上海电视节评奖专家组成员。

作者从事传媒工作和纪录片研究十余年。1997年到华东政法大学从事法制新闻学专业的创办和教学工作。在国家倡导“以法治国”的号召下，利用法学院的资源优势，从事媒介与法学的交叉研究也有十余年。

作者在核心刊物发表二十余篇，其中一些被人大复印资料全文转载、被其他刊物引用并转载。

作者撰写的专著有：

1.《电视纪录片——艺术、手法与中外观照》，复旦大学出版社2000年出版，2001重印。

2.《纪录片创作论》，西南师范大学出版社2007年出版，2011年重印。

3.《一撇一捺——陈汉元访谈》，上海人民出版社2008年出版，2009年再版。

4.《新闻纠纷与规避》，北京大学出版社2010年出版。

5.《纪录片解读》，复旦大学出版社2012年出版。

电子邮箱：shi_yi9999@ sina. com

内容提要

本书以全球视野，追踪我国及世界各类传媒纠纷中的典型案例，分析媒介侵权纠纷案件发生的缘由，以及这些案件带给人们的法学思考。

全书对容易引起误解的核心概念进行深入剖析，同时对相关的法理知识进行必要的梳理，对在实践中如何杜绝传媒侵权纠纷提出了可行的建议。

本书以媒介侵权纠纷发生的时间先后排序，从中人们得以在全球视野下管窥建国六十多年来我国法学研究及法制发展的进程。

体例上本书以史为鉴，纵横开阖，深入研究、探讨中国传媒在法制化建设过程中与法律碰撞、磨合的发展演进过程，从而深刻认识传媒与法律的相互促进，以及在此过程中给社会法制化文明进程带来的好处。

本书系交叉学科研究成果，实用性强。它将传媒实践与法律紧密结合在一起，内容丰富扎实，涉及媒介侵权纠纷的各个方面，视野开阔，理论联系实际，通俗易懂，可读性强，不失为媒体侵权纠纷解析的好教科书。

导　言

本书以全球视野，追踪中外各类传媒纠纷中的经典案例，分析媒介侵权纠纷案件发生的缘由，及其带给人们的法学思考。

全书共分为五章，理论与实际相结合，既有案例分析，又有理论梳理，对容易引起读者误解的核心概念进行了深入剖析；对每个案例中的相关法理知识进行了必要的梳理；对在实践中如何杜绝传媒侵权纠纷的发生提出了可行的建议。

各章要目及主要内容：

第一章：大众传媒——电影与明星

本书以大众传媒中与电影和明星有关的经典案例作为全书的开篇展开传媒侵权纠纷案例的解析。

大众传媒是现代社会文化发展进程中不可或缺的基本要件，是社会各个行业、个体之间加强文化联系与合作的纽带与桥梁，是社会化生产和文化生活中信息传输、商务交流、政令发布以及科技文化传播的重要工具。

在广泛的社会实践生活中，大众传媒为人们的文化生活、工作带来了便利，同时，随着我国社会法制进程的加快，因大众传媒引发的侵权纠纷也以各种形态呈现，引发社会各界不同程度的关注。

本章选取了国内外有关电影及明星的经典案件进行法理上的分析，其中国外有代表性的案件有：美国20世纪30年代恐怖片明星的家人告影视公司侵权的“贝拉·卢戈西案”、由美国电影明星玛丽莲·梦露的照片使用权引发的“玛丽莲·梦露公开权纠纷案”，以及点燃了穆斯林世界愤怒之火的电影《穆斯林的无知》的导演侵权案；国内涉及的经典案件有：电影《五朵金花》纠纷案、《大宅门》著作权案、国内首例影片人物肖像权案等；在明星维权案件一节中经典的案件有20世纪90年代在我国大陆地区产生过广泛影响的“刘嘉玲肖像权案”、老艺术家孙道临等状告青春宝公司侵犯肖像权案等。

本章选取这些经典案例，在阐述纠纷案件发生的因果关系，以及最终的判案理由的同时，旨在让更多的受众从更为广泛的层面上了解中外相关的法理法规，以辨明事理。

第二章:第一媒体及其他纸制媒体

本章以第一媒体即传统的报纸及刊物等其他纸质媒体为研究视角展开各类传媒侵权纠纷案例的解析。

外国经典案例部分的内容涉及“美国总统肖像照片版权争议案”、“世界新闻报”电话窃听侵权案、沙利文诉《纽约时报》案;我国香港地区经典案例部分包括“陈健康事件”、《东周刊》刘嘉玲风波、香港《壹本便利》引发公愤;我国大陆地区经典案例选取了“‘三毛’形象纠纷案”等一些在大陆首开纪录的经典案件。

本章在作案情分析的同时,对一些经典案件产生的原因和背景还做了必要的交代和历史沿革的梳理。对一些涉及新闻与法律实务操作的核心概念进行了必要的辨析。

第三章:第二媒体和第三媒体

随着广播、电视传媒业的迅猛发展,第二、第三媒体的侵权纠纷的发生率也在不断增加,而且侵权的形式和种类也与以往各不相同。本章选取了“1992 年罗德尼·金诉洛杉矶市警察局案”、“陈佩斯、朱时茂维权官司”、《舌尖上的中国》海报涉嫌侵权等经典案例进行法理分析,在“白晓燕绑架案”中对媒体在整个事件中的不当行为进行了道德审判。

第四章:第四媒体——新媒体

本章选取了国内外一些有重大影响的案例,内容包括新媒体将巴黎法院禁令变成一纸空文、伦敦奥运会新媒体权益受侵犯引发法律探讨、“陈堂发诉中国博客信息技术有限公司侵权案”、“金巧巧状告宋祖德诽谤案”、“谢晋遗孀徐大雯诉宋祖德、刘信达名誉侵权案”等。

在对新媒体做案件法理分析的同时,本章对新媒体如何规范运作、如何规避法律风险,作了详尽的阐述。

第五章:规避传媒纠纷

本章内容分为两部分:不同层面上的自由和传媒侵权纠纷中的敏感问题。本章是在归纳总结全书内容的基础上,对实务操作上所做的进一步探讨,其中还引入了一些国际上通行的理念和做法做说明。

本书系交叉学科研究成果,实用性强。它将传媒实践与法律紧密结合在一起,涉及媒介侵权纠纷的各个方面,通俗易懂,可读性强,不失为一本媒体侵权纠纷解析方面的好参考书。

CONTENTS 目 录

CONTENTS 目　录

CONTENTS 目录

CONTENTS 目 录

第一章　大众传媒——电影与明星

大众传媒是现代社会文化发展进程中不可或缺的基本要件，是社会各个行业、个体之间加强文化联系与合作的纽带与桥梁，是社会化生产和文化生活中信息传输、商务交流、政令发布以及科技文化传播的重要工具。

在广泛的社会实践生活中，大众传媒在为人们的文化生活、工作带来便利的同时，随着我国社会法制进程的加快，因大众传媒引发的侵权纠纷也以各种形态呈现，引发了社会各界不同程度的关注。

从传统的传播学角度讲，大众传媒包括：报纸、广播、电视、图书、杂志、电影、戏剧。

本章以大众传媒中的电影与明星作为全书的开篇，展开对各类传媒侵权纠纷案例的解析。

第一节　外国经典案例

在大众传媒中，电影行业在拍摄工作中是最容易遇到肖像权侵权纠纷的。

肖像权是公民人格权利的一种，主要表现为两个方面：

一是公民有权拥有自己的肖像，有权禁止他人恶意玷污自己的肖像，或是未经本人许可，以营利为目的地使用自己的肖像；

二是有权同意他人摄制、写生本人的肖像并无偿或有偿地请求司法保护。

但是，对肖像权的法律保护，各国规定并不相同，大多数国家将它纳入版权范围内加以规定，如联邦德国、意大利等；少数国家则将它纳入人身权的范畴，如我国等；还有相当一部分国家的法律没有明文规定，但在司法实践中据情予以保护，如日本、美国等。

从法律的保护层面看，各国的规定也不相同，有些国家禁止擅自非法拍摄他人肖像，比如，1967 年在日本国铁田町电东区，一名国铁职员上班时洗澡，被铁路公安员发现，这位公安员欲将该职员洗澡的裸体拍摄下来，结果双方为此发生争执,后诉至法院,东京地方法院受理此案,判定公安员侵犯了公民的隐私权。法院认为,日本虽不能说肖像权已在实体人确立,但作为受宪法保护的国民权利中的一项内容,公民具有不经同意不被摄影、肖像不被随意发表的权利。

还有一些国家规定,未经肖像人同意,他人不得擅自使用其肖像。如意大利法律规定:“未经肖像人同意,肖像不得展览、复制或出售”,由于司法、治安、科教等需要,涉及公众利益的除外;也有个别国家将肖像权作为一种相似财产收益的权利去加以保护。

由于各国对肖像权保护的模式不同,这方面的理论研究较为活跃。

本书涉及的经典案件中,通过对不同年代的诉讼案件及在这些案件审理前后制定的法律的挖掘,我们可以看到各国法律法规在实践过程中不断完善的过程。

1. 贝拉·卢戈西案[①]

卢戈西诉环球电影公司案(Lugosi v. Universal Pictures)涉及明星演员剧照的肖像权保护等问题,该案在影视业具有一定的代表性。

贝拉·卢戈西

1931 年,演员贝拉·卢戈西(Bela Lugosi)在环球电影公司摄制的电影《德拉库拉》(Dracula)中扮演德拉库拉伯爵这一角色。这是个取材于斯托克(Stoker)1897 年小说《德拉库拉》的影片,德拉库拉角色是个身穿黑色披肩的吸血鬼形象,虽然之前其他著名演员也曾饰演过这个角色,但是贝拉·卢戈西塑造的银幕形象,个性更为鲜明、生动,给观众的印象最为深刻。

1956 年卢戈西去世,在其后四年的 1960 年,曾经轰动一时的恐怖影片及相关角色的声望开始复苏,这种现象不仅表现在影剧院、深夜的电视里,而且表现在大众文化商品上,如 T 恤衫、广告牌以及橱窗中的时装模特儿身上。

在这样的情形下,环球电影制作公司与商人签订许可证合同,允许商人使用演员贝拉·卢戈西在电影中塑造的德拉库拉伯爵人物肖像。

① 参见阿丽塔 L. 艾伦:《美国隐私法学说判例与立法》,民主法制出版社 2004 年版,第 297 页。

1966 年 4 月 3 日，卢戈西的妻子和儿子将环球影视公司诉至加利福尼亚州区法院，并最终打赢了这场官司。

区法院认为，原告是寻求被告所获得的利益。

引申出的问题是，未经原告许可，被告是否有权利与他人订立使用德拉库拉角色肖像的权利；如果卢戈西有这种许可权，能否被继承人享有。

区法院认为，卢戈西生前对他的面部特征拥有财产权，如果有人想利用他在扮演德拉库拉时的肖像，必须经过他同意。这种权利并不因为他的死亡而终止，应该传给继承人。

法院认为有商业价值的姓名、肖像权利是滋生于自己劳动成果的占有权，这种财产权像其他财产权一样可以转让并且可以相传，即采取财产权模式保护公开权。

被告环球影视公司不服，上诉至州最高法院。

被告认为，斯托克 1897 年的小说《德拉库拉》已经处于公共领域的使用之中，卢戈西生前没有商业性使用过他及德拉库拉的姓名以及其他相似的形象标志，也没有阻止过任何人有目的地商业性使用他的姓名等。

1979 年加利福尼亚州最高法院审理此案，加州高院依大多数人意见否定了初审法院的观点，采纳隐私权模式。该法院归纳了隐私权的四种类型，其中之一为公开权，并认为四种中任何一种权利均不能延及所有者的家庭成员，即公开权是不能相传的，但是认为利用它们所产生的权利却可以相传。

州最高法院认为，知名演员卢戈西有权利用他的公开权并限制其他人如此使用，但如他自己从未实施，则利用权，即开创商业、生产业或服务业的权利就不再存在，他的继承人亦不能再行利用。从而，至少在加州，主导意见认为公开权不是财产权而是人格权，只能由原始所有者利用。如果这个人没有利用就死亡了，那么权利随之消亡。

州最高法院认为，卢戈西的继承人是否有这种财产权利取决于卢戈西生前的行为。卢戈西生前可以卖这种财产权或要求分期付款或者支付版税。由于他生前没有从事任何这种行为，所以不能支持原告。

审理该案的首席法官伯德以及其他两位法官对隐私权模式均持异议，认为姓名、肖像的使用可以相传，他们提出著作权处理方法，即在公开权内容中参照联邦著作权体制，认可公开权为可相传的权利，但在一个固定时期后，这种权利最终进入公共领域。

虽然在卢戈西案件中卢戈西的继承人败诉，但 1984 年，加利福尼亚州采取立法手段修正了对公开权[1]的认识。加州民法典第3344条规定,活着的自然人的名字、肖像受到保护;该法又在第990条规定公开权是一种财产权,可以自由转让,而不必附加商品化这一前提条件,并在附文中回答了存续期限问题,即在权利人去世50年后不再保护公开权。

该民法典第990条第h款规定:"本部分规定的'死者人格'指的是任何自然人的姓名、声音、签名、照片或相似物,在他(她)死的时候有商业价值,无论这个自然人生前是否为了广告、销售或推销的目的,在商品或服务上使用过他(她)的姓名、声音、签名、照片或相似物。"

1979年的卢戈西案的结果,后来遭到了学者和一些法院的反对。

相关案例

马丁·路德·金案

1983年已故的民权运动领导人马丁·路德·金的继承人向法院提起诉讼,认为被告未经许可制造和销售马丁的半身像塑料品的行为侵犯了马丁的公开权。

在上诉案件审理中,第十一巡回上诉法院认为,按照佐治亚州的判例法,没有关于自然人死后公开权保护的规定,因而向佐治亚州最高法院请示公开权是否可以在该自然人死后得到保护。

佐治亚州最高法院裁定,公开权可以继承,公开权在某一自然人死后的保护不以其"生前的利用"为前提。

裁定说:某人虽然在生前不利用(自己的形象),在其死后,他的形象仍然可以获得保护以排除他人的利用。

也就是说,金博士在生前可以使用自己的姓名和肖像,但他不想利用这种机会,选择不以某种方式使用自己的姓名和肖像,并不表明他人有权利以某种方式使用他的姓名和肖像。

这也没有剥夺他的家人和继承人控制、保护和延伸他的地位和声誉的权利,也没有剥夺他们防止他人未经授权而以他们认为不合适的方式使用他的肖像的权利。不能因为金博士在生前选择不去使用或商业性地利用自己的身份,就剥夺他们(继承人)的这种权利。

---

① "公开权(Right of Publicity)"是美国法中一个独有的概念,意指自然人(尤其是名人)控制其身份的商业性使用的权利,如名人许可商家利用其姓名、形象、照片等能够判断其身份的标识来做广告等。

评 述

在通俗文化里,表演者的表演行为和他(她)的姓名及肖像都具有商业价值。由表演者或者名人控制这些资产的权利,称为"公开权"最恰当。它是法院及评论家们在试图确定这种权利的范围——它的期限、适用条件和受益人时努力创造的成果。它导致了通过其他法律类推的适用。

这种类推适用在卢戈西一案中最为明显。在该案中,就贝拉·卢戈西扮演的角色德拉库拉伯爵肖像的商业权利归属产生了四种观点。这四种观点把公开权分别说成:财产权、隐私权、属于雇主所有的雇佣产品和应被视为类似版权的专有权。

环球电影公司与工商业者签订许可协议,允许商人使用德拉库拉伯爵肖像。

由此产生几个问题:

1. 德拉库拉伯爵形象是否就是贝拉·卢戈西的肖像? 如果是,那么在卢戈西死后对其肖像是否予以保护,肖像为商业利用的权利归属于谁?

2. 如果不是,那么电影角色形象商业利用权利归属于谁?

3. 如果既是卢戈西肖像,又不仅仅是卢戈西肖像,而包含了其他人的创作成果,那么应如何处理对这一肖像的商业利用问题?

对知名演员的肖像进行商业利用,产生人格商品化类型中的公开权,这一权利可以转让、相传。在卢戈西死后,继承人有权对其公开权进行控制;即使不承认公开权可以相传,那么基于一般民法理论,对一个自然人的好名声或良好社会评价,在其死后也不能任意被侵犯,任何人包括继承人均有义务给予维护。"好名声是天生的和外在的占有(虽然仅仅是精神方面的占有),它不可分离地依附在这个人身上",无论其自然属性是生存还是死亡。这又具体表现为对自然人的姓名、肖像的禁止滥用,包括为经营目的的商业利用。

如果为商业利用的德拉库拉角色肖像,并不是卢戈西本人肖像,而是电影制作公司对人体基本外貌进行特殊加工、处理后,具有明显虚构成分的形象,并且因在电影作品中这一角色形象形成了综合的人格特征,从而具有吸引力,成为商业利用的基础,那么,德拉库拉肖像商业利用权利归属于角色的创造者,即电影制片公司这一集体作品的著作权人。尽管在电影制作中,电影剧本作者、导演等剧组成员,包括演员都为此付出了一定的创作和劳动,但为了解决电影作品实际商业利用中的诸多不便,应该由法律作特殊规定。

但是,涉及本案的德拉库拉形象,从基本外貌特征来看,就是卢戈西本人,电影制作公司并未增加虚构的成分。由于卢戈西扮演的这一角色与卢戈西在外貌上具有同一性,德拉库拉肖像就是卢戈西肖像。德拉库拉肖像被商业利用,包含有演员卢戈西的创造性劳动。这一角色曾由数名演员饰演过,而卢戈西依靠长期形成的内在演技以及对于角色的领悟、把握,成功地使这一角色为观众所熟知。因此,这一角色形象的商业利用含有卢戈西这一知名演员长期形成的人格利益,体现了人格商品化的因素。

当然,不可否认,德拉库拉是电影制作公司的集体创作产物,德拉库拉人物的设计、个性发展等都体现了制片公司的独创因素,德拉库拉形象离不开电影作品的整体,其形象被商业利用与作品所反映的内容是分不开的,而演员只是将其外在地展现出来。而且,即使是德拉库拉的肖像,也包含有灯光师、布景、服饰人员、导演等多方面的创作努力,是一个独立的作品,当然归属于集体创作人——制片公司。

所以,在德拉库拉形象的被商业利用中,既包含有人格商品化,又包含有角色商品化。对于由此产生的商品化权,演员本人及其继承人、电影公司均有权控制、支配。

对于如何确定形象商品化权的权利归宿,美国学者凯文·斯·马克斯主张采用一种类似于合作作品的共同所有。这种共同权允许任何一方销售这个肖像。共同控制原则避免了浪费资产的问题。此外,逝去演员的遗产管理人企图以尊重死者隐私为由而阻止姓名和肖像的商业使用时,共同控制权是一个依据,当事人之间无相互禁令权,但对于其他人未经许可而盗用(角色),双方当事人有得到救济的权利。

在角色形象商业利用的利益分配上,凯文·斯·马克斯认为,共同权使得双方均有权就角色使用情况清算账目和分配收益。但是,如何分配,并无统一标准,权利主体可以对其进行自由、平等的协商。

目前美国已有 28 个州都承认死者的公开权,不以死者生前商业性使用过其形象为要件。其中 18 个州有成文法规定。各州规定的保护期限都不同,加利福尼亚州、得克萨斯州、肯塔基州和内华达州都规定公民生前和死后 50 年都享有这个权利,佛罗里达州规定死后 40 年,印地安纳州和俄克拉何马州规定死后 100 年,田纳西州规定至少 10 年,弗吉尼亚州规定 20 年,马萨诸塞州承认死人的权利,但是没有规定时间,由法官自由裁量。但是也有些州不承认死者的公开权,如纽约州等。

各个州对死者公开权认定上存在的差异,为案件审理带来了一些复杂的因素,这也是美国的特有现象。

2. 玛丽莲·梦露公开权纠纷案[①]

美国著名影星玛丽莲·梦露(Marilyn Monroe)[②],尽管已经香消玉陨半个多世纪,但作为美国文化的象征之一,梦露在美国公众的心目中仍然拥有强大的影响力。正因为如此,多年来使用玛丽莲·梦露这块金字招牌来助销的各类商品层出不穷,并畅销不衰。

在给商家带来丰厚经济效益的同时,也引发了玛丽莲·梦露的遗产受赠人与商家的代表——梦露生前两位摄影师的后人之间,就梦露死后"公开权"的归属问题旷日持久的诉讼大战。[③]

追溯源由,一切争议的起点来自于梦露遗嘱中一个普通的"余产条款"(Residuary Clause)。

玛丽莲·梦露1962年猝然离世,震惊世界,身后留下的遗产通过其生前订立的遗嘱进行分配。在这份由其律师团队精心制定的最后遗嘱中,梦露对其大宗财产进行了详细的分割。遗嘱的末尾部分出现了美国遗嘱继承中惯常出现的"余产条款",即对梦露财产主要部分分配完毕后,对可能遗留的其他剩余财产(Residuary Assets)作出处置。该条款具体内容如下[④]:

第六:本人的全部剩余遗产,无论是不动产还是动产,无论何种性质、位于何处,在本人死亡时获得、占有或通过任何方式应被授予,或通过本遗嘱委任占有,包括任何失落的继承财产,本人给予、遗赠、遗留给以下人等:

(a) 给予May Reis 40000美元或者本人剩余资产总额的25%,以两者中的少数者为准。

---

① 参见王利明:《判解研究》(2008年第5辑),人民法院出版社2009年版,第165页。

② 在美国和西方世界,玛丽莲·梦露的名字几乎是无人不晓的,即使在今天她仍然是大多数美国人心目中的"性感女神"。20世纪50年代和60年代初,这名从孤儿院出来的姑娘红透整个好莱坞,使很多爱慕虚荣的少女羡煞不已;而她在36岁的风华之年突然自杀身亡,又使万千影迷困惑不解。

③ 资料来源:http://lexisnexis.com,2012年3月5日访问。

④ 梦露遗嘱中的"余产条款"英文原文为:

SIXTH: All the rest, residue and remainder of my estate, both real and personal of whatsoever nature and whatsoever situate, of which I shall die seized or possessed or to which I shall be in any way entitled, or over which I shall possess any power of appointment by will at the time of my death, including any lapsed legacies, I give, devise and bequeath as follows:

(a) To May Reis the sum of $40,000 or 25% of the total remainder of my estate, whichever shall be the lesser.

(b) To DR. Marianne Kris 25% of the balance thereof, to be used by her as set forth in Article Fifth (d) of this my Last Will and Testament.

(c) To Lee Strasberg the remaining balance.

(b) 给予 Marianne Kris 博士(经上款扣除后)本人剩余遗产余额的25%,供其用于本最终遗嘱第五条(d)款之用途。

(c) 给予 Lee Strasberg 其余全部遗产。

梦露没有想到的是,上述第六条(c)款[①],这个在美国一般遗嘱中常见的最后余产遗赠条款,在数十年后带来轩然大波。

梦露的遗嘱在其死后不久即顺利通过纽约县遗嘱检验法庭的正式检验。

1982 年最后余产受赠人 Lee Strasberg 去世,他的妻子 Anna Strasberg 为其唯一继承人。

1989 年梦露遗嘱执行人纽约律师 Aaron Frosch 去世,纽约遗嘱检验法庭遂指定 Anna Strasberg 成为梦露遗产的管理人。

美国著名影星玛丽莲·梦露

2001 年 6 月 19 日,经 Anna Strasberg 申请,纽约遗嘱检验法庭授权将梦露的最后余产转交玛丽莲·梦露有限公司(Marilyn Monroe LLC, MMLLC)——一家由 Anna Strasberg 设立的在特拉华州注册的公司持有和经营。不久 MMLLC 又将这些遗产的经营业务交与 CMG 国际公司(CMG Worldwide, Inc.,CMG)代理。CMG 是一家在印第安纳州注册的专门从事名人公开权开发管理业务的代理公司。[②]

多年来,MMLLCH 和 CMG 一直以梦露死者公开权受益人的身份,向众多使用梦露姓名、形象等身份特征的商家索取特许使用费,获利不菲。

肖恩家族档案馆(Shaw Family Archives Ltd.,SFA)是一家按照纽约州法律组建且主要营业地位于纽约的有限责任公司。其经营者是梦露生前的摄影师萨姆·肖恩的三名子女。在 SFA 所拥有的照片中包括萨姆·肖恩当年为梦露所拍摄的一系列照片,其中不乏一些闻名于世的经典照片。作为这些照片的版权人,肖恩的遗属通过 SFA 将其许可给某些服装商在其生产或销售的 T 恤衫上使

① 在美国的遗嘱继承实践中,由于按照这种条款成为遗嘱受益人受赠遗产的顺序位列最末席,其最终能够通过该条款获赠的遗产是不确定的,取决于遗嘱人实际遗留的资产数量以及在先受益人获赠遗产的情况。

② CMG 是美国当今实力最强的从事公开权业务的专业代理公司,至本案为止已接受了包括梦露、罗莎·帕克(Rosa Park)在内的众多美国名人及其继承人的委托,专事这些名人公开权的开发和经营,以期为其委托人获得最高的利润。

用，这些T恤衫标签上注有“SFA”字样，在包括印第安纳州的一些地区零售。此外SFA还和其代理商布拉福德许可事务所(Bradford Licensing Associates，Bradford)一起设立了一个网站，通过该网站顾客可以购买在各种商品上使用梦露照片及形象的许可。

MMLLC认为根据梦露遗嘱“余产条款”的遗赠，其应为梦露死者公开权的利益承继人(Successor-in-interest)，SFA和Bradford未经MMLLC许可而商业性地使用梦露的照片、形象和肖像，违反了印第安纳州1994年颁布的《公开权法案》[①]，构成了侵权。

在与SFA和Bradford协商要求支付公开权许可使用费未果的情况下，2005年3月23日，MMLLC和CMG联合向印第安纳州南部地区法院(“印州法院”)提起诉讼，起诉SFA及Bradford侵权，这就是著名的“印州诉讼”。

SFA和Bradford没有立即向印州法院应诉，而是另于2005年4月19日向美国纽约州南部地区法院(纽约州法院)以MMLLC和CMG为被告，提起新的诉讼，要求纽约法院就玛丽莲·梦露的姓名、肖像和形象是否存在死者的公开权或隐私权，以及由此而产生任何违约或侵权的经济损害作出判决确认，后被人们称为“纽约州诉讼”。

2005年6月3日，MMLLC和CMG采取进一步的行动，向纽约州法院提请驳回、搁置或将纽约州诉讼移送至印州法院审理。一个月后，SFA和Bradford也以缺乏管辖权为由，向印州法院提请驳回或将印州诉讼移送至纽约州法院。

经过双方来回大半年的管辖权拉锯战，2006年3月23日印州法院终于根据美国联邦最高法院制定的通用于联邦地区法院的《联邦民事程序规则》[②]，指令将印州诉讼移送至纽约州法院审理。纽约州法院随即于2006年5月决定将两起诉案合并审理，然而为体现对印州法院管辖权和印州法律的尊重，纽约州法院在决定审理的同时，也在备忘录中同时强调：

(1) 印州诉讼中的两被告SFA和Bradford应服从印州法院的管辖；

(2) 在合并审理的两诉中确认印州诉讼是在先提起的；

---

① 印第安纳州是迄今美国各州中对公开权保护最为激进的州之一，其1994年新制定的《公开权法案》不仅以成文的形式承认了个人的公开权，而且将其对公开权的保护期延续至个人死后100年。

② 美国是联邦制国家，有联邦法律和州法律两个法律体系，法院同样存在着联邦法院和州法院的双重体系。两套法院之间没有上下级关系，绝大多数案件既可向联邦法院也可向州法院起诉，但州法院审案时，如果案情涉及联邦法律，州法院也要适用联邦法律。而联邦法院的司法管辖权按照美国《宪法》第3条第2款的规定，一般只限于跨州、跨国或涉及联邦法律的案件。事实上对于跨州案件，当事人基本都会选择联邦法院起诉，如此案件中的印第安纳州南部地区法院和纽约州南部地区法院以及后文即将提到的加州中心地区法院。关于美国司法体系更详细的介绍，参见Mary Kay Kane, Civil Procedure in a Nutshell, West Group 1996.

(3) 印第安纳州的法律适用规则(冲突法规则)适用本案。

MMLLC 一方的主要诉求为:

(1) 确认 MMLLC 是按照印第安纳州法律,拥有梦露死者公开权 100% 利益的权利人;

(2) 印第安纳州有关死者公开权的法案适用于本案,而不论梦露死时的住所地位于何州;

(3) 基于上述法案的规定,SFA 一方在 T 恤衫上使用梦露的姓名、形象和肖像并在印第安纳州营销和出售的行为,以及经营一个出售在各种商品上使用梦露照片、形象和肖像的许可的网站,都是对 MMLLC 权利的侵犯。

SFA 一方的主要驳斥意见认为:

(1) 印第安纳州的公开权法案并未创造任何独立的死者公开权,而仅仅是当侵权行为在印第安纳州发生时,为证明先前存在的公开权提供一种机制;

(2) 梦露的公开权在其死后不可能存在,因为她死时的住所地是纽约,而纽约州不承认死者公开权;

(3) 即使不考虑梦露死时的住所地,MMLLC 也不能证明其对梦露的公开权具有所有者的权益,因为在 1962 年梦露去世时,她并不具备该等遗嘱能力(Testamentary Capacity),即通过一个遗嘱将其时她按照任何可能的住所地州法律都无法拥有的权利遗赠出去。

2007 年 5 月 2 日该案的独任审判法官 Colleen McMahon 针对以上诉求和答辩,结合本案的整体情况,作出了以下判决:

第一,梦露是否具有遗赠其死者公开权的遗嘱能力?

MMLLC 认为其对梦露死者公开权的所有权益(假定其存在的话)来自梦露对该等权利的合法遗赠(通过梦露遗嘱中的余产条款)。

法庭的结论则是:不论梦露死时的住所地,不论梦露死后出台的任何新立法(主要指 1984 年《加州民法典》第 3344.1 条以及 1994 年《印第安纳州公开权》法案)可能赋予梦露对其死者公开权的控制,在 1962 年她死亡时,梦露都不具备遗赠其死者公开权的遗嘱能力。换言之,梦露死亡时,所有与其遗产继承相关的法律都尚未承认死者公开权为一项合法的财产权利,因此梦露也就不可能通过遗嘱将其时她并不拥有的财产权遗赠给他人。

在论证这一结论时,法官主要从两个方面作出了分析:

1. 时间点的问题,即梦露遗嘱覆盖的财产范围。梦露遗嘱能够处置的财产是以哪个时间点为截止:遗嘱订立时、遗嘱人死亡时抑或还包括遗嘱人死亡后新获得的财产和权益。

法官集中梳理了案件涉及的三个州——纽约州、印第安纳州和加州有关死者公开权的立法发展过程。

在梦露过世的1962年，不管是在纽约州、加州还是印第安纳州，死者公开权都未获得成文法、普通法的承认。时至今日，纽约州的法律不仅尚未承认普通法上的公开权，而且也未承认将成文法上公开权的享有者限于活人的范围。

加州在梦露死亡22年后的1984年通过其新制定的《加州民法典》第3344.1条承认了公开权的可继承性，在此之前加州也存在普通法上的公开权，但该权利不能自由转让或继承。

印第安纳州在1994年通过新的《公开权法案》首次承认了可继承的死者公开权。在此之前，公开权在印第安纳州是不能继承的，因为该等权利只能通过个人的侵犯隐私权之诉而获得救济(而隐私权是不具备可继承性的)。

这样，在梦露死去的1962年，按照任何相关州的法律，梦露都不享有任何死者公开权。法官由此推论，根据法律的规定，梦露在其生前享有的任何公开权应随其死亡而消失。

MMLLC一方对此的看法却是：梦露的遗嘱应被解释为，其遗赠的死者公开权是梦露死后根据新的成文法授予梦露的权利而并非依据梦露死时的法律。法官没有接受这种观点。

McMahon法官在判词中指出：印第安纳州遵循美国大多数州的法律适用规则，即以遗嘱人死时住所地的法律来适用遗嘱的解释。尽管有关梦露死时住所地究竟是纽约州还是加州仍是有待解决的问题(纽约州和加州是梦露死时仅有的可能的住所地)，但这个问题并不值得理会，因为不管是纽约州还是加州法律都不允许遗嘱人通过遗嘱处置其在死时并不实际拥有的财产。

纽约州《遗产权力及信托法》第3-3.1项规定“遗嘱人对其全部财产的处置，转移其死时有权处置的全部财产”。

由此法庭推论：遗嘱人死时并不拥有的财产，不受遗嘱的处置。另外1962年发生在纽约的Gernon遗产案先例的结论，即“在没有(遗嘱人)相反意图表示的情况下，一份遗嘱应被解释为适用于遗嘱人死亡时所拥有的全部财产”，也为本案提供了参照。

MMLLC一方力图将本案与Gernon遗产案区别开来，指出遗嘱人的“相反意图”恰恰就是突破遗嘱不能转移死时不属于遗嘱人财产的方式。

法官不认同这种解释的说服力，她认为在Gernon遗产案中的“相反意图”是指遗赠人仅欲通过遗嘱转移遗嘱订立时遗嘱人所有的财产而非遗嘱人死亡时的财产。

纽约州《遗产权力及信托法》第3-3.1项的立法过程也说明，这项立法的目的就是确认一个遗嘱所要处置财产的范围是遗嘱人死亡时所有的财产，而非遗嘱订立时遗嘱人的财产。

因此,当审理 Gernon 遗产案的法庭提及“后获得”的财产时,这个术语代表的是遗嘱订立后、遗嘱人死亡前遗嘱人获得的财产,而不是遗嘱人死亡后获得的遗产。《遗产权力及信托法》第 3-3.1 项或者 Gernon 遗产案的任何部分都不支持这种观点——遗嘱人的任何意图可以克服遗嘱人遗嘱能力的不足,从而达到处置其死时并不拥有的财产的目的。

McMahon 法官接着指出,加州在这方面的法律与纽约州并无不同。加州《遗嘱检验法例》第 21105 部分规定,除非履行不能,“遗嘱转移遗嘱人在其死时拥有的财产,包括遗嘱订立后其获得的财产。”

在 1961 年 Buzza 遗产案的判决中,加州法庭对遗嘱检验规则作出进一步的解释:“法律确认,一份遗嘱是被用来处置遗嘱人死亡时当其状态的财产。遗嘱人仅具处置其遗嘱能力范围内的财产,且遗嘱人理应预知这一点。在解释一份遗嘱时,法庭应探求遗嘱语言中所反映出的遗嘱人的意图,并尽可能地实现该等意图。然而即使这种解释方式也不意味着遗嘱人可以合法地处置其时并不存在的财产”。

McMahon 法官另又举出几个加州的先例,以强调“就如同一个在生前不能给予或处置其并不拥有或没有权益的财产,他也不能前瞻性地分配其死时并不拥有或没有权益的财产。因此,在遗嘱人死后新获得的遗产不能通过遗嘱的余产条款发生转移”。

MMLLC 一方又提到美国《统一遗嘱检验法例》第 2-602 项,并暗示该法例的出现正标示着“仅有遗嘱人死时拥有的财产才能被遗嘱移转”的规则发生了变动,因为此项规定允许遗嘱处置遗嘱人死后新获得的财产。

但是,McMahon 法官否决了该法例与本案的相关性。理由是《统一遗嘱检验法例》并不是由美国国会通过而在全美具有约束力的联邦法律,而是由美国统一州法协会这样的民间专业组织起草的,供各州立法者自由决定选用的法律范本。到本案审理时为止,美国共有 18 个州全部或部分采用了该法例的内容,而梦露死时可能的住所地纽约州和加州并不在此列。

McMahon 法官又通过曾发生在纽约州和加州的一系列案例,再次证明“遗嘱处置应受遗嘱人死时生效法律的规制”,而本案中梦露死亡时的生效法律并不承认可继承的死者公开权,也不允许遗嘱分配遗嘱人死时并不拥有的财产。

2. 遗嘱人死后新增加财产的归属。在讨论了确定遗嘱继承财产范围的时间点问题后,各方争论的焦点马上转入第二个层面,即对于死后财产权这种看似为遗嘱人死后新增加的财产的归属上。

为了支持其方“(遗嘱的)余产条款可以处置遗嘱人在订立遗嘱时可能遗漏

或未详细定义或尚未意识到其有权处置的财产”的观点，MMLLC 一方举出了 1985 年德克萨斯州 Hite 案的先例，力图证明梦露的死者公开权就属于 Hite 案法庭所提出的“遗嘱人在订立遗嘱时可能遗漏或未详细定义或尚未意识到其有权处置的财产”，可以为梦露遗嘱中的余产条款所分配。

对此，McMahon 法官也进行了针锋相对的驳斥。

她首先指出，德州的先例和法律与本案无关。

其次，她认为本案中所争议的梦露死者公开权并不属于以上 Hite 案所描述财产的范围，因为梦露是不可能遗漏一个在其时尚未成立，而其死后数十年方得到承认的权益；梦露的死者公开权也不可能是梦露遗嘱余产条款中缺乏详细定义的权益，因为该权益其时根本不存在；同样道理，梦露更不可能没有意识到其有权处置死者公开权。

最后，McMahon 法官通过分析 Hite 案的案情，[1]进一步明确了该案不仅没有、反而强化了“只有死时拥有的财产方可被遗嘱遗赠”的规则。因为审理 Hite 案的法庭证实了这样一个基本原理，那就是：遗嘱余产条款所赋予受遗赠人任何真实存在的遗产所有权的转移，应于遗嘱人死时即刻发生，即使该遗产还处于由遗产管理人管理的状态。如果此后发生任何事项（如订立新合同）而导致该遗产上产生任何新的权益，则该权益已超脱原遗嘱人遗产的范围，而直接成为原受益赠人（新所有权人）的财产。

虽然 McMahon 法官没有再做进一步的引申，但其言下之意却很明显：本案中的 MMLLC 一方之所以败诉，没有成为梦露死者公开权的权利人，一个重要原因就是他们受赠的权益不像 Hite 案中的儿子获赠的土地权利那样，通过余产条款可以在遗嘱人死时确认存在，并发生即时移转。

第二，梦露是否具有通过其遗嘱中的余产条款遗赠其可能按照印第安纳州或加州公开权成文法所获得的任何权利的意图？

MMLLC 声称梦露是有意要将其死者公开权留给其遗嘱受赠人。尽管根据前文所述的纽约州和加州两州的遗嘱检验法律，并结合两州的判例，McMahon 法官承认“在任何遗嘱的解释过程中，法庭最首要也是最重要的考虑就是确认并实现遗嘱人的意图”，并且“法律文书上所表达出的（财产）转让人的意图决定

---

① See In re Hite, 700 S. W. 2d 713, 717 (Tex. App. 1985). 基本案情为一拥有油气田的德州妇女在其遗嘱余产条款中将“本人可能从出租（本人）土地开发油气资源获得的特许使用费收益”遗赠给其夫，而将其他剩余财产留给了其子。遗嘱人死后，遗产管理人就其中的部分土地与油气开发商签订了出租开发合同。就此合同特许使用费的分配问题，其夫和其子发生争议。最终德州法院判决，其子通过上述余产条款获得了其母土地的所有权，并且这种所有权的授予在其母去世之时即刻发生。所以，对于之后通过签订新合同而就该土地产生的特许使用费，应属于其子自己的收益，而不是遗嘱人其母的财产，也就不能通过遗嘱遗赠给其夫。

了文书规定的(财产)处置的法律效果"是遗嘱检验的基本规则,但在没有任何其他证据证实梦露意图的情况下,仅凭梦露遗嘱余产条款中官样文章似的语言"这根纤细的稻草",是无法"系住对其在死后数十年才形成的死者公开权的遗赠"的。

为了进一步论证自己的观点,McMahon 法官对梦露遗嘱的余产条款进行了逐字逐句的文义分析,指出梦露在其遗嘱中所使用的语言本身并没有显示出她本人欲遗赠其死时并不拥有的财产的实际意图,更不用说遗赠死者公开权——这个连其存在都不为梦露所能料及的权益了。

McMahon 法官还重点批评了 MMLLC 一方对余产条款个别短句"通过任何方式应被授予"断章取义的理解,强调阅读这一条款时应符合语法和文义,对照上下文,对条款进行整体解读。如果按照这种方法,McMahon 法官认为就不会像 MMLLC 所声言的那样,从该条款中发现梦露对于未来"超自然的预见力"。

McMahon 法官还重申了她在前文中对 Buzza 遗产案的相关引用:"遗嘱人在法律上被假定为已知晓其不能处置其不具备遗嘱能力的财产,包括她在死时不拥有的财产","除非她在遗嘱中明白无误地表达了相反的意图"。McMahon 法官不认为梦露的遗嘱中存在这般"相反的意图",即使有也未曾"明白无误地表达出来"。

退一万步讲,就算梦露在其遗嘱中明白无误地表示了其遗赠其不具备遗嘱能力的财产的意图,这种遗赠也不发生合法的处置效果,因为梦露没有处置其死时不存在的财产的法律权利。为了对这一点加以说明,McMahon 法官特意引用了纽约遗嘱验证法庭在 Van Winkle 遗嘱案中确立的规则:在任何情况下,如果没有合法的权力,任何力度的遗嘱意图都不能迫使遗嘱人死时不拥有的财产发生处置的效力。

最后针对 MMLLC 一方"拒绝允许梦露死时不存在的财产通过其遗嘱的余产条款移转,将会使无遗嘱继承人不当获益"的异议,McMahon 法官直接运用 Braman 遗产案的结论"余产条款应做宽泛解释以尽量避免出现无遗嘱继承的原则,只适用于其死时遗嘱人具有的实际利益,而不是财产的预期",对 MMLLC 一方进行了驳斥。

第三,加州和印第安纳州的死者公开权成文法,是否承认在成文法颁布前已逝名人的权利并允许遗嘱处置?

在探讨这个问题时,McMahon 法官认为,加州和印第安纳州的死者公开权成文法都不承认个人可以通过遗嘱移转其死时并不拥有的成文法上的财产权利。其中,《加州民法典》第 3344.1(b)—(d)项规定:如果在一个人生前没有发生其死者公开权的转移(通过合同,信托或遗嘱文书安排),那么该项权利应授予遗嘱人的某些法定继承人。

McMahon 法官分析道：既然遗嘱移转直至遗嘱人死亡时方才生效，那么这样一种移转就不可能按照加州成文法在“死前”生效。因此，任何按照上述成文法授予在该成文法颁布前已逝个人的权利，是不可能通过遗嘱发生移转的，而只能给予成文法规定的人（法定继承人）。

印第安纳州的成文法同样规定，如果个人没有通过“合同”、“许可”、“赠与”或“遗嘱文书”转让其公开权，该权利就将按照死者遗产管辖地的无遗嘱继承法律授予其法定继承人，而不论遗产管辖地的法律是否认可死者公开权。而 MMLLC 显然不是梦露无遗嘱继承的法定继承人。

所以，McMahon 法官总结道：即使假定梦露的死者公开权可以在其死后获得法律上的承认，以上两州可能认可这种权利的成文法，也不允许像梦露这种在成文法颁布前已死亡的个人通过遗嘱移转该等权利。

基于以上三大问题的探讨，美国纽约州南部地区法院得出最终结论：即使存在任何梦露死后的公开权利益，其也不能通过梦露遗嘱的余产条款移转给 MMLLC 一方的 Strasberg 夫妇。MMLLC 的诉讼请求被驳回。

值得一提是，在本案判决公布一周后，MMLLC 和 CMG 与梦露生前另一摄影师 Milton Greene 的遗属就同等事实和争议[①]在加利福尼亚州进行的诉讼（“加州诉讼”）也落下了帷幕。受理该案的加州中心地区法院的法官 Margaret Morrow 已与本案基本相同的推理，判决 MMLLC 和 CMG 败诉。

评 述

自 2001 年起，美国畅销商业杂志《福布斯》的网站每年都要发布一次已故名人收入排行榜，该榜单是《福布斯》网站通过访问这些名人的遗属、律师以及遗产管理人后评出的。

从这张排行榜中不难发现，许多名人尽管已经过世多年，但凭借其巨大的社会影响力，仍然在为其继承人创造着惊人的财富，收入额不逊于其生前。

例如：1977 年去世的一代摇滚巨星“猫王”艾尔维斯·普雷斯里（Elvis Presley）的遗产价值从其死时的 490 万美元飙升至 20 世纪 80 年代的 7500 万美元，

① Milton Greene 是梦露生前的另一位摄影师，在 1950 年代曾与梦露一起开办过一家制片公司，并为梦露拍摄过数以千计的肖像照片用于她的市场推广。1958 年 Milton Greene 去世时将这些照片都留给了其子 Joshua Greene，Joshua Greene 多年来通过其注册在俄勒冈州的公司（Milton Greene Archives Inc.）将照片许可给商家在各种商品上使用，并收取这些商品 15% 的销售收入作为特许使用费。后来 MMLLC/CMG 与 Greene 及其公司就这 15% 使用费的分配发生争议，2005 年 Greene 及其公司以干扰其正常营业为由，将 MMLLC/CMG 告上法庭，MMLLC/CMG 也反诉 Greene 及其公司侵犯了他们享有的梦露的公开权权益。

进入21世纪以来,他常年稳踞《福布斯》排行榜的榜首,其年度总进账的近4000万美元中很大一部分即来源于对其公开权的交易。

而本案件中,MMLLC/CMG之所以孜孜以求地不懈“战斗”,也是受巨大的经济利益的驱使。据报道,在本案审结之前,MMLLC/CMG就梦露死者公开权的使用而收取的特许使用费每年高达1500万美元,这个价值已经远远超过了梦露当年分配给其他继承人的主要遗产的价值,恐怕这也不是梦露本人当年所能预料到的。

这些事实充分说明像梦露这样的名人即使已经去世多年,其身份作为一笔可观的经济资源而仍然留存,甚至可能因为死亡后的纪念意义而获得更高的潜在价值。

如果允许这等身份资源在社会上自由地使用(主要是商事从业人员受预期利益的驱使,有兴趣对其加以商业利用),且不论某些不适当地使用可能引发对死去名人形象的负面影响,权衡死去的名人及其继承人和这些无偿获得该等资源的商家,放任使用的合理性本身就值得商榷。

不受制约的使用必然造成滥用,滥用的后果之一就是资源的价值提前枯竭,从整体的社会经济效益来考虑,也难以成为一种良好的社会文化选择。所以,用法律来规制死者的公开权不仅是合理的,更是必要的。

但是任何新的法律制度的发展和完善都不可能一蹴而就,其中最重要的步骤就是要通过不断的司法实践(特别是典型案例)来检验、更新现有制度或者发现新问题。梦露公开权系列案件的审理正好起到了这样的作用。

公开权,也有学者译做“形象权”,它脱胎于19世纪末以来所形成的美国传统隐私权观念。著名的公开权研究专家麦卡锡(McCarthy)教授曾用“亚当和由亚当肋骨所创造出的夏娃”[①]来形象地比喻隐私权和公开权的紧密关系。

公开权源于隐私权,但隐私权保护的是个人不受他人干扰独处的权利;而公开权保护的则是个人在将其身份充分暴露于公众视线的同时获取经济利益的权利。简言之,隐私权旨在避免曝光,而公开权则是鼓励曝光。

对于两种权利的享有者来说,普通人由于其生活的私密性更易获得隐私权的保护,而知名人物由于其已经存在的知名度,其身份的商业使用更具经济价值,则更倾向于寻求公开权的救济。

尽管“隐私权”的概念先于“公开权”诞生,[②]早期涉及公开权的案例也多以

---

① J. McCarthy Thomas, The Rights of Publicity and Privacy 203 (1992).

② 1890年Samuel Warren和Louis Brandeis在《哈佛法律评论》上发表的《论隐私权》一文,明确主张法律应承认个人的隐私权,被普遍认为是美国隐私权的起源。

隐私权的名义来处理，但隐私权和公开权的诉求在其发展进程中几乎是相伴而生、同步成长的。

例如，1902年纽约州的Roberson案以及1905年乔治亚州的Pavesich案，都是未经当事人同意而擅自使用当事人的肖像做商业广告。在这些案例中虽然法庭只从当事人的隐私权角度对案件进行了探讨，但是对于因广告而产生的经济利益的处置这个不容忽视的问题也引发了后来人的思考。1903年纽约州议会制定的第一部美国历史上的隐私权成文法[①]规定，不得未经事先许可而出于广告或交易的目的擅用他人的姓名、肖像和照片，客观上也涵盖了公开权的内容。

1953年联邦第二巡回上诉法庭的弗兰克（Frank）法官在具有里程碑意义的Haelan案的判决中首次定义了"公开权"的概念，正式将其从隐私权的范畴中分离出来。

1954年法学家尼莫（Nimmer）教授在其经典论文《论形象权》中，再次诠释了公开权与隐私权的区别。

弗兰克法官和尼莫教授的努力终于使公开权开始独立于隐私权的精神损害，成为一种新型的财产权。然而1960年普罗瑟（Prosser）隐私侵权四分法的出现[②]，在开辟了隐私权研究的新纪元的同时，其力图连接隐私权和公开权的努力（将"盗用个人姓名或肖像的商业价值"这一典型的公开权内容界定为第四类隐私权）在一定程度上反而模糊了两种权利的界限，给美国一些州的公开权立法带来困惑。

时至今日，包括最早将隐私权成文化的纽约州在内的几个州仍坚持在隐私权的法律框架下来实现对公开权的保护。

公开权与隐私权盘根错节的一个必然结果就是引发有关公开权可继承性的争论。众所周知，作为英美法系的代表，美国并没有像大陆法系国家那样建立有关人格权法的缜密理论和法律体系，但是隐私权属于个人精神权利的一种却是无可争辩的共识，侵犯隐私权所造成的损害也主要是精神痛苦。

公开权作为一种无形财产权虽然已获广泛承认，但传承于隐私权，它也是和个人的人身紧密相连的，可以说公开权保护的就是依附于个人身份之上的经济价值。然而，如果囿于隐私权似的人身专属性，则必然导致公开权不可继承、不可转让。以纽约州为代表，用隐私权法律来保护公开权的州至今不承认公开权

---

① 即纽约民权法50—51。

② 普罗瑟教授在其于《加州法律评论》上发表的《隐私权》一文中，将隐私侵权的行为总结归纳为四大类：（1）侵犯他人独处的权利；（2）公开披露他人的私生活；（3）在公众面前将他人置于误导性的灯光下；以及（4）盗用他人姓名或肖像的商业价值。该分类法往往成为后来法律审案的依据，被称为"普罗瑟隐私侵权四分法"。参见李明德：《美国知识产权法》，法律出版社2003年版，第399页。

的可继承性就是基于这个原因。

在今日的美国,公开权已在28个州获得法律的承认。然而一个不争的事实是,尽管近50年来随着美国大众传媒的迅猛发展,公开权的理论研究和法制化进程已获得了长足的进步,但由于联邦政府尚未就公开权制定统一的法律,对公开权的保护仍停留在州法的层次上,并多以普通法的先例形式予以保护。

受制于各州不同的名人文化、经济水平和认识差异,各州对公开权的保护可谓参差不齐。在对待死者的公开权这个更为敏感的问题上,各州更是存在巨大的分歧。除了像纽约州这样根本不承认死者公开权的州以外,即使在承认死者公开权的少数州内,对于死者公开权的承继方式、范围和存在年限等等都规定不一。当事人在发生案件纠纷时,往往会不遗余力地选择诉讼法院,以期适用对己方最为有利的州的法律。

本案作为这样一个时期的典型案例,就充分反映出了这一鲜明的特征。例如本案当事各方在印第安纳州和纽约州的联邦法院来回起诉,持续大半年的管辖权拉锯战,以及对梦露死亡时住所地的争议,都是出于对法律选择的考虑。

纵观美国各州现有的法制,与一般公开权不同的是,在承认死者公开权的州,成文法运动的发展颇为迅速,而且成文法在某一州的出现往往就是基于某一已故名人公开权的案件。

例如田纳西州的死者公开权立法与"猫王"艾尔维斯·普雷斯里(Elvis Presley)案直接挂钩,俄克拉何马州的法案则出现在威尔·罗杰斯(Will Roger)案之后。而最新的印第安纳州1994年公开权法案的出台,则更源自CGM为其所代表的名人死者客户所进行的积极游说。

尽管也不乏佐治亚州这样仍只通过普通法来保护死者公开权的情况,[①]但毋庸置疑,成文法的保护比普通法更为确定和稳固,例如成文法可以确定一个具体的保护期限,这已成为死者公开权保护的主流。

本案所着力分析的三州——纽约州、加州和印第安纳州的公开权法律,恰好也反映出了美国各州立法者在死者公开权问题上的不同态度以及渐变的趋势。

耐人寻味的是,这种法制上的差异,既有各州传统文化背景的考虑,又受经济利益的驱使,并且后者越来越成为一个推动公开权发展不容忽视的因素。

加州自不必说,作为美国西部最繁华的州、造星基地好莱坞的所在地,甚至州长阿诺·施瓦辛格本人都是享誉全球的影星,其1984年出台强力维护公开权

---

① 例如1983年美国第11巡回上诉法院在按照佐治亚州法律审理的马丁·路德·金死者公开权案中确认,金博士在其死亡的同时即将其公开权移转给了他的继承人。案情详见 Martin Luther King, Jr. Ctr. For Social Change v. American Heritage Products, 694 F2d 674(11th Cir. 1983).

的法案也就不足为奇了。

加州所属的联邦第九巡回上诉法院一向以开放、激进的判决而著称，所以加州一直拥有最多的公开权判例，形成了良好的延展公开权的普通法基础。

相比之下，纽约州尽管也是明星荟萃的国际化都市，但其作为欧洲移民在美洲大陆最早期的殖民地之一，深受美国东部地区新英格兰保守主义传统的影响，纽约州的立法者们一贯以较为审慎的态度来对待一切新生事物。因此，纽约州至今坚持以隐私权来保护公开权，并且不承认公开权死后的存续。

然而，对于像印第安纳州这样深处美国腹地，亟须发展经济的中西部州来说，通过提供强有力的公开权保护来吸引名人及其承继人将其公开权"出口"到本州从而达到活跃经济、刺激税收的增长目的，或许是更为迫切的需要。①

所以，不难发现这样一个有趣的现象：在一些地理区位和经济状况与印第安纳类似的州，尽管其自身的名人资源并不丰富，公开权法制化起步也晚，但是，近年来公开权（包括死者公开权）的成文立法活动却开展得如火如荼。

最好的例子就是联邦第六巡回上诉法院辖区内的几个州，它们不仅制定了有关死者公开权的成文法，而且更像印第安纳州一样"慷慨"地赋予死者公开权一个较长的存续期限——印第安纳州是死后100年，俄亥俄州是死后60年，肯塔基州是死后50年，田纳西州是死后10年（但如果死者公开权在其死后连续2年未停止使用，则该公开权可以永续存在）。

感受到来自几个邻州巨大的竞争压力，尤其是当本州的名人纷纷开始借助其他州法律来寻求对其死者公开权的保护时，该辖区内唯一一个尚未制定公开权成文法的密歇根州，在本州利益受损和税源流失的威胁下，不得不加快其公开权成文化的步伐，而密歇根州的民间专业团体组织如密歇根州文体交流协会（The State Bar of Michigan Arts, Communications, Entertainment, and Sports，简称"ACES"）在强烈呼吁该州公开权立法时，更毫不掩饰地直接打出经济竞争的大旗。

可以预见的是，在不久的将来，像印第安纳和密歇根州的立法者一样，出于经济原因而考虑加强对公开权（包括死者公开权）的保护，将成为推动公开权成文化的一大主因。

梦露公开权案作为一桩全美这几年来较为轰动的典型案例，充分体现了死者公开权在美国发展的最新动向，具有较为广泛的示范意义。

在该案的判决中，因为案件可能适用的死者住所地之一加州的法律已经承

---

① 印第安纳州《1994年公开权法案》将该法的适用范围定为"发生在印第安纳州内（与公开权相关）的行为或事件"，被一些人认为是有意将其管辖权的触角伸出州界，攫取他州的公开权资源。

认了死者公开权的可继承性,所以在这个问题上法官选择直接跳过,而没有于此加以笔墨。

此外,还有一个细节值得注意:就是该案实际上还隐含着梦露照片的版权和公开权之争,但由于案件的各方,特别是被告 SFA 一方始终未曾以照片拍摄者的版权来质疑照片人物的公开权,因此这一点也没有成为案件的争议点,这也反映出新时期人们对公开权独立价值的普遍认可。

该案中各方关注的焦点放在了梦露死后出台的公开权法案适用的时间点问题上:遗嘱人死后出台的新法律是否有权追溯性地给予遗嘱人死者公开权,并允许其成为受遗嘱处置的遗产的一部分?或者说新法律的适用对象是否能够扩展到新法律颁布前的死者,并自其死亡时即生效?

由于 1984 年加州的死者公开权法案没有就此作出说明,该案的法官就采取了一种灵活实用的态度,即在假定新法律赋予梦露死者公开权的情况下,确认这种赋予的效力仅起始于新法律颁布之时。换言之,即使梦露死后出台的新立法可赋予梦露以死者公开权,这种赋予在梦露死亡之时也尚未发生效力,因此也不属于梦露可以通过遗嘱处置的有效财产。

梦露案的法官如此作解当然有她的巧妙之处。在这样一个假定的前提下,她既为本案作出了结论,又避免了由她来直接判断新法律的追溯既往(或者说是适用对象的范围)这个棘手的问题。但如果我们顺着她的这般思路继续深入分析,也许又不得不面对这样一个困境:对于像梦露这样早年死亡的名人,如果新法律承认他们死后的公开权权益,但仅从新法律颁布时起生效,那么就必然出现一个从其死亡时起至新法律颁布时止的一个权利真空期。

在这个真空时期,梦露们的身份已经进入公共领域,成为公用资源,随着新法律的颁布,公用资源又突然转变为私人财产,如此过程恐怕不是大众所能够接受的,况且这也会在一定程度上造成梦露们的身份在商业使用上的混乱。所以,就逻辑上可以成立的结构而言,必须有人为 1984 年加州法案的适用性作出选择:要么只能适用于晚于 1984 年该法颁布时死亡的死者,要么在 1984 年之前划定一个起点年,确认自那年起死亡的死者都可依据 1984 年的法案获得死者公开权,并且该死者公开权的效力都始自其死亡之时。

也许正是从法官在这个问题上的躲闪态度中得到启发,本案败诉后不甘心的原告 CMG 立即联络了美国荧屏表演者行会(Screen Actor's Guild)——这个代表演员的民间利益团体,向纽约州和加州的议会展开公关,并成功地说服加州两院议会于 2008 年通过新的法案,将 1984 年《加州民法典》第 3344.1 条(加州的死者公开权法案)的适用对象明确定为自 2008 年之前 70 年(即从 1938 年开始)以来所有的死者。这样只要能够证明梦露死时的住所地是加州,那么 CMG

就可以根据这个最新的立法提起新的诉讼，以推翻本案的判决。

SFA这一方以及加州诉讼中的Milton Greene一方也不甘示弱地展开活动，继取得另一相关利益团体——美国媒体摄影师协会（American Society of Media Photographers）的支持，成功阻击了CMG一方在纽约议会的立法游说，使其有关公开权的提案中途夭折（当然失败的原因与前文提到的纽约州立法者的保守主义传统也不无关系）后，他们也积极准备就加州新近通过的这一法案，①提起违宪审查之诉。

尽管本轮诉讼已经结束，但围绕本案死者公开权有关问题的争论和"没有硝烟的战争"尚未结束。

本案的重大意义在于各利益团体因本案在案前案后法庭内外立法司法各领域所进行的全方面博弈。正是由于这种博弈的存在，才不断地推动着有关死者公开权理论和实践的成长和完善。

当然，本案判决论证虽然严谨，但也不是毫无瑕疵。例如，判决书中结合先例Hite案的对比分析就有值得商榷之处：在Hite案中引发诉讼的遗嘱人死后新产生的油田开发特许使用费，从严格的法律意义上讲应是一种附属于土地所有权的收益权，或者更通俗地讲是一种"土地增值"，把它归属于适时的土地所有人是完全符合世界上多数国家的法律逻辑的，该案法庭的论证也因此顺理成章。

然而按照本案的逻辑，梦露的死者公开权是因为新法律的出现而在遗嘱人去世后多年产生的，并且是一种可以完全独立于任何梦露遗嘱中已处置财产的权益，与Hite案中的"土地增值"并不具有实际的可比性。

此外，按照本案判决书确认遗嘱财产的时间点原则，这种死后的公开权权益显然已经脱离了梦露遗嘱可以处置的范围，那么谁又能够成为这种新成立的死者公开权的权利人呢？更直接地讲，谁有资格代表死去的人来受领、管控这种权利（因为死去的人本身显然已不可实际受领）并受益？对此，判决书并未做深入的分析，只是笼统地指出应把其作为无遗嘱继承的财产，由遗嘱人的法定继承人依法定顺序继承。

在这一问题上，反而是一周后出炉的加州诉讼的判决更为明确，其规定"法庭承认加州和印第安纳州法律的确将名人死者的公开权给予了（死者）在世的伴侣和子女，即使这些死者死于这些法律颁布之前。但是公开权不能根据名人死者的遗嘱转让给其他受益人"。遗憾的是，加州判决的法官也未就此展开详细的论证。

不过法官在其判决中又特别强调："本判决不反对立法机关制定新的公开

---

① 该法案已获州长施瓦辛格签署，于2008年1月1日开始正式施行。

权法案,使得(类似本案当事方)的(遗嘱)余产受益人获得死者的公开权。"这也为前文所述两案判决后各方当事人在立法上的继续较量埋下了伏笔。

我国虽然没有死者公开权的立法,且因市场经济起步晚,对名人死者身份资源的认识和开发程度都远不及美国,但这方面的事例也并非绝无仅有。例如,前几年比较轰动的鲁迅的后人就鲁迅姓名在国内的广泛适用而提起的讼案。

可以预见是,随着我国市场化程度的不断增强和民众对于这种资源价值的意识觉醒,同类诉讼将会越来越多,而我们的立法和司法部门如果不能及时应对,就会出现立法和司法上的滞后。这方面我们不妨从美国取取经,从其长期的相关经验中获得借鉴,特别是法律思想和技术方面的经验。当然,考虑到两国之间民商法体系以及文化传统上的巨大差异,直接"移植"具体制度不一定适合,但借鉴某些立法和司法上的思路和技术却是不乏裨益的。

近年来美国各界关于制定有关公开权的联邦统一立法的呼声不断,主要目的也是希望通过统一的法制来结束美国国内混乱的公开权立法和执法现状,整合法律资源,减少诉讼成本,从而能够最大限度地发掘这个取之不尽的资源宝库,将这种无形资产的财富创造能力发挥到极致,最终提升美国在国内外市场上的经济竞争力。同时,美国各州基于州际经济竞争而不断升级的有关公开权的立法竞争,客观上也在不断刺激着统一成文化运动的进展。我们有理由相信,如同知识产权立法在美国的发展一样,公开权法律的统一或迟或早终将实现。作为法域相对集中的国家(不考虑港澳台地区),我国不必经历这种法制分散的"痛苦",能够直接出台适用全国的法律,这也是我们在新法创制方面的一个重要优势。

但是我们是否可以充分利用这个优势,在一定程度上实现"一步到位",创造相对成熟和稳定的立法,则需要博采众长、广泛调研,包括美国在这个领域的丰富积累,也许死者公开权就可以成为一个有益的突破口。

3. 电影《穆斯林的无知》侵权案①

2012年6月30日,美国好莱坞大道上一家小型独立影院放映了一部名为《穆斯林的无知》的影片,放映厅内没几个观众。这部质量不高、没什么情节的影片,充斥着大量制作粗糙的沙漠和帐篷背景,表演对白拙劣、粗鲁。

① 参见陈克勤:《穆斯林的无知》的背后风波,载《光明日报》2012年9月22日。

在美国，这部低成本的美国“烂片”只公映过一次，然而，就是这一次，却点燃了穆斯林世界的愤怒之火，让美国在2012年9月感受到了反美的炙热浪潮。

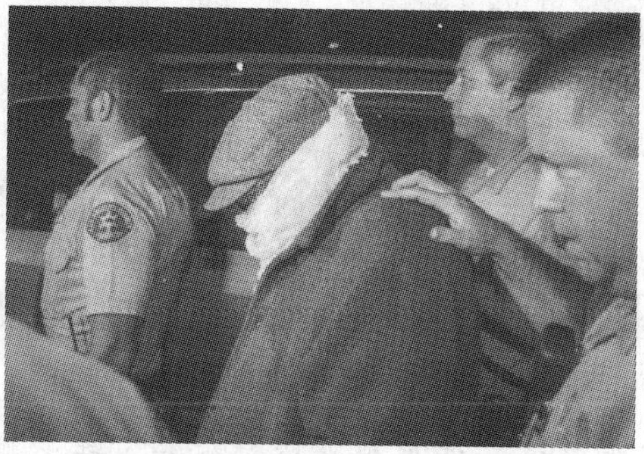

2012年9月15日，美国加利福尼亚州，优素福由警方护送出住宅

在影片中，白人演员把脸涂成棕色，扮演中东人；开拍之前几分钟，演员才拿到剧本和台词。不仅如此，从演员们拿出来的电影原始剧本可以查明，里面完全没有提到先知。参与影片的几十名工作人员称，他们被制片人忽悠了。

这部亵渎伊斯兰教先知穆罕默德的影片制作完成后，有13分钟预告片被上传到美国视频网站“YouTube”上，开始没有得到多少人关注。7月，这段视频被配上带有埃及口音的音频、加上阿拉伯语字幕重新上传至网络。至此，这部低成本影片开始逐渐激怒伊斯兰世界，并由开始的零星不满，逐步酝酿成大规模的反美示威，甚至牵连到其他西方国家：

9月11日，美国驻利比亚东部最大城市班加西领事馆遭冲击，美国驻利大使克里斯托弗·史蒂文斯丧命。

同日，美国驻埃及使馆遭遇民众示威。

9月13日，抗议活动蔓延至伊朗、伊拉克等国。

9月14日，德国驻苏丹大使馆被数千苏丹民众冲击。

一连串的事件发生后，美国感到事态严重，下令捉拿电影《穆斯林的无知》一片导演兼制片人马克·巴塞利·优素福（曾用名：纳库拉·巴塞利·纳库拉），罪名是涉嫌在保释期间违反有关计算机和互联网使用等方面的规定，并于2012年9月27日下午，在洛杉矶将优素福逮捕归案。

根据美国洛杉矶联邦地区法院检察官的声明，55岁的优素福，2010年因犯银行诈骗罪被判21个月监禁，并于2011年获得保释。

优素福缓刑期间制作该影片，涉嫌违反八项缓刑条例，包括向缓刑监督官撒谎和使用至少三个化名。

辩方律师寻求优素福以1万美元获准假释。

电影《穆斯林的无知》海报

法官苏珊娜·塞加尔说,“法庭现阶段对被告人缺乏信任”,优素福有潜逃可能,裁定他立即收监,不得保释。

美国法律规定:保释在外的犯人未经允许不得使用计算机和互联网,也不得使用化名。然而,优素福当年7月化名“巴希尔”,将《穆斯林的无知》一段14分钟的节选上传到视频网站YouTube。此举在一些伊斯兰国家引发猛烈抗议,导致包括美国驻利比亚大使在内的四名美国外交官罹难。

优素福的罪名一旦成立,将被判处最多24个月的监禁。尽管如此,美国联邦机构却始终对外强调,将“不会对他所拍影片的内容展开调查”。

评述

涉嫌亵渎伊斯兰教先知穆罕默德的电影《穆斯林的无知》,在公映之后,遭到伊斯兰世界的普遍抗议和声讨,美国政府迫于压力不得不采取法律措施,对导演兼制片人马克·巴塞利·优素福实施逮捕审判来平息这场风波,但是对优素福指控的罪名却与亵渎伊斯兰教先知毫不相干。

美国总统奥巴马对这部电影的看法代表了美国当局官方的态度:

其一,反对诋毁伊斯兰教的行为;

其二,强调“没有理由采用暴力对待无辜的人”;

其三,以“美国宪法保护言论自由”为由,拒绝禁止《穆斯林的无知》播放。

就在伊斯兰世界针对这部电影掀起声讨浪潮最激烈的时候,奥巴马在2012年9月底的联大发言时仍坚称,“由于宪法保障言论自由,美国不能禁止亵渎伊斯兰教先知的电影”。

埃及总统穆尔西对此强力反驳说:“埃及也尊重言论自由,但言论自由不能用来煽动对任何人的仇恨,也不能用来针对任何特定的宗教和文化。言论自由要阻挡极端主义和暴力行为,而不能加深愚昧和对其他人的漠视。”

美国官方的立场在一些大型私人机构中同样有所反映。谷歌公司旗下的视频网站 YouTube 在抗议浪潮初起时便表示，该网站不会删除优素福上传的电影节选，但已限制爆发反美抗议的埃及和利比亚用户访问这一短片。而据路透社报道，美国甚至出现了逮捕优素福“有违言论自由”的批评。

与官方对所谓“言论自由”的坚持不同，美国舆论普遍对优素福及其制作的亵渎先知电影极其反感，网络评论中不时出现“疯子”、“怪物”等指责。在许多美国人的印象中，优素福是个连真实姓名都蒙着神秘面纱的偏执狂、神经质。在洛杉矶被捕时，优素福声称自己 2002 年将名字从“纳库拉·巴塞利·纳库拉”改成现名。

电影中的女演员辛迪·李·加西亚愤怒地说，优素福在拍摄这部影片时化名“山姆·巴希尔”，自称“是个埃及人”，并以阿拉伯语跟助手对话。在拍摄时，这部电影本来名为《沙漠战士》，讲的是两千多年前的故事，与宗教毫不沾边，电影中的对白都是后期制作时修改的。加西亚对优素福提起诉讼，指控他“欺骗演员”。

在这里我们只有寄希望于美国最终的审判会给被欺骗的演职人员还以清白。

第二节　国内经典案例

1. 电影《五朵金花》纠纷案

被赞为“编导好、演员好、音乐好、风景好、色彩好”的“五好”影片《五朵金花》，1959 年由长春电影制片厂摄制，导演王家乙，编剧赵季康、公浦，主演杨丽坤。

影片以一个善良质朴的青年寻找爱人的过程，描绘了一幅积极、上进的生活画卷，展现了人与人之间最纯真、最质朴的情感，并通过这个曲折温馨的喜剧故事，展示了活跃在不同岗位的五位金花积极、向上的生活态度。片中人物情感真挚、自然流露，还穿插了悦耳的音乐和云南大理的秀丽山水，带给观众赏心悦目的精神享受，使本片成为一部经典之作。

这部作品先后在中外 46 个国家放映，导演王家乙、主演杨丽坤分获“第二届亚非电影节”最佳导演奖和最佳女演员奖。

自从《五朵金花》放映之后,“金花”就成了昆明优秀女青年的光荣称号,早已不分是白族还是其他民族。在当地,青年人举行婚礼,婚礼的仪程、喝酒的方式都是按照影片《五朵金花》中的婚礼仪程、方式进行的。该影片的影响力由此可见一斑。

《五朵金花》海报

1974 年,云南曲靖卷烟厂将香烟牌子改为与这部经典电影一样的名字“五朵金花”,并于 1983 年注册“五朵金花”商标。

1984 年起赵季康定居美国。赵季康认为曲靖卷烟厂的行为侵犯了其著作权,遂与公浦一起于 2001 年 2 月 5 日向昆明市中级法院起诉曲靖卷烟厂侵权。①

原告代理人向法庭提供了曲靖卷烟厂侵权的几份证据,其中一份是该厂在网站上的介绍:“‘五朵金花’牌香烟创牌于 1974 年,取材于反映云南大理白族民间生活情趣的轻喜剧电影《五朵金花》”。

卷烟厂在法庭上辩称,“五朵金花”这一名称不具有独创性。“金花”的称呼自古有之且十分普遍。最早把“五朵金花”用于作品名称的是电影而不是电影剧本。自己不构成对原告的所谓著作权的侵权。

国家版权局关于本案的答复:著作权法对文学作品的名称是否保护没有明确规定。从作品名称的纠纷来看,利用他人作品,主要是为了利用这部作品在社会上已经产生的巨大影响,并不是真正利用他人的作品,应当看做一种不正当竞争的行为。因此,我们认为,作品,包括电影文学剧本《五朵金花》的名称不宜受著作权法保护,应该受反不正当竞争法保护。这样,无论作品的名称是否具有独创性,只要被他人商业利用,作者都可能要求法律保护。

昆明市中级法院于 2002 年 3 月 18 日作出判决,电影剧本《五朵金花》的作品名称不能单独受我国著作权法保护。法院认为,首先,“五朵金花”作为作品的名称,并不具备单独成为一部独立完整的文学作品应当具备的要素,而著作权法保护的对象是作品。“五朵金花”由一个数量词和一个名词构成,“金花”作为白族妇女的称谓,古已有之,并非原告独创。其次,如果作品的名称并不具备一部完整文学作品应当具备的要素,但只要它构成了该作品的实质和核心部分就

① 参见胡喜盈:《34 年恩怨终了结》,载《天津日报》2008 年 11 月 29 日。

仍然应当受著作权法的保护。法院认为，"五朵金花"一词无论从形式上还是从内容上，均不构成《五朵金花》电影剧本的实质或核心部分。禁止他人使用"五朵金花"一词，既有悖于社会公平理念，也不利于促进社会文化事业的发展与繁荣。

两编剧不服一审判决，上诉至云南省高级法院。

2002年7月31日，云南省高级法院开庭审理"五朵金花"纠纷案。赵季康在庭上发表意见：本案争议焦点是作品的名称是否具有独创性。所谓独创性的"创"是指原创性，"五朵金花"这一剧本名称其文字组合是自古未有的"创新词组"。"五朵金花"作品名称是上诉人创造性劳动的产物，凝聚着作者的思想、情感。"五朵金花"这一名称与作品内容息息相关，是对作品内容的高度提炼和概括，并非数词、量词、名词的简单拼凑与组合。"五朵金花"名称具有独创性，看过电影的观众，只要一提到"五朵金花"，他绝不会在这四个字面前认为是指五朵金黄颜色的花，他肯定联想起那五个美丽、聪明的白族姑娘，回想起蝴蝶泉的秀丽风光和那迷人的歌声。

二审开庭中，卷烟厂请求调解，公浦接受了调解方案，卷烟厂赔偿他30万元人民币了断。赵季康对调解方案的开价是100万元美金，双方调解不成。

2002年8月29日，云南高级法院作出裁定：原判决认定事实不清，证据不足，发回昆明中级法院重审。

昆明中级法院重审此案后，再次判决赵季康败诉，赵季康再次上诉。2004年10月21日，此案有了终审结果，云南省高级法院驳回赵季康的诉讼请求，维持原判。

云南省高级法院审理认为，《五朵金花》剧本是一部完整的文学作品，"五朵金花"四字仅是该剧本的名称、是剧本的组成部分，不能囊括作品的独创部分，不具备法律意义上的作品要素，不具有作品属性，不应受著作权保护。因此，赵季康主张曲靖卷烟厂用其作品"五朵金花"的名称作为商标使用侵犯其著作权的观点不能成立。

四个回合下来，赵季康很失望，但她怎么也咽不下这口气，她继续向云南省高级法院申诉，向全国人大法制办、中国作家协会投诉。

2004年，最高人民法院张元、李辰亮两位法官在媒体上公开发表文章认为云南法院关于《五朵金花》案的判决是个错误。

两位法官认为曲靖卷烟厂未经剧本《五朵金花》作者同意，擅自注册"五朵金花"商标的行为，侵犯了原告的知名作品名称的商品化权。但曲靖卷烟厂注册商标的时间是1983年，而我国颁布于1982年的《商标法》并没有规定"权利在先"原则。《民法通则》颁布于1986年，《著作权法》则在1990年才颁布。

所以,如果法院以曲靖卷烟厂注册商标侵犯了原告的作品名称的商品化权为由,要求曲靖卷烟厂停止使用该商标,则未免矫枉过正,在平衡双方的利益方面有失妥当。在目前情况下,法院应当判决曲靖卷烟厂支付一定数额的商品化权使用补偿金给原告,并认定曲靖卷烟厂继续享有"五朵金花"商标的使用权。

面对赵季康毫不气馁的申诉,云南高院立案庭依法按照程序进行了审查。合议庭研究案情后一致认为,根据我国著作权法及其实施条例的相关规定,此案一、二审的判决认定是正确的,赵季康的申诉不符合立案再审的条件。

法理上虽然没有问题,但在情理上,赵季康的一生因为电影《五朵金花》而跌宕起伏,这部电影给她的人生所带来的影响十分深远。而曲靖卷烟厂创立"五朵金花"品牌香烟,确实是利用了该部电影的知名度,"五朵金花"的品牌从声誉和效益上给企业带来很好的影响。

云南省高级法院副院长李思明将曲靖卷烟厂的有关人员请到高院,他表示:"法院维护的是法律的公正,但在我们生活当中,还有道义、情理的公正。虽然这些无法用法律裁判,但依然存在于我们所遵循的社会秩序和道德良知当中。同时,和解此案能够彻底消除因为赵季康的四处申诉而有可能引发的对企业的不利影响。"

在法院的积极调解下,曲靖卷烟厂表示愿意回到当初的调解方案上来。2008年11月5日,赵季康从美国飞抵昆明。经过八年的诉讼之路,双方的手第一次握到了一起,这起备受关注的"五朵金花"著作权纠纷案终于画上了圆满的句号。

这场围绕电影《五朵金花》名称历时八年的纠纷尘埃落定。编剧赵季康与曲靖卷烟厂达成和解协议,由曲靖卷烟厂一次性补偿作家税后人民币40万元。

评 述

一部好的影视作品出现,常常凝聚着许多人的智慧和心血,电影《五朵金花》正是这样一部集合了众人智慧和才华的优秀作品,它的出现绝不是创作者的偶然发挥,它来源于生活,并凝聚了老一辈革命家的寄托与希望。

然而在这部优秀作品的背后也饱含了许多人生的辛酸,如果知道了这些背后的故事,或许人们就能够体会到赵季康为什么一定要打赢这场官司。

事情要追溯到1959年初,《五朵金花》创作的源头。

当时文艺界掀起向新中国成立10周年献礼的热潮。周恩来总理十分重视,当他看了《钢铁世家》、《万紫千红总是春》等影片后,对当时电影界存在的政治口号太多、缺少美感和轻松愉快的状况很不满意。

周总理他对当时的文化部部长夏衍说:"你不久前不是去过云南大理吗?

是否写一部以大理为背景、反映边疆少数民族载歌载舞的喜剧影片?”夏衍说:“我不熟悉少数民族的生活习俗,但可以推荐一个人来写。”夏衍要推荐的那个人就是赵季康。①

赵季康原是浙江嘉善人,16 岁考入南京金陵女子大学中文系,曾任昆明军区《国防战士报》记者。1960 年转业到作协昆明分会为专业作家。她的作品很多是反映西南少数民族生活的。

云南省委宣传部长根据夏衍的指示将赵季康、王公浦夫妇召到昆明,要求他们用一个礼拜的时间,赶编一个故事。

赵季康听了有些急,好在她和丈夫早在 1955 年曾经去过大理,赶过“三月街”,对“三月街”的赛马和其他风俗很熟悉,两人便决定用赛马作为电影的开场戏,并以此为基础,不到一周便写出了电影《七朵金花》的提纲。

剧本交到夏衍那里,夏衍给予了充分肯定,但也就某些故事情节及艺术表达提出了意见。他对赵季康说:“这个剧本可以拍 3 部电影了。”赵季康于是又对剧本进行了大幅修改,把原来的“七朵金花”改为“五朵金花”,减去了“水库上的金花”和“采茶金花”。夏衍看了修改后的剧本很是满意。不久,《五朵金花》的剧本在刊物上公开发表并获得了好评。

中宣部和文化部将执导《五朵金花》的任务交给了长影导演王家乙。夏衍叮嘱王家乙:“不要搞政治口号,要表现出山河美、人情美,这部片子的主题就是社会主义好!”

王家乙看到剧本后,又带着作者赵季康及作曲家雷振邦等一行 5 人来到大理看外景。在大理古城住了四五天,王家乙却怎么也找不到拍电影的感觉。

作曲家雷振邦问赵季康:“能不能把对话改成对歌?”赵季康即兴朗诵了一首“阳雀飞过高山顶,留下一串响铃声……”王家乙听了赵季康的朗诵,说:“好,好,就按这个调子写。”“大理三月好风光,蝴蝶泉边好梳妆,蝴蝶飞来采花蜜,阿妹梳头为哪桩……”

在接下来的几天里,赵季康一口气写完了《五朵金花》中所有的歌词,雷振邦又花几天工夫为歌词谱好了曲。

剧本定稿后,王家乙带着一班人马在云南挑演员。不久,“四朵金花”都“名花有主”了,男主角选定了莫梓江。只是戏中重要人物女社长金花这个角色一直没个着落。

一天,王家乙来到云南省歌舞团,没有选到中意的。正当他往外走时,一个正站在排练厅的窗台上擦玻璃的姑娘引起了他的注意。就在这时,有人跟这位

① 资料来源:《文萃报》2009 年 7 月 30 日。

姑娘打了个招呼，姑娘应声抬头，一张纯真、质朴的微笑着的面孔映入王家乙的眼帘。“就她了！”王家乙高兴得大叫起来。《五朵金花》女主角就这样定了下来，那一年杨丽坤16岁。

杨丽坤不仅天生丽质，富有表演才能，还十分刻苦努力。她的表演朴实、自然，分寸感把握得很到位。周总理对她的表演也是称赞有加，还曾两次带着她出国访问。当周总理得知《五朵金花》是别人配的音后，还勉励杨丽坤严格要求自己，早日学好普通话。

《五朵金花》这部影片先后在中外46个国家放映，有的观众，包括贺龙元帅，看了10遍也不厌。当时的陈毅副总理每次出访最喜欢带上这部影片。

如今，半个多世纪过去了，但《五朵金花》并没有随着时间的流逝在人们的记忆中消失，2000年在全国“百年最佳影片”评选过程中，《五朵金花》被评为十大影片之冠。

《五朵金花》的巨大成功让赵季康收获了成功的喜悦。作为一个作家，作品得到党和人民群众的喜爱和认可，这是至高无上的荣誉！赵季康和同为作家的丈夫王公浦度过了生命中短暂而美好的快乐时光。

然而，快乐总是短暂的。在政治运动中，《五朵金花》成了“宣扬资产阶级情调”的“大毒草”，赵季康因此受到了迫害。1966年，赵季康与丈夫王公浦离婚。

1968年，赵季康被押送到昆明“五七”干校劳动，她的健康状况急剧恶化，已经无法正常劳动。

之后，赵季康再婚又离婚。1978年，赵季康离开了七彩云南，回到家乡浙江。1984年，53岁的赵季康来到了美国，开始了旅美写作生涯。

在那个非常年代，不仅赵季康，许多无辜善良的人们也受到了残酷的迫害。《五朵金花》的金花扮演者杨丽坤，在政治运动中惨遭迫害，身心俱残，导致精神错乱，从此永远离开了她喜爱的银幕。

回过头来我们再看本案，本案虽说打的是著作权官司，但是实质上涉及的是商品化权。

文学艺术作品中创造的形象、名称在版权保护之外，这是具有可保护的利益的，这种利益的法律形式即商品化权。

商品化权是指将具有吸引力的人物形象、名称用于商品上使用的权利。商品化权涉及真人形象、姓名、文学艺术作品中虚构人物形象、名称以及作品标题等的名望。商品化权的实质是利用人物、角色已有的知名度用于商品竞争，以刺激消费者“爱屋及乌”的情感达到对商品的需求。

商品化权的客体是一种特定的信誉，就虚构角色而言，这种信誉源于艺术形象的创造者长时间的生活体验和艺术积累以及他们富有个性的表达方式。诸如

"五朵金花"等艺术形象是作者笔下创造出来的虚构人物，它们现形于书纸、舞台、银幕，家喻户晓，深得广大群众的同情、喜爱。

这样的著名虚构人物形象、名称在大众当中有一种特殊的吸引力。大众对于虚构人物的关心、同情、喜爱有可能推及于与其相关的事物，导致偏爱那些带有这些虚构人物形象或者名称的商品。

在相互竞争的商品中，犹豫不决的消费者更愿意接受他们所熟悉和喜爱的人物指示或表彰的商品。这种"顾客吸引力"能够为商品经营者带来可观的经济利益，而这正是信誉的价值所在。

信誉是商品化权的利益基础，没有知名度，便不存在信誉，商品化权就无从谈起；只有广为人知，受到大众信赖和喜爱，有信誉存在，才有法律保护商品化权的必要。因此可以说，商品化权对于具有高度公众评价的知名人物、著名虚构人物才有意义。

本来，一个品牌的信誉是在市场竞争过程中逐步建立起来的，被告无疑选择了一条"捷径"——借助他人已经建立的信誉推销产品。电影《五朵金花》具有的知名度和信誉众所周知，被告这种"搭便车"行为的实质，就是无偿盗用电影《五朵金花》的潜在商业价值。因此，原告所要求得到的赔偿应包含这部分被盗用的信誉价值，以实现自己应有的收益。

毫无疑问，在本案中被告未经原告允许，利用原告的劳动成果为自己谋取利益，既不尊重原告的劳动成果，也侵犯了原告的利益。原告为创作这部作品所付出的代价是用金钱无法衡量的，从这个角度看被告无论从道德还是从法律方面讲都是理亏的。

2. 澳门电影节诉媒体侵权案

2009年12月26日至2010年1月2日，首届澳门国际电影节（Macau International Film Festival）在澳门举办，之后围绕该电影节的批评报道不断。

参加该电影节的电影人高建文在博客中发表文章称，"评选期间，组委会竟然没有组织过一场参赛电影放映活动，会上甚至出现未获得提名影片竟然得奖的现象，还有颁奖现场众多剧组弃奖的现象"。[1]

之后，这篇博文被本案被告《新闻报》社下属的《新闻晨报》引述到报道中，

① 参见：《多家媒体批评澳门电影节被起诉》，载《新京报》2012年03月19日。

《河南日报》报业集团有限公司下属《大河报》、北京中经网联合信息咨询中心、北京百度网讯科技有限公司所属的百度娱乐网站也转载了该报道。

澳门电影节组织方澳门电影电视传媒协会以名誉权被侵犯为由，将北京中经网联合信息咨询中心、上海《新闻报》社、百度网讯科技有限公司、《河南日报》报业集团有限公司四家媒体单位一起诉至北京市西城区人民法院。

2011 年 11 月 25 日，北京市西城区人民法院因原告证据不足，一审判决驳回澳门电影电视传媒协会的诉讼请求。澳门电影电视传媒协会提出上诉，2012 年 3 月 19 日北京市一中院开庭审理此案。

澳门电影电视传媒协会称，2010 年 1 月 6 日至 7 日，四被告分别在网站和报纸上刊登题为“澳门电影节组织混乱”一文。文中用“电影节‘三宗罪’：涉嫌对参展剧组乱收费；组织混乱，只组织参赛，不组织看片；结果有黑幕，乱颁奖，甚至涉嫌卖奖”等语言对协会进行诽谤，给协会的名誉造成难以弥补的损害。为此提起诉讼，要求删除文章、赔礼道歉并赔偿损失 11 万元。[①]

四被告都承认刊登或转载过涉案文章，但均否认侵权。

百度网讯和北京中经网联合信息咨询中心说法类似，称的确在网站出现过涉案文章，但不是网站原创，而是转载于其他报纸。文章描述的是 2009 年 12 月 26 日澳门电影节颁奖、评奖的客观过程，是对澳门电影节组织混乱、规则混乱进行的客观描述，并未在文章中提及澳门电影电视传媒协会，也没有对澳门电影电视传媒协会进行报道。此外，文章的相关过程在国内有数百家媒体进行报道，其中包括新华网等国家级的官方单位，文章中的相关内容有相关出处，经过核实，没有出现侮辱诽谤。

《新闻报》社和《河南日报》报业集团有限公司的说法类似，称文章是根据客观事实描写的，是新闻媒体的客观报道，没有侵害澳门电影电视传媒协会权益。澳门电影电视传媒协会不能因为是负面报道就主张侵权，这是对新闻自由言论自由的扼杀。

评 述

这是澳门回归以后第一例澳门电影电视传媒协会起诉内地传媒的案件。涉案的电影节也是澳门电影电视传媒协会与中国国际文化传播中心联手举办的第一届“澳门国际电影节”，因此这届电影节受到了传媒的关注。

法院的一审判决表明了他们的态度。法院认为，澳门电影电视传媒协会未提供证据证明四被告刊登的文章严重失实。文章内容来源或是在场人公开的言

① 资料来源：《京华时报》2012 年 3 月 20 日。

论或是不同媒体的报道，文章用词“涉嫌”并非确定词语，也没有澳门电影电视传媒协会的名字，且无侮辱人格的内容。在该协会要求被告删除该文章后，涉案文章已经删除。因此，法院不能认定四被告存在主观过错，原告所述被告侵犯其名誉权证据不足，驳回其全部诉求。

法院同时指出，大众传媒是公众参与国家和社会事务的重要方式，在传媒技术高度发达的今天，我们已生活在一个高度媒介化的透明社会，澳门电影电视传媒协会应该正确对待舆论影响的问题。

当然，对于第一届电影节而言，可能会存在着承办经验不足等客观原因，需要人们用宽容的态度期待它的不断成长。相信澳门电影电视传媒协会在以后的电影节中能够更为慎重地行使自己的权利，把自己一方的事做好，这样媒体自然会给予更多赞美的报道。

3.《大宅门》著作权案

导演郭宝昌是 50 集电视剧《大宅门》剧本的作者，1996 年 10 月他将《大宅门》剧本版权转让给深圳海王集团股份有限公司。2000 年 3 月，海王公司将该剧本版权及其相关的开发权和所有权转让给了无锡中视影视基地股份有限公司。2001 年 8 月该公司变更名称为中视传媒股份有限公司。

2003 年中视传媒发现，深圳市大宅门影视文化传播有限公司、世纪英雄电影投资有限公司、北京金英马影视文化有限责任公司、北京保利华亿传媒文化有限公司、北京华谊兄弟太合影视投资有限公司及深圳市电影制片厂六家影视公司共同摄制了《大宅门》续集（第 41 集—72 集）。

郭宝昌导演的《大宅门》海报

中视传媒认为，六家公司未经同意多处使用了与《大宅门》剧本内容相同或相似的剧情，并公然销售侵权产品和授权电视台播放《大宅门》续集，侵犯了其著作权，遂告至北京一中院，要求判令六家公司停止侵权、公开赔礼道歉。[①]

① 参见肖执缨：《〈大宅门〉变电影 郭宝昌状告中视传媒》，载《羊城晚报》2004 年 8 月 1 日。

法庭第一次开庭时,原告中视传媒追加了800万元索赔的诉讼请求,六被告决定回去商议后再对此项诉讼请求作出答复。

在之后的庭审中,六被告均不同意原告索赔800万元的诉讼请求。被告提出的理由有二:一是侵权事实不存在,二是索赔金额的核定不应该依据电视剧播出后得到的收益,而该参考剧本本身的价值。

被告方之一深圳电影制片厂代理人说:"我们尊重法律,但是我们也应该考虑社会效益,《大宅门》和其续集都是非常优秀的作品,我们应该对这样难得的作品抱有一颗保护的心、扶植的心,采取另外一种方式解决。"

被告方还对原告提交的剧本提出质疑,认为原告方提交的剧本是分镜头剧本,不能算做一件完整的作品,只有当分镜头剧本剪接、综合之后生成完成台本时才是一件完成的作品,才具有著作权。依据未完成的作品来提起诉讼不合理。

经北京一中院调解,最后双方自愿达成调解协议,六被告共同向中视传媒支付人民币50万元,中视传媒则同意对《大宅门》续集不再主张任何权利。

但法院调解生效后,六家公司并未及时履行付款义务,中视传媒于2005年3月向北京一中院申请强制执行。

为维护申请人的合法权益,一中院执行法官及时向被执行人发出执行通知。六被执行人之一世纪英雄电影投资有限公司委派代理人来到法院,表示由其公司履行法律文书确定的义务,并交来20万元的支票,承诺其余部分一个月后再送交法院。

但经执行法官多次督促,该公司一直以种种借口拒不履行其余部分款项。在督促被执行人自动履行无效后,执行法官前往北京市多家银行查询各被执行人存款情况,在计算案款及诉讼费后将被执行人北京华谊兄弟太合影视投资有限公司在某银行存款33万余元扣划至法院。2005年7月25日,北京市第一中级人民法院将33万案款发还给申请执行人中视传媒股份有限公司。至此,这件涉及电视剧《大宅门》的著作权侵权纠纷执行案圆满执结。

中视公司特意向执行法官赠送了一面锦旗以表谢意。

但是,此后中视传媒又因改编电影《大宅门》涉嫌侵权,被郭宝昌所在的大宅门影业告上了法庭。电视剧《大宅门》导演郭宝昌接受媒体采访说:"中视传媒作为合作伙伴之一和我们一同拍摄电视剧《大宅门》,电视剧播出之后他们和我说打算将这部电视剧改编成电影发行,我说要改编必须再重新签订一个合同。后来这件事就没有下文了,但是有一天我听说有人正在背着我剪辑电影,我来到他们制作的地方才发现确有此事。我找到他们负责人质问,当时这位老总竟然矢口否认。但以后我们发现市面上电影《大宅门》开始发行了,最可恶的是我拍的电视剧,导演竟然成了唐季礼,更过分的是他们将央视所有制作人员名单也都删除了。而且他们还召开了发布会，说我特邀唐季礼亲执导筒进行剪辑。我和唐季礼都不认识，这怎么可能呢？"①

郭宝昌的大宅门影业的法律顾问刘琨律师在接受采访中也说："我们认为中视传媒的这种行为已经侵害了郭宝昌作为导演的署名权和他作为《大宅门》小说原作者的保护作品完整权，因此我们在 7 月初在北京市一中院起诉了对方。法院可能会考虑将这起案子与前不久对方诉讼我们的案子一并处理。对于这起事实非常清晰的案子，我非常有信心打赢这场官司。"

而所传电影《大宅门》导演唐季礼的助理则表示唐季礼根本不知道这件事，也不可能去改编郭宝昌的作品，这件事纯粹是无中生有。

评 述

在围绕《大宅门》展开的两起侵权案中，对于第一个案例，我们对拥有该剧本版权及其相关的开发权和所有权的中视传媒股份有限公司的维权行为表示赞赏，但是在后一个案例中，我们又不得不对其行为表示惋惜。

这一事例告诉我们，我国在规范知识产权，尊重别人的著作权、版权等方面还有很长的一段路要走。

4. 国内首例影片人物肖像权案

传媒发生报道失实名誉侵权诉讼，绝大多数都是针对纸媒体或者说主要以文字传递信息的媒体的，但是随着纪实作品的出现，这一范围有所扩大。

对下面案例的分析处理可为以后拍摄纪实作品带来启示。

此案件所涉及的人物和事件都不大，还是基层法院作出的判决，然而它们涉及中国当代社会权利的总体配置和其他一些理论和实践的问题，从这个角度看有必要对案件所涉及的法理做一探究。

1994 年，名导演张艺谋的《秋菊打官司》（以下简称《秋》）引来了一场官司。公民贾桂花因《秋》剧摄制组在陕西宝鸡进行纪实性拍摄时，摄下了其有"生理缺陷"的形象，并用于营利，认为该行为侵犯了其肖像权，要求摄制组公开赔礼道歉，剪除与其有关的镜头，同时要求赔偿其精神损失费 8000 元。摄制组以"文艺家行使宪法赋予的文艺创作自由权"进行抗辩。

① 参见孙蕾 王敬群：《〈大宅门〉著作权案尘埃落定》，载《天津日报》2005 年 07 月 27 日。

《秋菊打官司》电影海报

贾桂花是陕西宝鸡一公民,因患过天花,脸上有麻子这样的"生理缺陷","连照相都不愿"。《秋》摄制组在陕西宝鸡进行纪实性摄影时,摄下了其在场卖棉花糖的形象,在片中出现的时间大约四秒钟左右。随着影片公之于众,熟人嘲笑贾氏"成了明星","长得那样还上电影",其子在校也遭人戏谑,这使贾氏极为痛苦。

为此,贾氏经律师代理在北京市海淀区人民法院向《秋》剧组所属的北京电影学院青年电影制片厂提出诉讼,认为《秋》剧组以营利为目的(因电影是商业发行的)侵犯了她的肖像权,要求影片摄制者向其公开赔礼道歉,剪除影片拷贝上贾氏的镜头,同时赔偿贾氏精神损失费人民币8000元。

经过案件审理,海淀区法院于1994年12月8日作出了一审判决,认为《秋》剧组的行为不构成侵权,驳回贾氏的诉讼请求。

北京市海淀区人民法院认为,保护公民的肖像权,现行法律规定的基本精神是不经本人同意他人不能以营利为目的使用公民肖像。而不以营利为目的,一般也须征求本人意见方可使用,但在一定条件下,即合理范围内,法律原则中又有直接使用的通例。贾桂花在街道旁摆摊从事个体经营,身处社会公共环境之中,身份明确,形象公开,北京电影学院青年电影制片厂出于创作的需要,拍摄街头实景将其摄入其中,并无过错。虽有四秒钟形象定格,但摄制组主观上没有恶意,客观上也没有主观渲染。该人物镜头的拍摄与使用应该列入合理的直接允许的范围。否则,这样的艺术创作活动是根本无法进行的。

贾氏不服,上诉至北京市中级人民法院。

评 述

本案是对功利主义和新闻价值原则的典型辩护,在公共利益与个体利益相冲突的时候,一审法院主张给予公共利益以较强的保护。

公民的人格利益一般高于财产利益;公民在政治方面的利益高于普通社会利益;而公民的生命健康权则具有最高的价值。对于公众人物、公共事物、历史人物的报道及评论等应当给予更多的保护;对于非公众人物,私人事物,现实生活中的人、法人、自然人的报道、评论等则应当更加强调对涉及者的名誉权、隐私权的保护。

在上文诉北京电影学院青年电影制片厂侵害肖像权一案中，原告贾桂花肖像权经济赔偿的诉讼请求不能被支持。因为在原告贾桂花的经济利益与青年电影制片厂艺术创作的利益平衡中，我们应该倾向于青年电影制片厂艺术创作的公共利益。

但是，在原告贾桂花的人格利益（影片公开上映后，原告的平静生活不断地被打扰，一些亲友、同事和其他人讽刺、挖苦，使原告精神感到压抑，给原告的工作、生活带来许多麻烦）与青年电影制片厂艺术创作的利益平衡中，我们应该修正以前功利主义的利益保护原则，向原告贾桂花的人格利益倾斜。因为，青年电影制片厂拍摄电影的行为，不仅仅是一种追求艺术创作这种公共利益的目的行为，它同时也是一种追求自身商业利益的目的行为。在公共利益和个体利益平衡的关系上，我们不能只强调新闻媒介功利主义的辩护，而忽视新闻媒介自身追求商业利益的一方面。在以前的司法实践中，原告贾桂花的人格利益被损伤，被告青年电影制片厂的商业利益被保护，这样的利益平衡原则应该被修正。在今后的司法实践中，我们应该把媒介的公共利益与商业利益分割开来进行利益平衡。

贾氏的诉讼请求有三项，赔礼道歉，剪去镜头和8000元精神赔偿。赔礼道歉是否应当，取决于《秋》剧组是否有法律上的过错，而不仅仅取决于贾氏是否受到了实质性的伤害；此外是否有法律过错也是其他两项诉讼请求的基础。因此，就案件本身而言，也许只要分析《秋》剧组是否有过错就可以了。

考察贾氏的后两个诉讼请求，要看是否对被告或对其他言论者未来的言论自由权行使构成了实质性的重大限制。如果这种限制很小，不会对权利配置产生什么制度性的普遍影响，那么，在有法律上的过错和因果关系的前提下，法院也许可以认可贾氏的诉讼请求。

剪去镜头的请求是不恰当的。这个四秒钟的镜头尽管有人物形象，但其在影片中的实际作用相当于一个空镜头，目的是展现一种社会氛围和调整影片节奏，它与剧情故事的发展并没有直接的必不可少的联系，至少有许多人认为剪去这个镜头对影片的完整性几乎毫无损害。因此，仅仅从解决纠纷来说，《秋》剧组完全可以在这一请求上妥协。但问题的关键不在于这一请求是否对影片的内容有损害，而在于如果同意了这一诉讼请求，实际上，就是法律要求作者按照原告的要求来进行创作，就是要将原告的意愿强加在被告作者身上；而被告是有权利按照自己意愿进行艺术创作和表现的，尽管被告的权利行使给原告带来了某种实际的，但未必是法律认可的损害。即尽管存在事实上的伤害，但被告的行为并非法律禁止的，甚至未必违反了一般的社会公德。如果在这种合法并可能合乎一般道德的范围内,仍然要求被告服从原告的意旨,这显然是对被告权利在法律上无法认可的过分限制。8000 元的损害赔偿也有同样的问题。问题不在于钱多少或有无支付能力,而在于有没有道理。如果法院判决被告必须支付贾氏 8000 元,那么实际上意味着被告只有在支付 8000 元后才能行使他本来就拥有的言论自由权。

如果仅仅限于此案,那么这些请求也许都不那么严重,问题在于这个案件在很大程度上具有一种示范作用。如果贾氏的请求得以成立,有人说《秋》中所有被纪实性拍摄而进入影片的大约三百人就都可以以同样的理由起诉:"这样一来,根据小说《万家诉讼》改编的《秋菊打官司》,就真的陷入了'万家诉讼'的尴尬境地"。这种猜测显然是夸张的,肯定不会有那么多人提出诉讼,即使提出诉讼其中绝大多数人也肯定会输。但是有一点是肯定的,即许多人都可以以此为范例而拥有诉因(Cause of Action)和诉权,这不仅会使文艺家以及许多人对自己行为的法律后果难以预期,而且可能会不得不卷入大量诉讼之中。即使是善意的非批评暴露性的电视剧、新闻报道、绘画、摄影,甚至小说创作和文学评论(诸如"未经我的许可,对我的作品进行批评,使我身心受到创伤"之类的诉讼就可能出现)也将受到重大威胁。任何涉猎于这一领域的人将不可能有一个大致确定的预期,他将无法确定自己能够做什么,不能做什么,这将对言论自由构成实质性的限制。

在贾案中,尽管一审法官由于答辩律师的问题而没有讨论言论自由的问题,但他们实际上考虑到了如果准予贾氏的诉讼请求,那么今后电影和新闻界就难以进行工作这样一个现实的然而又不是目光短浅的问题。

这种思考实际上具有法律经济学分析的意味,尽管很粗糙。一审法官也没有按照一般的中国传统的那种就事论事的个案"公平"来思考决断这个案件(那样,贾氏就应当胜诉),而是在实践上将这个案件同中国社会的法律制度化联系起来了,因此他们的审理结果体现了法律是普遍的原则和制度的思想。这不仅需要见识和眼光,而且更重要的是需要一种勇气——针对的是中国社会传统的思维方式和"保护弱者"的社会思潮。

并不是说该判决就一定要得到二审法官的认可,二审法官完全可以也完全可能基于其他事实和法律问题以及其他思考而推翻一审判决。即便如此,这也并不意味着一审法官们的思考和处理就完全错了;他们的思考和处理已经超越了一般意义上的对错,而获得了一种更为深刻的社会意义。

我们来看看贾桂花案件中的几个民法问题。[①] 很多人认定《秋》剧组侵犯了贾氏肖像权是基于这样一个判断，即贾氏受到了伤害，因此应当得到某种赔偿。换言之，《秋》剧组的行为是否真正构成侵犯肖像权其实并不十分重要，侵犯肖像权仅仅是对他们判断的一个正当化。这就要求我们：

首先，不能停留在肖像权的争议上，而必须先考察一下我们的那个判断。假定贾氏受了伤害，这种伤害究竟是谁造成的，又是怎样造成的？必须注意，贾桂花受到了伤害这一事实并不一定等于该伤害是由《秋》剧组造成的（尽管伤害可能是《秋》剧组引起的）。初看，贾氏的伤害是由于《秋》剧组造成的。的确，如果没有《秋》剧组的出现，贾氏就不会有她所经历的痛苦。在这个意义上，法院可以将《秋》剧组定为贾氏伤害的原因。但实际并非如此。仔细看一看，就会发现实际造成贾氏之伤害的是多方面的因素。最主要和最直接的原因可能是她周围那些不尊重他人而当面或背后嘲弄贾氏的人；贾氏本人的过于敏感也是一个因素。这里缺少任何因素，伤害都不会发生，显然，这里的事实上的伤害是由多种原因促成的，而《秋》剧组最多是一个引子。按照经济学上的边际原理，显然各方都有责任。如果法院要认定《秋》剧组是伤害原因，那么就只有在肯定贾氏的邻人有权利嘲弄贾氏以及贾氏本人的过于敏感天经地义才得以成立。而即使可以肯定贾氏本人的敏感是天经地义，无论如何也不可能认定贾氏的邻人有权利嘲弄贾氏。

其次，还有另外一个问题：贾氏所受到伤害的程度是与她的主观感觉成正比的。也就是说，贾氏对"上电影"越敏感，她所感受到的伤害越强烈，而如果她不敏感，那么她就不感到伤害。由此人们会发现一种不确定，这是完全以一个人主观感受为标准的伤害，而不是通常在其他侵权案件中所说的那样是一种"客观"的伤害。主观感受受了伤害仍然可能构成法律上的伤害，问题在于法律如何处理或应当如何处理这种特殊类型的伤害。而法律的一个根本性的特点，就是它的一般性（generality）。

一般说来，法律不能也不是以受伤害人自己的感觉程度来确定伤害程度的，而大致是依据常人的感觉程度来确定的。这是法律作为制度化的特点。否则，人们将无法依照法律行事，因为每个个体都可能会有感觉程度的不同，如此人们的行为是否合法、是否"有权利"就完全随着他们偶然碰上的任何一个人的特殊点而改变。据此，如果《秋》剧组的行为对贾氏构成了伤害，衡量这种伤害也只能按照一般人在这种情况下可能受伤害的程度的原则来衡量。

---

① 参见苏力：《〈秋菊打官司〉的官司、邱氏鼠药案和言论自由》，http://www.148cn.org/data/2006/0513/article3132.htm，2008 年 5 月访问。

最后,还有一个依据严格责任原则还是过错责任原则的问题。依据严格责任原则,只要贾氏因《秋》剧组的行为而感到了受伤害这种部分事实上的因果关系就足以构成侵权;如果按照过错原则,则法律上除要求原告证明这种因果关系之外,还需要原告证明秋菊摄制组有主观上的过错(有意或过失),才足以构成民法上的侵权行为。

在这个问题上,我国《民法通则》第 100 条,以及 1988 年 1 月 6 日最高人民法院《关于贯彻执行〈民法通则〉若干问题的意见》(试行)(以下简称《意见》)第 139 条都规定要有以营利为目的;《意见》第 150 条又规定:“公民的……肖像权……受到侵害,公民……要求赔偿损失的,人民法院可以根据侵权人的过错程度、侵权行为的具体情节、后果和影响确定其赔偿责任”。因此,如果要确认《秋》剧组构成侵犯贾氏的肖像权,贾氏除了要证明自己身心受到伤害之外,还必须证明《秋》剧组有过错,即有意使用公民的肖像营利。由于对于此案是否属于《民法通则》和《意见》中明文规定的那种以营利为目的的侵犯他人肖像权有很大争议,因此贾氏不能仅从《秋》一剧中有贾氏的镜头和该影片有事实上的营利而“客观归过”,而必须有其他在数量上和质量上都令人信服的证据来证明《秋》剧是以营利为目的,而不是为了艺术的目的拍摄并选用了贾氏的形象。基于过错原则,显然贾氏极难承担起这一举证责任。

根据贾案,是否可以对我国的民法立法或审判实践进行修改,考虑在涉及这类案件时适用严格责任原则呢?这种修改不是没有理由的,例如,在双方都有权利并都无明显法律过错的情况下,似乎责任应当由更有经济能力者(在此案中,即《秋》剧组)承担。从道德直觉上看,就贾氏案件本身来说,做这种修改是必要的。但从法律制度上来考虑,以及从目前的一些关于严格责任和过错责任的比较研究来看,都未必有利于贾氏的诉讼请求。在这个意义上,本案是一个非常“难办的案件”。

5. 违反电影管理规定的案例

电影作为大众传媒,在社会上受关注的程度不断提高,电影产业化呈现出良好的发展前景。为了加强对外交流,引进国外先进的制作技术和管理理念,引进资本运营,做大做强中国的电影产业,国家电影主管部门在合作摄制电影方面颁布了相应的法律法规,以规范合作摄制电影片的全过程。

1994 年 7 月、2003 年 10 月国家电影主管部门先后两次就中外合作摄制电影颁布管理规定：《关于中外合作摄制电影的管理规定》、《中外合作摄制电影管理规定》。2004 年 7 月 6 日，《行政许可法》颁布后，国家广电总局在《电影管理条例》（国务院令第 342 号）行政法规等部门规章的基础上，再次重新修改并颁布了新的《中外合作摄制电影片管理规定》（广电总局令第 31 号，以下简称《管理规定》），并于 2004 年 8 月 10 日起实施。《管理规定》中明确了中外合作摄制电影片的主管部门、申请设立中外合作摄制电影片单位的资格、合作摄制的形式、审批程序、申请时应提交的材料、中外合作摄制电影片应当遵循的原则等等。

由于电影业的发展快、影响大，电影作品的拍摄、公映等活动也常常成为媒体报道的内容，但是对于一些涉诉电影拍摄等相关活动，传媒工作者参与报道时一定要谨慎对待。

随着中国电影产业进入高速发展阶段，有统计显示，2011 年国产故事片产量已超过五百部，数量不可谓不多，但精品不多，一些电影还以血腥、暴力、低俗为卖点，挑战社会道德底线，威胁电影产业的健康发展。

2011 年 12 月 15 日，国务院法制办公布《中华人民共和国电影产业促进法（征求意见稿）》（以下简称《征求意见稿》），准备出台扶持措施促进电影产业发展，同时也明确要求电影不得含有宣传吸毒、渲染恐怖等情节。对单一产业进行立法，这在中国立法史上尚属首次，表明国家对发展电影产业的高度重视和全力支持。

2011 年 12 月中旬，《中国青年报》社会调查中心通过民意中国网和爱调研网，对 2652 人进行的在线调查显示，64.8% 的受访者支持《征求意见稿》中的规定。52.2% 的受访者感觉，当下国产电影色情、暴力、低俗等问题严重。受访者中，70 后占 23.7%，80 后占 52.5%，90 后占 15.9%。

虽然该征求意见稿与 2002 年 2 月施行的《电影管理条例》相比，电影禁映的内容由原来的 10 项增至 13 项，但是，实际上电影管理的核心内容还是不能违宪，不能与核心价值体系相违背，不能有过分暴力、色情的东西，民族、宗教问题也不能越界，这和管制松紧没直接关系。

案例一[①]**：**

由中影集团公司第四制片分公司、西安美亚文化传播有限公司与香港美亚电影制作有限公司合作摄制的故事影片《追击八月十六》，未按批准立项的剧本拍摄，擅自增加人物和情节，且未按规定聘用境外主要演员，在香港宣传影片时又擅自更改片名。违反了《电影剧本（梗概）立项、电影片审查暂行规定》（广电

① 参见郭娅莉等主编：《媒体政策与法规》，中国传媒大学出版社 2006 年版，第 157 页。

总局令第 30 号）第 11 条“持有《摄制电影许可证》的电影制片单位和获得《摄制电影许可证（单片）》的影视文化单位应按照广电总局同意立项的剧本（梗概）拍摄电影片”的规定和《中外合作摄制电影管理规定》第 13、17 条：“联合摄制中需聘用境外主创人员的，应当报广电总局批准，且外方主要演员比例不得超过主要演员总数的三分之二”、“中外双方如需更改已经取得《电影公映许可证》的电影片，应当报广电总局审批。”

案例二[①]**：**

由中影集团公司北京中影元申影视业有限公司、北京时代联盟文化发展公司与台湾方圆电影有限公司合作摄制的故事片《五月之恋》，聘用境外女演员冒充内地演员。违反了《中外合作摄制电影管理规定》第 13 条“联合设制中需聘用境外主创人员的，应当报广电总局批准，且外方主要演员比例不得超过主要演员总数的三分之二”的规定。

案例三[②]**：**

由中影集团公司第四制片分公司、西安美亚文化传播有限公司与香港美亚电影制作有限公司合作摄制的故事影片《枪林恋曲》，在香港宣传影片时擅自更改片名。违反了《中外合作摄制电影管理规定》第 17 条“中外双方如需更改已经取得《电影片公映许可证》的电影片，应当报广电总局审批”的规定。

国家广电总局电影事业管理局对上述影片出品单位给予电影全行业通报批评，并责成其严格依据《电影管理条例》和相关法规，制定合拍影片管理的整改措施报国家广电总局。对有违规行为的境外合作方，请中国合作制片公司对其今后申请合作的项目，进行严格的资格审核。

评 述

上面三个案例在违规方面十分相似，其中在第一个案例和第三个案例中，都涉及中影集团公司第四制片分公司、西安美亚文化传播有限公司和香港美亚电影制作有限公司，其合作摄制的故事影片《追击八月十六》、《枪林恋曲》在香港宣传影片时擅自更改片名。同样的制片单位，先后两次严重违反《中外合作摄制电影管理规定》第 17 条“中外双方如需更改已经取得《电影片公映许可证》的电影片，应当报广电总局审批”的规定。

电影业是一个高投资、高风险、高回报的传媒产业。一些制片单位不顾国家

① 参见郭娅莉等主编：《媒体政策与法规》，中国传媒大学出版社 2006 年版，第 157 页。

② 同上。

有关电影生产各个环节的管理规定，不经国家广电总局审查，就参加国外电影节、电影展。未经审查就公映的电影片，其内容很有可能不符合国家电影片内容的审查标准，影片公映后对民众、对社会将会产生不良的影响，因此遵守相关的审查管理制度是必要的。

案例四①：

由山西中国黄河电视台协助香港捷活投资有限公司拍摄，由法国、韩国和我国香港地区共同投资的香港故事片《明日天涯》，未经国务院广播电影电视行政部门批准，2003年在我国内地拍摄，且未经审查通过就参加了第56届戛纳电影节，这种行为分别违反了《电影管理条例》第18条："电影制片单位经国务院广播电影电视行政部门批准，可以与境外电影制片者合作摄制电影片；其他单位和个人不得与境外电影制片者合作摄制电影片。"第21条："境外电影制片者同中方合作者合作或者以其他形式在中华人民共和国境内摄制电影片，应当遵守中华人民共和国的法律、法规，尊重中华民族的风俗、习惯。"第24条："国家实行电影审查制度。未经国务院广播电影电视行政部门的电影审查机构审查通过的电影片，不得发行、放映、进口、出口。"第25条："电影片禁止载有下列内容：反对宪法确定的基本原则的；危害国家统一、主权和领土完整的；泄漏国家秘密、危害国家安全或者损害国家荣誉和利益的；煽动民族仇恨、民族歧视，破坏民族团结，或者侵害民族风俗、习惯的；宣传邪教、迷信的；扰乱社会秩序，破坏社会安定的；宣传淫秽、赌博、暴力或者教唆犯罪的；侮辱或者诽谤他人，侵害他人合法权益的；危害社会公德或者民族优秀文化传统的；有法律、行政法规和国家规定禁止的其他内容的。"

依据《电影管理条例》的规定，国家广电总局对影片《明日天涯》作出如下处理：

(1) 山西中国黄河电视台，尽管在影片《明日天涯》的违规过程中，被外方所骗，且未直接参与影片的摄制，但其不遵守电影管理的法规，事实上已构成协助拍摄的责任。《电影管理条例》第59条规定："有下列行为之一的（共有六条），由电影行政部门责令停止违法行为，没收违法经营的电影片和违法所得；违法所得5万元以上的，并处违法所得5倍以上10倍以下罚款；没有违法所得或者违法所得不足5万元的，并处10万元以上30万元以下的罚款；情节严重的，并责令停业整顿或者由原发证机关吊销许可证。"山西中国黄河电视台违反了第59条中所规定的6条行为中的第1条："未经批准，擅自与境外组织或者个

① 参见郭娅莉等主编：《媒体政策与法规》，中国传媒大学出版社2006年版，第158页。

人合作摄制电影,或者擅自到境外从事电影摄制活动。”被处以人民币20万元的罚款,且在全国广电系统通报批评,山西广电局被责成对直接责任人给予相应的处理。

(2) 香港捷活投资有限公司,采取欺骗手段,假借为山西拍摄纪录片为名,在我国内地非法拍摄故事片,是违规案件的主要责任方。依据《电影管理条例》第56条:“摄制含有本条例第25条禁止内容的电影片,或者洗印加工、进口、发行、放映明知或者应知含有本条例第25条禁止内容的电影片的,依照刑法有关规定,依法追究刑事责任;尚不够刑事处罚的,由电影行政部门责令停业整顿,没收违法经营的电影片和违法所得;违法所得5万元以上的,并处违法所得5倍以上10倍以下的罚款;没有违法所得或者违法所得不足5万元的,并处20万元以上50万元以下的罚款;情节严重的,并由原发证机关吊销许可证。”《电影管理条例》第60条:“境外组织、个人在中华人民共和国境内独立从事电影片摄制活动的,由国务院广播电影电视行政部门责令停止违法活动,没收违法摄制的电影片和进行违法活动的专用工具、设备,并处30万元以上50万元以下的罚款。”根据以上规定合并处以香港捷活投资有限公司人民币50万元的罚款,且暂停该公司在内地拍摄电影、电视的业务。

(3) 香港捷活投资有限公司导演余某,在内地非法指导拍摄故事片,且影片未经审查通过,就携片参加戛纳电影节,是违规案件的直接责任人。依据《电影管理条例》第56、60条(同上),暂停其在内地摄制电影、电视的业务活动。

评 述

本案例违规情况严重,共在三方面违反《电影管理条例》,一是山西中国黄河电视台违反了《电影管理条例》第18条,违规参与协拍;二是香港捷活投资有限公司,采取欺骗手段,假借为山西拍摄纪录片为名,在内地非法拍摄故事片,是违规案件的主要责任方,违反了《电影管理条例》第21、24条;三是香港捷活投资有限公司导演余某,在内地非法指导拍摄故事片,而且影片未经国家电影行政主管部门审查通过,就携片参加戛纳电影节,是违规案件的直接责任人,违反《电影管理条例》第21、24条。

众所周知,影片从开始拍摄到完成,需要相当长的一段时间。从山西中国黄河电视台违规协助香港捷活投资有限公司拍摄影片,香港捷活投资有限公司以欺骗的手段拍摄故事片,直至最后影片完成,香港导演余某携片参加电影节,这整个过程要经过多层的管理程序,但未被及时有效地制止。

这一案例说明:一是我们的监管机制还不够健全;二是我们一些部门管理者的政治敏感度还有待提高;三是我们还须加强依法行政,有法必依,有效管理的力度。

在电影产业化的今天，电影这种特殊的商品对社会的发展、人们的思想意识、和谐社会的建成起着越来越重要的作用，只有建立健全电影管理的政策法规体系，才能使电影产业有更大的发展空间。只有建立竞争有序的市场环境，才能引导中国的电影走向世界，参与世界竞争。

第三节　明星维权案例

1. 刘嘉玲肖像侵权案

1992 年 7 月，香港《岁月风流》摄制组到上海拍戏，女主角刘嘉玲也来了。

在拍戏间隙，7 月 16 日晚，刘嘉玲在好友和上海影视界同行的陪同下逛起了南京路。一脚跨进原为华联商厦现为永安公司的底层化妆品柜台，刘嘉玲便看到了一幅小型广告旗中的“美人”肖像正是留着短发的自己。再一看，化妆品专柜中陈列的“雅丽丝”牌美容露、玉兰油、摩丝等都使用了印有刘嘉玲头像的彩色说明书，连作为“买一送一”赠品的香皂的彩色包装上也印有刘嘉玲头像。

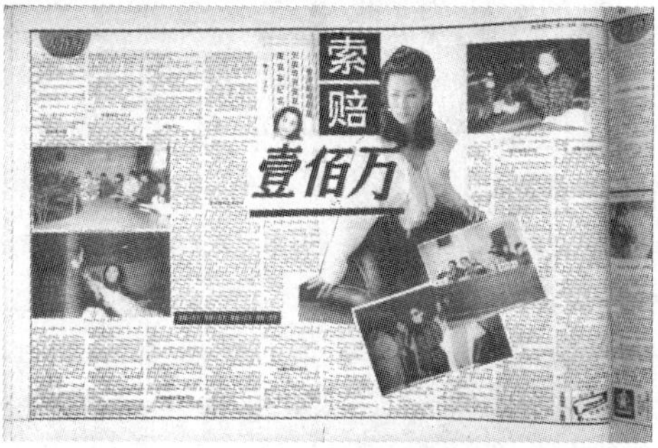
索赔
壹佰万

1993 年 2 月 14 日的《生活周刊》

从未与内地任何公司签订过广告或肖像使用协议的刘嘉玲诧异之余又来到了市百一店，结果又发现了有自己肖像的“雅丽丝”产品，产地是广东汕头。[①]

无论如何也要通过法律来解决这样的侵权行为。

刘嘉玲告诉律师必须在内地打一场官司，否则，回到香港她随时会成为被告。因为两个月前刘嘉玲才与香港一著名广告公司签了力士化妆品广告合同，这意味着两年内她不能用自己的肖像为其他任何产品在任何地方做广告，否则她要承担巨额罚款，还要挨世人骂。

在听了刘嘉玲的详细介绍后，代理律师陶武平当即向刘嘉玲表态：广东汕头

① 参见《索赔 100 万》，载《生活周刊》1993 年 2 月 14 日。

雅丽丝公司在没有与你签过任何使用你肖像的协议之下即擅自使用你的肖像,印在其产品的广告宣传物或包装品上,这很明显是对你人身权利的侵犯,并表示有信心打赢这场官司。

当谈到应索赔多少经济损失时,刘嘉玲坦率地开了一个价:对于这样严重的肖像权侵权行为,我要求赔偿我的经济和精神损失1000万元!

对于中国内地的任何个人来说,这都是一个天文数字。如此巨额的索赔要求在内地所有的肖像权侵权案件中是绝无仅有的。

陶武平根据内地的实际情况提出了自己的看法:在上海,以前也曾经发生过类似的肖像权侵权案件,但法院在审理和判决这些案件时,赔偿数额还未突破过万元。如此类比,1000万显得高了一些。

"那至少也要索赔100万。"刘嘉玲减掉了一个零,拍板定下了索赔的额度。于是100万索赔便连同刘嘉玲的其他三个要求一起被写进了陶武平律师为刘嘉玲拟定的诉状之中。

7月18日,刘嘉玲在陶武平的陪同下来到市中级人民法院正式递交了诉状。

100万元的肖像权侵权案索赔本身就是具有轰动效应的新闻,更何况原告是在当时内地十分有名的香港影视明星。这双重的"由头"立即在新闻界引起反应。第二天,《解放日报》在社会新闻栏内详细披露了刘嘉玲打官司的消息,引起了公众的瞩目。

考虑到市百一店和华联商厦销售侵权产品的行为扩大了生产商的侵权程度,两个商店从侵权产品的销售中获得的利润应属非法利润,同时,此案若由上海法院受理,汕头雅丽丝必会提出管辖异议,但如果将中百一店和华联商厦列为此案的共同被告,在管辖问题上就有了双保险等因素。律师与刘嘉玲商量将市百一店和华联商厦被追加成为第二、第三被告。

在1992年7月18日递交的诉状中,刘嘉玲起诉的被告有三个,即第一被告汕头雅丽丝实业公司,第二被告上海市第一百货商店和第三被告上海市华联商厦。

市百一店和华联商厦当时是全国鼎鼎有名的商业零售公司,分别稳坐全国老大老二的座位。汕头雅丽丝实业公司是汕头市一家与香港的合作企业,创办于1988年12月,原名为汕头雅丽丝美容用品厂。它生产的"雅丽丝"系列化妆品由其合作者香港乐好贸易公司监制。市百一店和华联商厦是它在上海乃至华东地区最重要的经销客户。

接到投诉后,雅丽丝实业公司一方面积极行动寻找有关证据;另一方面撤回了印有刘嘉玲肖像的化妆用品。同时,公司还对该案的法律程序问题提出了异议，认为该案应由汕头市中级人民法院来受理。上海中级人民法院依法作出裁决，认为该案应在上海受理。

雅丽丝实业公司全力应诉。他们专程赴京，聘请了著名律师李大进为公司方面的辩护律师。

李大进曾在1991年引起全国舆论哗然的南阳李谷一汤生午诉案①中出任过韦唯的代理人。

刘嘉玲肖像权诉案，惹火了第二被告上海市第一百货商店和第三被告上海市华联商厦，他们在法庭之外拉开了"第二战场"。此案开庭审理后，两家商业单位联合了全国其他一些商业巨头，拒销印有香港影星刘嘉玲肖像的一切商品，他们的影响力由此也可见一斑。

庭上辩论主要围绕着"汕头雅丽丝使用刘嘉玲照片是否侵权"，"市百一店和华联商厦的广告发布行为及销售行为是否侵权"以及"精神损失费100万元是否有依据"这三点进行。原告律师的主要目标其实是第一被告，于是开庭后积极寻求与非主要责任方"两店"的和解之路，但无奈，"两店"态度十分强硬，要求刘嘉玲无条件撤诉。

原告以不变应万变，观察事态的发展。

很快出现了峰回路转。一些律师对商界的行为提出批评。

1993年2月9日，刘嘉玲肖像权案在上海市中级人民法院公开开庭审理。

下午1点整，针锋相对的辩论拉开序幕。

法庭上的刘嘉玲

原告代理律师陶武平在阐明了使用肖像的不合法性后，话锋一转直奔热门话题100万精神损失费。

陶武平认为，精神损失费本身是个抽象的法律用语，我国法律对此也没有具

① 参见石屹：《新闻侵权与规避》，北京大学出版社2010年版，第二章第35页。

体的规定,但它还是可以用别的东西来加以参照的。为此,他认为,精神损失费主要参照原告的肖像权或广告转让费用指标。其次,它也可以参照一下侵权企业非法利用肖像所获得的经济效益。

他指出,被告说是从1991年11月份起才起用刘嘉玲的肖像做包装和说明书的。该年底,雅丽丝公司的化妆品销售额是260万元,但到了第二年,由于明星广告的巨大作用,雅丽丝公司的销售额一下子上升到1480余万元。这两组数字应该可以说明一些问题。

另外,陶武平认为,精神损失费不能过低。低的话,对侵权人是一种放纵。原告亲自到庭来诉论,她是承受了精神上很大压力的。被告的侵权行为,引起了与原告已签约的沃特·汤姆逊广告公司的猜疑,对原告的身心有很大的影响,是无法用金钱来补偿的。所以,他认为要求被告们赔偿100万精神损失费是合情合理合法的。

最后,陶武平还提请审判长充分考虑此案可能产生的国际影响。

关于100万元问题。被告代理律师李大进认为这个数目本身是引起本案轰动的原因之一。他认为原告提出这么个数字不足为怪。因为不管是1万还是100万在国内都无法律依据。索赔关键是要有法律依据。李大进认为,迄今为止原告并未提出明确价值100万元的精神受损的依据。他提醒合议庭,如果原告提不出事实依据则其100万的索赔要求应视为没有依据。

市百一店和华联商厦的代理人则指出,作为商店,他们对自己经销的商品都是严格依法规办事的。当初进雅丽丝时,他们不仅依法审查了它的工商执照卫生许可证、税务登记证等一系列法律要求的证明,而且销售价也完全是按有关规定制定的。由于迄今为止没有任何一条法规或文件要求商店审查经销商品的包装、说明书或广告中的肖像权属于谁,因此他们当然认为自己没有这种法律义务也不应承担肖像权法律责任。其律师作了一个形象的比喻:如果某本书因作者的原因而损害了别人的名誉权,那么该人可以起诉控告作者和出版社,但从来没有听说过要把发行、邮寄、零售此书的新华书店、邮电局甚至书报摊也作为被告的。

刘嘉玲在最后陈述中表示相信法律会维护她的合法利益作出公正的判决。

庭审结束后,李大进在回答媒体记者时说,我不认为100万很奇怪。咱们国家要保护公民人身权利应该有一套完整的法律来体现。以前个人人身权利受到很大侵害时只不过几百元几千元就解决了。中国人也是人,我们每个人都不应该受到别人侵犯。如果认为香港小姐就可能以她的身价来要100万,这个恐怕是心理承受能力问题。[1]

商界联手拒销的直接受害者上海中英利华在这时开始了积极斡旋。几番周折后，1993 年 3 月 30 日刘嘉玲与“两店”进行谈判。次日，上海各家报纸竞相报道了刘嘉玲与“两店”和解并准备对“两店”撤诉的消息。

一个月后，法院发出同意对“两店”撤诉的裁定。还剩下一个被告——汕头雅丽丝。经法院几番调解，汕头雅丽丝最终承认侵权，愿意赔礼道歉，并愿意承担本案全部诉讼费用，刘嘉玲得到 10 万元。

此时，戏剧性的场面出现了，当雅丽丝的辩护律师李大进将一张面值 10 万元的现金支票亲手交给原告刘嘉玲时，刘嘉玲又将这张现金支票作为捐款，亲手还给了李大进律师，让他转交希望工程。当时的李大进正是中国希望工程的法律顾问、全权代表。

当年有媒体戏称两人乃“欢喜冤家”。

评　述

1992 年 7 月 18 日，上海市中级人民法院正式受理香港影星刘嘉玲肖像侵权案，引起全国新闻界的关注。除了明星效应外，这起化妆品肖像侵权案在我国具有“里程碑意义”。

1992 年，在我国《民法通则》颁布实施七年后，刘嘉玲提起的化妆品肖像侵权诉讼，敲开我国无形资产司法保护大门。

本案件最引人注目之处有三：首先，境外明星在内地为维护自己的合法权益向人民法院起诉是第一次；其次，在肖像权案件中，销售商成为侵权共同被告是第一次，且本案销售商又是全国商业界的两个“龙头老大”；第三，原告要求赔偿的精神损失额为人民币 100 万元，如此高的精神赔偿费在我国是第一次。

本案对我国产生的直接影响是，此后，我国法律对公民人格权的保护力度大大加强了，刘嘉玲化妆品肖像侵权案成为促进我国法制建设的经典案件，对法制化进程起到了独特的推进作用。

自此以后，我国最高人民法院关于公民人身权利保护的司法解释越来越细，各地人民法院在其基础上均根据自己的情况设立了地方标准。我国法律界长期以来就“精神损害的赔偿支持与否”的争论从此尘埃落定。

如今，法律对肖像权的保护已趋完善，公民自身的保护意识也开始增强。

以营利为目的，未经公民同意利用其肖像做广告、商标、装饰商业场所等，属于侵犯公民肖像权的行为——时下已不会有异议，对无形资产的司法保护已不

---

① 参见《索赔 100 万》，载《生活周刊》1993 年 2 月 14 日。

再会被视为“另类”。

刘嘉玲合法权益受损诉之有据,商家联手封杀师出无名。案件最终巧解讼结,调解结案,揭示在法制进程初级阶段的中国式诉讼中,不仅需要有法可依,更需要胆识及才学,也需要审时度势以“和”为贵的妥协与忍让。

刘嘉玲化妆品肖像侵权案,重在过程,不在结论;面对联手“封杀”,原告及律师点到为止的诉讼妥协与忍让,胜过逼人至绝境的商业垄断,最终名利双赢。

2. 孙道临等状告青春宝公司侵犯肖像权案

2003年11月15日,上海教育电视台与青春宝公司、焦点公司共同策划举办“青春宝健康三人行”观众见面会。应电视台的邀请,包括孙道临、曹雷、童自荣、梁波罗、唐俊乔在内的十多位著名艺术家、演员出席了这个大型的观众见面会,孙道临、曹雷为观众表演了朗诵,童自荣表演了现场配音,唐俊乔和其他部分演员也表演了节目。当天,到场的演员均收取了1000元至2000元不等的活动费。

对于该活动,艺术家们不约而同地认为,观众见面会纯属公益演出,收取的仅仅是一点交通费。

表演艺术家孙道临

然而,事情的发展出乎艺术家们的意料。三天后,2003年11月18日,《新民晚报》第3版广告版以三分之二版面刊登了《鼓掌,10000双手为青春鼓掌》的青春宝产品广告,该广告文中提及艺术家们在青春宝健康三人行观众见面会上的表演,并配有艺术家们的照片;另三分之一版面刊登了青春宝永真片广告。2003年12月15日,《浙江日报》刊登了《不似春光,胜似春光——13位上海艺术家青春聚会》一文,对青春宝健康三人行观众见面会予以报道。文中写道:“青春宝以感悟青春与健康的新时尚叫板上海滩,成为国际大都市的一道亮丽风景线”,并以“感悟青春,明星孙道临吟诗；感悟青春，明星童自荣配音；感悟青春，明星唐俊乔吹笛”作为小标题对他们进行了具体的描写并配有照片。[①]

看到上述两篇文章后，孙道临、童自荣等立即与焦点公司、青春宝公司交涉，要求停止刊登侵犯其姓名权和肖像权的文章。但是，不到一个月，2004 年 1 月 9 日，《解放日报》第 13 版广告版又将该文的上半部分予以刊登，其中有孙道临等在见面会上的照片，并多次提及孙道临等的姓名。

艺术家们愤怒了，他们认为，在这篇所谓“实录”中，这次演员与观众的见面会已经被偷换成了青春宝与消费者的大型见面会，成了一次见证青春宝品牌的商业演出。在一无所知的情况下，不明不白地成了青春宝的广告代言人，演员们感到自己受到了莫大的侮辱。

在反复交涉后，2004 年 4 月 14 日，焦点广告公司在《解放日报》上发表致歉声明，称由于公司工作人员的严重失职，错将新闻报道刊登在广告版面上，“青春宝健康三人行观众见面会”纯属公益活动，相关艺术家未给青春宝产品做任何广告，故其向艺术家公开致歉。

对于这份“和稀泥”的道歉声明，艺术家们显然不能接受，他们认为自己受到了愚弄和欺骗，这份看似道歉的声明实际上是青春宝混淆概念推卸责任的手段。

事后，孙道临等向青春宝公司发去了律师函，要求青春宝公司就擅自使用肖像、姓名的行为在刊登该文的报纸上赔礼道歉并作出经济赔偿。在交涉无果的情况下，孙道临等于当年 8 月举办了新闻发布会。事隔十几天，青春宝方面也授权律师召开新闻发布会予以回应。

由于双方始终未能达成一致意见，2005 年 3 月，孙道临、童自荣等五位艺术家正式向上海市一中院起诉，要求青春宝公司与焦点公司赔礼道歉并赔偿经济损失及精神损失费。

2005 年 5 月 17 日上午 9 时，上海一中院对“青春宝”案公开开庭审理，孙道临因病住院不能出庭，他在病床上口述了自己的法庭陈述，由女儿记录后交给了律师。

庭审时，孙道临的女儿坐在旁听席上。童自荣、曹雷则亲自到庭。青春宝公司与焦点公司均授权律师出庭应诉。

法庭上，诉辩双方针对涉讼的三篇文章究竟是新闻报道还是广告展开了激烈的交锋。

---

① 参见杨金志、胡瑜：《孙道临等状告青春宝、焦点广告公司肖像权案宣判》，载《解放日报》，2005 年 7 月 26 日。

原告方认为,他们接受电视台的邀请出席的观众见面会是公益性质,主办方从未说明该见面会是一次由青春宝冠名,带有为青春宝作宣传性质的活动。正因为是公益活动,演员们没有要求签订演出合同,也没有约定演出的报酬。但是,焦点公司在他们完全不知情的情况下,擅自将其参加观众见面会的照片,两次在上海有关报纸上发布商业广告,宣传青春宝公司的青春宝品牌和产品,对读者产生误导作用。两被告的侵权行为给原告造成了极大的伤害。

法庭上,曹雷回忆事情的经过:"我接到邀请时主办方说是电视栏目'青春宝健康三人行'的观众见面会,所以我没有提出任何报酬就同意了。当天我们被安排在主席台上落座,在我们头顶上有一条横幅,但是我直到上台朗诵才看到是青春宝产品的广告,我想,既然是冠名栏目演出,做广告也是正常的,就没在意。而我朗诵的《祈望》并没有为青春宝做广告的含义。演出结束后,有人给我青春宝的产品和一些钱,说是车马费,当时人多我没注意,就匆忙签了名,回家才看到是1000元钱。我怎么也没有想到他们会拿这次演出在报刊上做广告,还登了我演出的照片。"

童自荣陈述:"广告见报后,我的亲友、同事和许多人都打电话来问我拿了多少钱,我有口难辩。我对做广告一直非常谨慎,如果知道是要拿我的形象去做广告,我不可能同意参加这个活动"。

焦点广告公司的代理人则辩称,"青春宝健康三人行观众见面会"是含有商业性质的活动,孙道临等艺术家参加了活动并收取了相应的出场费,主办方有权对该活动予以报道。在上海的两份报刊刊登的系列文章是该活动的新闻报道。从涉讼文章的文体、人称、审查方法以及焦点公司并未从中营利的事实均能够反映出文章的性质并非广告。

为了支撑自己的观点,被告方提出了"软文"的概念,在焦点公司与报社的付款单上,其于括号内注明了"软文"。焦点公司认为,因为该两篇文章具有一定的广告效应,所以可以称为"软文",但"软文"并非广告,只是错登在广告版上。新闻报道使用原告的姓名和肖像是合法的,因此焦点公司并未侵犯原告的肖像权及姓名权。而对于自己在道歉声明中所称的"观众见面会"是公益活动,焦点公司在庭上以"商业因素活动并非商业活动,是针对孙道临先生表示从来不做广告而息事宁人的说法"作解释。

青春宝公司则认为:首先,这两篇文章不是青春宝委托刊登的,不存在广告侵权。其次,软广告不是广告,而是具有广告效应的新闻报道。涉讼文章中只出现了青春宝永真片几个字,没有出现对产品的定义、介绍等,不是广告,只是错登在广告版上的"软文"性质的新闻报道,没有构成侵犯艺术家们的肖像权。况且,"青春宝是我国驰名商标,青春宝的创业史具有传奇式的经历,在这两篇文章里，充满了对艺术家们的溢美之词，名企与名人相得益彰，不存在青春宝借老艺术家们炒作之嫌”。

焦点广告公司辩称，孙道临等艺术家明知其参加的观众见面会是含有商业因素的活动并收取了出场费，在两份报纸上刊登的系列文章是“软文”性质的新闻报道而不是广告，所以原告的姓名权与肖像权并未受到侵犯。青春宝公司则认为其对焦点公司刊登报道的行为均不知情，无须承担侵权责任。

法院审理后认为，《新民晚报》相关版面所刊登内容的组成中，三分之二版面是见面会实录，三分之一版面是青春宝永真片广告，两组内容构成了一个整体的宣传青春宝产品的广告，且该版面为广告版，故以读者的角度来看，这一版应全部为广告，而焦点广告公司也确实预订了当天《新民晚报》的整版广告。另外，根据国家相关法规规定，新闻单位发表新闻，不得以任何形式收取费用，国家也禁止新闻形式的广告，“软文”只是广告的一种形式。涉讼文章的性质均为广告而非新闻报道。青春宝公司作为青春宝广告的受益者，未采取有效措施阻止此类广告的继续发布，在一个多月之后，在《解放日报》上继续刊登类似广告，应为共同侵权人。对于经济损失的数额，由法院在考量两被告使用原告肖像进行广告宣传类型的基础上，综合侵权行为人的过错程度、侵权的传播范围及后果、原告的知名度、两被告做同类广告可能支出的费用，并结合当前的市场因素酌情认定。

著名表演艺术家孙道临、童自荣、曹雷、梁波罗、唐俊乔联合起诉正大青春宝药业公司、上海焦点广告公司侵犯肖像权案，2005 年 7 月 25 日由上海市第一中级人民法院对上述五起案件分别作出了一审判决，认定两被告的行为构成侵权，应在原刊登报刊上向五位艺术家赔礼道歉，并共同赔偿孙道临经济损失及精神损失费 45 万元，赔偿童自荣、曹雷、梁波罗、唐俊乔每人 25 万元。

评 述

根据我国法律规定，公民享有肖像权，未经本人同意，不得以营利为目的使用公民的肖像，而新闻报道使用他人肖像则不构成侵权。

在本案中，区分“软文”是新闻报道还是广告，对是否构成侵权具有至关重要的意义。

“软文”是广告界对以“新闻”面目出现的广告的俗称，其实质仍是广告。

“青春宝案件”本来是完全可以避免的。老艺术家们心系观众令人肃然起敬，企业希望通过赞助冠名方式宣传自身形象也无可厚非，观众见面会结束后，一切本应到此为止。

但是，企业还想通过活动做广告，这些行为应当事先征得艺术家们的同意才可为之。

本案中的两被告非但没有去征得艺术家们的同意,反而通过“软文”的方式打起了法律擦边球,结果弄巧成拙。

蒙在鼓里的艺术家们莫名其妙地做了一回“广告代言人”,企业也为此付出了比广告费用更高的代价;被告的本意是要宣传产品,最终却背上了侵犯公民肖像权的官司,反倒损害了企业的名誉。这个教训需要牢记。

3. 张曼玉状告内衣公司侵犯肖像权案[①]

2007 年,香港影星张曼玉控告内衣公司侵犯肖像权,由上海市第二中级人民法院作出宣判。

本案的起因是张曼玉受波司登公司之邀为其女装拍摄广告照片,合作过程中因双方对服装选择发生分歧,致使原定拍摄计划无法进行。

此后,波司登公司将张曼玉为铂金协会所拍摄的照片移花接木成波司登保暖内衣平面广告,在国内多家电视台播放,看起来就像是张曼玉在代言。由此引发了张曼玉、国际铂金协会和波司登及广告经营公司间有关承揽合同、肖像权以及著作权的一系列纠纷。

法院最后判决厂商赔偿张曼玉 30 万元。

4. 范冰冰告整形公司侵权案[②]

北京医科整形公司因擅自使用范冰冰的肖像当宣传海报,被范冰冰告上法庭。一审该公司被判向范冰冰赔礼道歉以及赔偿其 5 万元,该公司提出上诉。北京市第二中级人民法院二审宣判,维持原判决。

范冰冰诉称,2010 年 6 月,她发现北京医科整形美容门诊部有限责任公司国贸门诊部悬挂有其头像的宣传海报,但她从未给该公司拍过广告,也未授权其使用自己的照片,双方不存在任何合作关系,故要求被告支付精神损害赔偿金 100 万元并公开赔礼道歉。

---

① 参见《张曼玉状告内衣公司侵犯肖像权》,载《中国新闻网》2009 年 6 月 23 日 9:11 http://hm.people.com.cn/GB/42280/9523043.html。

② 参见颜斐:《范冰冰告整形公司侵权 二审维持原判获赔 5 万》,载《北京晨报》2012 年 3 月 29 日。

电影演员范冰冰

医科整形公司则否认侵权，辩称该图片是从一个网站付费下载的，目的是装饰公司的工作场所和遮阳，不是广告，还否认涉案海报上的女性头像为范冰冰本人。

一审法院认为，医科整形公司无证据证明涉案海报得到了范冰冰的允许，已构成对范冰冰肖像权的侵犯。判决后，医科整形公司上诉至二审法院，要求驳回范冰冰全部诉讼请求。

法院认为，虽被告否认海报上的女性为演员范冰冰，但其书写的答辩状中也承认使用了范冰冰的肖像，同时也不能说明该女性的身份信息，故法院确认该形象为范冰冰本人。被告宣传海报上有“整形”、“美容”以及“一次选择 终生改变 终生美丽”等字样，故海报的内容与被告的经营业务范围相关，具有营利目的。被告称照片系从网站上付费下载而来，但不能提交范冰冰对该网站使用其肖像的授权，亦不能提交该网站对医科整形公司使用范冰冰肖像的授权，故其行为已构成对范冰冰肖像权的侵害。原审判决正确，应予维持。

评 述

类似于张曼玉、范冰冰这样的侵权案例还有很多。

我国《民法通则》第100条规定，公民享有肖像权，未经本人同意，不得以赢利为目的使用公民的肖像。

构成侵犯公民肖像权的行为，通常应具备两个要件：

一是未经本人同意；

二是以赢利为目的。

常见的侵犯公民肖像权的行为，主要是未经本人同意、以赢利为目的使用他人肖像做商业广告、商品装潢、书刊封面及印刷挂历等。

对于侵犯肖像权行为，受害人可以依靠自身拥有的合法权利制止侵权行为，例如要求加害人交出所拍胶卷，除去公开陈列肖像等，也可以依法请求加害人停止侵害、排除妨碍、消除影响或赔偿损失等。赔偿损失请求权，不以财产损害为要件。

5. 外国明星维权案[①]

裴勇俊、李秉宪、崔智友、文根英等韩国明星,以侵犯肖像权联合状告日本某大型企业,并索赔近10亿韩元。

2005年11月8日,众明星向韩国汉城中央地方法院递交了状告日本某食品企业的诉状,以侵犯肖像权罪名向该企业索赔九亿五千万韩元。这家日本企业在当年7月份发行的宣传用DVD中,擅自收录了裴勇俊、李秉宪、崔智友、文根英等韩国明星的三部MTV。事后,该企业无视韩国方面关于禁止此DVD流通的通告,仍继续使用。众明星只好以涉嫌侵犯肖像权的罪名将该企业和负责此DVD流通的音像公司一同告上法庭,具体赔偿金额分配如下:

裴勇俊3亿5000万,其他明星各1亿5000万。

韩国方面声称索赔金额并不是最终数额,有可能在审判过程中上调。原告代表律师李东植表示,"MTV的使用虽然没有侵犯著作权,但是在没有取得当事人同意的情况下,擅自将当事人的肖像使用到广告中,这是很明显的侵犯肖像权的行为。"

评 述

大众传媒和大众传媒从业人员最常遇到的一类侵权纠纷涉及肖像权。

关于侵犯肖像权的抗辩理由,最为有力的莫过于当事人的同意。另外,肖像合理使用有以下几种情形:

1. 在大众传播媒体上使用党政官员和知名人士的肖像。根据新闻价值和社会公共兴趣的理论,在大众传媒上使用党和国家领导人、地方各级领导人、著名社会活动家、影视明星、运动员等知名人士的肖像,不为侵权。

2. 在大众传媒上可以使用参加集会、游行、庆典或出现在其他公开场合的群众肖像。

国家机关为执行公务而使用公民的肖像。如公安机关为识别、辨认、通缉犯罪分子而使用其肖像;司法机关在诉讼活动中作为证据而使用当事人的肖像等。

3. 为了科学、文化、教育、卫生、体育等公益事业的需要而有限地使用公民的肖像。如在一定范围内为了医学教育研究而在教学医疗场所展示病人的病理照片或在医学杂志专业书刊上撰写文章时使用这些照片。

---

① 参见《裴勇俊等状告日本企业 侵犯肖像权索赔10亿》,载 http://ent.sina.com.cn 2005年11月8日16:47 新浪娱乐

4．为了行使正当舆论监督而使用他人肖像。如拍摄他人违法或不文明的行为予以发表，就属于正当的舆论监督，而不能视为侵犯肖像权。

在肖像权和隐私权的保护中，社会公共利益的需要也是一个正当的抗辩事由。在现实中，为了维护社会公共利益的需要，法律准许使用他人的肖像，准许将他人的个人信息和活动公布于众，因为法律上的隐私是指与社会公共利益无关的个人秘密，与社会公共利益有关，就不再属于法律保护的范围。

传媒在信息传播活动中，如果涉及肖像的使用，涉及个人秘密，只要是出于社会公共利益的需要，就可以对抗传媒侵权的诉讼请求。法庭一经确认这一抗辩事由，媒体的侵权责任就可以被免除，而成为正当的媒体传播信息的行为。

被揭露违法活动的隐性采访活动，之所以取得良好的社会效果而不违法，就是因为这种媒体行为符合社会公共利益的需要，是维护社会秩序所必需的。

第二章 第一媒体及其他纸制媒体

人们按照传播媒介的不同，通常把新闻媒体的发展划分为不同的阶段——以纸为媒介的传统报纸、以电波为媒介的广播和基于电视图像传播的电视，它们分别被称为第一媒体、第二媒体和第三媒体。

随着新兴传播媒体互联网络的出现，人们开始接触到一个全新的媒体——第四媒体，[①]并随之将其纳入新闻传媒的麾下。

将互联网络媒体称为"第四媒体"，是为了强调它同报纸、广播、电视等新闻媒介一样，是能够及时、广泛传递新闻信息的第四大新闻媒介。

广义上说，"第四媒体"通常就是指互联网，不过，互联网并非仅有传播信息的媒体功能，它还具有数字化、多媒体、实时性和交互性传递新闻信息的独特优势。因此，从狭义上说，"第四媒体"是指基于互联网这个传输平台来传播新闻和信息的网络。

"第四媒体"可以分为两部分，一是传统媒体的数字化，如《人民日报》的电子版，二是由于网络提供的便利条件而诞生的"新型媒体"，如新浪网。

除"第四媒体"之外，目前又有了"第五媒体"即新媒体[②]。第五媒体是新的技术支撑体系下出现的移动网络媒体形态，是以手机为视听终端、手机上网为平台的个性化即时信息传播载体，是以大众为传播目标，以定向为传播目的，以及时为传播效果，以互动为传播应用的大众传媒平台。

本章以第一媒体即传统的报纸及刊物等其他纸质媒为研究视角展开各类传媒侵权纠纷案例的解析。

---

① 1998年5月，联合国秘书长安南在联合国新闻委员会上提出，在加强传统的文字和声像传播手段的同时，应利用最先进的第四媒体——互联网(internet)。自此，"第四媒体"的概念正式得到使用。

② 美国《连线》杂志对新媒体的定义："所有人对所有人的传播。"

第一节　外国经典案例

1. 美国总统肖像照片版权争议案

2008年美国总统选举期间，一张红、白、蓝三色相间的美国总统贝拉克·奥巴马肖像广泛传播。

图片中，奥巴马眼神坚定、面部略微上仰，与图片下方“希望”字样呼应。

这张夺人眼球、在选战之中“大热”的肖像图片是经后期美工制作而成的。

图片制作者是美国加利福尼亚州洛杉矶市知名街头艺术家谢泼德·费尔雷。

图片主体素材选用的是美联社记者曼尼加西亚2006年4月拍摄的一张奥巴马照片。

随着总统选举期间“奥巴马热”在美国蔓延，基于这张图片制作的海报、不干胶贴纸等产品卖出数十万份，一张有费尔雷签名的海报甚至在电子拍卖网站“亿贝”(eBay)上拍出数千美元高价。

随后，美联社与图片作者展开版权之争：

美联社认为，这张图片版权当由美联社和费尔雷共同拥有。

美联社媒体关系部门负责人保罗科尔福德说：“这张图片使用了美联社照片，需征得美联社授权。美联社要保护自己的资源……我们已接触了费尔雷的律师，双方正在讨论，希望此事能和平解决。”①

---

① 资料来源：《京华时报》2009年2月6日。

费尔雷的律师、斯坦福大学“合理使用计划”法律援助项目负责人安东尼法尔宗认为,费尔雷的做法没有问题。

“合理使用”指的是版权保护的一种尺度,美国版权法中包含关于合理使用的规定,在合理使用的条件下,可以不经过作者许可,也无须支付费用,就可以使用他人作品。

费尔雷申辩:自己2008年初创作这张图片时,使用谷歌搜索引擎找到这张照片。制作完成后,他首先在个人网站上发布了图片。随后,又用这张图片制作了数千份海报。

这张图片很快传播开来,奥巴马支持者们纷纷从费尔雷网站上下载这张图片使用在竞选活动中,一些博客和网站也转载这张图片。但费尔雷说,自己没有从竞选募集资金中牟取一分利。

费尔雷说,他制作这张图片是受到奥巴马竞选阵营的鼓励。2008年春季,他还向《华盛顿邮报》记者展示了一封来自奥巴马本人的感谢信。

奥巴马在信中说,“亲爱的谢泼德,我要向你致谢,你把你的天分化作对我竞选的支持。你作品中包含的政治信息激励着美国人。你的图片给人以巨大影响,无论是悬于画廊内,还是贴在巴士站。”

评 述

关于这场版权争议,美国业界相关人士观点各异:

美国哥伦比亚大学版权问题专家简·金斯布格尔质疑费尔雷使用美联社照片的合法性,他认为,美联社应当拥有部分版权。

而旧金山市知识产权律师罗宾·格罗斯则认为,费尔雷有权使用照片,因为他没有用这张照片牟利。

格罗斯说,“(制作)这张图片的目的是出于政治或民权动机,并非基于商业目的,不但没有降低照片本身价值,反而扩大了其影响力,”“当然应该属于合理使用范畴。”

笔者认为,从法理的角度看,格罗斯的观点有理有据,更站得住脚,也更为合乎法理。

2.《世界新闻报》电话窃听侵权案

2011年7月10日,有168年历史的英国《世界新闻报》在一连串的电话窃听事件曝光后关停。

《世界新闻报》采编人员手持最后一期报纸与报社告别

《世界新闻报》因雇员贿赂警察以及窃听失踪女孩、恐怖袭击受害者和阵亡英军士兵家属的语音信箱，引发公众愤怒。《世界新闻报》母公司国际新闻公司不得已宣布关停这家周报。200 名员工失业。

《世界新闻报》的窃听史始于 2005 年对英国王室成员语音邮件的窃听。当时默多克的新闻集团和英国政府都试图掩饰这一侵权行为。然而一系列对该报的诉讼和对相关人员的逮捕曝光之后，《世界新闻报》窃听电话的侵权行为再也无法掩盖。

据报道，从 2005 年开始，受到《世界新闻报》电话窃听的人数保守估计为 2000 人，而其中对《世界新闻报》提出法律诉讼的案件超过 20 起。

《世界新闻报》1843 年 10 月 1 日创刊，是英国最畅销的周报之一，是英国销量最大的《太阳报》的星期日版，二者的老板都是著名媒体大亨鲁珀特·默多克。

虽然《世界新闻报》最近几年仅少量盈利，收入在默多克的媒体帝国内占据小部分，但对默多克而言，这份报纸具有特殊意义。

1969 年，在澳大利亚起家的默多克艰难击败竞争对手，成功收购《世界新闻报》，作为进入英国媒体市场的桥头堡。借助这份周报的巨额利润，默多克先后收购了《太阳报》、《泰晤士报》和《星期日泰晤士报》。

在英国市场获得的收入帮助默多克进军美国。目前《华尔街日报》、《纽约邮报》、福克斯电视台等知名媒体均在他的新闻集团旗下。

尽管《世界新闻报》关停时发行量仅为第二次世界大战后巅峰期的三分之一，然而，在英国人口仅为美国的五分之一的情况下，《世界新闻报》每期 280 万份的销量仍超过《华尔街日报》。

新闻集团分支国际新闻公司的前首席执行官丽贝卡·布鲁克斯因2011年电话窃听案于2012年9月在伦敦出庭受审。听证会在伦敦威斯敏斯特地方法院举行。44岁的布鲁克斯涉嫌于2000—2006年间策划非法侵入语音信箱,她的行为被指对六百多人造成了影响。

在面对这一指控的同时,她还被怀疑与13岁失踪女孩米莉·道勒之死有关,并被怀疑窃听了前工会领袖安德鲁·吉尔克里斯的手机。布鲁克斯否认了这些指控。

《世界新闻报》的最后一期

道勒于2002年3月失踪,新闻集团所属的《世界新闻报》雇人窃听她的手机并偷偷删除了语音信息,导致其父母误认为女儿仍活着,这些行为更对警方的调查造成了干扰。半年后,道勒的尸体被发现,这一事件成为窃听事件曝光的导火索。

布鲁克斯在窃听活动发生期间曾任《世界新闻报》主编,后成为国际新闻公司首席执行官。电话窃听侵权行为曝光后,《世界新闻报》关停,布鲁克斯被迫辞职。

评述

电话窃听是一个道德僵局,也是一个警示:如果警察、政客和媒体为了共同的利益而彼此维护,如果一个企业集团手中掌握了很多筹码,会发生什么?其结果是不言而喻的。

历数《世界新闻报》窃听的目标有：演员裘德·洛[①]、西耶娜·米勒[②]、模特艾丽·麦克弗森、哈里王子、威廉王子等。

在英国电话窃听是违法的，但电话窃听的报纸不止《世界新闻报》一家，这已经不算什么秘密。

2005年，《世界新闻报》刊登了一系列关于威廉王子和哈里王子的消息，其中一篇新闻逐字引用了威廉王子留给哈里王子的语音邮件中的内容。英国王室揭发后，伦敦警察厅对此展开了调查。

2006年，《世界新闻报》记者克莱夫·古德曼和受雇于该报从事非法监听的格伦·马凯尔被证实窃听王室工作人员的语音邮件。当时该报主编安迪·库尔森辞职，声称自己对报社中有人进行电话窃听并不知情，表示这种行为仅限于像古德曼这样的"流氓记者"。库尔森的说法得到了新闻集团其他高层主管的支持。

而库尔森所说的"流氓记者"的行径实际上在《世界新闻报》已是一种惯例。除了上面的受害人，《世界新闻报》的窃听目标还包括演员休·格兰特、史蒂夫·库根，足球明星特里和贝克汉姆，甚至还包括英国前首相高登·布朗。《世界新闻报》的窃听目标到底有多少，真正的人数可能是保守估计的两倍。

新闻集团一些著名高管也牵涉进案件中，比如英国报纸的主管：利百加·布鲁克斯；英国政治界各个层面的人士也可有牵扯其中，他们数十年来一直竭尽所能讨好默多克。伦敦警察厅也身陷漩涡，因为伦敦警察厅与英国很多报纸关系融洽，人们质疑其曾试图帮助掩盖电话窃听侵权案。

很长一段时间以来，《卫报》是英国本土唯一一家对电话窃听侵权行为进行严肃报道的报纸，但在英国国内并未引起广泛关注。《卫报》主编艾伦·拉斯布里杰给美国《纽约时报》总编比尔·凯勒发了一封电邮，鼓励凯勒和《纽约时报》关注、调查媒体电话窃听侵权行为。

2010年9月，在《卫报》揭露电话窃听侵权行为一年多后，《纽约时报》对此发表了长篇报道，其中提及肖恩·霍尔透露库尔森鼓励电话窃听。一位匿名的伦敦警察厅警探在报道中宣称，由于伦敦警察厅内部一些人员与《世界新闻报》关系密切，警察厅有意压制了对电话窃听的调查。《卫报》紧接着发布报道，报道中引用了保罗·麦克马伦的话，称库尔森对电话窃听内幕十分了解。

---

① 英国演员，以俊美的外形、优雅独特的气质和多才多艺的演技而为人称道。主要作品：《冷山》、《毁灭之路》、《A.I.》、《兵临城下》、《鳄鱼的智慧》、《天才瑞普利》、《X接触》等。

② 除了在影视界日渐成熟和耀眼的表现，西耶娜凭借对潮流的敏锐捕捉和不俗的着装品位成了时尚圈中的超级偶像。电影代表作品有：《阿尔菲》、《特种部队·眼镜蛇崛起》等，拥有自己的自创服装品牌—Twenty8Twelve。

2010 年秋天,库尔森成为英国首相卡梅伦新的首席新闻主管,有关他的新闻比以前更具有话题性。迫于压力,伦敦警察厅重新展开了寻找“新证据”的调查,并“谨慎地”对霍尔和麦克马伦进行了询问,这意味着霍尔和麦克马伦所说的一切都可能被用做起诉他们的依据。这种将案件的潜在证人当做嫌疑人一样询问的做法很不寻常,更像一种杀鸡儆猴的策略。

2010 年 12 月,伦敦警察厅宣布,在对霍尔和麦克马伦的询问中并未发现新的罪证,但有关电话窃听的民事诉讼案件进展显示,事实并非如此。演员西耶娜·米勒的律师宣布,在《世界新闻报》首席记者伊恩·埃德蒙森的指示下,调查者格伦·马凯尔窃听了米勒及其前男友裘德·洛的语音邮件。其他的民事诉讼则牵涉《世界新闻报》的更多记者,这显示电话窃听显然并非该报某个记者的个人行为。

2010 年圣诞节前夕,新闻集团暂停了埃德蒙森的职务。2011 年 1 月 21 日,库尔森辞去卡梅伦首席新闻主管一职,但依然坚称在担任《世界新闻报》主编期间,对电话窃听毫不知情。1 月 26 日,伦敦警察厅对窃听事件展开了新的调查,该调查被称为“威廷行动”,负责该案件调查的共有 45 名警察。

关于伦敦警方在《世界新闻报》电话窃听侵权行为中的表现,大致有以下两种解释。第一种是认为伦敦警察厅对该事件的掩饰是出于积极目的,因为该报被爆出窃听威廉王子和哈里王子时,伦敦警察厅正忙于 2005 年 7 月伦敦爆炸案发生后的反恐工作,警方只能对窃听事件进行有限的调查,后来展开了深入调查。

这解释不为英国大部分媒体和参与窃听案的律师们所接受,他们认同第二种解释,即伦敦警察厅的行动背后有邪恶的动机。伦敦警察厅希望继续得到《世界新闻报》的青睐,高层的警官也需要掩饰自己的丑闻。因为负责该案最初调查的安迪·海曼和 2009 年负责调查的约翰·耶茨,都有把柄捏在《世界新闻报》手中。

从更广泛的层面上说,英国小报和警察部门已发展成了一种相互依赖的状态:小报需要新闻爆料,警方需要掩盖丑闻。

利百加·布鲁克斯在 2003 年的一次议会调查中承认,《世界新闻报》付钱给警察获取新闻爆料。这在英国是非法的。

而离开警察岗位后,安迪·海曼当了专栏作家,默多克的新闻集团则成了他的新东家。此事再一次验证了英国小报和警察部门之间的非法关系。

不过历史的发展总会让不法者付出代价,美国前总统尼克松政权因“水门事件”①走向倒台，而有百年历史的《世界新闻报》不管与权力机构有多么深的交情，它的侵权行为也终将使它走向灭亡。

3. 沙利文诉《纽约时报》案

1960年3月23日，《纽约时报》接到支持马丁·路德·金的民权组织的一份广告，该广告呼吁民众支持并资助马丁·路德·金领导的黑人民权运动。1960年3月29日《纽约时报》配以巨型大写字母的“关注他们高涨的呼声”(Heed Their Rising Voices)标题，刊登了这则广告。②

《纽约时报》

广告谴责南方几个地区对黑人民权运动的压制，并且指责阿拉巴马州蒙哥马利市的警察“包围”了一所黑人学校，旨在镇压他们的和平示威，指责“某些南方违法者”曾经用炸弹袭击马丁·路德·金的家，殴打金本人；警察局先后七次

① 水门事件(Watergate scandal)是美国历史上的政治丑闻之一，它对美国历史以及整个国际新闻界都产生了长远的影响。1972年美国总统大选，为了获取内部消息，以共和党尼克松竞选班子的首席安全问题顾问詹姆斯·麦科德(James W. McCord, Jr.)为首的5人，6月17日闯入位于华盛顿水门大厦的民主党全国委员会办公室安装窃听器，偷拍有关文件，被当场捉住。事件发生后尼克松曾一度竭力掩盖开脱，但在随后展开的对这一案件调查中，尼克松政府里的许多涉案人员被相继揭发出来，案件直接涉及尼克松本人，从而引发了严重的宪法危机。尼克松被迫于1974年8月8日宣布次日辞职，成为美国历史上首位辞职的总统。

从1972年6月17日詹姆斯·麦科德等人闯入位于水门大厦的民主党全国总部开始，一直到1974年8月9日尼克松总统辞职，《华盛顿邮报》的两位记者鲍勃·伍德沃德(Bob Woodward)和卡尔·伯恩斯坦(Carl Bernstein)对整个事件进行了一系列的跟踪报道，正是他们的不懈努力报道，使得公众的视线开始关注白宫与“水门事件”之间的联系，最终导致了尼克松的辞职。

② 参见〔美〕安东尼·刘易斯，何帆译：《批判官员的尺度》，北京大学出版社2011年版。

以“超速”、“闲逛”等莫须有的罪名逮捕金,还指控金“作伪证”,其中有些指责是缺乏事实依据的。

蒙哥马利市公共事务专员沙利文看到报纸后,向阿拉巴马州蒙哥马利郡巡回法庭提起诉讼,理由是:广告中“南方违法者”指的就是他,因为他当时负责警察工作。沙利文认为,广告中的失实内容将在公众中形成对他形象不利的印象,因此广告侵害了他的名誉权,要求《纽约时报》赔偿他50万美元。

1960年11月3日,沙利文的诉请获得巡回法庭的支持,法官判决《纽约时报》向沙利文赔偿50万美元。1962年8月30日判决再次获得阿拉巴马州高级法院的支持,州法院依照普通法的惯例认为:当言论造成他人的声誉、职业、交易、商业活动都损失时,该言论即构成诽谤。

《纽约时报》不服两级法院的判决,上诉到联邦最高法院。1964年1月6日联邦最高法院开庭审理此案,3月9日联邦最高法院判决州法院的判决无效,《纽约时报》胜诉。

联邦最高法院认为:沙利文没有足够的证据证明《纽约时报》出于恶意诽谤他。尽管广告内容存在失实问题,九位大法官仍以9:0的投票结果一致通过推翻阿拉巴马州法院的判决。

布伦南大法官

联邦最高法院布伦南(Brennan)大法官代表法庭阐述判决理由指出:本案的价值在于“公共官员因其公务行为受到批评——这种批评正是宪政制度为了限制政府权力而保护言论与表达自由的反映——该批评是否该遭到因反对而提起的诽谤诉讼,本案第一次要求我们确定彼此的边界。”之后,他详细阐明表达自由作为宪法第一修正案重要内容的核心含义是保障人民批评政府的权利,为了实现这一目的,必须对其采取一定的倾斜取向。大法官指出宪法第一修正案反映了这个国家“深刻的信仰:关于公共问题的辩论应当是无拘无束、健康和完全公开的,而且包括可以对政府和公共官员进行猛烈、辛辣、令人不快的尖锐批评。”

布伦南大法官指出,广告所抗议的乃是有关这个时代的主要公共问题,它有权获得宪法保护,本案的问题在于,某些事实陈述上的错误以及原告所谓之诽谤是否足以使这类言论丧失宪法对它的保护。宪法对言论自由的保护并不取决于“人们发表的观念和信仰是否是真理、流行或者具有社会效用。……在自由辩论中,错误的陈述是不可避免的;要使表达自由获得所需的‘呼吸空间’,我们必须忍受这些错误。”

在判决意见第二部分的最后,布伦南法官精彩地阐述了著名的“实际恶意”原则以及公民批评者赔偿豁免权的法理依据。他说:“宪法保护所要求的是这样的联邦规则,即公共官员因其公务行为遭到谎言诽谤,他不得从中获得因此导致的受损救济,除非他能够证明发表言论者存在实际恶意(Actual Malice)。

所谓实际恶意是指:‘被告明知陈述错误,或者毫不顾及陈述是否错误’…… 这项批评官方行为的豁免权,类似于公民对官方行为提起诽谤诉讼时国家对官员的保护。在巴尔诉马铁欧案(案卷号:360 U. S. 564,575)中,本院就有过判决,如果联邦官员的言论在其‘底线职责之内’(within the outer perimeter),他就享有绝对的豁免权。各州赋予他们的最高官员以同样的言论豁免权,即使有些州对他们较低官员的言论豁免权区别对待,并且限定他们享有的豁免权。

但是,所有官员都获得这种保护,除非能够证明他们的言论有实际恶意。赋予官员言论豁免权的理由据说是因为损害赔偿诉讼的威胁,否则将有碍‘无后顾之忧、有力和高效地实施政府政策’,并且打击所有官员的积极性,尤其打击那些最坚定的公职人员,或者会在最尽职尽责的官员中导致他们不负责任地执行公务。类似地,我们应当赋予政府的批评者同样的豁免权。这就好比官员有义务进行行政管理,公民就有义务批评政府。

正如麦迪逊所言:“在直觉上人民的能力超过政府,而不是政府超过人民”。如果对政府公务行为的批评无法获得一个相对于政府官员而言公平对等的豁免权,那么相对于其所服务的公众,公仆们就获得了超过他们所服务公众的优先权。我们的结论是这项特权是宪法第1修正案和第14修正案的要求。”

布伦南大法官论证的最终目的在于支持他在意见书总体阐述最后部分下的判决:“我们判决,阿拉巴马州宪法在保护言论自由方面存在缺陷,公共官员因公务行为受到批评,其针对批评所提起的诽谤诉讼中,州法院未能保护宪法第1和第14修正案所要求的言论和表达自由。我们判决:本案被告沙利文提供的证据在宪法意义上不足以支持对其有利的判决。”

这一判决为美国媒体拓展言论自由扫除了原有的障碍,它确立了一项重要规则,即后来被普遍引用的“实际恶意”原则,以及公共人物原则的雏形、公众事务原则的雏形等等。后来的一系列案例,如罗森·布拉特诉贝尔案(1966)、柯蒂斯出版公司诉巴茨案(1967)、罗森·布卢姆诉梅特罗美迪亚公司案(1971)、格茨诉韦尔奇公司诽谤案(1974)、时代公司诉费尔斯通案(1976)、邓恩与布拉德斯特里特公司诉格林莫斯建筑公司案(1985)、费城报业集团诉赫普斯案(1986)、米尔科维奇诉洛雷恩报业公司案(1990)等又进一步将此原则推广到适用于非公共官员的“公共人物”，并且逐步清晰地展现公共人物与非公共人物等概念之间的界限，同时，最高法院最终将实际恶意原则从原有的关注一审原告是否属于公共官员的视角转向涉案事实是否具有公众事务性质，这些案例大致勾勒出媒体新闻自由与公民名誉权之间的均衡点形成过程的运动轨迹，成为美国媒体拓展自由并自我约束的最重要参照。

宪法学家爱泼斯坦(Lee. Epstein)和沃克(Thomas G. Walker)指出：“布伦南的意见精彩地改变了诽谤法的进程，它使公共官员以诉讼方式反对媒体增加了难度。”但是，本案没有也不可能一劳永逸地解决关乎新闻自由的所有问题，并且留下了一系列有待进一步解决的问题：

(1) 如何决定一个人是不是公共官员？——这一点布伦南法官在判决意见注释中也涉及，他说本案没有给他阐述公共官员这一术语外延幅度的机会。

(2) 一个公共官员怎样才能证明媒体的实际恶意？

(3) 实际恶意这个术语包含了哪些含义？

这三个问题被爱泼斯坦和沃克认为是本案的漏洞。

评 述

美国联邦最高法院对《纽约时报》诉沙利文案(1964)的判决是美国新闻史上里程碑式的判例，联邦最高法院确立的“实际恶意”原则使美国各新闻媒体在批评国家公职人员方面获得了几乎不受限制的特权，但是被誉为“伟大宪章”的《纽约时报》诉案并没有给美国新闻自由的限度给出确定答案，在随后的近五十多年里，不断增加的判例才逐步澄清并且对媒体的自由度作出大致的划界。不过，这些案例不可能给出人们所需要的细致的标准答案，新闻法治依然在发展中。

在这一过程中，1974 年的格茨诉韦尔奇公司案第一次对《纽约时报》案确立的规则划出第一条边界，并且通过后来的一系列案例形成了新闻自由理论中诽谤公法与诽谤私法、公共人物与非公共人物、公众事务与公众关注的私人事务以及事实和评论分离等诸项概念，同时这些判例也澄清了各组概念彼此间的区分。

沙利文诉《纽约时报》案的影响深远。

《纽约时报》案以后，在媒体诽谤案审判中，美国联邦最高法院对一些重要规则做了进一步完善：

1. 豁免到何等程度——“实际恶意”原则的发展过程

自实际恶意规则产生以来，它随着“公共人物”这一概念的演变而变化。

一般情况下，公共人物要证明媒体出于实际恶意而诽谤自己是非常困难的。要证明被告“明知陈述错误，或者毫不顾及陈述是否错误”在大部分情况下根本不可能。在《纽约时报》案以后的案例中，只有1989年的“哈特—汉克斯通信公司诉康诺顿”案中用了“实际恶意”规则而判决媒体败诉。在这个案件中，汉密尔顿日报《灯塔》刊登一篇批评当地法官候选人康诺顿的文章，在编辑过程中，编辑不仅没有核实新闻来源，而且拒绝听一盘原本可能引起他怀疑报道真实性的磁带。联邦最高法院裁决该编辑行为构成“实际恶意”，这是唯一的一起直接引用《纽约时报》确立的实际恶意规则确定媒体因为实际恶意而败诉的案件。

在1991年的马森诉《纽约人杂志》公司案中，实际恶意规则发生了某些变化。肯尼迪大法官在判词中写道，在这起诽谤案中，一位公共人物提出因受诽谤而主张索赔的权利，他的理由是诽谤文字的作者使用引号以表明他从来不曾评论过什么，事实上他带着充满错误的偏见，因此这位公共人物认为自己被诽谤了。第一修正案要求起诉方证明诽谤性陈述是出于我们所谓的“实际恶意”，即一个表示故意、不计后果肆意歪曲的技术性术语，以此保护作品涉及公共人物的作者与新闻从业人员。因此，他们认为，如果作者的情绪状态传达的恶意已经获得必要的证明，作为诽谤诉因的引语因此而达到虚假程度，那么公共人物就可以否定该断章取义的判断，并且按照诽谤请求的条件提起诉讼。也就是说，如果作者使用引语故意歪曲原话就会构成侵权。因此，原来由布伦南大法官确立的实际恶意原则发生了变化，媒体责任被加重，但是显然更加公平了。

在一起案件中要证明媒体言论怀有“实际恶意”非常困难，而要让提出请求诽谤救济的当事人提供证据来证明这一点就更加困难。因此，许多时候政府官员或者其他公共人物尽管从心里猜测媒体是故意整自己，但往往拿不出证据。例如，曾经给美国带来一场劫难的罗德尼·金诉洛杉矶警察殴打黑人一案，由于当地电视台KTLA故意播放经过剪切的录像带，误导民众以至于人们抵触陪审团对警察作出的无罪判决，从而引发了可怕的骚乱。[①] 联邦地区法院判决两名警察有罪，但是法院量刑时较轻，第九上诉法院在舆论压力下改判两名警察加重服刑。被加刑的警察孔恩虽然在1996年联邦最高法院的上诉审判决中获得最终胜利，9位大法官以9:0票的表决结果推翻了第九巡回法庭的加刑判决，但是损害已经发生，警察的有罪判决也没有被推翻，更无法起诉KTLA电视台，因为他们无法证明电视台出于“实际恶意”播放剪切录像。

“实际恶意”规则很难防止被滥用的命运，即使像1989年“哈特—汉克斯通信公司诉康诺顿”案中，实际恶意原则虽然被派上用场成为媒体败诉的理由，但是也不是一个必然结果，因为编辑如果在法庭上不承认自己听过录音带，或者甚至直接做伪证否认自己收到过这盘磁带——如果法庭无法证明媒体做伪证，那

① 参见本书第三章第一节“1992年罗德尼·金诉洛杉矶警察案”。

么媒体依然会胜诉。

联邦最高法院在1979年就已经意识到,要求起诉方出具证据证明媒体出于“实际恶意”是困难的,因此在1979年的“赫伯特诉兰多”案中,联邦最高法院认为“当新闻从业人员被认为传播损害性谎言,声称自己名誉被侵害者因此提起诉讼时,如果原告从对出版物负有责任的编辑程序中调查取证能够获得作为原告诉因的关键性证据材料的,则宪法第一修正案保护的言论自由和表达自由不包括媒体在上述行为中拥有作证豁免权。”从这一规则中可以看到,对于实际恶意原则确定的证据规则上的责任豁免原则,联邦最高法院作出了某些变通,从而使得责任豁免原则某种程度上转变为过错责任原则,这一举证责任分配的调整会极大地影响案件的最终结果。这一举证责任分配的调整也促使媒体在发表言论时更多地注意自我审查,以免滥用媒体权利而侵害他人的基本公民权或者其他权利。

2. 从“公共官员”至“公共人物”再至“公共事务”——诽谤公法与私法

在1966年的“罗森布拉特诉贝尔”案中,布伦南大法官对“公共官员”做了扩张性解释,即“‘公共官员’的定义至少还适用于在政府官僚科层中担任公职的人,或者曾经在公众面前出现并且负有重大责任的前政府官员,以及控制政府公务行为的前政府官员。”1967年的“柯蒂斯出版公司诉巴茨”案与“联合公司诉沃克”案,联邦最高法院形成哈兰大法官(Harlan)、克拉克大法官(Clark)、司徒沃特大法官(Stewart)以及福塔斯大法官(Fortas)四人为一方与首席大法官沃伦(Warren)、布兰克大法官(Black)、道格拉斯大法官(Duglas)、布伦南大法官(Brennan)、怀特大法官(White)五人为一方的两派观点,由沃伦大法官宣判结果,联邦最高法院第一次将《纽约时报》规则中的“公共官员”(public official)概念扩充解释为“公共人物”(public figure)。沃伦大法官代表多数意见将此概念界定为“公共人物”,是指其在关系公共问题和公共事件时的观点与行为涉及公民的程度,常常与政府官员对于相同问题和事件的态度和行为上涉及公民的程度相当。

沃伦大法官

而哈兰大法官代表少数意见对“公共人物”的解释为:“公共人物是卷入被证明为正当和重要的公共利益问题的人。”因此,此案虽然第一次提出“公共人物”这一概念,但是尚未获得真正的突破性进展,哈兰大法官试图就“公共人物”

这一术语做司法实践上的细分也因为他在本案中未获多数意见的支持而暂时搁置。

这时的联邦最高法院在处理涉及媒体的诽谤案时，事实上恰好处于一个以公共事务还是以公共人物为确定规则的摇摆期。在审理"格茨诉韦尔奇公司诽谤"案之前，整个十年中，诽谤案中的新闻自由处于不完全确定状态，被称为产生诽谤公法的首要判例的《纽约时报》案，由于诽谤私法未及诞生而导致其规则尚不稳定，直到1974年的"格茨诉韦尔奇公司"案，联邦最高法院才宣告了诽谤私法的诞生。

在格茨案之前三年的1971年，联邦最高法院在"罗森布卢姆诉梅特罗美迪亚公司"案的判决中，产生了"公共及普遍利益"的概念，布伦南大法官阐述了布莱克门大法官和首席大法官伯格参与意见的判决结果和理由，他们认为，"电台播报的事件涉及公共和普遍的利益时，当个人被卷入事件并且因虚假新闻受诽谤，《纽约时报》案关于'明知故犯与不计后果的谎言'规则适用于因此而提起的州民事诽谤诉讼。"布伦南大法官在注释中表明，"公共及普遍利益"这一术语来自1890出版的沃伦和布兰代斯合著的《私权》一书，这说明此概念并非最高法院仅仅为判决此案而生造，他们试图由诽谤案所涉事件本身的重要性来决定《纽约时报》规则是否适用，以此替代以原告的身份决定该规则是否适用，这无疑发展了《纽约时报》规则所确立的"公共官员"理论。

但是，此案使"实际恶意"理论不恰当地扩展到了私人领域，最高法院过分注重所谓的社会利益而未考虑到如此扩张将可能引发对公民私权的过度侵犯。

1974年发生的"格茨诉韦尔奇公司诽谤"案适时地阻止了这一危险倾向。

格茨诉韦尔奇公司诽谤案①

"格茨诉韦尔奇公司诽谤"案的案情是：芝加哥警察纳希欧（Nuccio）被法院判处谋杀罪，受害人的家庭委托一位声誉良好的律师埃尔默·格茨向纳希欧提起损害赔偿的民事诉讼。格茨与这起案件的诉因并无瓜葛，但是，罗伯特·韦尔奇公司主办的《美国舆论》杂志在没有任何证据的情况下，发表文章攻击格茨，指责他是一名"列宁主义分子"，一个"共产党的头面人物"，并且捏造事实指责格茨构置罪状陷害纳希欧。格茨为此提起诽谤诉讼，要求赔偿50万美元。这起案件最后也上诉到联邦最高法院。

最高法院9位大法官以5:4的投票结果，推翻了上诉法院的结论并且恢复

---

① 摘编自萧瀚：《诽谤诉讼中的新闻自由——评纽约时报诉沙利文等媒体诽谤案》，http://wenku.baidu.com/view/e371992c7375a417866f8f4d.html，2011年2月5日访问。

初审的判决结果:格茨胜诉。鲍威尔大法官代表最高法院阐述判决意见,此案确立了自《纽约时报》案以来新闻自由领域里最重要的一条规则,即:“出版商与经营电台者在涉及公共或者普遍利益问题的言论中,若因为虚假陈述而诽谤既不是公共官员又不是公共人物的个人,他们不得援引《纽约时报》规则主张责任豁免。”

布伦南大法官进一步指出,格茨既不是公共官员又不是公众人物,因为虽然他是一个优秀的律师,并且在民权领域颇有声望,但并没有到达众所周知的地步,甚至他所在小区里的邻居都不怎么认识他。非公共官员和公共人物的个人与公共官员和公共人物相比,更容易受到诽谤言论的伤害,因为上述两种人可以相对容易地寻求媒体及其他救济方式,而一般的个人很难做到这一点。因此,个人更需要司法补偿,各州政府也应当为此承担更多义务。

格茨案对公共人物的概念作出分类,布伦南大法官指出,“被称为公共人物的人被定位于相似情境。即使某些人不需要通过自己有目的的行为就能成为公共人物,但是真正偶然成为公共人物的情况一定会极度稀少。对于大部分人而言,因为他们在社会事务中已经发挥出特别突出的作用才到达公共人物的地位。那些人为了各种目的而占据某些位置,这些位置的说服力和影响力使得他们被人看成公共人物。更为普遍的情况是,还有一些人被看做公共人物,是因为他们试图影响一些相关问题的解决而主动卷入某些特别的公共争议问题,成为弄潮儿。无论哪种情况,他们都引起人们的关注和议论。”这一分类标准与“有限的争议问题”等概念一起构成了对“公共人物”概念较为明确的限定。

格茨案与《纽约时报》案一同被视为美国新闻史上具有里程碑意义的案件。上述规则的确立,标志着诽谤私法的诞生,同时也标志着诽谤公法的边界,开启了公共人物与私人个人的两分法,并且在对公共关注的问题上第一次提出“有限争议的公共问题”概念,原来媒体权力过分扩张(甚至有人称此前的最高法院判决有鼓励诽谤之嫌)的趋势得到了有效遏制。

在格茨案之后,联邦最高法院又通过“时代公司诉费尔斯通”案(1976)、“沃尔斯顿诉《读者文摘》协会公司”案(1979)等案件进一步澄清并细分、缩小公共人物的范围。

在1976年的“时代公司诉费尔斯通”案中,伦奎斯特大法官阐述意见时指出,离婚属于私人事件,无法成为格茨案所谓的“公共争议问题”,不是公共事务,涉案当事人不是公共人物。联邦最高法院在1979年的“沃尔斯顿诉《读者文摘》协会公司”案的判决意见中,再次援引格茨案提出的“有限争议问题的公共人物”概念,并且在针对《读者文摘》协会公司观点的基础上,再次重申“时代公司诉费尔斯通"案确立的规则："一个人实施了犯罪行为，与其定罪有关的问题是有限争议问题，人们评论这些问题的目的并不能使他自动地成为公共人物。有些人正试图诽谤刑事诉讼中被定罪的人，如果支持相反意见，将给他们大开方便之门"。这一规则在"霍钦斯诉普罗克斯迈尔"案(1979)中被进一步明确为，诽谤者因为诽谤而使得原告成为有限问题的公共人物，诽谤者不得以此作为抗辩的理由，即他不得以受害者已经成为公共人物来为自己辩护。这一规则使人联想到普通法中侵权行为法的一条规则：任何人不得从侵权行为中获益。沃尔斯顿案还确立了一项重要规则，这是由布莱克门大法官在共同意见中阐述的，他针对本案指出，上诉人在1958年的时候因卷入间谍案争议而成为公共人物，但是到1974年被上诉人出版《克格勃》的时候，他已经明确丧失了这一特性，"因为我相信16年时间的流逝使我们不必再考虑上诉人是个公共人物"。这一意见为"公共人物"概念增加了时间要素——可以说间接地表明某些权利即当下的权利。

至此，在诽谤法领域，由于公法与私法的区分而产生了类似于行政法的一些规则，从公共官员到私人个人诸概念发展过程中产生的规则大致有：

(1) 仅仅出现在与某些有新闻价值的报道或与诸报道有关的报纸上，不能使某人成为公共人物；

(2) 职业或行业名望不能使某人成为公共人物，家喻户晓的人(如迈克尔·杰克逊等)除外；

(3) 被迫卷入公审(无论是民事还是刑事审判)本身不能使某人成为公共人物；

(4) 那些因诽谤受到指控者不能因诽谤导致当事人成名而以其是公共人物作为抗辩理由；

(5) 单纯申请、接受或受益于公立研究资助不能使某人成为公共人物；

(6) 在一定地区或者特定时期卷入特定问题的人，若因此而在有限的时间、区域成为公共人物属于有限争议的公共问题的公共人物。

美国联邦最高法院从《纽约时报》案到格茨案及其后二十几年的一系列案件中，较为清晰地厘清了公共人物与私人个人、公共关注的事务与公共事务以及有限争议的公共问题等重大概念，明确作出诽谤公法与诽谤私法的区分，在两个领域中，媒体或者其他向公众发表言论者的豁免权适用不同的规则，即前者适用非严格责任原则，后者则适用严格责任原则。当有些案件的性质不怎么明显时，即既非典型的诽谤公法案例，又非典型的诽谤私法案例时，就根据具体案情确定归责结果，由此发展出介于官员与公民之间、公共事务与私人事务之间一整套体现中间状态的术语。《纽约时报》案原本可能导致的媒体对公民权侵犯的危险在这一区分中被基本控制住,同时,《纽约时报》案确立的媒体对官方行为的批评权也基本上没有被打折扣。这些案例较为清晰地划分出美国公民与政府之间维权与限权的界限,美国宪法对政府限权的精髓在这些案例中不断得到重申和进一步论证,在这个过程中,《纽约时报》案确立的公共官员规则逐步被扩大到公共人物规则,同时又内缩并且分裂为公共官员、前公共官员、有限争议的公共人物、众所周知的公共人物等诸概念,以便在具体案件中做到最大限度的公正审判。

3. 其他重要规则的形成

"实际恶意"规则和"公共人物"规则是《纽约时报》案所产生的最重要的规则,随后几十年联邦最高法院判决的诸媒体诽谤案例一直在进一步完善这两项规则。在这一完善规则的过程中联邦最高法院也逐步形成一些新的规则,如事实—评论分离规则、非媒体被告诽谤案同样适用"公共事务"规则以及前面提及的特定情形下媒体有义务公开编辑程序规则等等。虽然从法律史的意义上看,他们可能不像前两项规则那样具有举足轻重的地位,但是从个案的角度看,这些新的规则直接关系到案件能否得到公正审判,而且许多情况下只有这些规则的配合适用,上述两个重要规则才有可能最大限度和最接近正义地发挥作用。

事实—评论分离规则:

这一规则是在1974年"格茨诉韦尔奇公司"案中首先提出的,鲍威尔大法官在判决意见中指出:"根据宪法第一修正案的原则,不存在诸如虚假思想这样的东西。无论一个观点看起来多么有害,要纠正它并不依赖法官或者陪审团的良心,而是依靠其他观念与它竞争。但是,关于事实的虚假陈述却毫无宪法价值。无论是故意撒谎还是疏忽过失都无法促进社会'无拘无束、健康和完全公开'地辩论公共问题。"因此,格茨案已经表明宪法不保护虚假的事实陈述。

在1986年的"费城报业集团诉赫普斯"案中,联邦最高法院的判决指出:"在此类案件中,当报纸发表的公共言论关系到一般个人,个人原告如果不能证明报纸的陈述是虚假的就无法获得损害救济。因为在此类案件中,由于陈述难定真伪使得天平的平衡点处于一个不确定位置,而宪法则要求天平的指针指向保护真实言论。我们认为,为确保有关公众事务的真实言论畅通无阻,当原告企图以追索赔偿金的方式阻挠被告媒体就公共关注事务发表言论时,普通法关于'诽谤性言论就是失实言论'这一假定难以成立。由于宾夕法尼亚州的"保护法"允许媒体雇员拒绝泄漏他们的原始资料,这就给上诉人强加了沉重负担,这部法律的精确范围并不清楚,并且在上述情况下,此类法律也没有表明,其所要求的宪法标准与上诉人因为没有此类法律而获胜的宪法标准有什么差异。”因此，赫普斯案确立了一项规则：宪法只保护真实的言论。

直到1990年“米尔科维奇诉洛雷恩报业公司”案，事实—评论分离规则才被联邦最高法院十分明确和详细地阐述，伦奎斯特大法官陈述的判决意见中指出：“首先，‘赫普斯’规则支持这样一种主张，即当媒体被告卷入一场诽谤诉讼时，州诽谤法要求在确定他们是否存在侵权责任之前，其有关公共所关心的事务的言论必须被证明是虚假的，至少在某种情况下，正如我们目前所见的案子就是如此。因此，‘我认为迈耶·琼斯是个骗子’和‘我认为麦耶·琼斯接受马克思和列宁的教导，实在是愚蠢之极’这两种表述是不同的，前者不可以被起诉。‘赫普斯’规则确保这样一种情况：关系到公众关心的事务的评论性表述，如果能够被现有的事实证明是虚假的，则该陈述不受宪法的充分保护。”至此，事实评论分离规则明确确立。这一规则表明，在一个评论性表述中，如果其中涉及虚假事实，该表述即构成诽谤。这一规则大大地保护了公民的基本名誉权，使得媒体肆无忌惮的评论得到一定遏制，至少在涉及事实问题时，媒体必须慎重对待而不能借助自己的阵地胡言乱语，随意损害公民权。

非媒体被告诽谤案同样适用“公共事务”规则：

这一规则主要是在1985年“邓恩与布拉德斯特里特公司诉格林莫斯建筑公司”案中确立，在这个案件中，出具信贷报告的机构邓恩与布拉德斯特里特公司因其职员的疏忽而错误地出具了一份报告，该报告含有格林莫斯建筑公司正在申请破产的错误信息，格林莫斯建筑公司为此提起诉讼，要求赔付35万美元。判决再次将问题集中在涉案事实本身是否属于公共事务的问题上，而此案初审中被告邓恩与布拉德斯特里特公司是否属于媒体已经不重要了，首席大法官伦奎斯特认为，此案不适用于格茨案确立的“公共人物”规则，而且本案的诽谤性涉案内容也与公共关心的事务无关，因此没有推翻二审判决的必要。

鲍威尔大法官在判决意见中指出：“上诉人的信贷报告并不关系到公共问题，而只涉及他自己的私人利益以及他客户的利益。这一有正当理由的特殊利益在它是完全虚假的并且损害了受害人的名誉时，不能受到特别保护。”相应的，这一规则也同样使‘纽约时报—格茨’规则受到限制——身份不再是诽谤案的重要诉由——尽管在许多情况下对某些人而言可能还是诉因。怀特大法官在本案判决书的并行意见中猛烈地抨击了《纽约时报》规则，他说：“《纽约时报》规则鼓励了两种不好的倾向：第一，有关公共官员与公共事务的信息流通被污染，并且经常处于被虚假信息污染的状态；第二，原告败诉后，其名誉和职业生涯被谣言所玷污破坏，如果通过合理的努力调查事实真相，这种后果原本是可以避免的。宪法第一修正案和名誉权处于危机之中,这些后果毫无正当性可言。"

怀特大法官的批评有一定道理——如果赋予媒体过大的权利,对社会未必就是福音,这在1992年洛杉矶大火事件中已经得到验证。但是,任何一种制度无论多么完善都不可能没有弊病,关键在于人们能够付出的代价与获得的好处相比,何者更大。即使是获得的利益大于付出的代价,要大到何种程度,这种代价才是合理和应该付出的,需要联邦最高法院通过不断地确立规则来完成。非媒体被告诽谤案同样适用"公共事务"规则应该说也属于这一过程中的一环——至少怀特大法官的抨击已经引起其他法官的重视。

特定情形下媒体有义务公开编辑程序规则:

这一规则是在1979年"赫伯特诉兰多"案中被确立起来的,并且产生了相对独立和严格的规则:"如果原告从对出版物负有责任的编辑程序中调查取证,能够获得作为原告诉因的关键性证据材料,则宪法第一修正案保护的言论自由和表达自由不包括媒体在上述行为中拥有作证豁免权。"由这个"赫伯特规则"又引申出来一些十分具体可操作的规范,其内容大致包括以下五项:

A. 新闻从业人员在调查事实过程中作出的结论性意见,其中包括继续调查和终止的意见;

B. 新闻从业人员对于被采访对象提供的事实作出的推论性意见,以及对于被采访对象个人是否诚实的内心确信;

C. 新闻从业人员看待新闻内容是否可靠的依据;

D. 新闻从业人员与同行或者其他人就如何处理新闻内容的讨论,特别是关于材料取舍的讨论;

E. 新闻从业人员决定具体新闻材料取舍时的内心动机及其目的。

这五项规则大大缩小了媒体的特权,而有利于诽谤诉讼中的原告,但是原告在适用这一规则时也不是毫无限制,而是首先必须证明"从对出版物负有责任的编辑程序中调查取证能够获得作为诉因的关键性证据材料",这需要冒一定的风险,如果无法获得期望的证据,将面临败诉甚至是反向赔偿的后果。

上述规则虽然成为美国各地方法院的重要参考依据,但是并没有被完全适用。比如,某个州的法院判决新闻从业人员免于就编辑程序提供证词,理由是强迫透露编辑信息将对新闻从业人员之间的自由交换意见产生消极影响。

评 述

舆论监督主要是针对公共权力的监督,针对任何涉及公共利益的人和事,而舆论在公共权力面前又是软弱的,为了有效保护舆论监督和公众知晓权,美国的

《沙利文案》确立了"实际恶意原则",使美国的诽谤法向宪制法转变,为新闻出版提供了新的保护,即有条件的"宪法特许"。

如果在传媒侵权纠纷中我们借鉴沙利文诉《纽约时报》案的处理方式——在宪法层面上解决传媒侵权纠纷,就可以弥补宪法权利得不到部门法的具体保护而在公民权利保护方面留下空白。

第二节 我国香港地区经典案例

1. 陈健康事件①

案件起源于1998年10月19日发生于香港上水天平邨一宗命案。事件主角陈健康因在深圳另结新欢,令妻子不悦,妻子其后将两名儿子从上水天平邨住所抛落地下,然后跳楼自杀身亡。

事发后,香港传媒争相报道,追访陈健康的下落及包二奶的细节。其中《苹果日报》记者为了获得更大的轰动效应,不顾新闻职业道德,向陈健康提供5000港元召妓,并拍下不堪的独家照片,引起公众一片哗然,该案件也成为探讨香港传媒专业操守的案例及教材。

1998年11月10日,香港《苹果日报》在头版以整版的篇幅刊登了《公开道歉启事》,就处理"陈健康北上寻欢事件"新闻之编排及手法不当,引起读者及社会人士不满和强力谴责,表示不安与歉意,并"致十二万分歉意"。

陈健康,原先在石湖墟一间茶档里当杂工,后转工在一家冻肉厂做押车工人,月收入约1万港元。他每月只给妻子林文芳1500港元家用,每逢星期六就北上深圳玩女人。

一天,林文芳的女友在深圳无意中看见林文芳的丈夫陈健康在街上亲昵地拥着一个女子。她看不下去,愤怒上前,掌掴负心汉。这样,陈健康在深圳的行为就被揭穿了,由此也引发了家中的口角。妻子林文芳(41岁)一气之下,于凌晨二时将自己两个未成年的儿子(10岁(陈浩玮)、6岁),从上水天平邨住所天明楼14层推下,然后自己跳楼自尽,酿成了一场家庭惨剧。

事后香港警方确认死者的身份,并联络到其40岁的丈夫陈健康。陈健康当

① 参见江迅:《香港传媒玩媚俗——"陈健康事件"引发的媒体闹剧》,载《新闻记者》1999年第1期。

时的"表态"让人吃惊,他对记者说,自己对妻儿的死不感到悲伤,更扬言妻子产下次子后对房事不感兴趣,夫妇因性生活不协调经常吵架,以后他定期到深圳寻欢,结识了一名四川女友。在事件发生的翌日,陈健康即表态打算到深圳与该名女子结婚,重新生活,但过后陈健康改口否认自曝情史。

香港媒体都把陈健康称做"人办",即样板。

此后,陈健康利用当时亚视《今日睇真D》和无线《城市追击》等资讯娱乐节目,公开向四川女友示爱。两个节目于1998年10月23日播出了陈健康以长途电话与深圳情人对话的片段,陈健康坦言妻子不懂打扮,只会在家照料孩子,他对妻已经全无爱意。

发生事件的天平邨

陈认为并非自己的行为害死妻儿,反而怪责死去的妻子,将两个儿子害死。

1998年10月24日,《苹果日报》刊登以"不伤家变 人办寻欢"为题的独家报道,图文并茂报道了陈健康在妻子死后仍北上召妓寻欢的事实。

以后的几日,事件主角陈健康没有公开露面。

天明楼互助委员会筹集帛金,为三名死者殓葬及打斋。有些邨民因为这一事件而彻夜难眠,接受心理辅导。有些人则申请调迁,希望远离凶案发生地。

1998年10月28日下午一时,失踪多日的陈健康在妻儿葬礼后的第二天公开露面,与记者一同到红磡一所殡仪馆拜祭妻儿,其间被殡仪馆馆主及花店店主等三人殴打,陈一反过去态度,对妻儿的死感到后悔,并证实从《苹果日报》记者手中收受5000港元报酬,让对方拍摄北上寻欢照片,成为10月24日该报的独家头条新闻。而当天《苹果日报》否认与陈本人有任何金钱交易,更不存在要求陈作秀、表演给记者采访等行为;文中提到陈健康有向该报记者要求给钱被拒,后来在10月24日,与陈短时间内相识的三位东莞"本地飞"因陈召妓见报,被公安人员追捕而要求车马费暂避风头,记者"因了解其处境而把身上五千圆付之"。

《苹果日报》社长罗灿事后承认,记者于内地采访完毕后,曾给予陈健康及三名朋友5000元。此举引起读者及社会人士关注传媒道德操守问题。《苹果日报》创办人黎智英于11月10日以头版全版篇幅刊登公开道歉启示,为记者支付陈健康报酬的报道手法向公众致歉,全文如下:

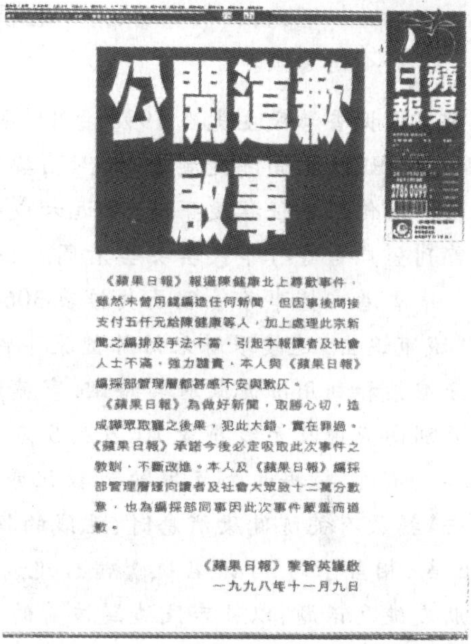
公開道歉啟事

《蘋果日報》報道陳健康北上尋歡事件，雖然未曾用錢編造任何新聞，但因事後間接支付五仟元給陳健康等人，加上處理此宗新聞之編排及手法不當，引起本報讀者及社會人士不滿，強力譴責，本人與《蘋果日報》編採部管理層都甚感不安與歉仄。

《蘋果日報》為做好新聞，取勝心切，造成譁眾取寵之後果，犯此大錯，實在罪過。《蘋果日報》承諾今後必定吸取此次事件之教訓，不斷改進。本人及《蘋果日報》編採部管理層謹向讀者及社會大眾致十二萬分歉意，也為編採部同事因此次事件蒙羞而道歉。

《蘋果日報》黎智英謹啟
一九九八年十一月九日

《苹果日报》报道陈健康北上寻欢事件，虽然未曾用钱编造任何新闻，但因事后间接支付五千元给陈健康等人，加上处理此宗新闻之编排及手法不当，引起本报读者及社会人士不满，强力谴责，本人与《苹果日报》编采部管理层都甚感不安与歉仄。

《苹果日报》为做好新闻，求胜心切，造成哗众取宠之后果，犯此大错，实在罪过。《苹果日报》承诺今后必定吸取此次事件之教训，不断改进。本人及《苹果日报》编采部管理层谨向读者及社会大众致十二万分歉意，也为编采部同事因此事件蒙羞而道歉。

《苹果日报》黎智英谨启
一九九八年十一月九日

2002年12月，一名已离职的《苹果日报》前编采中层主管，在香港报业公会主办的“传媒操守问题工作坊”直言，当时编辑部对是否刊登陈北上寻欢照片有争议，最终越洋请示当时身在海外的黎智英，经他首肯才刊登的。

至于事件主角陈健康，曾到法律援助署申请援助，指某报章对他的报道不公，损害其名誉，并声称自己是受害者，希望讨回个人名誉及赔偿。

自此以后，陈健康深居简出并拒绝传媒访问，房屋署其后为他调配新居所，搬离天平邨，事件渐为外界淡忘。

陈健康事件对香港社会产生了一定的影响。该事件之后，香港新闻工作者联会、香港新闻行政人员协会、香港记者协会及香港摄影记者协会等本地新闻从业员组织联合发起签名运动，不满部分传媒报道“陈健康事件”手法，成功收集了635名新闻从业员签名支持，并于1998年11月17日在7份中文报章上刊登题为“我们也不满”的联署声明，全文如下：

由报道陈健康的手法问题，引发我们关注传媒花钱编造新闻的现象。作为新闻从业员，我们感到痛心，这样的做法，已经损害了我们的形象及公信力。谨此,我们声明,对于有损新闻从业员专业操守的做法,我们不满,我们不愿意做。

根据香港民主党在 1998 年 11 月进行的一项调查发现,九成受访者不接受个别传媒机构向陈健康支付金钱,换取报道他私生活的做法。近两成半受访者表示对传媒信任程度下降,但近六成受访者称不会因此罢看有关报章。明光社曾刊登广告呼吁市民罢买罢看罔顾公众利益的报纸及电视节目。

香港广播事务管理局共接获 306 宗投诉,指香港亚视《今日睇真 D》和无线《城市追击》连续跟踪采访陈健康事件报道手法不良。广管局认为,两个节目过分渲染和利用陈健康对其婚姻、家庭和婚外情的看法,严重违反电视业务守则,分别向亚视及无线罚款 10 万及 5 万港元。

不过,根据两个节目按节数记录的收视率,当《今日睇真 D》紧接《城市追击》播放有关陈健康消息时,无线的收视率即时下跌,而亚视的收视率则上升约 6 点,相当于约 36 万名观众转台追看有关报道,学者指该现象反映市民害怕与朋友缺乏话题,以及市民边骂边看的心态。

事后,香港各界要求设立监察本港传媒的机制。法律改革委员会属下的隐私问题小组委员会于 1999 年 8 月发表《传播媒介的侵犯隐私行为》咨询文件,建议成立名为“保障隐私报业评议会”的独立组织,有权谴责违反《个人资料(隐私)条例》的报章或杂志,并要求他们刊登道歉启事,以及向严重违规的报章或杂志,处以港币 50 万至 100 万元不等的罚款。

然而,这些建议受到传媒业界的反对,认为建议的评议会职权过大,甚至影响新闻自由,主张由业内人士自行制订专业准则做自行监察。香港记者协会、香港新闻行政人员协会、香港新闻工作者联会和香港摄影记者协会其后建立了“新闻界操守联席工作小组”,就提升新闻界操守提出可行建议,并在 2000 年 6 月联合发表《新闻从业员专业操守守则》,提醒记者采访及报道应注意的事项,并建议雇主将有关建议写入聘书。

香港报业公会则倡议成立由业界及公众人士组成的报业评议会。2000 年 7 月,香港报业评议会正式成立,由陈坤耀担任主席,11 份报章参与,但《成报》、《信报》、《东方日报》、《太阳报》和《苹果日报》均没有参加。不过,由于报业评议会及操守规则缺乏法律约束力,在香港传媒竞争激烈的状况下,哗众取宠及卖弄色情、血腥暴力等情况仍不时发生。

评 述

这是香港又一起传媒扒粪事件。

陈健康事件也成为香港传媒教育的课题，如在香港大学民意研究计划 2001 年举办的"中学师生民意研究习作计划"研讨会上，主讲嘉宾香港新闻行政人员协会副主席张圭阳就以援引此事例，呼吁在场师生读报时须小心辨认真伪。

公众知情权固然重要，但不是绝对的。记者要考虑其他人的隐私及社会道德问题。不能以知情权为名，以金钱利诱当事人赤裸裸地尽揭各种令人反感的隐私。当新闻有价时，新闻究竟是假戏真做，还是戏真情假，便很难分辨清楚，到头来究竟是戏是情，更是纠缠不清，那还能算什么知情权呢？以金钱换取消息来源，从来都是危险的。

一些读者对陈健康毫无好感，但他遭遇不幸，还要接受社会审判和凌辱，对他并不公平。如果没有传媒"追击"他，如果有个与他谈得来的亲友从旁好言相劝，局面一定不同。

迫于社会舆论压力，花钱编导新闻的媒体集团老板在该报头版，以整版篇幅刊登《公开道歉启事》，但这家媒体老板虽承认付了钱，并不承认编导新闻，还自认是"为做好新闻，取胜心切"才导致此事件，又一次激起社会舆论反响。

有舆论认为，"该报已充分利用完陈健康的促销价值，然后像处理抹完屁股的厕纸一样，丢弃惟恐不及，还要扮正义。""该报自创刊以来，时时出现虚假消息和充满色腥味的'新闻'，便是注脚。"

香港政府广播事务管理局分别对无线电视及亚洲电视处以 10 万港元和 5 万港元的罚款。管理局认为，两家电视台在报道"陈健康事件"时，节目内容过分渲染、利用陈健康对婚姻的漠视及嫖妓的经过，严重贬低了婚姻关系和家庭的重要性。这是香港第一次因违反有关人伦关系的业务守则而遭罚款。

香港回归前，不少港人担心回归后的香港会收紧言论自由，时至"陈健康事件"发生一年多香港媒体依然百家争鸣。令人意外的是，破坏香港新闻环境生态，给新闻自由带来威胁的，竟是媒体自己。"陈健康事件"之后香港社会要求政府开展传媒教育，甚至监管媒体的呼声日趋强烈，就是媒体媚众乱象之下出现的反映。

2.《东周刊》刘嘉玲风波

2001 年 10 月 30 日，香港八卦杂志《东周刊》第 521 期封面刊登了香港女星刘嘉玲 12 年前被虐拍的裸照。该期刊出版当日一售而空，甚至翻印再卖，但同时也激起各界人士的指责，尤其是演艺界人士的愤怒声讨。

数日之内,社会反响越来越激烈,多个团体纷纷到《东周刊》编辑部抗议,传媒同行也大多数对《东周刊》的做法持批评态度。

香港电影业、教育界、劳工界等几十个组织在多份报章刊登联署声明,强烈谴责《东周刊》这种为求促销,而罔顾受害者痛苦的行为,并抨击这做法扭曲新闻自由。

由于相片背景可能牵涉刑事犯罪,港府工商及科技局局长唐英年呼吁受害女艺员与警方合作,打击在演艺圈作恶的黑势力。

在社会各界的声援下,演艺界人士于2001年11月3日组织"天地不容"声讨会,向港府要求严惩事件的幕后主脑。行政长官董建华及港府高官也介入此案,表示会跟进事件,若涉刑事犯罪则"决不手软"。

在强大的社会压力下,《东周刊》先是登报道歉,之后社长陈耀安又宣布与总编辑蒙汉明及责任编辑王剑文一起负起事件全责,引咎辞职。但社会公众的愤怒仍未平息,最后,英皇集团老板杨受成决定将《东周刊》停刊,二百多名员工被遣散或转职公司旗下其他刊物。

在裸照事件后,香港影视处收到有关《东周刊》的市民投诉,创了历来的纪录。香港淫亵物品审裁处裁定当期《东周刊》为三级刊物,但《东周刊》表示不服,上诉要求复核,2003年2月20日,法庭驳回了《东周刊》的上诉,维持原定三级裁定。

另外,该事件背后牵涉的有组织犯罪背景引起香港警方的注意,香港警方有组织罪案及三合会调查科2002年11月介入事件,搜查位于香港北角的《东周刊》编辑部,带走大量物证,彻查事件内幕。

据香港《大公报》报道,香港警察公共关系科发言人称,2003年2月20日,淫亵及不雅物品审裁处裁定前《东周刊》其中一期刊登女星裸照为不雅刊物之后,警方有组织罪案及三合会调查科人员2003年3月10日采取行动,在全港不同地点带走10男1女,他们的年龄介于27至51岁,均是该周刊前管理人员,包括编辑、执行编辑、编辑部负责人员。他们于2003年3月10日在各自的寓所被警方拘捕,经过调查后各准以5000港元保释,并允许于两三星期后向警署报到。

据悉,刘嘉玲当年因为拒拍一部电影,结果得罪了一位有权有势的人物。当时红得发紫的刘嘉玲被一辆汽车跟踪,将她掳走并强迫她拍裸照。

当时刘嘉玲成功解决了这件事,直到2002年,照片落入另一个人的手中,该人以照片勒索刘嘉玲。刘嘉玲不肯受威胁,断然拒绝用高价赎回裸照,才发生了

《东周刊》刊登裸照事件。①

《东周刊》在停刊五个月后，2003 年 3 月 5 日，拥有《星岛日报》的泛华集团以不低于 2000 万元的价钱收购了《东周刊》。

事隔七年后，进入司法程序多年的事件又有了重大进展，2009 年 5 月 5 日，香港法庭认为《东周刊》前总编辑蒙汉明刊登女星裸照，道德罪责深重，判实时入狱五个月。

评 述

香港《东周刊》的停刊易主、前 11 名管理人员被捕、事隔七年后前总编辑被判刑等一系列雷霆行动，为“裸照风波”画上了一个光明的句号。

此前，《东周刊》前总编辑蒙汉明承认发布淫亵物品罪，声称出刊前他人在内地，对内容不知情，获轻判入狱六个月，缓刑二年。但是香港律政司认为刑责过轻申请复核，聆讯时又揭发出蒙汉明在周刊出刊时人在香港并参与了事件的报道策划的事实，这才有了案件判实时入狱五个月的结果。

这些结果表明：在媒体“狗仔队”无孔不入、名人隐私权普遍失守的香港，正义与良知终于捍卫住了最后一点尊严。

这一次的“裸照风波”也是香港娱乐媒体“低级趣味综合症”的总爆发，类似的庸俗化倾向，在香港媒体上由来已久、积重难返，已经成为一种地域文化特征。好在有成龙、梅艳芳等大牌艺人揭竿而起奋勇抗争，更有特区政府相关管理部门甚至特首董建华的表态，这才有了《东周刊》“搬起石头砸了自己的脚”的结局。

香港《东周刊》刊登香港女星被迫拍摄的半裸照片激起社会公愤，给了无良传媒当头一棒，同时也向媒体敲响警钟：作为传递信息、伸张正义的传媒该如何拿捏分寸保证操守？

这个警钟在 1997 年 8 月 31 日就已经敲响了：当时黛安娜被“狗仔队”追踪而命丧隧道，人们曾异口同声地讨伐过“狗仔队”行为。

当发现有人兜售黑势力强迫女演员拍的裸照时，《东周刊》本来可以报警，或者在保护受害者的前提下刊登报道以敦促警方捉拿兜售者和黑势力。如果是这样，其后果就完全不同了，他们不但尽了传媒的责任，还将赢得读者的尊重；但是《东周刊》却选择了刊登照片哗众取宠，让受害者再度受创。《东周刊》的低俗，使得本来应该冲向黑势力的怒潮，转向了传媒！

传媒本该是邪恶与黑暗的揭露者、正义与光明的张扬者，可是《东周刊》却成了没有良知和道德底线的献丑者，成了人人喊打的过街老鼠。这是一种悲哀。

① 参见：《裸照风波升级 香港特区政府高度关注》，载《北京娱乐信报》2002 年 11 月 04 日。

“没有人可以凌驾于人人之上”,新闻从业者也不例外。媒体监督社会,社会同样也要监督媒体。

《东周刊》带有浓厚的香港特色,但“裸照事件”绝不是只产生于香港的个案。在我国内地,“狗仔队”,虚假新闻、隐私新闻、不讲道德的新闻等也时常出现。

面对各种炒作和捕风捉影无中生有的报道,人们需要冷静的理性思考。媒体服务于受众,除了职业道德之外也要讲职业精神。

曾有人为“狗仔队”辩解说,“狗仔队”其实很辛苦,他们自讨苦吃是受“读者趣味”和“职业精神”的驱动。而《东周刊》在开始发表的声明中,则强调“刊登照片是基于传媒披露事实的基本精神,及发挥应有之监察能力”,其厚颜无耻的嘴脸可见一斑。

许多发达国家已在新闻伦理上探讨知情与隐私、客观事实与个人影响等“灰色问题”。而我国关于新闻伦理学的研究彼时才刚刚起步,面对类似问题,人们多少会显得不知所措。

这次“裸照风波”的结局,对打击香港娱乐媒体低级趣味和庸俗化着实起到了一定的震慑作用。

3. 香港《壹本便利》引发公愤

2006年8月18、19日,香港艺人阿娇(钟欣桐)在马来西亚举行“Twins环游世界云顶演唱会”,阿娇在演唱会后台换衣时,遭到香港狗仔队偷拍,照片后被刊登在香港周刊《壹本便利》的封面上。2006年8月23日,正在深圳的阿娇得知此事非常气愤,面对媒体镜头,阿娇更是哭泣不止。

偷拍事件曝光后,引起香港、马来西亚两地民众的愤慨。

2006年8月26日中午12点,阿娇在英皇艺人总监霍汶希的陪同下在湾仔警署备案,申请禁刊令,禁止《壹本便利》再登相关照片,并要求拿回底片。下午3点左右,阿娇步出警署,面对等候的媒体,她表示自己的心情已经平静很多,感谢各界的支持,此事已经交由律师处理。

2006年8月28日下午播出香港演艺人协会和香港无线电视台组织了演艺界大型声讨会,艺人成龙、张学友、刘德华、阿娇等纷纷出席,以实际行动表达抵制偷拍行为的决心。

被偷拍女艺人阿娇亮相会场,亲述事件对她造成的创伤,并感激社会各界对

香港艺人成龙 2006 年 8 月 28 日出席香港电视广播有限公司娱乐新闻台就艺人钟欣桐(阿娇)在更衣室被偷拍,有关照片刊登于香港某杂志之事件举行的“私隐·尊严·香港人嘅事”行动时,声讨某些传媒的偷拍歪风。(中新社发　邓庆乐　摄)

她的关怀。

声讨会上,艺人们纷纷发言表达对狗仔队偷拍一事的愤慨,成龙称传媒的不良风气会令香港人蒙羞,希望大家罢买该杂志,不要让小朋友思想受影响。张学友上台发言称强调偷拍等于非礼及强奸,呼吁政府正视此事,珍惜小朋友的将来。刘德华表示在娱乐圈多年,媒体让人又爱又恨,希望传媒要反省,不要令艺人工作都不能安心。此外,佘诗曼希望政府立法正视事件,又指出市民也有责任阻止歪风。

马来西亚国安部副部长拿督胡亚桥在事后表态,马来西亚政府极度重视此案,会不惜人力物力追查到底,并透过国际刑警要求香港警方协助在港搜证。他更明确表示,政府绝不会批准《壹本便利》在马国发行,他也呼吁本国演艺界联合抵制《壹本便利》,不邀请该刊记者赴马国采访。

针对《壹本便利》社长殷明伟辩称的照片不是在表演场地拍摄,胡亚桥直斥《壹本便利》负责人“思想有问题”及“不知错”,滥用新闻自由侵犯他人私隐。

胡亚桥说,这个事件涉及马来西亚两大刑事法典,268 条《公众骚扰》及 509 条《蓄意侮辱——妇女贞洁之说话或姿态》,其中 509 条法例中明确“侵犯妇女之私隐”,最高可以判监五年或罚款,又或两者兼施。

他指出,《壹本便利》无论利用针孔摄录机抑或在后台以外进行偷拍,均属违法,并强调,马国政府会不惜人力物力去追查,即使将来未能成功检控,也可警告《壹本便利》记者及老板,在马国任何形式的偷拍都是违法行为,亦希望借此警戒马国的传媒不要效法。

香港法律界人士也对阿娇的遭遇表示愤慨。香港律师岳珍表示,记者偷拍艺人更衣画面,已触犯《刑法》妨害隐私罪,可处三年以下徒刑。她表示,报纸杂志记者如果刊登偷拍照片,可处五年以下徒刑,而且此类偷拍行为还触犯了《社会秩序维护法》,可罚6000元港币以下罚金。

香港壹传媒旗下屡次因违反《淫亵及不雅物品管制条例》而被定罪的杂志《壹本便利》,2007年5月22日在社会大众一片强烈谴责声中出版最后一期,为其恶名昭彰的历史正式画上句号。

壹传媒旗下各报刊劣迹斑斑,因违反《淫亵及不雅物品管制条例》而被定罪的个案,至今累积达103宗,引来社会强烈不满。其中,以年轻人为对象的《壹本便利》,经常以女明星性感造型、露底走光,乃至各种与性有关的话题作卖点,挑战社会道德底线,其内容被质疑有鼓吹嫖妓、滥交等不良风气之嫌,一直广受社会各界批评,认为严重败坏社会风气、毒害青少年心智。

偷拍阿娇后台更衣的报道出来后,香港影视处更是收到了破纪录的2875宗投诉,有关报道已被香港淫亵物品审裁处评为不雅物品,《壹本便利》也因此被控发布不雅物品罪。这也是直接导致《壹本便利》被停刊的重要原因之一。该杂志后来改名《FACE》重新出版。

评 述

有人说,如果将香港的八卦刊物比喻成一个个声名狼藉的长舌妇,那么《壹本便利》则是名声最臭的一个。1992年该杂志自独立出售以来,发布不雅照片和报道被定罪的个案达14宗,其中著名事件包括:

2004年,刊出题为《直击13岁变态狗杀手》的报道,图文并茂描绘两名少年虐杀猫狗的经过,内容血腥暴力,当时引来香港多个爱护动物团体发起数百人的游行抗议。

2006年6月,刊出题为《哗哗哗14岁Cream初熟李蕴》的报道,引起社会舆论的强烈谴责。此举还成为香港首家被控涉嫌触犯《防止儿童色情物品条例》报道,香港九龙城区议会强烈要求政府惩罚该不良刊物。

2006年8月,偷拍阿娇(钟欣桐)后台更衣的报道,有关报道已被淫亵物品审裁处评为不雅物品,《壹本便利》也因此被控发布不雅物品罪。

曾有业内人士评价,《壹本便利》的生存史就是香港八卦报道的发展史:在1991年创刊的时候,该杂志内容还算正派,里面有各项家居指南维修资讯,也有各行各业求职介绍。1992年风格出现了一些转变,多了一些年轻人喜欢的潮流资讯和娱乐圈的花边新闻,虽然开始带有些许八卦味道,但仍然是正经的。

而到了20世纪90年代末期,《壹本便利》开始变质。封面人物多采用衣着性感暴露的年轻女星及女模特儿,配以言语暧昧的封面文字,其尺度可达不雅水平。

到了2000年之后,《壹本便利》更加出位,多次刊登裸女照片以及大量意识不良的报道。以一级刊物包装,配以过分暴露的照片,此时的《壹本便利》已彻底变为一本色情低俗的杂志。

短短数年,《壹本便利》多次被淫亵物品审裁处以《淫亵及不雅物品管制条例》检控,并有多次法庭判处罚款的纪录。香港的公共图书馆已于2003年3月起拒绝继续订购《壹本便利》,并取消《壹本便利》的借阅。

《壹本便利》的报道方式和内容同样受到争议,很多《壹本便利》的被访者不满《壹本便利》的表达手法,访一套,报一套。很多时候,《壹本便利》记者会用各种手法,例如利用不同身份,引导被访者解答私人问题;又或者答应被访者不刊登某些敏感对话结果却食言;甚至假冒壹传媒集团其他刊物去进行采访。《壹本便利》根本无视基本的新闻采访职业操守。

李倩修是《壹本便利》的执行总编辑,人称"麻辣执行总编辑"。当年,她在《苹果日报》时,曾潜入艺人于莉家里偷拍而被控偷窃。此事虽给她带来不小的麻烦,却让报社觉得她很有闯劲,于是得到重用。

随后她被挖到《东周刊》,2002年轰动一时的"刘嘉玲裸照事件",她就是主谋。此事使《东周刊》易主,她则回到《苹果日报》继续高升。后由于《壹本便利》改版,她就被委派到《壹本便利》主持大局。

《壹本便利》偷拍并刊登阿娇的更衣照后,香港全民愤慨,多个团体曾发起游行示威声讨《壹本便利》,影视处接获2875宗投诉,打破历年来的纪录。但是李倩修不为所动,依然指挥手下加印大卖特卖。

李倩修固然可恶,但在诸多艺人的抗议浪潮中,李倩修并不是最直接的批判对象,他们的箭头对准的是真正的背后老板——黎智英。

黎智英的一生可用传奇来形容。他1948年在广州出生,父亲是当地货运业大亨,在父亲逃往香港后,黎智英也在13岁偷渡到港。抵港后,黎智英的生活没有立刻改善。父亲的事业不复往昔,黎智英白天在工厂工作,晚上就睡工作台。

1975年,黎智英先与朋友合资购入"公明织造",1980年创立"佐丹奴"时装集团,以平价服饰打响知名度。作为香港壹传媒集团主席,他拥有超过5亿美元的财富,跻身香港50大富豪之列。

1990年,黎智英开始进军媒体产业,开办的头一家媒体即香港《壹周刊》,以后又创办了《苹果日报》。香港媒体人士评价说,之前香港的八卦报道还算是可以接受,但黎智英的加入则彻底将这摊水搅浑了。

当时一份报纸港币3元,《苹果日报》却以一份报纸1港币,加送一个苹果的方式贩售,造成香港传媒业的轰动。《苹果日报》首开以市民生活作头版的先例,彻底颠覆了头条新闻以"国家大事优先"的中文报业传统。

黎智英的发家过程堪称是香港黄色新闻的发展史:他让手下跟踪明星艺人、侵犯人权、卖弄色相、多搞八卦。他说,我认为狗仔队的义务是揭发名人扮道德之形,行缺德之实的假象。他指挥的"狗仔队"从来不把重点放在艺人演艺事业、内心性格上,也不相信深度报道和分析,着眼点主要是艺人的私密及感情生活。他给下属的名训是:其他放两边,绯闻摆中间。

结果,黎智英的杂志、报章销售量大增,就连其他媒体也竞相跟风,"狗仔队"风潮在香港卷起。

几年下来,黎智英旗下的媒体多次揭发名人、艺人负面新闻和丑闻,得罪了很多人。他去参加朋友葬礼,很多体面人物都去了,但才一坐下来,前后左右的人都走开去,不屑与他为伍。

黎智英在其自传《白手起家的创业告白》中,说自己不是政客,本质就是一个商人。

2007 年的香港八卦杂志的市场仍然巨大,有《壹周刊》、《忽然一周》、《壹本便利》、《东周刊》、《快周刊》、《东方新地》、《3 周刊》等 8 本主流娱乐杂志(俗称八卦杂志)。销量最高的《忽然一周》曾达到 20 万份,《壹周刊》、《东方新地》等几本排在后面的,也都有 16 万左右的销量。《壹本便利》最高销量能到 15 万左右,后来则下降到 7 万。

香港媒体研究人员陈启迪认为,《壹本便利》改名对黎智英而言只是根据市场变化的一种调整,因为《壹本便利》所处传媒集团股票下跌,所以上市公司对经营不好的项目进行重组。"不是他们的道德觉悟提高了,而是根据市场变化的一次调整。"

从 1995 年《壹周刊》向欧美八卦杂志学习后,香港媒体进入激烈竞争阶段,现在竞争更为白热化,触碰道德底线的可能性越来越大。《东周刊》刘嘉玲风波、《壹本便利》阿娇等风波发生后,明星投诉、抗议、游行,但风头一过,八卦周刊又继续这样的报道风格。

第三节　我国大陆地区经典案例

1978 年改革开放以后,我国法制建设开始逐步走入正轨。

1980 年《中华人民共和国刑法》颁布实行以来,我国先后出台了相关法律条文,使得社会主义建设有法可依,逐步适应国际潮流的发展变化,打破了 1949 年新中国建立到1980年三十多年间没有传媒诉讼案件的局面。[①] 与此同时，另一个问题出现了，随着法制建设进程的加快，民众法律意识的加强，以及传播媒介的增多，媒体竞争日趋激烈，由此引发的传媒侵权纠纷开始增多，并呈现出上升、多样的发展趋势。

《沈涯夫、牟春霖诽谤案》是我国第一件媒体诽谤案。

在我国，当法律从实体到程序对"媒体侵权纠纷"已形成明确的法律规定时，我们的传媒工作者，特别是与法规政策直接打交道的个别传媒工作者还缺乏足够的思想认识和法律知识准备。

1985年1月自诉人杜融向上海市长宁区人民法院起诉，指控《民主与法制》杂志社记者沈涯夫、牟春霖利用写文章对他进行诽谤，要求法院依法追究其刑事责任，并要求赔偿经济损失。该案给我国传媒业以强烈的震撼。

法院最终宣判被告人沈涯夫犯诽谤罪，判处剥夺政治权利一年六个月；被告人牟春霖犯诽谤罪，判处剥夺政治权利一年；并分别判处沈涯夫、牟春霖赔偿附带民事诉讼原告杜融的经济损失。

1982年我国《宪法》正式列入"公民的人格尊严不受侵犯"的条款。从这起案件我们也可以看到公民的合法权益开始受到尊重。

不可否认，大陆传媒在走向法治化的进程中付出了一定的代价，其中的经验教训值得我们记取。

1. "三毛"形象纠纷案[②]

1997年2月，上海市第一中级人民法院审理了"三毛"形象纠纷案。

原告是已故著名漫画家张乐平的继承人，被告是江苏三毛集团公司。

三毛，这个大脑袋，圆鼻子，头上仅有三根毛的中国男孩，是中国自己最具影响、最受欢迎的儿童漫画形象。"三毛之父"张乐平1935年春夏之际创作并发表了第一幅三毛漫画，自此"三毛形象"诞生。

"三毛"作为中国原创动漫形象的代表人物，他的经历折射出整个新中国的成长史。他笑过、哭过，他参军、流浪，他在弄堂里捉弄过人，背着大刀上过前线，他在旧社会的街头挨饿，他在新中国的课堂上学……，这个顶着三根毛的小男孩被一代又一代的中国人记着念着。

---

① 在此期间，即使发生传媒纠纷也往往通过行政机关采用行政手段加以解决，或者……采用私下解决的办法处理。

② 参见《商业化权》，http://baike.baidu.com/view/1305711.htm

这个惹人爱又惹人怜的漫画角色，至今已陪伴了中国四代少年儿童读者走向成熟，成为中国最具影响和最受欢迎的漫画角色之一。

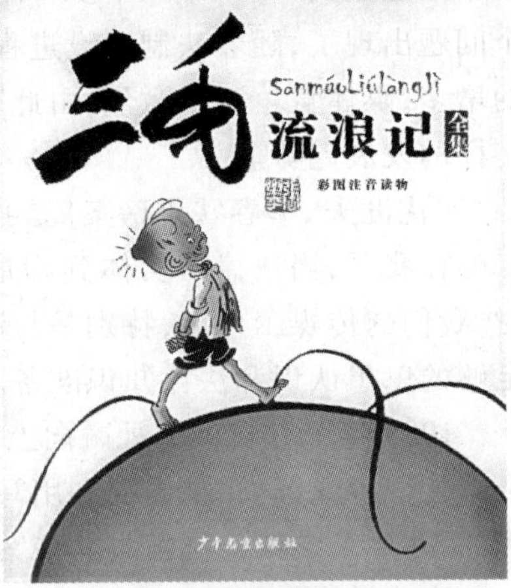

“三毛”漫画读物

被告未经版权人许可，将一个与“三毛”相似的穿西装的小男孩作为商标注册并广泛使用，还将其作为企业形象在户外广告、职员名片、报刊、企业内部铭牌上使用。

原告因此诉至上海市第一中级人民法院，要求被告停止侵权，赔礼道歉，赔偿损失100万元，并承担诉讼费用。

被告在诉讼中称，申请商标注册是依据商标法的合法行为，商标局依法核准了被告的商标注册申请，因此被告依法使用注册了的商标，不构成对原告的侵权。

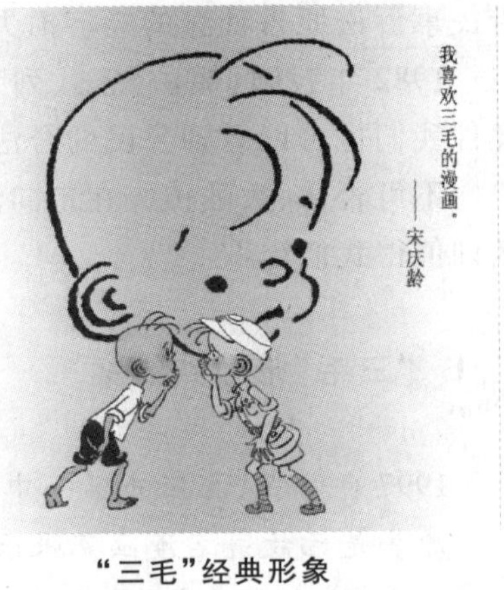

“三毛”经典形象

上海市第一中级人民法院认为：大脑袋、圆鼻子、头上长着三根毛的“三毛”漫画形象系已故作家张乐平生前创作，该作品版权为张乐平所有。张乐平去世后，本案原告作为画家继承人，享有在版权保护期对该作品的使用权和获得报酬权。被告将“三毛”漫画形象作为商标申请注册和企业形象使用的行为构成对著作财产权的侵权。原告继承的是版权中的财产权，要求被告赔礼道歉于法无据，法院不予支持。

最后法院判决，被告停止在产品、企业形象上使用该漫画形象，赔偿原告人民币10万元、诉讼费双方按比例分担。

被告不服，上诉到上海市高级人民法院，上海市高级人民法院维持了一审判决。

评 述

在这个案件中原告的诉讼请求为什么没有得到法院的全部支持？原告要求判令被告赔偿100万元，法院认为该案被告将“三毛”注册为商标的行为不是著作权法的使用行为，不能使用版权法的赔偿标准。该行为也不是商标法上的使用行为，因为原告并没有把"三毛"注册为商标，不能适用标法上的赔偿标准。

最后的赔偿额是法院综合考虑后制定的，即依被告的侵权行为所支出的费用和被告使用侵权作品的实际情况确定的10万元。

本案的实质其实是版权和商标权的冲突，被告侵犯了原告合法在先的权利。

张乐平的"三毛漫画"自1935年11月23日在上海《小晨报》刊出，到1992年3月9日在兰州《少年文史报》上发表最后一幅三毛作品为止，历经近六十年的风雨，形成了"三毛"漫画系列，使"三毛"以固有的漫画形象深深镌刻于读者心中。《三毛流浪记》、《三毛从军记》在中国更是家喻户晓。

三毛，是近现代中国出现的知名度最高的原创儿童漫画形象，从一开始，这一原创系列就达到了一个令后人难以企及的高度。也许是三毛的起点太高了，也许是其他的什么原因，此后的儿童题材的原创系列漫画再也没能像三毛一样，获得那么多人的爱戴。三毛，凝固成一座难以逾越的高山。

"三毛"这种影响力，如果被用于商业领域会使得公众将对三毛的好感转移到对产品的好感上来。被告以"三毛"形象为基本原形，进行二次开发，把一个与"三毛"相似的漫画图注册为商标，并用于做企业形象宣传、广告，这种行为的本质是转移作品角色的公众吸引力用于商业促销，侵犯的是商品化权，而不是其他权利。

被告声称"三毛"形象并非张乐平所独创，提出了瑞典漫画家奥斯卡·雅各布所画的头上也长三根毛的老人漫画作为论据。

法院认为，通过对二者的对比分析发现：一个是外国老人，一个是中国男孩，虽然两者头上都仅有三根毛，但两个人物在年龄、脸型、五官、形态、民族风格等方面均完全不同，结论是张乐平的"三毛"漫画形象是其独创的。

对于法院的判定，有人引用当代研究成果表示异议，认为这个案件不是著作权法和商标权法的冲突问题，而是商品化权①侵权的问题。法院在该判决中所陈述的理由是不适当的，当然考虑到我国理论界对商品化权研究的情况，法院作出这样的判决是可以接受的，毕竟最后的判决维护了商品化权人大部分的权益。

三毛集团未经允许的商品化行为中，原告最关心的是"三毛"漫画形象用于商品上可能造成的影响，包括带给厂商的经济利益和给作者及作品带来的影响。从第一个方面来看，被告三毛集团把"三毛"形象与自己的产品联系在一起，足

① 商品化权是指将具有吸引力的人物形象、名称用于商品上使用的权利。商品化权涉及真人形象、姓名、文学艺术作品中虚构人物形象、名称以及作品标题等的名望。商品化权的实质是将人物、角色已有的知名度用于商品竞争，以刺激消费者"爱屋及乌"的情感进而产生对商品的需求。

以使人们在购买商品时，将对三毛小男孩的同情、喜爱之情转化为对商品的认可、信赖，导致购买行为，从而提高该产品的销售量。三毛集团因此而获得的这部分利益当然来自于作品的创作，而并非企业自身的经营成果。

本来，一个品牌的信誉是在市场竞争过程中逐步建树起来的，而三毛集团无疑选择了一条“捷径”——借助他人已经建立的信誉推销产品。这种“搭便车”行为的实质，就是无偿盗用“三毛”形象潜在的商业价值。因此，原告所要求得到的赔偿应包含这部分被盗用的信誉价值，以实现自己应有的财产收益。正如该案的审判员所指出的：“以三毛为主人翁的漫画家喻户晓，脍炙人口，影响广泛，事实上被告不可能不知道中国有个三毛”，已足以证明三毛这一著名虚构人物具有的知名度和信誉，遗憾的是法院未能在此基础上进一步认清该形象具有的可保护利益，与商品化权保护失之交臂。

原告要求被告赔偿损失的另一层考虑是，被告的商品化行为对作者及作品可能产生的影响。产品投放市场后，消费者满意与否及满意程度，都会影响产品品牌的信誉，当然也会影响产品借用的创作形象、名誉和信誉。根据市场营销理论，即使产品质量合格，由于消费者自身的心理因素，也会产生不满意的购后感受。这种不满意可能会导致消费者个体以及其所影响的相关群体对品牌、企业的不信任，这是企业必须面临的风险。而消费者对品牌的不信任会导致商品化权利人要按照自己的意愿控制商品化行为，选择自认为最合适的产品、最可靠的厂商来使用自己的形象或作品，因为在商业活动中产品原因或者厂商的行为均可能对自己的信誉产生负面效应。

三毛一案，被告未经许可的商品化行为，迫使原告与其共同承担上述商业风险，侵犯了原告将其潜在利益转化为现实利益的决定权，这也是原告请求赔偿损失的原因之一。

因此，虚构人物是创造性成果的一部分，为大众喜爱的虚构人物更是付出相当的劳动、技术和资金的投入才形成的。虚构人物的形象和名称在商品上使用，足以引发消费大众已有的印象和信誉认可，刺激他们的购买需求，达到推销产品、创造商业效益的目的。经营者未经授权的商品化行为，必然侵害商品化权人的合法权益。

2. 中国第一大报侵犯公民名誉权案①

1992年12月4日8时40分,《人民日报》因侵犯公民奚弘名誉权,在北京市朝阳区人民法院首次坐上被告席。

在1992年12月4、5两日的法庭调查和法庭辩论中,原、被告双方展开了精彩的法庭辩论。原告一方陈述、指控、追问,连施重炮,力求胜诉;被告一方解释、申辩、反诘,宏论滔滔,寸步不让。

事情源于1988年7月20日《人民日报》四版刊出一篇署名曾坤、史林杰,题为《喀什市建管局领导软弱无能 奚弘怠工乱告状成特殊公民》的报道。

奚弘看见该文后,认为侵害了她的名誉权,向北京市朝阳区人民法院起诉,状告《人民日报》社和曾坤、史林杰。

1989年3月30日法院向奚弘发出立案通知,受理此案。

奚弘,女,上海人。1964年以支边青年身份去新疆生产建设兵团,在那里工作了10年。以后又当过教师、出纳、税务干部。1986年9月调入新疆喀什市建筑管理局,任工会干事。

1986年10月,她向局、市及地区工会反映喀什市建筑行业的不正之风,及市一建公司职工、连续4年的先进工作者黄世超被公司无故除名等事。

地、市工会支持调查,力主捍卫职工合法权益,喀什市委则坚决反对,矛盾激化。

黄世超拿不到工资,无以养家,曾欲采取过激行动。地、市工会和奚弘找一建公司、市委反复做工作,请求他们收回成命。无效。

1987年11月,奚弘借钱自费上访自治区。单位对她此行按"旷工"论处。

11月17日晚,奚找到当时的自治区常委书记宋汉良,反映以上问题及喀什市委书记官僚主义、不正之风等情况。

宋汉良当即给喀什地委书记徐效成打电话,责成解决。

喀什地、市两级迅即开会拟定黄世超问题的解决方案:补发工资,调出原单位。黄后来在新单位又被评为先进工作者。

此外,奚弘还向上反映过喀什市一建公司管理混乱、决策失误、企业严重亏损,喀什市设计室财务混乱、私分设计费等情况。

对奚弘屡次告状一事,当地舆论毁誉不一,分歧甚大。有人认为奚弘是个敢说敢干不畏权势的工会干部,有人则将她视为喀什地区的一个"不安定因素"。

---

① 参见李東、文力主编:《中国名人名案实录》法律出版社1994年版,第295—309页。

1988年4月20日,《人民日报》驻疆记者曾坤、新疆电台记者史林杰来到喀什市采访。

4月23日,曾坤约见奚弘。史林杰和地委副书记陈德敏在场作陪。

奚、曾之间对不少问题的看法根本对立,使这次4小时的访谈变成了唇枪舌剑般的论战。

7月20日,《人民日报》第四版《社会一角》刊出曾坤、史林杰的署名文章:《新疆喀什建管局领导软弱无能 奚弘怠工乱告状成特殊公民》。

此文一出,全国许多报刊、电台纷纷转载、转播,世人皆知新疆喀什出了个“告状专业户”。

文章的发表对奚弘造成的负面影响是多方面的。

据奚弘陈述,文章见报后,她所在的单位喀什市建管局当即勒令她作书面检讨,然后组织职工对她围攻、辱骂。

1988年8月2日,文章见报后第13天,建管局党组形成喀市建管局党字(88)01号文件,决定“将奚弘清除出干部队伍”。

面对不利的局面,自1988年8月中旬起,奚弘即决定赴京状告《人民日报》及曾坤、史林杰侵犯公民名誉权。

奚弘为起诉被告、将被告送上被告席付出了长期、艰苦的努力。

奚弘起诉、北京朝阳区法院立案之后,《人民日报》陷入了两难的选择。

《人民日报》若应诉,与女公民对簿公堂,且不论胜败,其行为可为“法律面前人人平等”提供一个权威性的注解和令人信服的实例;从长远看,《人民日报》的声望不会因此而下降。

但是《人民日报》是中共中央机关报,四十多年来从未在中国法庭受到指控,如果应诉,败诉怎么办?

面对机会与尴尬,《人民日报》长久徘徊于两者之间。

立案后,1989年4月1日,朝阳区法院康长庆将奚弘起诉书副本寄给人民日报社。4月3日,《人民日报》办公厅收阅。

此后,朝阳区法院多次打电话,去函催促《人民日报》应诉。报社均不予理会。

1991年1月18日,单位领导竟非法拘禁奚弘两个小时。

三年后,1992年夏天,情况出现转机。

8月25日,朝阳区法院民庭庭长康长庆将传票送达《人民日报》社,传高狄社长到法院谈话。8月27日,高狄给北京市委书记李锡铭去信(附上传票复印件),首次明确表示《人民日报》的态度。信上说“登此文(注:指曾坤、史林杰写的那篇文章)没有什么普遍意义,此文不宜在《人民日报》上登。如果对奚弘问题处理不当,《人民日报》愿意向奚弘致歉。”

9月8日上午9时,法定代表人、《人民日报》社社长高狄,在吴恒权(该报政法部副主任)、冯林山及社长秘书陪同下,来到朝阳区法院。

在院长郑刚的办公室里,高狄社长向院方表示:“我们一是来道歉,二是来领任务。奚弘告《人民日报》,本是前任社长(注:钱李仁)任期内发生的事。我是1991年11月25日从记者部、办公厅的报告中才知道这件事的。当时我们认为,最好让新疆自治区领导给奚弘做做工作,动员她撤诉。”

“现在,我们决定应诉。我们愿接受批评,愿作检讨,也愿承担责任。”

至此,《人民日报》已决意与奚弘法庭上见。同时,也希望化干戈为玉帛,与奚弘捐弃前嫌握手言和。

10月30日中午13时,奚弘收到朝阳区法院10月20日发出的传票。

11月10日,原告奚弘到京。

当日下午,原告律师告诉她昨日调解内容:《人民日报》准备给你写个书面东西,向你致歉,盖上公章,然后向你要求消除影响的单位寄去致歉信函。报社经济上尽量满足你的要求,但希望你不要拿着这些东西扩散宣扬。

奚弘不赞同调解,坚决要求开庭。

11月12日,朝阳区法院在小法庭继续调解。原、被告全部到齐。

奚弘与曾坤五年来首次相见。

《人民日报》全权代理人方建平律师:“报社领导让我转达这个意思:我方要求开庭!”

杨承启副院长当即表示:“那就开庭,马上写传票。你们(意指方、曾、史三人)说,什么时候开庭?”

方建平请求给予他两至三个星期,让他去新疆取证,月底回来。

杨副院长要求双方12月4日都要来,否则缺席判决。

原告律师表示反对:“都5年了,我建议明天开庭。”

奚弘说:“法庭上没有特殊公民,也没有特殊机关。”

杨副院长让书记员王继红当场开出传票。

案由:名誉权 被通知人:方建平(曾坤、史林杰) 事由:开庭 应到地点:朝阳法院 应到时间:12月4日上午8时30分 签发人:杨承启

全国总工会领导人得知开庭信息后,打电话给新疆自治区总工会副主席阿不都热合曼·热合木拜,让他派高齐岳律师赴京助阵。

方建平、曾坤、史林杰飞赴新疆取证。

11月30日,高齐岳律师赶到北京,与奚弘、原告代理人郭军等人紧急磋商开庭事宜。

同日晚上,曾、史等人飞回北京,准备出庭应诉。

12 月 4 日,公民奚弘与《人民日报》法庭交锋。也就是开篇的场景。

然而,直到 1997 年 1 月 2 日,这场立案跨度近八年的案件才经法院主持调解结案。

法院调解书这样写道:1988 年 7 月 20 日,《人民日报》第四版“社会一角”栏目中,刊登了曾坤、史林杰采写的《喀什市建管局领导软弱无能　奚弘怠工乱告状成特殊公民》的批评报道。该报道有些用语不当,对奚弘的人格评价造成一定影响,并给其工作生活带来困难,精神造成痛苦。被告《人民日报》社刊登该文不妥,负审查不严之责。被告曾坤、史林杰撰写该文有些内容缺少事实依据,亦有过错。

本案在审理过程中,经本院主持调解,双方当事人自愿达成如下协议:

一、本调解书送达之日起,《喀什市建管局领导软弱无能　奚弘怠工乱告状成特殊公民》一文不得以任何形式发表全文或部分。

二、被告《人民日报》社以书面形式向原告奚弘致歉;被告曾坤、史林杰共同以书面形式向原告奚弘道歉(两封信函的内容由本院审查确实,已执行。)

三、被告《人民日报》社、曾坤、史林杰共同赔偿并补偿原告奚弘精神损失和经济损失人民币 20 万元(其中 5 万元已执行,另 15 万元于本调解书送达之日起 3 日内交付)。案件受理费 30 元,由被告曾坤、史林杰负担(本调解书送达之日起 7 日内交纳)。

《人民日报》社、曾坤、史林杰接受了法院的调解,并依法向原告当场道歉。他们给奚弘的致歉函和道歉函内容如下:

向奚弘同志致歉函:

1988 年 7 月 20 日,《人民日报》第四版“社会一角”栏目中,刊登曾坤、史林杰采写的《喀什市建管局领导软弱无能　奚弘怠工乱告状成特殊公民》的批评报道。该文有些用语不当。《人民日报》刊登此文不妥,负审查不严之责。对此,《人民日报》社谨向奚弘同志表示诚恳歉意。希望奚弘同志谅解。并赔偿和补偿奚弘同志一部分精神损失和经济损失。

《人民日报》社

1996 年 12 月 31 日

向奚弘同志道歉函:

1988 年 7 月 20 日,《人民日报》第四版“社会一角”栏目中,刊登我们两人合写的《喀什市建管局领导软弱无能　奚弘怠工乱告状成特殊公民》的批评文章。该文有些内容不准确，有些用语不当，对奚弘同志的人格评价造成一定影响，给其工作、生活带来困难，精神造成痛苦；我们是有过错的，对此，我们谨向奚弘同志表示诚恳的道歉。希望奚弘同志谅解。并适当赔偿和补偿奚弘同志一部分精神损失和经济损失。

曾坤、史林杰

1996 年 12 月 31 日

本案调解结案后，社会反映良好。

评　述

遇到传媒侵权纠纷，接受法院的裁决，在法律的框架内解决问题是一个根本的途径。但本案原告起诉历程曲折，案件跨度长达八年之久，创“传媒侵权纠纷”案之最，这是不正常的。

由于时间过长，原告的经济损失和精神损害势必增大，而被告方面也承担了高达 20 万元的赔偿金额。这说明“传媒侵权纠纷”案久拖不决，无论对原告还是被告都是不利的。传媒侵权纠纷一旦发生，在查清事实、弄清性质后，应当早作了断。

2000 年 9 月 14 日我国最高人民法院审判委员会第 1130 次会议通过了法释[2000]29 号决议，出台了《最高人民法院关于严格执行案件审理期限制度的若干规定》，此规定自 2000 年 9 月 28 日起施行。在各类案件的审理、执行期限一条中，对民事案件的审理期限做了如下规定：

适用普通程序审理的第一审民事案件	六个月，特殊情况需要延长的经本院院长批准可延长六个月，还需延长的报请上级法院批准可再延长三个月
适用简易程序审理的民事案件	三个月
适用特别程序审理的民事案件（选民资格案件须在选举日前审结）	三十日，有特殊情况需要延长的经本院院长批准可以延长三十日
审理第一审船舶碰撞、共同海损案件	一年，有特殊情况需要延长的经本院院长批准，可延长三个月
审理对民事判决的上诉案件	三个月，有特殊情况需要延长的经本院院长批准，可延长三个月
审理对民事裁定的上诉案件	三十日
对罚款、拘留民事决定不服申请复议	五日

(续表)

适用普通程序审理的第一审民事案件	六个月,特殊情况需要延长的经本院院长批准可延长六个月,还需延长的报请上级法院批准可再延长三个月
裁定再审的民事案件根据再审适用的不同程序分别执行民事一、二审审理期限	
审理涉外民事案件按民事诉讼法第 250 条执行	
审理涉港、澳、台民事案件参照涉外民事案件期限	

而对于需要上诉的案件移送、补送材料等期限也做了相应的限制:

上诉

情况	期限
刑事上诉的案卷、证据,第一审人民法院移送到第二审人民法院的期限	三日内
当事人直接向上级人民法院提出上诉的刑事上诉案件,第一审人民法院在接到第二审法院移交的上诉状后,案卷、证据移送上级人民法院的期限	三日内
人民检察院抗诉的刑事二审案件,第一审人民法院向二审人民法院移送案卷、证据的期限应当在上诉、抗诉期限届满之后的	三日内
当事人提出上诉的二审民事、行政诉讼案件,副本送达对方当事人的期限应当在收到上诉状	五日内
当事人提出上诉的二审民事、行政案件,收到对方当事人的答辩状移送上诉人的期限	五日内
人民法院受理的人民检察院抗诉的民事、行政案件的移送期限,比照前款规定办理	
二审人民法院要求一审人民法院补齐上诉案卷材料的通知期限	二日内
一审法院收到二审法院补齐上诉材料的通知后,补齐材料的期限为	五日内
下级法院接到上级法院调卷的通知后,送卷的期限为	五日内
下级法院接到上级法院调卷的通知后,送卷的最长期限不得超过	十日

《最高人民法院关于严格执行案件审理期限制度的若干规定》的出台,对于案件的及时处理从法律角度给予限制,如果执法者办案不力,今后也被视为是一种违法行为。

就"传媒侵权纠纷"而言,是指国家审判机关依照法律来调整传媒的报道者、发布者和报道对象之间产生的某种法律关系。

这样做,需要有两个条件:一是必须有法可依。众所周知,我国在很长时间内并不具备这个条件,只是随着社会主义法制建设的逐步完善,在保护公民的人格尊严权利方面，才从实体法到程序法都有了相对完备的法制。

二是当事人之间的关系必须从纵向的上下统属的行政关系中分离出来，双方都成为相互独立的权利主体。这样双方的争端才有必要也有可能通过凌驾于双方之上的独立的审判活动来加以调整。这里主要讨论后一个条件。

在数十年的计划经济体制下，我国传媒体制的一个重要特点是传媒机构事实上是党政机关的一部分，主要的传媒报道被看做代表了主办的党政机关的声音，批评报道一般是案后报道或结论后报道，实际上是党政机关行政行为（我国长期来党政不分，党委机关的工作也可视为行政行为）的延续。

因而，（一）在通常情况下，有关党政机关的查处是正确的，据以报道的批评性内容当然也是正确的，不可能产生纠纷。

（二）在"左"的影响下或其他原因，有关机关制造了冤假错案，据以报道的内容当然也是错误的。当事人即使有所交涉，也只会针对冤假错案的制造者，而不可能针对传媒机构。

（三）即使报道与有关机关的处理有一些距离，那么或者因为传媒机构作为党政机关的一部分所具有的权威性，使得当事人不敢提出交涉；或者当事人终于提出交涉，由于报道内容所涉及的人和事与上级机关的管理范围具有同一性，上级机关完全可以加以化解。

（四）即使有些是传媒机构独立进行的批评报道，由于"阶级斗争为纲"的总形势和传媒机构阶级斗争工具的性质，这种批评报道仍然被纳入某种工作的轨道而具有行政行为延续的性质，当事人若有异议仍然不可能提出交涉。即无论何种情况，当事人和报道者均不存在相互独立的关系，不可能也不需要打官司。

我国新闻法制对传媒业的管理主要表现在以下三个方面：

首先，传媒业实行批准登记制，传媒行政管理机关行使审批权。报纸要由主办单位经其主管部门同意后提出申请，报国家新闻出版署审批，经批准后办理注册登记手续，领取"报刊登记证"方可出版。否则，属于非法出版活动，要查处取缔。《报纸管理暂行规定》第10条规定创办正式报纸应当具备条件之一是有确定的、能切实担负领导责任的主办单位和主管部门。换言之，私人报纸、民间报纸在中国无创办的可能。

其次，传媒行政管理机关对传媒机构的日常工作行使管理权。例如对报刊质量的管理，新闻出版署制定了审读工作的规章，署和局配置审读人员，审查报刊是否贯彻了共产党的方针、政策等。1995年，新闻出版署又制订了质量管理标准，对办报方针、宗旨、内容、印刷、广告以及发行量都提出了评定指标，达不到标准的，予以停办或撤销登记。广播电视部门也建立了审听制度。

中国的媒介都有其主办单位和主管单位。1993年6月新闻出版署发布了

《关于出版单位的主办单位和主管单位职责的暂行规定》。其中规定,“主管单位、主办单位与出版单位之间必须是领导与被领导的关系”,并规定,主办单位对所办出版单位负有的责任之一是,“领导、监督出版单位遵照中国共产党的基本路线,方针、政策和国家的法律、法规、政策以及办社(报、刊)方针、宗旨、事业范围,做好出版工作及有关各项工作;审核出版单位的重要宣传报道或选题计划,审核批准重要稿件(书稿、评论、报道等)的出版或发表;决定所属出版单位的出版物发行不发行,对出版单位在出版物内容等方面发生的错误和其他重大问题,承担主要领导责任。”还规定了主管单位对所属的出版单位及其主办单位负有的职责。

对某些出版选题,规定须报经批准。1988 年 6 月《重申几类需经专项申请的选题的通知》规定,“涉及国民党上层人物的”,“涉及党史上陈独秀、王明、张国焘一类人物的”等选题须报上级有关单位审批。1988 年 6 月《关于出版“文化大革命”图书问题的若干规定》规定:有关“文化大革命”的“辞典工具书”,以及“著作”、“回忆录”、“传记”、“纪实文学作品”等,“原则上不要再安排”出版。此类规定还有 1990 年 4 月《关于对涉及苏联、东欧国家的图书的出版加强管理的通知》,1990 年 5 月《关于对描写党和国家领导人的出版物加强管理的规定》等。

最后,传媒行政管理机关对新闻机构和新闻违法活动中违法违规行为行使行政处罚权。处罚的方式有警告、罚款、没收非法收入和封存报刊直至吊销登记证等。1997 年 4 月,新闻出版署查处了八家违规出版单位,严厉打击出坏书、卖书号版号行为。其中内蒙古音像出版社等三家出版单位被吊销出版经营许可证,江苏文化音像出版社等三家出版社受到停业整顿处分。

在新闻价值选择与传媒业管理等方面,我国有些法律与世界上多数国家的规定是一致的,如有关著作权、有关广告、有关诽谤的法律规定等。

《民法通则》第 94 条规定:“公民、法人享有著作权(版权),依法有署名、发表、出版、获得报酬等权利。”第 118 条规定:“公民、法人的著作权(版权),专利权,商标使用权,发现权,发明权和其他科技成果受到剽窃、篡改、假冒等侵害的,有权要求停止侵害,消除影响,赔偿损失。”

1990 年 6 月施行的《著作权法》第 2 条规定:“外国人的作品首先在中国境内发表的,依照本法享有著作权。”“外国人在中国境外发表的作品,根据其所属国同中国签订的协议或者共同参加的国际条约享有著作权,受本法保护。”以上条款说明,因为近年我国保护知识产权措施的逐步加强,著作权在我国受到了保护。

1994 年 10 月 27 日《广告法》正式出台,于 1995 年 2 月 1 日施行。这部法律具体规范了广告的内容、经营、管理、处罚等,是一部较完善的法律。

在诽谤、侵害他人名誉权方面，我国《宪法》和多部法律如《刑法》、《民法通则》、《治安管理条例》和《未成年人保护法》等都对此作出了相关规定，并且在法律执行过程中较充分地体现出来。

奚弘诉《人民日报》侵害名誉权案的官司虽旷日持久，但奚弘终于在 1997 年获赔 20 万元。《人民日报》是中共中央机关报，权威性不言而喻，但其作为一个新闻机构，所发新闻一旦侵权，仍不能免受法律制裁。

新闻诽谤罪和新闻侵害名誉权两者相比，前者是起诉到刑庭，依照刑法审判；后者是起诉到民庭，根据《民法通则》审理。但就构成要件来说，它们有相同之处：一是有关作品已经发表；二是报道的事实虚假；三是损害名誉。若此案的原告起诉时，《民法通则》已经实施，他起诉到民庭，必然会按侵害名誉权处理。

诽谤罪与侵害名誉权不同的是，它还有另外两个构成要件：一是直接故意（侵害名誉权可以是故意的，也可以是无意的），二是情节（也包括后果）严重。此案不但具备前面所讲到的三个要件，也完全具备这两个要件。

在许多国家的法律中，诽谤（libel）就是毁损他人名誉的行为，并不涉及事实是否真实。真实（truth）只是对诽谤的抗辩（defense）理由。

在英美法系国家，一般对于新闻诽谤，当事人只要证明：一新闻已经发表（publication）；二、可以指认（identification）；三、有损害自己声誉的内容（the defamatory statement），法院就应当受理起诉，证明新闻的真实只是被告人对诽谤指控的抗辩理由之一（在美国 20 世纪 60 年代以后“公众人士”起诉的媒介诽谤案除外）。

在有些大陆法系国家，法律也规定贬损他人名誉即为诽谤，如系有关公共利益而能证明其事实为真实者不罚。按照上述法律，被指控诽谤的被告人只要能够证明有关内容是真实的，就可以不受诽谤处罚，其实际法律后果同我国法律将虚假事实直接列为诽谤构成要件还是将真实作为抗辩理由，这种差别并不是无关紧要的。肯定虚假陈述才构成诽谤，就把名誉权这两个概念严格区分开来了。

名誉是特定人的社会评价，名誉权则是这种评价不受歪曲贬低的权利。诽谤侵害的是他人的名誉权，而不是名誉。

正当的媒介批评虽然也会使被批评人受到社会的谴责，使他的名誉受到伤害，但这种批评和谴责是真实的，是与他的不良表现相符合的，他的名誉损失是自己的表现造成的，所以不是什么诽谤。只有以虚假事实指责他人，给他人造成不公正的、贬低性的评价，这才可以说是诽谤。

显然，这样的规定对于划清正当批评和诽谤的界限是有利的，即在言论自由和人身权的关系上肯定了公民和新闻媒介有传播真实情况包括就此提出批评的权利。在诉讼中，提起刑事诽谤指控的自诉人有责任证明他所指控的言论是虚假的,民事诉讼则实行"谁主张、谁举证"的原则,两者各有证明新闻虚假或者真实的责任。新闻是否失实就此成为衡量新闻是否构成侵害名誉权的一条基线。

3.《上海法制报》状告南阳法院案

著名歌唱家李谷一诉记者汤生午和南阳《声屏周报》名誉侵权案于1992年7月8日在南阳中级法院公开审理。

全国各地的新闻媒体竞相派遣记者赴南阳采访这一名人纠纷案。三百多名记者云集宛城。

庭审开始几天,记者们的采访受到南阳有关方面发的《告记者同志书》的规定限制。《告记者同志书》明确要求记者:"在案件审理期间,不得擅自发表与此案有关的稿件,不要参加和介入这一纷争,避免事态复杂化和干扰司法部门独立办案。"

此"不得擅自发表与此案有关的稿件"的规定与公开审理的原则是相悖的。①

每次庭审,都发生记者因录音、照相而被法警驱逐出庭的事件。

1992年7月11日上午,《上海法制报》记者李智刚提前到庭,想趁开庭前的时间拍几张照片。他刚拍完第一张照片,几名法警上来将他强行拖出法庭,推入一间办公室。

李智刚据理力争:"现在还未开庭,为什么不能拍?"经过一番交涉,李智刚被获准回到法庭。

可是,一名法院干部站在第七排入口,不让李智刚走进去。李智刚请他挪挪步让一让,这位法院干部依然不让。李智刚只得绕道从另一端入座。他还未坐稳,又有三名法警冲了上来,一把夺过他的照相机,又将他强拉到庭外。见法警如此不讲理,许多记者都站起来指责,为李打抱不平。

"谁再嚷,一样拖出去!"一名法警率领一批法警冲了上来。

为确保采访顺利进行,记者们审时度势,只得采取息事宁人的态度。

在庭外办公室,一法警负责人极为麻利地从李智刚的相机里抽出胶卷曝光。李对他说:"我没有拍。"

他回答:"我不管,只要我们法警说了就算。"接着,他一把抢走李的背包,逼

① 参见《南方周末》1992年12月4日相关报道。

迫李拿出记者证和旁听证交换。在撕了旁听证和扣了记者证后,几名法警将李推出了法院大门。

李智刚当即去地委宣传部交涉,没人理睬,遂又持介绍信返回法院交涉,要求交还记者证。那个法警非但不还,还当着数百名围聚在法院门口的群众说:"这就是被我们法院驱逐的《上海法制报》记者……"直到李智刚离豫返沪,南阳法院仍然拒不交还扣押的记者证。

《上海法制报》记者李智刚回沪后,向报社和上海市法制新闻工作者协会汇报了自己在南阳法院采访的遭遇。

8月8日,《上海法制报》用特快专递向河南省高级人民法院递交了诉状,指控南阳中级法院侵犯该报记者的采访权,要求判令被告公开赔礼道歉,返还记者证,赔偿经济损失。

8月18日,上海法制新闻工作者协会和《新闻记者》杂志社,就《上海法制报》状告南阳法院一事,举行保护记者合法权益研讨会。

《上海法制报》法人代表吉安国总编指出:"打这场官司的目的,在于维护新闻单位和记者的采访权益。"他说:"记者的采访是职业行为而非个人行为,是与报社名誉、地位、权益联系在一起的。新闻单位要进一步发挥舆论监督职能,首先就要保障记者的采访权。"

受聘担任《上海法制报》诉讼代理人的朱洪超、鲍培伦高级律师强调:"法院执行公务也同样必须依法行事。南阳法院在受理'李案'过程中,发生记者采访受阻的事实,我们依照《民事诉讼法》第29条、第20条之规定,向法院提出起诉,完全于法有据。"

全国记协副主席、《解放日报》总编丁锡满指出:舆论监督符合党和国家的最高利益,人民的舆论监督权理所当然应受到保障,新闻应充分发挥舆论监督职能,记者的采访权应得到维护,并且这些都应使之合法化,即用法律予以保证。

上海记协主席王维明确表示:"《上海法制报》为记者受到不公正对待而提起诉讼,此举应予以支持。"他说:"对于一起公开审理的案件,宣传部门怎么可以下发通知逃避舆论监督?法院怎么可以对记者施加压力,实行禁令?法院就可以不受监督吗?"他指出,目前在有些地方,记者正当的采访活动受到侵害,新闻舆论对不良现象的曝光和批评受阻之事时有发生,使舆论监督十分困难。所以,要推动新闻立法。就此而言,《上海法制报》的起诉具有特殊意义。

出席研讨会的新闻界和法律界的权威人士及学者、专家,一致表示支持《上海法制报》状告南阳法院,希望这场诉讼,成为推动新闻改革和新闻立法的契机。

京、津、沪、苏、浙、鲁、鄂、皖、陕、川等地共26家新闻单位对此作了报道。海外舆论也十分关注这起诉讼,港澳数家报纸在显著版面迅速作了报道,美国亦有八家华文报纸刊登了《上海法制报》状告南阳法院的报道。

不言而喻,河南省高级法院是否立案受理及如何审理《上海法制报》状告南阳法院一案,已成了海内外各界尤其是舆论界和司法界关注的热点。

直到8月26日河南省高级法院才向《上海法制报》发出(1992)豫法民字第1号民事裁定书。

在这份裁定书中,河南省高级法院称:"经本院审查认为,你报社的起诉状,虽有明确的诉讼请求,但无提出诉讼请求所依据的事实根据,不符合起诉条件。根据《中华人民共和国民事诉讼法》第108条第3项、第112条的规定,裁定如下:对你报社的起诉,本院不予受理。"

《上海法制报》对此裁定不服,认为:其起诉有明确的被告,有具体的诉讼请求和事实、理由,符合《民事诉讼法》第108条规定的起诉条件。按《民事诉讼法》第108条第3项的规定,法院立案时需要审查的是:原告的起诉有无具体的诉讼请求和事实、理由。至于原告的诉讼请求所依据的事实是否确凿充分,只能通过双方当事人辩驳、举证,通过审判庭审理、调查核实再作认定。何况《民事诉讼法》第125条还规定,"当事人在法庭上可以提出新的证据"。因此,河南省高级法院裁定不受理此案,违背了《民事诉讼法》的规定,等于剥夺了原告的诉权。

几乎在《上海法制报》收到裁定书的同时,南阳中级法院在宛城召开新闻发布会,公布了河南省高院的裁定书。法院新闻发言人公开扬言:如果《上海法制报》不服提出上诉,二审裁定受理的话,他们将"奉陪到底"。

数十家新闻单位迅速报道了这起官司的进展。也许感受到了强大的舆论压力,9月4日,河南省高级法院向上海市委宣传部发出了公函,认为有必要通报"有关情况"。

这份公函的开头部分说,对李谷一一案,"大多数新闻单位和记者对此案作了真实客观的报道,认为南阳中院首次开庭审理涉及著名艺术家、著名歌星的名誉权案,组织得好,判决公正。"然后笔锋一转指出:"但也有少数新闻单位和记者,如你市的《法制报》、《民主与法制画报》及记者李智刚等,对此案的审理作了片面性的报道和评论,在国内外造成了不良影响。特别是8月中旬以来,《上海法制报》以南阳中级法院侵害其合法权益为由,向河南省高级法院提起诉讼,在河南省高级法院尚未接到诉状的情况下,上海数家报纸竞相报道、评论,搞得纷纷扬扬,海外一些报刊、电台也借机在所谓人权问题上大做文章。"

这一段话是颇具匠心的。在陈述了"原告李谷一为什么胜诉","一审法院为什么把调解地点放在郑州","当地安全部门的领导参加调解是否合法","南阳中院为什么给记者只发旁听证而不发采访证”,“所谓‘禁令’问题”等之后,河南省高院就为何不受理《上海法制报》的起诉作了详细说明:

“我院于1992年8月19日下午收到起诉状,经审查,该起诉状虽有具体的诉讼请求,但无充分的事实理由,这主要是指缺乏所依据事实根据。故经我院研究,依法裁定不予受理……我们估计到《上海法制报》要上诉,案件还要经最高人民法院审理,故这里不必具体叙述李智刚违反法庭规定的事实。但可以肯定地说,李智刚没有向本社领导如实汇报其在南阳中院开庭审理中违反法庭规定的行为。该社领导仅听一面之词就决定起诉南阳中院也是极不慎重的。在庭审上违反法庭规定受到批评、警告的除李智刚外还有几人,但像李智刚那样多次违反法庭规定,而且受到批评后态度十分蛮横狂妄,以至于胶卷被曝光、记者证被暂时扣留的仅此一人……我们作出不予受理的裁定是有事实根据的,考虑到报社的声誉(因只是轻信李智刚的虚假叙述),我们暂不公布于众。人民法院工作繁重,无时间打这样的笔墨官司。但我们保留后发制人的权利,必要时将予以揭露,使李智刚的所谓‘奇’遇大白于天下。正好李还为我们留下了有关记者证的文字证据。”

在信的末尾,河南省高院这样写道:“我们认为:《上海法制报》作为政法战线的喉舌,本应宣传法制,维护法律尊严和公民的合法权益;相反,却利用手中的工具,偏袒被告人,继续损害被侵权人的权利,还小题大做,借题发挥,弄得社会上沸沸扬扬。不但颠倒了是非,混淆了视听,而且影响了安定团结的局面。一些心怀叵测的海外报纸、电台如获至宝,也借此在人权问题上大发责难,影响很坏。现向你部通报以上情况,望引起注意,防止事态沿着错误的方向继续扩大。”

对这封看似振振有词、咄咄逼人的公函,《上海法制报》的几位负责人阅后指出:河南省高级法院没有开庭审理此案,凭什么指责李智刚“多次违反法庭规定,而且受到批评后态度十分蛮横狂妄”呢?凭什么“可以肯定地说,李智刚没有向本社领导如实汇报其在南阳中院开庭审理中”的所作所为呢?凭什么可以自称作出不予受理的裁定是有事实根据的呢?又凭什么指责《上海法制报》“不但颠倒了是非,混淆了视听,而且影响了安定团结局面”呢?总编吉安国说,他很想看一看河南省高级法院如何“后发制人”。

9月8日,《上海法制报》向最高人民法院提起上诉,要求撤销河南省高级法院的裁定。

国庆前夕,《上海法制报》接到了最高人民法院的通知书和传票,被告知:最高法院已就上诉一案成立合议庭,要《上海法制报》法人代表于10月5日赴京接受询问。

其时,吉安国总编辑正随上海司法代表团出访美国。在美逗留期间,八家美中文报刊的记者纷纷要求采访状告南阳法院一事，吉总编委婉地谢绝了。

获悉《上海法制报》上诉的消息，汤生午的代理人北京律师李大进，洛阳律师窦柏林和赴南阳采访李谷一案的《天津日报》、《今晚报》、《解放日报》、天津电台、《武汉晚报》、《扬子晚报》、《电视月刊》、《齐鲁晚报》等记者都表示愿意提供证词。受报社委托，鲍培伦、朱洪超律师专程赴京向最高法院递交了有关证人的证词，并再次向合议庭陈述了上诉的理由。

是维持还是撤销裁定？一道难题摆在最高法院合议庭面前。

最高法院负责人及其秘书曾打电话给上海市政法委员会做调解工作。

《上海法制报》明确表示：只要南阳中级法院对其侵害记者采访权益的行为表示一个可以使人接受的态度，就可以化干戈为玉帛。

遗憾的是，南阳方面一直没有传来相应的信息。于是，《上海法制报》一直不撤诉。

不料，就在12月2日下午，报社接到消息：上海有关部门已代《上海法制报》向最高人民法院撤诉。

至此，《上海法制报》状告南阳法院这场海内外瞩目的官司，算是划上了一个句号。

尽管如此，这场涉及法制建设的深层次问题的纷争，仍然值得人们深思。

评 述

这起发生在1992年的传媒侵权纠纷案，是共和国历史上第一例新闻传媒状告法院案。事情缘于著名歌唱家李谷一诉记者汤生午和南阳《声屏周报》名誉侵权案①。南阳中级法院于1992年7月8日公开审理该案。

全国各地的新闻媒体竞相派遣记者赴南阳采访这一名人纠纷案。谁也没想到，这次采访活动，竟引发了一宗案中案，导致南阳法院自己成为被告。

但是这场案中案的官司最终没能打起来。

《上海法制报》的起诉方式很独特，报社出人意料地以民事赔偿为案由起诉。可事实是，案件是围绕记者权利而发生的争议：记者要采访，法院不让，于是记者的所在报社就出来主张自己记者的权利。无论是原告自述，还是传媒报道，都不讳言纠纷是原告认为自己记者的采访权受到侵害而引起的。

在诉状的请求事项中，《上海法制报》要求被告赔偿的经济损失（包括往来差旅费支出和被法院曝光的胶卷）和向赔礼道歉，引用的法律也是《民事诉讼法》和《民法通则》的有关条款。这就是说，《上海法制报》打的是一场民事官司。

---

① 参见石屹：《新闻纠纷与规避》，北京大学出版社2010年版，第35页。

在主要不是民事法律关系的情况下,《上海法制报》以民事赔偿为案由起诉,到底是怎么回事?

这与我国现行的法律规定有关。《上海法制报》以索赔起诉,可谓用心良苦。目前我国还没有一个法律、法规或者规章规定记者的采访权、报道权。唯一的相关法律依据是 1950 年 5 月 1 日公布的《新闻总署关于改进报纸工作的决定》,其中第 4 条称:"报纸对于政府机关及其工作人员、经济组织及其工作人员的工作中的缺点和错误,应负批评的责任。"按现在的法制,这个决定只能算是"部门规章",是最低的法律文件。以后,情况有所改变。比如"舆论监督",就不仅写进了部门规章《报纸管理暂行规定》,还写进了法律如《消费者权益保护法》。但是记者的采访权、报道权法律仍无明文规定。于是《上海法制报》的起诉不得以转了这么一个大圈子。

但是这场官司仍然没能打得起来,《上海法制报》最后还是只好撤诉。从法理上说,损害赔偿必须以损害的非法性质为前提。要法院赔照相胶卷,就必须证明法院将胶卷曝光是非法的,这又必须先证明记者在法庭上拍照是受法律保护而不受侵犯的。所以转了一圈,还是回到了采访权、报道权这个出发点上。

"舆论监督"虽然已经被写进了法律,但是当舆论监督受到抵制、妨害时,目前法律还不能带给它必要的保护。《上海法制报》这场官司绕开未被纳入法律保护内容的采访权和报道权,请求法律保护写明的舆论监督权,仍未成功。因为法律没有规定什么是抵制、妨害舆论监督的非法行为,也没有规定应当如何制裁、处罚抵制、妨害舆论监督的非法行为,所以法院(或者别的执法机关)无法办理。从理论上说,一个完整的法律规范要有假定、处理、制裁三个要素组成,没有制裁条款的法律规范是不完整的。

这也是到"李案"发生之时,我国只能有记者当被告的"传媒纠纷"案件,而没有记者当原告的"传媒纠纷"案件的原因。我国的新闻法制建设还有很长一段路要走。

我们回顾李与《声屏周报》案的原委,一家地区小报,由于编辑部的自主决定,介入千里以外首都北京两位名歌星之争,这在严格按照行政条块划分报道范围的过去,是不可想象的。由此可见,行政分野对传媒报道范围的限制在今天已经荡然无存。

同样,"李案"吸引了三百多位记者云集南阳,而因为采访庭审,记者又与法院产生纠纷,对簿公堂,这在过去也是难以想象的。这种现象足以说明传媒报道意识已发生了根本变化。

这种传媒报道意识的改变反映了我国新闻体制改革的重大变化。对于这种变化,一些人非常不适应,甚至用"追求轰动效应"来指责《声屏周报》介入李谷

一、韦唯之争是不正当的行为。

事情都有两面性,即便是“追求轰动效应”也有其合理性的一面。在公费办报、公费订报的体制下,报上的报道有没有“轰动”效应对报社而言无关紧要。而“独立核算,自负盈亏”,运用传媒的商业属性这个经济杠杆来办报,登一条有“轰动”性的报道,就可以吸引无数读者,提高报纸的知名度,使报社的无形资产大幅度增值,对于发行、广告和其他实业的发展都很有益处。

在报纸成为商品、进入市场运作以后的今天,希望自己报纸的报道“轰动”起来,已成为传媒业总编辑们追求的一种境界。

已走向市场经济的我国,报纸成为独立的经济实体,这带来了报道的独立,新闻行为不再是行政行为的延续,报纸从党政机关的一部分,变为党领导下独立的大众传媒。

独立和责任、权利和义务须臾不可分离。《声屏周报》独立地对李、韦之间的矛盾进行了报道,就意味着它要对新闻报道的后果承担责任。既然《声屏周报》认为报道李、韦之争是自己的权利,他就不能规避新闻接受社会和法律的检验的义务。

在保护公民的人格尊严权利的法制相对健全以后,作为公民的李谷一在这方面已成为独立的权利义务主体;随着新闻法制化建设的发展,报纸对自己的报道也已成为独立的权利义务主体。一旦发生侵权行为,双方就具备了对簿公堂的条件。

然而,由于记者的采访权、报道权法律无明文规定,所以《上海法制报》因其记者被法院停止采访而对法院提起的起诉,无法可依,导致官司最终也没能打起来。

4. 四川恩威公司诉《四川经济日报》案

这起纠纷案是围绕国内第一例高额索赔知识产权案件——“洁尔阴”发明权属之争的报道展开的。

1994年新年伊始,成都恩威集团公司(以下简称为“恩威”)向四川省高级人民法院递交诉状,状告成都泉源堂制药有限公司侵害其技术成果的使用权、注册商标专用权和名誉权,并索赔1000万元。该案成为当时国内索赔额最大的知识产权案件,引起国内新闻界的关注。

6月20日上午10点,此案第一次开庭。

正当“舒洁大战”如火如荼之时，发生了一件事。①

1994年6月下旬至8月中旬，四川省药品检验所在药品抽检中，发现“洁尔阴”洗液有16个批号的产品不符合卫生部标准（试行）。这16个批号涉及21万余瓶的产品。主要问题是未检出苦参碱斑点、蛇床子素含量明显低于卫生部标准。

消息引起《四川经济日报》的高度重视。编辑部立即派记者采访了省药检所、省卫生厅等有关部门和成都恩威公司总经理薛永新。

9月8日，一则消息在《四川经济日报》一版刊出：

“四川省药品检验所最近检验洁尔阴洗液，十六个批号均不符合卫生部标准。

省卫生、药政部门对此非常重视，已要求对不符合规定的产品实行封存，不准销售”

此后，一些四川省内外的报纸纷纷对这一消息进行报道或转载。

《四川经济日报》消息刊出以后，恩威公司反应强烈，立即致函《四川经济日报》，指责该报歪曲事实真相。为此《四川经济日报》针锋相对地又于9月21日一版头条位置发表评论员文章《充分发挥舆论监督作用》。

这时发生了一件更具有影响力的事情：曾经效力于恩威公司后来又倒戈到泉源堂帐下的张勇，将9月8日《四川经济日报》的报头及关于“洁尔阴”药检不合格的消息、四川药检所的检验报告书，并配以《药品管理法》的有关条文等拼在一起，形成一张奇特的“报纸”，四处散发……

此事件对“洁尔阴”造成了相当大的影响，不少地方的医药卫生部门发出了停止在当地销售“洁尔阴”的通知，一些经销部门以此为由向恩威公司退货、拒付货款。据恩威公司称，有1.5亿元的货款被拖欠，直接经济损失达4000万元以上。

10月20日，成都市双流县公安局以“破坏集体生产、诽谤”的罪名将张勇收审，并从杭州押回成都。

11月23日，一张在北京出版的著名大报驻川记者在这家大报上以二版头条位置发表了署名文章，标题是《因遭他人蓄意传播不实之词之害　“洁尔阴”被迫停产》，报纸配发了一则言论，题目是《请各方关注》。

12月3日，这家大报又发表了这位记者的署名文章，标题是《为什么要诋毁一个名牌产品？为什么几封诬告信就有那么大的破坏力？——洁尔阴停产前后》，文章的三个小标题是“‘侵权官司’，埋下祸根”、“舆论误导，给诬告者提供

---

① 参见：《洁尔阴·舒尔阴讼战启示录》，载《销售与市场》1995年第5期。

了依据”和“破坏名牌,理应受到严惩”。

报道说:“宋、李二人是否侵犯知识产权,舒尔阴是否侵犯洁尔阴的商标名誉权,法庭通过审理自会有公论。可是,‘官司’激怒了泉源堂,他们采用不正当的手段来败坏洁尔阴的商誉,这是薛永新所始料不及的。”

“这本来是一次药品法规正常程序管理和技术探讨的问题,但不料四川某报不听企业和卫生医药部门的劝阻,抓住供内部参考的阶段性‘报告书’便大做文章,于9月8日报道洁尔阴洗液‘十六个批号均不符合卫生部标准’,并危言耸听,说什么‘省卫生、药政部门对此非常重视,已要求对不符合规定的产品实行封存,不准销售’云云。”

“更令人不能理解的是,9月10日四川省药政部门的最终结论表明恩威公司送检的洁尔阴、洁肤灵各项指标完全符合国家标准以后,四川某报在9月21日再次发表评论员文章:《充分发挥舆论监督作用》,继续说洁尔阴不符合标准,企图为自己的不实报道辩护。现在造成洁尔阴停产了,事情闹大了,四川省政府责令该报检讨,总结经验教训,这是完全必要的。对假冒伪劣商品进行揭露,维护消费者利益,这是新闻舆论监督的一项重要任务。但是,报道不实,造成年产值4亿元、税利近1亿元的名牌产品洁尔阴停产,四川某报是有责任的。”

这两篇报道见报以后,泉源堂首先表示了强烈抗议,泉源堂总经理李明劲与律师等,于12月初飞赴北京,向这家大报的编辑部申明:“该报社负有消除报道有误,并查究署名记者的责任的义务。……作为贵报记者,应当注意维护报纸的威信,认真核对事实,避免失真报道。

然而,在采访中,他只向恩威公司进行单方采访,偏听偏信,在文章中反映的仅是一面之词,这是一种严重违反新闻职业道德的行为。他的上述文章,背离了新闻报道的客观性、真实性及公正性的原则,已严重损害了泉源堂的企业形象及商业信誉,并使泉源堂在商业正当竞争中处于明显不利的地位,危及泉源堂的生存和发展。

为此,我们希望,贵报就其记者的有误报道能采取适当方式,清除消极后果,并查究该记者的侵权行为,否则,泉源堂将被迫通过法律途径寻求解决方法,以维护自己的合法权益。”

接着,《四川经济日报》以上述两篇报道的作者“严重歪曲事实,通过在全国范围内最具影响力的某某报侵犯我社名誉权”为由,向成都市中级法院提出起诉。

起诉书称:“我报于1994年9月8日作出《四川省药检所最近检验洁尔阴洗液16个批号不符合卫生部标准》的报道,依据的是经四川省药品检验所确认无误的16批药品的检验报告书,该报告书并无‘供内部参考’字样,它代表省药检所对恩威公司21万余瓶洁尔阴洗液的抽验和恩威公司对数量不明的肤洁灵的送验结果。……因此,确有至少21万余瓶不符合卫生部标准的药品客观存在。我报对此报道何谈不实?何谓'舆论误导'?"

《四川经济日报》提出三项诉讼请求:

1. 判令被告立即停止对原告名誉侵害;

2. 判令被告通过新闻媒体在全国范围内为原告恢复名誉,消除影响并向原告赔礼道歉;

3. 判令被告赔偿原告名誉损失50万元。

1994年12月22日,成都市中级人民法院正式发出"受理案件通知书",决定立案审理这一名誉权案。

至此,在恩威诉泉源堂一案基础上,引发了企业诉企业,报社诉记者,企业诉报社的奇特景象,这在国内实属罕见。

1994年12月31日,卫生部药典委员会给四川省卫生厅来函,同意洁尔阴洗液按修改的标准执行。按卫生部药典委员会同意的修改标准,16个批号的洁尔阴洗液经检验均符合规定。

1995年1月11日,恩威公司向成都市中级人民法院提起诉讼,控告《四川经济日报》社报道不实,故意损害原告及其产品的信誉和声誉,并造成了巨大的经济损失,要求该报在一版重要位置公开为恩威公司恢复名誉,并赔偿损失500万元。

1995年10月23日,成都中院审理后认为:1994年9月8日《四川经济日报》于一版"报眼"位置刊发的《四川省药检所最近检验洁尔阴洗液16个批号不符合卫生部标准》(下文称《标准》)一文,虽有一定的事实依据,但在药政部门一再申明1994年8月3日省药检所作出的"关于16个批号洁尔阴洗液不符合规定"的检验结论存在"鉴定方法和技术上的问题",原因正在查找,相关部门尚未做出终结结论,且在有关部门不同意报道检验结论前,即匆忙根据一次常规检验结论发表《标准》一文。文中反映的检验结论虽是事实,但并未将有关部门指出的造成该结论原因一并报道,致使《标准》一文见报后在社会上给人造成"洁尔阴"洗液存在质量问题的印象。

原告恩威公司就《标准》一文向被告《四川经济日报》提出异议后,被告不仅不慎重对待,反而直接针对原告,并使用"千方百计、借口应付"、"搪塞推诿"、"设法过关"、"老虎屁股摸不得"等贬低声誉的言词对恩威公司进行指责,致使恩威公司产品信誉受到严重损害。突出地表现为一些销售单位,阅报后纷纷要求退货、拒付货款,给恩威公司造成严重的经济损失。

被告《四川经济日报》的行为与新闻舆论监督宗旨相违背。原告恩威公司的诉讼请示成立。判决《四川经济日报》社在判决发生法律效力之日起一个月内,在该报重要位置为原告恩威公司消除影响恢复名誉,并赔礼道歉。稿件内容须经成都中院审查认可。《四川经济日报》社在判决发生法律效力之次日起三个月内,向恩威公司赔偿经济损失人民币500万元。

《四川经济日报》社不服一审判决,以原判认定事实错误和适用法律错误为由向四川省高级人民法院提起上诉。

1999年1月,四川高院经审理,驳回上诉,维持原判。

1995年3月14日,四川省双流县法院还以破坏集体生产罪,判处张勇有期徒刑二年。

评 述

这场讼战之所以由企业诉企业发展到企业诉报社的局面,与传媒业的不适当参与有关。假如在"舒洁之争"的商战与讼战中,传媒的报道能客观、公正一些,就不会导致后来的诉案发生。

在现代信息社会,作为大众传播媒介的报纸、电台和电视台等,其导向作用不容忽视。在以竞争为基本特征的商品经济社会,大众传播媒介本身的公正性与客观性显得尤为重要。

1999年1月,四川高院对成都恩威集团公司起诉《四川经济日报》侵害名誉权案作出终审判决,《四川经济日报》社败诉,承担民事责任,包括赔偿恩威公司500万元,创下中国"传媒纠纷"赔偿的最高价。

案件涉讼《四川经济日报》新闻报道关于恩威集团公司"洁尔阴"洗液"16个批号均不符合卫生部标准"一文,材料来自四川省药品检验所检验报告书,但其不是公开的文书。

《四川经济日报》记者向药检所核实时,药检所明确表示这份报告不是最终结论,在鉴定方法和技术上可能有问题,要求在最终结论作出前不要报道。省卫生厅负责人也告知记者,在正式结论作出前,不要在报刊上发表报道及评论,以免造成不良影响。但是《四川经济日报》还是发表了报道,并配发了评论员文章。两篇文章的见报,加上有人蓄意诋毁,给恩威集团公司的声誉和经济造成损害,报社理应承担法律责任。

企业法人名誉不仅受民法保护,还受刑法保护。1997年《刑法》第221条规定:"捏造并散布虚伪事实,损害他人的商业信誉、商品声誉,给他人造成重大损失或者有其他严重情节的,处二年以下有期徒刑或者拘役,并处或者单处罚金。"

本罪的侵犯客体是名誉权中的特殊部分,即他人的商业信誉、商品声誉;他人，既包括企业法人，也包括其他从事生产经营活动的个体。由于企业法人名誉的主要部分是它的商业信誉、商品声誉，所以本罪在实质上可以视为对企业法人的诽谤罪。

本罪在客观上表现为捏造并散布损害他人商业信誉、商品声誉的虚伪事实的行为，而且必须造成重大损失或有其他严重情节，仅有损害他人商业信誉、商品声誉的言论但损失不大也没有其他严重情节的，不构成犯罪。

本罪在主观上必须出于直接故意，具有损害他人商业信誉、商品声誉的目的。本罪的主体是一般主体。就是说，自然人和单位都可能成为本罪主体。本案中散发诬蔑恩威公司材料的张某，就是为泄愤报复，采取印制、散发传单的方法诋毁企业产品声誉，给企业造成巨大损失，构成犯罪。

因此案审理是在1995年，新《刑法》尚未颁布，还没有侵害商业信誉、商品声誉罪的罪名，故张某以破坏集体生产罪被判处有期徒刑二年。而《四川经济日报》不听劝阻，主观上显然有过失，承担了民事侵权责任。

1998年8月31日最高人民法院的《关于名誉权案件若干问题的解释》明确规定了新闻单位报道国家机关文书和行为的"特许权"："新闻单位根据国家机关依职权制作的公开的文书和实施的公开的职权行为所作的报道，其报道是客观准确的，不应认定为侵害他人名誉权"。推而广之，包括(1)各级国家机关在职责范围内所作出的文件、报道，以及向社会或新闻机构发布的消息，(2)国家授权新华社发布的消息，(3)党和国家领导人的正式讲话，(4)政府发言人的发言，(5)人民代表、政协委员在人代会和政协会上就有关事宜所作的发言或书面材料，(6)国家机关工作人员在履行职责时的讲话或报告。

根据这一规定，本案采用的是非公开的文书，所以据《关于名誉权案件若干问题的解释》，也能判定《四川经济日报》的新闻报道构成侵权。

正常情况下，媒介报道依据国家机关的文书和行为，必须是该机关职权范围之内的，是正式公布的，如果传媒据此作出报道，事后发现有关文书和职权行为有误，则不应由传媒承担侵害名誉权责任。国家机关行为的相对人若有异议，应当依照法律程序要求有关机关纠正，而不应状告新闻单位侵权。但是，这类报道事实的叙述一定要做到客观、准确。客观，就是不带主观倾向，不使用带有主观感情色彩甚至侮辱色彩的语句；准确，就是与国家机关的文书或职权行为完全一致，不歪曲，不夸大。否则，一旦发生侵权损害，媒体或记者还是要为这些自己外加的内容单独承担责任的。

媒体在享受报道国家机关行为"特许权"的同时，也承担着相关义务。

《关于名誉权案件若干问题的解释》规定："报道失实，或者前述文书和职权行为已公开纠正而拒绝更正报道，致使他人名誉受到损害的应当认定为侵害他人名誉权。"也就是说,如果国家机关的行为发生变更或者纠正,比如二审判决改变了一审判决,行政诉讼判决改变了行政处罚决定等,新闻单位如报道了前一行为,就应对后一行为作连续报道,以消除前一行为的报道所造成的不良影响。如果拒不报道,就构成侵权。这是对法定义务不作为所造成的侵权行为。

此外,遇到类似的问题,传媒还可借鉴外国的一些经验。比如美国,他们的司法报道,或者说侵权纠纷的报道,一般都是在事情完了以后才报道,但是也有在事情一开始就报道的,这时往往会出现前后不一致的情况,实际上反而损害了媒体的社会可信度,美国的媒体碰到这种情况有时就作自我批评。我们的传媒如果在报道上更求实一点、更稳重一点,便不会出现前后自相矛盾的情况。

我国传媒侵权法没有出台特许权的规定时,媒介在报道官方行为之后,有些当事人对官方处理不服,又没有充分理由或勇气面对,便抓住片言只语对传媒提起侵权诉讼,使传媒陷于无奈的讼案中。例如1989年北京某报报道北京卫生防疫机关对一食品厂予以处罚,该厂以新闻标题"苍蝇聚车间""聚"字失实(苍蝇数目尚够不上称"聚")为由起诉某报。又例如1993年湖北某报根据省医疗事故鉴定委员会鉴定报道一起医疗事故,发生事故的医院以标题未写"技术性"三字为由起诉该报,虽经法院审理两起诉案报社均胜诉,但已经不胜其扰。

《关于名誉权案件若干问题的解释》中提到的"特许权"是我国司法部门从国外诽谤法中引入的一个概念。在英美诽谤法中,用"特许权"(privilege)来保护传播媒介的合法权利。它是指为了保护公共利益和个人合法权益,传播媒介发表诽谤性言论可不受诽谤指控或不承担诽谤责任。传播媒介享有的特许权主要是指报道官方的、公共团体的或其他公共会议提供的材料,不承担诽谤责任,但这种特许权是有条件的,即:

一、与公共利益有关;

二、公正、准确;

三、不具有恶意。

正因为如此,特许权又称有限特许权。在英美法系,特许权是传播媒介对诽谤指控的重要抗辩理由。

同外国诽谤法相比,我国传播媒体侵权法的特许权规定范围还比较小,只限于国家机关的正式文书和行为。按照英国诽谤法,受特许权保护的媒介报道除官方公开的会议、公告、记录外,还包括社会团体、股份有限公司和依法成立的其他组织有关自己业务范围的信息和对内部人员进行处分的行为规则,以及有关科学、艺术、娱乐、体育和其他涉及公众事务的会议信息等等。

特许权与真实、公正评论并称为媒介传播活动的"三大保障"。

公正评论是指根据宪法的规定,公民享有言论自由权和对国家机关及其工作人员的批评建议权。传媒机构代表民意进行批评或评论，是一种宪法权利，可以用以对抗侵害名誉权的指控。需要注意的是，传媒机构所批评或评论的事项必须与公共利益有关，且是公正的、善意的，通常，传媒机构可以批评或评论的事项主要是国家机关的政策、行为，国家公务人员与履行职务有关的行为，违法犯罪现象，以及社会上存在的其他不良现象，这些都是舆论监督的对象，尤其是对公职人员从事的公务活动或对社会知名人士从事的关系公共利益活动所做的批评是具有宪法优先权依据的。需要注意的是划清一般评论与侵权的界限，基本为两条：一是事实基本真实；二是不侮辱他人。在此范围内即使发表的评论有些偏颇、偏激，甚至错误，都不应承担侵害名誉权的法律责任，当然评论必须对事，不得针对被批评者的人格。

传播媒介对新闻事实的核查限度

根据上面案例的分析，又引出了传播媒介对新闻事实的核查限度的问题。我们知道传播媒介对新闻有核实的责任，但要求其对报道中一切事实材料都到其发生的源头去一一核实，是不可能做到的。所以我国新闻侵权法有关传播媒介对报道负有审查核实的责任的规定，与新闻规律和新闻时效性之间存在一定的矛盾。

为了解决法律和新闻规律之间存在的这个矛盾，1991 年，当时还是社科院研究生的王晋闵提出了“权威度”的概念。所谓“权威度”，就是事实材料被权威性的证明所证实的程度。新闻的真实性，需要实践的检验，在一定意义上可以说是没有止境的。新闻的权威度，是为检验新闻是否真实设立一个人为的终点：只要材料的证明者达到一定的权威性，就应认为材料是可以确信的，就是达到了足够的权威度。

王晋闵提出媒介和记者的核实责任在于：新闻的事实材料只要得到具有一定权威性的人或机关的证实，就应认为尽到了审查核实的责任。具有足够权威度的材料包括各级党政机关供新闻媒介发表的材料；各社会团体、企事业单位就其职责范围的情况供新闻媒介发表的材料；公民、法人关于自身活动供新闻媒介发表的材料等。

按照权威度概念，传媒机构所报道的消息是由权威机构或者人士提供的，在传媒机构正确报道了这些消息后，即使这些消息并不真实，传媒机构也可以要求免责，即媒介对那些业已获得足够权威度证实，却仍然发生失实的情况，不负责任，而由材料提供者负责。另外对于引用公开记录的材料而涉及侵犯他人隐私的，该涉及的个人隐私因记录公开丧失隐秘性而不构成侵权，权威度概念符合法律上的过错责任原则。在侵权行为法中，除法律有特别规定的外，实行主观上有过错才承担责任、没有过错不承担责任的原则。

过错包括故意和过失,过失以可以或应该预见为前提:行为人可以或应该预见自己的行为会导致损害结果,但却因为疏忽大意等原因而发生了这样的结果,就说明主观上具有过失,应该承担侵权责任。对于不能预见的损害结果,行为人就没有过错,不应承担责任。在媒体传播活动中,例如党政机关提供给传播媒介发表的材料如果发生失实,据以进行报道的新闻媒介就没有过错,不应该对此负责。所以,虽然权威度概念并无法律效力,但是过错责任原则是一直贯彻在新闻侵权案件中的。

大众传播媒体报道的特许权、权威度实质上是给媒介的核实留出一个空间:通常的大众传播媒体报道要求报道内容与客观事实相符,而属于特许权保护范围的报道内容只要求与新闻源(官方、公共团体等)提供的材料相符。我们不难看出,受特许权保护的报道就是前面所说的达到足够权威度的报道。

上述案件还涉及对公众知情权的适度把握的问题。

知情权即知的权利,也称做知悉权、了解权,其基本含义就是公民有权知道他应当知道的事情,国家应最大限度地确认和保障公民知悉、获取信息的权利,尤其是政务信息的权利。

一般认为知情权含有以下内容:一是知政权,即知道国家活动,了解国家事务的权利;二是社会知情权,即知道他所感兴趣的社会变化和发展的情况;三是对个人信息的知情权,包括对自己的信息的知情权和对有关自己切身利益的人的信息的知情权;四是法人的知情权;五是法定的知情权,即司法机关通过侦查、调查、知悉案件情况的权利。

我们所说的公众知情权,是指前两种知情权,即知政权和社会知情权。大众传播媒体的职责就是将已经发生和正在发生的真实的事实,告知公众,以满足其知的需要。因此,公众知情权是传媒报道最有力的抗辩事由。在一个侵权纠纷发生之后,如果大众传播媒体报道的出发点就是为了满足公众的知情权,并且没有超出正当的报道的范围,就不应当认为媒体是侵权。但如果仅是为了满足公众的知情权急于求成,超出正当的报道范围,并造成一定损害,就构成了侵权。

当然,如果传媒正当的权益受到侵害,媒体应当运用报道侵权的抗辩事由来维护自己的权益。

媒体报道侵权的抗辩事由是指在报道侵权诉讼中,被告媒体针对原告的诉讼请求所提出的证明原告的诉讼请求不成立或不完全成立,从而使自己免责或减轻责任的事实和理由。

要成立一种抗辩事由,需具备两个条件:一是对抗性,即能够导致对方的诉讼请求在法律上不成立或不完全成立;二是客观性,抗辩事由必须是积极事实,即表明某种情况客观存在的事实,单纯否认的表示或仅表明某种情况不存在的消极事实，不能成为抗辩事由。

主要的抗辩事由有以下各类情形：

1. 报道属实或基本属实

传媒报道侵害名誉权的最主要表现形式为新闻诽谤，而新闻诽谤是以所报道的事实是捏造的或被歪曲的为基本构成条件。如果报道导致受害人名誉受损的内容是真实的，最高院在《关于审理名誉权案件的解答》中认定，文章反映的问题基本真实，没有侮辱他人人格的内容，不应认定侵害他人名誉权。如果作品内容部分失实，但基本内容属实，失实的仅是细枝末节，则从失实部分在整个报道中所占地位和所起作用以及对名誉的影响来考虑，如果说原告的名誉权损害来自失实的部分，即使这部分数量较少甚至很少，也是侵权，否则，不为侵权。

我国民事侵权责任实行"微罪不举"原则，只要媒介的失实没给受害人造成严重后果，并且媒介及时采取了补救措施，一般也可免责。另外，完全属实的事实组合所形成的暗示效果，暗示文章中没有提到的事实损害了某个特定人的名誉，亦可免责。必须强调的是，报道属实只对新闻诽谤是一种抗辩事由，对于其他侵害名誉权的行为并无意义，尤其是因公布他人隐私侵害名誉权时，报道越真实，传媒机构过错就越大。

2. 无过错

过错是传媒侵害名誉权的构成要件之一，没有过错则不构成侵权。传媒侵权行为大部分是由过失构成。我国民法实行过失推定原则，如果被告不能证明自己没有过失，法律就认定被告有过失，因而媒体要免责，须证明自己无过失。是否履行新闻工作义务是衡量是否有过错的客观标准。新闻工作义务分为法律义务、按国家有关新闻管理的规定准则行事，遵守新闻行业的技术规定和采编常识。媒介如能证明自己认真执行了行业规章，并未疏忽大意，比如证明在采访、写稿、送审、编排、印刷及无权威性来稿、转载稿件的核实等方面，确实做了力所能及的努力，则可免责或减轻责任。

对于一般公民（非记者）采写的报道构成侵权，媒体可以尽到审查核实责任为抗辩理由。对于一般公民的来稿，媒体应要求相关部门审查属实，其标志是稿件上有事实发生地部门的印章或部门领导的签字，在这些审查手续都具备的情况下，编辑运用一般的编辑常识经验难以发现失实的疑问的，说明媒体已尽到审查核实的职责，履行了新闻工作者的义务，媒体不承担责任，而由作者和审核单位承担侵权责任。

3. 当事人同意

在传媒机构进行报道之前，已就报道内容征求了当事人的意见，而当事人未提出异议，或者报道的内容是根据当事人的陈述而做，且当事人同意公布的，如果报道之后,当事人提出侵害名誉权之诉,媒介可以当事人同意为由抗辩。该项理由可对抗因新闻诽谤、侮辱或公开宣扬隐私或其他方式而构成的侵害名誉权指控。但前提必须是,传媒机构并不知道内容虚假,而认为内容是真实的。如果传媒机构知道有关当事人的报道内容是虚假的,即使得到当事人的同意,也不能免责。传媒机构在得到当事人同意后,必须完整保留好有关证据。

4. 公众兴趣

公众兴趣是与知情权有关的一个概念,依新闻侵权法的理论,公众对国家、社会、他人都有一种获得信息的权利,即知情权,或称获知权,当多数人对某个人或某件事产生了知情的欲望时,即存在公众兴趣问题。为了满足公众兴趣而将他人的隐私事项或肖像公布于众,由此可以主张免责。此外,一些重大事件,如重大变故、灾难和突发性事件也是公众兴趣之所在,向来也是传媒报道的重点,公众对重大事件的了解不仅满足于对事件经过的了解,还希望媒介对事件背景、影响等进行一定的分析,这可能会涉及某些个人,由此而被诉侵权的,传媒机构也可据此为由请求免责。

5. 公开场合

这主要是针对新闻图片、电视和新闻摄影而言。对人们在公开场合的行为进行报道,是不存在侵犯隐私权问题的。公开场合即公共场所,是指向公众开放的空间,如公共交通工具、城市街道、广场、公园、车站、商店、码头、机场等,这些场合向任何不特定的人开放,在这类场合,除了法律禁止拍照的以外,任何人都可以将其所看到和所听到的记录下来,而无需征得当事人同意,即在这种场合下任何人对其声音、形象都不享有隐私权,他无权根据隐私权反对他人的拍照、摄影和录音。当然在私人场所就不同了,必须征得当事人同意,否则即为侵权行为。在当前新闻实践中人们习惯把记者的暗访说成"偷拍偷录",其实这种说法是错误的,在公共场合将所看到的或所听到的记录下来,不存在"偷"的行为,只有在私人场所才存在"偷拍偷录"的侵权行为,当然如果当事人同意,也可免责。

6. 新闻作品的合理使用

这一抗辩事由一般用于传媒机构和作者侵害他人著作权的抗辩。我国著作权法保护著作权人的各项权利:署名权、发表权、修改权、许可他人使用权和获得报酬权;但同时为了公共利益,又规定了合理使用的原则,都不向其支付报酬而合理使用其作品。

下述几种情况为合理使用:(1) 为介绍、评论某一作品或说明某一问题,在作品中适当引用他人已发表的作品;(2) 为报道时事新闻,在报纸、期刊、广播、电视节目或新闻纪录片中引用已发表的作品;(3) 报纸、期刊、广播电台、电视台已经发表的社论、评论员文章;(4) 报纸、期刊、广播电台、电视台刊登或播放在公众集会上的讲话，但作者声明不许刊登、播放的除外。

上述情况下，大众传媒机构在使用作品时，应当指明作者姓名、作品名称，并且不得侵犯著作权人依照法律享有的其他权利。

近年来，媒体对于报道对象中纠纷双方或多方的"平衡报道"合法性问题一直存有疑虑，有关法院在具体处理类似案件时也往往因缺乏明确的法律依据而感到没有把握，这种现象的持续存在势必会影响到媒体报道活动的正常开展。但是如果在理论上和实践中把握好平衡报道的关键，媒体就不会构成名誉侵权，也就可以以此作为新闻侵权的抗辩事由而不必承担侵权责任。

所谓"平衡报道"，简单地说，就是客观、中性刊登被报道人之间的论争，在性质上属于"客观报道"的范畴。目前关于新闻侵权抗辩的论述中，只有《新闻侵权热点问题研究》一书对此作出了明确表述，该书认为，"新闻机构在刊登这些意见时，不发表自己的看法，如果两种意见之间存在分歧，新闻机构也应当如实客观地刊登，以保障公民言论和新闻自由。对于这些新闻中存在的侵害他人权利的言辞，新闻机构不应当承担责任。这是履行新闻报道客观中立的要求所决定的，而且被报道人有机会为自己进行辩护，消除不良影响。社会公众对于这样的报道也会持批判态度，不会轻信一方意见，因此很难说存在损害事实"。

有关"平衡报道"的法律依据很难找得到，实际上是暗含于相关的法律和司法解释之中。比如最高人民法院关于审理名誉权纠纷的两个司法解释（即《最高人民法院关于审理名誉权案件若干问题的解答》和《最高人民法院关于审理名誉权案件若干问题的解释》），其判断构成新闻名誉侵权与否的法理基础就是报道是否公正客观，由此出发，对于几种常见的事实进行了具体认定，虽然没有明确表明对"平衡报道"的态度，实际上可以认为属于当然之意。当然，如果能够对此作出明确的说明就更好了。

"平衡报道"成为新闻侵权抗辩事由的要点。

首先，要分析报道的对象，确定按照法律规定是否可以进行报道，这是正确报道的前提。比如报道正在审理过程中的案件，就要看一看该案涉及的事项是否属于可以报道的范畴。在这一点上，我国相对而言是比较宽松的，因为在很多国家是不允许对正在进行审理的案件进行公开报道的，而我国法律除特殊情况（如未成年人案件、涉及需要保密的案件等）外，并未禁止对案件进程进行报道。因此，只要报道的案件不涉及上述情况，就可以认为符合报道对象的要求。目前报道对象中较为突出的问题是涉及公民个人隐私的情况较多，比如婚恋、家庭纠纷等等，这些素材从总体上应排除在报道对象之外，因为对隐私权的侵权构成相对于其他人格权更为容易，新闻媒体在此问题上败诉的案例也不少，出于安全性考虑，应做谨慎处理。

其次,要正确确定报道的方式,这是"平衡报道"构成新闻侵权抗辩事由的关键所在。例如,对于涉诉案件双方或多方的报道,媒体在法院尚未对该纠纷作出终审判决(裁定)之前,就要正确确定报道方式,是明显倾向一方,还是公正客观。如果属于前者,则不能成为抗辩事由,很可能构成侵权,而且即使该案尚未终审,之前被攻击一方也可以向有管辖权的法院提起民事诉讼,当然该诉讼可能要等待上述案件终审之后(即事实查明之后)再作出判决,但不管怎样,不适当的报道会给传媒机构带来很大的诉讼风险。如果是后者,即对双方或多方(还可能包括法院以及其他人士)的意见进行"对等"式的"公正客观"的"平衡"报道,则应当认为可以构成抗辩事由,不侵犯任何一方的名誉权。

目前有的法院在审理该类案件时认为,只要后来经证实新闻报道有误,那么传媒机构就应当承担侵权责任。这实际上是对"事实真实"的片面理解,因为真实具有相对性,没有绝对不变的"真实"。对于具有新闻价值的社会事实,只要不违反法律不得报道的强制性规定,传媒机构就可以进行报道,只要这种报道是公正的、客观的,不明显倾向一方,攻击另一方,那么这种报道的事实在当时就是"真实"的。如果后来的有关充分证据(如终审的法院判决)证明一方的意见正确,那么传媒机构可以据此再进行相关报道,由此后续报道中可能产生"新闻特许权"问题,也不存在新闻侵权的可能。

新闻特许权是一种学术用语,并非法律正式术语,其在性质上属于特许权的一种(有限特许权),是指媒介报道特定对象提供的新闻材料或特定对象的公开行为,可以不负诽谤责任。对此,《最高人民法院关于审理名誉权案件若干问题的解释》第6条做了明确规定,即"新闻单位根据国家机关依职权制作的公开的文书和实施的公开的职权行为所作的报道,其报道客观准确的,不应当认定为侵害他人名誉权;其报道失实,或者前述文书和职权行为已公开纠正而拒绝更正报道,致使他人名誉受到损害的,应当认定为侵害他人的名誉权"。

值得注意的是,对于由"平衡"到"不平衡"后的事实,传媒机构并不存在所谓"更正"义务,因为前期报道并不存在错误,所以对于实践中被报道一方要求的"更正"主张,媒体应予以拒绝,否则很可能授之以柄,成为其向法院提起诉讼的理由之一。而对于单纯依据"新闻特许权"进行的报道,在"特许权"所包含的具体内容更改后,传媒机构则面临一个更正义务,否则将会构成侵权,因为当时的报道是"失衡"的,在有充分证据证明报道指向错误后,传媒机构自然负有更改义务,最高人民法院的司法解释即体现了这种原理。从上述比较来看,"平衡"报道比"依据特许权进行的失衡"报道在法律上具有更大的稳定性和安全性。

实践中正确处理"平衡报道"应特别注意以下问题。

虽然在理论上可以对“平衡报道”作出明确分析，但其在实践中还是较难掌握的，因为一方面绝对的客观公正是不存在的，另一方面是因为传媒从业人员往往将自身的感情、好恶带入报道中，出现了“（本应）平衡中的（事实）失衡”现象，这也往往成为导致侵权的重要原因之一。那么实践中究竟该如何正确地进行“平衡报道”呢？郭卫华先生认为应首先表明“本报道不代表报社意见等”，同时“还应给被报道人提供充分的答辩机会，即发表被报道人对前一报道的态度，以平衡对待每一种意见”。

笔者认为，对于“本报道不代表报社意见等”的声明是没有必要的，也是无效的。因为既然报道出现在你的新闻媒体上，就代表你的一种观点，由此无法推脱可能的法律责任，同时经常性地加注上述声明还有损传媒机构的声誉，可能会失去其在公众中的公信力。郭卫华先生的第二个要件实际上是将“平衡”报道扩大化了，即这种“平衡”可以不体现在同一篇报道中，可以是在同一媒体的连续的报道中出现，即“连续报道中的平衡”。这种做法的法律风险极大，一篇报道是一个独立的整体，也是法律责任存在与否的判断基础，被报道人完全可以根据一篇报道提起诉讼，而不管其他报道如何。因为一篇独立的报道完全可以对被报道人的名誉造成相当的影响，后来的相关报道是很难弥补这种影响的。这就好像在给对方造成侵权后的“更正”报道并不能否定侵权的事实一样。因此，所谓的“平衡”报道应仅限于在同一媒体同一文章中进行的报道，如果新闻单位尚未得到被报道事实双方或多方的意见，则不能仓促报道，必须待双方或多方意见汇总后一并刊出。

对于报道中双方或多方观点内容的多少可以根据实际情况掌握，比如某方当事人不积极配合采访，其观点在报道中的比例就会很有限，但只要给予双方或多方充分的表达机会并将双方或多方在当时的主要观点表明，那么这种报道即可视为“平衡报道”。

另外需要说明的是关于文章的标题，标题在传媒报道中具有很重要的作用，往往被称为“题眼”，但问题也往往出在标题上面。很多媒体为追求轰动效应，经常用一些夸大的、煽动性的题目，虽然在下面的内容中比较公正客观，但很可能因为这一个标题而造成侵权。因此，媒体一定要注意标题的使用，在标题中也应体现一种“平衡”，不能有“失衡”的现象。

为应对将来可能发生的诉讼纠纷，媒体应注意证据的搜集和保存。

案件的审理很大程度上靠的是证据，而且是有效的证据。现在很多传媒证据意识不强，不注意保留报道当时的相关证据，发生纠纷后又无法继续搜集证据，由此而导致了不利的诉讼结果。比如在一些案件中，进行报道的记者虽然确实对双方或多方当事人进行了采访，并做了采访笔记，但没有让双方或多方签字,这种证据的效力就较难认定,只能根据其他证人和有关事实的证明进行推证,这样势必会给诉讼举证带来相当的困难。因此,传媒在进行报道,特别是双方或多方存有重大纠纷的报道时,一定要利用各种合法手段保留证据,该证据应专门建档保存,时间应不少于两年,以应对将来可能发生的纠纷,切实维护自身的合法权益。

5. 我国获检察机关抗诉支持的首例传媒纠纷案

1994年1月30日,《工人日报》星期刊第二版刊登了题为《深圳百万劳务工的呼唤》(以下简称《呼唤》)的纪实文章,作者是深圳市总工会干部黄迅超、《深圳商报》记者汪博天。

1994年2月7日,深圳汽车工业贸易总公司党委书记、总经理刘兴中以及所在公司,将一纸民事起诉状递交到深圳市福田区人民法院,状告《呼唤》一文歪曲事实,构成名誉侵权,要求《工人日报》登报赔礼道歉,并要求报社和黄、汪两名作者一起赔偿他个人损失30万元,同时赔偿深圳市汽车工业贸易总公司损失70万元。①

起诉后刘兴中曾找到《工人日报》,提出只要登报向他致歉即可"私了"此事,并表示,不这样解决,市领导那里也难以通过。而《工人日报》经重新派人进行核实调查,确认该文反映的问题证据充分,断然拒绝了对方的"求和"。

开庭前,《工人日报》代理人前往福田区法院阅卷,发现原深圳市一位负责人在《呼唤》一文刊出后,未经调查就迅速作出批示,认定《工人日报》报道失实。耐人寻味的是,此批示竟出现在法院的案卷里,其影响和作用不言而喻。更令人难以理解的是:福田区法院审判员欧阳海媚到北京《工人日报》调查时,随行的竟是"深汽贸"办公室人员;当被告在法庭上出示证据证明刘兴中已有"经济违法"嫌疑材料时,审判长竟打断其行为……。

1995年2月8日,福田区法院判决:《工人日报》及黄、汪两人败诉,应在判决书发生法律效力之日起10天内联名在《工人日报》刊登启事,公开向刘兴中赔礼道歉,并向刘兴中赔偿人民币5万元。

《工人日报》对一审不服,考虑到如果上诉至深圳市中级法院,在当时的情况下,还可能遇到行政干预和各种阻力,还会败诉。于是决定不再向深圳市中级

① 资料来源:《光明日报》1998年8月22日。

人民法院上诉,而直接向报纸所在地的最高人民检察院提出申述。

申述于1995年5月30日开始,历尽曲折。1995年,最高人民检察院曾派出得力人员赴深圳调查取证,随后委托有关检察机关进行抗诉,但遭到回绝。此后,中央政法委、中纪委等有关领导也对此案进行了多次批示;《民主与法制》杂志以《一场耐人寻味的官司〈工人日报〉被诉名誉侵权案纪实》一文详尽披露了这起侵权纠纷案。

三年后,在最高人民检察院的再次督促下,1998年4月10日,深圳市检察院经审查后正式向深圳市中级人民法院提出抗诉。该院认为:"《工人日报》发表的文章批评刘兴中动用公款超标准购买住房,对持不同意见下属打击报复等问题确有根据,基本属实,没有污辱刘兴中人格的内容,是进行舆论监督、行使新闻批评权利的正当行为,不构成侵害名誉权"。

4月28日,深圳市中级人民法院将此案发回福田区法院再审,福田区原拟7月23日开庭。但《工人日报》却为此向深圳市中级法院、福田区法院提出管辖权异议申请。原因是:在《工人日报》败诉后,《民主与法制》刊登有关文章,对《工人日报》与刘兴中名誉侵权的纠纷进行了客观报道。福田区法院却认为此文对其"审理活动和实体判决结果肆意歪曲、诋毁,严重地损害了其名誉。"于是福田区法院当起了原告,向深圳市中级法院提起起诉,又引出一案,结果是《民主与法制》败诉。由此可知,"《民主与法制》社被诉名誉侵权案"与"《工人日报》被诉名誉侵权案"是两个存在着连带利害关系的案件。此次再审直接涉及福田区法院自身的利害关系。为此,原拟于7月23日重新开庭的日期延迟。

1998年10月《工人日报》接到深圳市中级法院的传票,通知《工人日报》11月10日赴深圳市中级法院出庭,重新审理四年前败诉的名誉侵权官司。

1998年11月10日、11日,深圳市中级法院开庭审理全国首例获检察院抗诉支持的媒体名誉侵权案。有三十多家报刊、电台、电视台闻讯前来采访。此次庭审进行了法庭调查、法庭辩论两项,没有当庭宣布审判结果。庭审结束时,监督整个庭审过程的检察员作出了《出庭意见书》,提请合议庭在评议本案时考虑以下两点意见:一是本案确存在认定事实依据不足的问题,二是原审判决适用法律确有不当。

1999年初,这起在全国有广泛影响、还没有判决结果的传媒纠纷案被评为"1998年全国十大法制新闻"之一。

1999年9月2日上午,《工人日报》被诉名誉侵权案在深圳市中级法院开庭宣判。判决结果是,维持原审判决,驳回深圳市人民检察院的抗诉。

《工人日报》后来又向广东省高院提出申诉,结果仍然是败诉。

评 述

关于国内新闻媒体首家获得检察院抗诉支持的案件到此告一段落,但是由此引发的对新闻批评与司法保护的思考还在新闻和司法界延续,其中杨立新[①]的观点具有代表性,从中我们可以体会到在走向法制化的中国,有纷繁复杂的法律和社会现象需要人们逐步面对和解决,下面是杨立新就此案发表的观点[②]:

1995年6月高检院受理了《工人日报》申诉案。我接受指派,与本院和广东省检察院的同事一起承办这件案件。通过阅卷和调查,我了解到了这件案件的真实情况,同时,也感受到了在这件案件中所集中的新闻批评与司法裁断之间的是与非。现在,这件案件的司法程序已经走完,《工人日报》的申诉,深圳市检察机关的抗诉,均遭败诉,案件的争论似乎已经尘埃落定;但是,新闻批评与司法裁断之间的冲突和是非之争,并没有完结。每当我回忆起那篇报道的当事人何玲那幽怨的神情和坚持正义的决心,就时时为自己不能为其伸张而感到汗颜,决心继续进行这场没有完结的争论的理论研究工作。

新闻批评的法律依据,是《宪法》关于言论自由的规定。新闻自由、新闻批评是言论自由宪法原则的组成部分。因此,新闻批评权利的行使,是有《宪法》作为法律依据的,理应受到司法的保护。

新闻批评的另一个名字,叫舆论监督。在现阶段,社会接受的是这个名字。其实,新闻批评是从手段上描述,舆论监督则是从作用上描述。说得更实在一些,新闻批评是通过新闻批评手段对不符合社会进步的现象进行舆论监督,而舆论监督则是对不符合社会进步的现象进行新闻批评。说来说去,说到底,新闻批评和舆论监督都是针对不符合社会进步的现象进行善意的批评,促使改进,推动社会文明的进步,建立人们普遍遵行的共同生活准则和秩序。

说明了这个道理,再来看《工人日报》申诉案,也就不难看出,《工人日报》刊载的《深圳百万劳务工的呼唤》那篇批评文章,实在是没有恶意,其根本的出发点和目的,就是保护工人阶级的利益,提倡社会主义企业要爱护工人阶级,防止企业及其管理者无端侵害工人阶级的合法利益。这篇批评文章和刊载这篇文章的报纸的立意,都是无可指责的。

问题是被批评者无法接受这种批评。我作为一名研究人身权法的专家,深刻地理解名誉权受到损害的受害人所遭受的精神痛苦。对于这样的损害,恰恰是司法所要保护的。可问题是,一则立意健康、符合社会文明进步的新闻批评,是不是就真的会侵害被批评者的名誉权呢?

---

① 中国人民大学法学院教授、博士生导师。

② 参见杨立新:《新闻批评与司法保护》,《民主与法制》2001年第14期。

正当的新闻批评与名誉权的法律保护，应当是并行不悖的。如果是正当地行使新闻批评的权利，进行舆论监督，就不会侵害被批评者的名誉权。如果在新闻批评中被批评者的名誉权受到了损害，那就一定是新闻单位在行使批评的权利的时候，出现了问题，就不是正当的新闻批评了。之所以会出现这样很绝对化的结果，就是因为法律在规定这两个权利的时候，设置了一个界限，那就是，无论任何人，包括新闻媒体，在行使权利的时候，都要保护自然人和法人的名誉权，不能因为行使新闻批评的权利而使被批评者的人格权受到损害。因此，一旦发生了侵害被批评者名誉权的后果，那就判定新闻单位不是正当地行使新闻批评权利，而是实施了侵权行为，应当承担侵权民事责任。应当说，这样的判断标准对新闻媒体是苛刻的，不过那也是不得已而为之，因为国家法律不得不为了保护自然人和法人的人格权，而对新闻媒体的权利进行适当的限制，牺牲一点新闻批评的自由。

新闻媒体在行使新闻批评权利的时候，究竟需要司法做什么？要根据法律提供的判断标准，做一位公正的裁判员，判断究竟是正当行使新闻批评的行为，还是侵害被批评者的名誉权。对正当行使新闻批评的新闻媒体，给予坚决的司法保护，借以发扬民主，支持社会正义，推动社会文明进步。如果新闻媒体真的恶意侵害他人名誉权，或者虽然不是恶意，但是在善意的主观意图之下，由于不注意的过失心理，办了坏事，侵害了被批评者的名誉权，司法也要支持正义，对侵权者给以责难，让它承担民事责任，让它对受害人给以精神损害赔偿，让它记住教训，好长记性，不要再犯。新闻媒体对于这样的司法裁断，无论是保护新闻媒体的批评权利，还是保护民事主体的人格权利，都会是欢迎的，并予以热烈拥护的。试想，新闻的权利再大，什么“无冕皇帝”，还能大过司法权吗？在任何国家，新闻都要接受司法管辖，接受司法裁判。中国的新闻批评还没有那么强大，绝对不敢与司法对着干。

世界万事万物，都有作为衡量准绳的一杆秤。对于新闻批评与司法裁断之间的是非、争议，上面说的法律原则就是这样一杆秤。秤是有了，现在就要看这杆秤的秤砣掌握在谁的手中了。

无疑，司法官员是掌握这杆秤的秤砣的人。纠纷发生，诉讼到司法机关，要求司法机关裁断是非，评判曲直。司法官员秉公执法，一碗水端平，用自己的良知和良心，使秤砣不偏不倚。只要这样，司法公正就不难实现，铁面无私的法官做出的裁判，就会有无数人的拥护。

可是，《工人日报》为工人阶级说话，为社会的主人争理，说的是实话，求的是真理，为什么竟会吃官司，遭败诉呢？……

新闻批评所需要的，就是司法裁断的公正。新世纪司法工作的主题之一，就是公正。

可以断言,没有公正,司法裁断就会葬送正在发展着的新闻批评。这样的裁断,新闻批评不需要,当然也就不会受到广大民众的拥护。

除了杨立新对此案的观点外,对于传媒而言对于"文责自负"与"三公"免责的适度把握也很重要,有利于避免传媒纠纷的发生。

舆论监督无疑是媒体义不容辞的职责,而不当的传媒侵权诉讼实践却使得媒体无所适从。在新闻实践和新闻"失实"侵权案件的审判实践中,不时可见媒体对法院新闻侵权案件判决的指责和民众对法院新闻侵权案件判决的非议;同时,法院对媒体的抵触、反感,甚至发展到限制媒体采访报道的事例也不鲜见。媒体与法院关系的紧张,不仅伤害了传媒业,也不利于了司法工作的良性发展。

双方的沟通了解有利于问题的解决。立法机关和司法部门,应该多了解些传媒行业的特殊性,对新闻规律多些理解和尊重,并通过立法和司法解释对有关问题予以明确。

从传媒工作实践和新闻侵权审判实践来看,要合理解决新闻真实性的责任问题,必须实行"文责自负"。同时,一些传媒业发达国家的司法机关判定新闻报道不构成名誉侵权时是遵循"三公"原则——报道是为了社会公共利益的目的;报道内容系公众关心的公共事项且有事实根据;报道对象系国家公职人员或知名人士——也是值得我们借鉴的。

"文责自负",正是马克思和恩格斯所主张的"撰稿人应该对他们所报道的事实的准确性负责"的体现。"文责自负"不仅符合我国新闻媒体的性质以及是实现宪法赋予公民的言论、出版自由及批评、建议等权利的需要,也符合我国《民法通则》确认的过错责任归责原则。

作为社会主义国家,宪法赋予了公民广泛的自由和权利。而我们的大众媒体,不仅是党的喉舌,是宣传党的路线、方针、政策的工具,也是人民的喉舌,是公民实现宪法赋予的言论、出版自由和批评、建议、申诉、控告等权利的阵地和工具。大众媒体作为舆论工具,作为公民实现其言论、出版自由和批评、建议等权利的工具,其本身并不是相关自由和权利的主体。

因此,行使相应自由和权利而产生的责任,在媒体并无过错的情况下,自然应该也只能由相应自由和权利的主体来承担。而且,宪法和法律也明确规定,公民在行使权利和自由的时候不得损害他人合法的权利和自由,否则,便应该承担责任。

由媒体来承担具体公民行使自由和权利的相对义务,是没有道理的。因此,对民众给媒体投稿、向媒体投诉,通过媒体发表言论,应当"文责自负"。当然,这并不意味着媒体完全没有责任,但媒体的责任应以过错为限,只有编辑在审稿时对稿件侮辱性言辞的处理不当、配发评论不当、编发表陈稿未核实最新情况，导致失实等，构成侵权，媒体才应承担相应责任。同时，媒体发表评论员文章、社论、本报记者文章等，属于媒体自己行使言论自由及批评、建议、监督权利，应自己承担相应义务。这也正是"文责自负"的应有之义。

否定"文责自负"，不问有无过错，凡新闻侵权（作为侵权理由的"新闻失实"经常是新闻源承载的内容失实，而不是媒体报道的事实自身失实）即判令媒体承担责任，看起来是强化了对公民人格权、法人名誉权的保护，事实上，这样的结果是公民、法人权利的更大损害和丧失。

这些年来，舆论监督在现实生活中正发挥着越来越重要的作用，很多民情民生问题经过媒体的反映，都得到了较好的解决；很多民众都能通过媒体反映自己的呼声和愿望。而这些，从一定意义上讲，都是公民充分行使议论自由和批评、建议权利的结果。

但应该看到，随着新闻官司的增多，及一些法院在审判中无视新闻规律的不当判决，也使很多媒体畏诉，进而对舆论监督、批评报道避而远之。结果，公众的声音，特别是一些批评性的意见，要在媒体上得以反映困难重重。像包括读者来信在内的大量反映问题的来稿，因媒体无力核实其真实性，都被编辑部压下了。而对一些批评报道，一旦涉诉，媒体便束手缚脚，难有下文。从某种意义上讲，这是对公民言论自由及批评、建议、监督、申诉、控告等权利的损害，其结果必然使民情民意难以通达，社会流弊淤集。

在强调"文责自负"的同时，应该注意的是，新闻稿件报道中经常采用"据某某称"、"据某某反映"、"据某某透露"、"据来自某某机关的消息"之类的措辞。在这些新闻稿件中，记者（作者）经常不可能去考查"某某"所称、所反映、所透露的情况的真实性，更不可能去考查"某某机关"提供的消息的准确性。对此类消息不准确造成他人名誉损害的，责任由谁承担呢？这就涉及新闻源的责任问题。

对此，最高人民法院的司法解释明确指出："新闻单位根据国家机关依职权制作的公开的文书和实施的公开的职权行为所作的报道，其报道客观准确的，不应当认定为侵害他人名誉权；其报道失实，或者前述文书和职权行为已公开纠正而拒绝更正报道，致使他人名誉受到损害的，应当认定为侵害他人名誉权"；"主动提供新闻材料，致使他人名誉受到损害的，应当认定为侵害他人名誉权"；"因被动采访而提供新闻材料，且未经提供者同意公开，新闻单位擅自发表，致使他人名誉受到损害的，对提供者一般不应认定为侵害名誉权；虽系被动提供新闻材料，但发表时得到提供者同意或者默许，致使他人名誉受到损害的，应当认定为侵害名誉权"。

最高法院的上述司法解释明确了积极新闻源和消极新闻源，以及权威新闻源(国家机关)和一般新闻源(国家机关之外的公民和其他组织)的划分,但并没有明确在新闻源被认定侵权的情况下,媒体是否承担侵权责任。

根据权利义务相一致的原则,新闻源对其提供的情况必须"文责自负":如果提供的事实材料不属实造成对他人名誉权的侵害,应该承担侵权责任。对积极主动向新闻机构、记者提供情况的新闻源,因其提供的事实材料失实引起名誉侵权,该新闻源应承担责任,这是不难理解的;对所谓的消极新闻源,新闻记者对其并不存在强制性,即使记者找上门来了解情况,该新闻源也没有一定要接受采访的义务,他可以提供情况,也可以不提供情况,明知自己是在接受采访的情况下发表的言论,自然应该负责。

例外的情况是,新闻源是在被欺诈(或者不知情)的情况下提供的材料,或者声明所提供材料不得公开而被公开,因公开的材料不实而造成名誉权之损害,或者作者的报道没有忠实反映新闻源提供的情况而出现新闻失实侵权,在以上情况下该新闻源不承担新闻失实损害名誉权之责任,而应由作者承担新闻失实名誉侵权责任(如新闻单位有过错,也应承担责任);但这种责任是因为传播过错,而不纯粹是新闻失实的过错。

对新闻作品实行"文责自负",也许有人担心,媒体刊登"一家之言"而不承担责任,会使大众媒体成为人们互相诽谤、攻讦的场所。还有人会担心,实行"文责自负"会使一些危害社会的言论出笼,产生不良社会反应。这样的担心是多余的。一者,我们的法律规定公民有言论自由、批评、建议权利的同时,也有相应的义务规范,侵害他人权利和自由可以依法追究相应行为人的责任;再者,我们的媒体是由具有高度责任感和政治意识的采编队伍组成的,对什么稿子可以发,是具有相当的认识水平的。

主张"文责自负"的同时,要求媒体对可能造成的侵权后果应予以充分的考虑。新闻媒体可以借鉴一些新闻事业发达国家司法机关判定新闻报道不构成名誉侵权所遵循的"三公"原则。

我们的司法机关在认定新闻侵权责任时,也应充分考虑"三公"原则。我国宪法明确规定,国家的一切权力属于人民,人民有权通过各种途径和形式,管理国家事务,管理经济和文化事业,管理社会事务。同时,宪法还赋予了公民言论自由及对国家机关及其工作人员的批评、建议、监督等权利。民众需要通过新闻媒介了解社会动态,了解政府的活动,反映自己的愿望、意见和要求,实现参政议政,当家做主的目的,因此过分强调民众及媒体在新闻报道中"失实"侵权的责任,是不公平的。

6. 记者挑战恶意诉讼案

在中国传媒业面临各种侵权诉讼，受到社会格外关注的时候，一条另类新闻引起了疲顿中的传媒工作者的莫大兴趣。这个新闻一改以往记者坐在被告席的状况，开创了中国记者挑战恶意诉讼的新局面。

这则消息的主要内容是①：

记者挑战恶意诉讼案，在经历 11 个月时间的等待后，终于有了一个明确的说法。2001 年 8 月 22 日，《衡阳日报》社记者甘建华接到了衡南县人民法院（2001）南法民初字第 222 号民事判决书，被告徐某、费某需承担因恶意诉讼给他造成的经济损失 10376 元和精神损害抚慰金 2 万元。

2001 年 9 月 20 日，素有"铁血记者"之称的湖南《衡阳日报》社主任记者甘建华，以损害赔偿为由将曾经状告他名誉侵权而败诉的 C 夫妇二人告上了法庭。衡南县人民法院受理了此案，并定于 2001 年 11 月 8 日（新中国第二个记者节）开庭审理，从而在司法实践中开创了一条全面保护当事人双方合法权益的新路径。但是，由于被告人临时申请延期审理，在征得甘建华及委托代理人的同意后，法庭决定另行择期审理。这是中国记者在屡败屡战后，第一次向错告他人者发起的进攻，也是一次捍卫"中国记者"的荣誉之战。

事情的起因要追溯到 1998 年②。

1998 年 6 月上旬的一天，衡南县三塘镇一家民营企业的总经理冯某找到甘建华，吞吞吐吐地向他反映"最近遇上了一件倒霉事"。原来，他早些日子感觉下身有点不舒服，便到衡阳市卫生防疫站皮肤性病防治中心看病，结果被诊断为尖锐湿疣，治了十多次，花了两万元，但没有一点好转，连他老婆都被感染了。后来夫妻俩只好跑到衡阳医学院附一医院治疗，医生说不是什么尖锐湿疣，只花了 600 多元就治好了。

甘建华颇感诧异，问道："既然皮肤性病防治中心把你害得这么惨，那你怎么不去告它？"

冯某说："我在衡阳市搞实业这么多年，认得我的人很多，万一传出去了，我没有性病别人也会说我有性病，以后我怎么做人？你又不是不知道三人成虎的道理。"

"那你就这样算了？"

---

① 资料来源：新华网 2002 年 8 月 26 日。

② 案源来自新华网 2001 年 11 月 19 日。

“我找你就是想请你把这个皮肤性病防治中心曝光,他们利用别人的痛苦和隐私大发横财,也是一种诈骗行径。他们那里的生意很好,每天不知道有多少人上当受骗,都是挨了闷棍做声不得。”

看过冯某的病历和医药票据后,甘建华又与报社群工部主任王桂发商量了一下,王桂发想了想,说:“这件事你能不能抓死?如果找市卫生防疫站采访,他们会不会接受?医疗机构本身是铁幕一块,搞不好就会很被动。”甘建华听他说的有道理,觉得单是这件事尚不足以形成有分量的报道,暂时把这事搁置下来了。

1998 年 8 月,打假英雄王海等人来到湖南省皮肤性病防治中心打假,王海、央视记者及随后赶来的长沙市公安局两名刑警,无一例外地都被诊断患有尖锐湿疣。骗局终于被揭穿,原来这些游医都是来自福建莆田市的农民,在全国各地打着“看性病”的幌子非法牟取暴利,坑害广大无辜的患者。这则新闻引起了甘建华的注意。

同年 10 月,衡阳市公安局江东区分局刑侦大队二中队队长张静因脚上生了几个“鱼丁”,到衡阳市卫生防疫站皮肤性病防治中心治疗后,导致左脚两趾被锯掉。张静经过调查取证,证实这家所谓的皮肤性病防治中心,原是福建莆田几个农民在幕后操纵,遂与市卫生防疫站发生严重冲突。防疫站迫于无奈,给张静赔偿了 27.4 万元钱,一时间在衡阳闹得沸沸扬扬。

甘建华其时正在写作《江湖游医》这本书,张静事件引起了他的高度关注,他为此进行了全面深入细致的采访。又想起此前冯某与衡阳市另一名患者陈某给他讲述的受骗经过,遂一并写进此文,之后分别给张静、冯某、陈某看过。根据冯某的建议,将其名字以“衡南县三塘镇 C 夫妇”代之。一个月后,《湖南日报》晚报版《三湘都市报》第七版整版发表了甘建华的特别报道《福建游医小病治出残疾 警察获赔 27.4 万起纷争》。该文从讲政治的角度,直接将矛头对准莆田游医,让这些害人虫遭到了一次沉重的打击。

《三湘都市报》是当时湖南省内发行量最大的一份日报,甘建华撰写的这篇新闻调查报告发表后,在三湘大地引起了强烈反响。面对一片叫好声,他的头脑却异常冷静。因为在这之前,广州、太原、哈尔滨等地的记者曝光了莆田游医黑幕后,均遭到不同程度的威胁,游医们甚至公然叫嚣要炸掉太原那家报社,杀掉两个记者。他不得不提防啊!

果然,衡阳的莆田游医托人传话过来了,不过不是恐吓,而是求情,“请你不要再搞了,我们在外面混口饭吃也不容易。”他们甚至多次诚恳地邀请他“聚一下,交个朋友”。

担心的事情没有发生,不该发生的事情却来了。

1999 年 4 月 14 日下午 5 时许，甘建华突然接到一个朋友的电话："你在《三湘都市报》上的那篇文章惹麻烦了，有个叫'C'的人说文章侵犯了他的姓名权。"

"这个'C'是哪里的？"

"听说也是衡南县三塘镇的。不过你别担心，我看了他的起诉状，他只告了衡阳市卫生防疫站和《湖南日报》社，说你这个人为人好，杆子硬，所以不告你。"

"天下同名同姓的多得很，'C'这个名字又没注册。他要打官司，随他打去。"

朋友劝解道："你是一个有声望的记者，很多人都盯着你哩！打官司是一件费时费力的事情，能当面说清楚，化干戈为玉帛，不是更好吗？"

此言有理。甘建华想办法和"C"及其律师联系上后，三人约好在明星卡拉 OK 二楼见面。甘建华一坐下，C 做出一副苦脸状，说："你登我的事之前起码要跟我打个招呼啊，现在我们全家已闹得不可开交，我没脸见人了。"

甘建华说："我现在找你的目的，是以一个党报记者的身份告诉你，我所写的 C 跟你没有一点关系，我有自己的采访对象，可惜不是你！"

律师说："但你写的事怎么跟他完全吻合呢？他和他老婆得了性病，也是在市卫生防疫站皮肤性病防治中心看的，而且用的就是'C'这个真实姓名，花了 2 万多元，也是在衡阳医学院附一医院治好的。"

"这可能是一种巧合。"甘建华说。

C 不屑地说："巧合？你这个巧合要打一个引号。"

"那你的病历和收据呢？"

"到时我自然会给你看。"C 再次递过身份证，说："我就叫 C，这还有假吗？"

甘建华接过来仔细一看，发现身份证上的名字叫 C，但地址却是"衡南县车江镇××街××号"，而起诉状上的地址却又是"衡阳市城北区演武坪"，这是怎么一回事呢？

C 说："我人在三塘工作，我老婆也是三塘的老师，我有住房在城北区演武坪，我不会骗你的。"他甚至很认真地说了他在三塘工作过的好几个单位。

见此情形，甘建华只好说："如果因为这种同名巧合给你造成了不必要的伤害，我对此感到抱歉。如果你需要我向你的家人做出澄清，我也可以打电话或登门解释……"

C 一下子从座位上跳起来，大声吼道："你如果这样做，我就用刀杀了你！"

律师见他如此无礼，赶忙劝解："甘记者今天是好心好意向你解释这件事，人家已给了你很大的面子，你太不知好歹了。"

C 说："甘记者，我起诉状上没告你，这也已经给你天大的面子了。"

甘建华淡淡一笑，说："你一定要打这场无名的官司，我只有奉陪到底！但你一定要把我列为被告,免得我成为天下不尴不尬之人。”

就这样,甘建华“如愿”当上了被告。

以长于新闻调查报告而闻名遐迩的甘建华,在他近些年所采写的几十篇新闻调查报告中,曝光了一批贪官污吏、流氓恶势力分子,算起来也有上百人,这些人分别受到了党纪国法的应有制裁。由于甘建华写每一篇报道都是如履薄冰,将新闻的真实、客观、公正原则视同生命,所以从来没有人找他打什么官司,有的只是请求他网开一面,放过一马。如今凭空里跳出来一个“C”,叫嚷着自己的名誉遭到侵犯,要求衡阳市卫生防疫站、《湖南日报》社及甘建华三被告共同赔偿其 39 万元的精神损失费,这可令甘建华不得不认真对待了。

经过反复查证,原采访对象冯某与原告 C 素不相识,却兼有病历及医疗票据证实其为莆田游医受害者,冯某没有向甘建华提供任何虚假情况,更不存在构陷嫌疑(这些在开庭审理中进一步得到了证实)。冯某接受律师调查问询后,主动要求届时出庭作证。他激动地说:“没想到天底下竟有如此可笑的事情,居然把我的隐私揽到他的头上,还提出天价索赔,这都成了什么世道!”

为了查证原告 C 到底是不是“衡南县三塘镇 C”,甘建华和他的委托代理人王桂发先后三下三塘,逐一戳穿了 C 所说的他是三塘镇公务员、三塘镇国税分局干部、C 妻系某小学教师等各种谎言。

三塘镇是衡南县一个大镇,有十万人口,户籍管理当时还未实行微机操作,只能依靠人工检索。1999 年 5 月 3 日、4 日,天降暴雨,甘建华和八位朋友在三塘派出所整整查阅两天,也未查出三塘辖区内有一个叫 C 的。他担心的是,万一三塘镇确有一个叫 C 的,即使主观上没有伤害他的故意,客观上也会给他的名誉带来不好的影响。当他们疲惫不堪地走出派出所时,甘建华觉得打赢这场官司有了百分之百的把握。

C 通过各种渠道了解到这些信息后,仍不肯善罢甘休,但他反过来求甘建华了。

1999 年 5 月 5 日晚上 9 时许,C 打来电话要求帮忙:“到时开庭时,你只要证实一下,说我的事是性病防治中心告诉你的,官司打赢了,我不仅不要你的钱,还要反过来感谢你!”

“有什么事你到衡阳来说。但我告诉你,害人终归会害自己。”

C 另外还打了几次电话,再三要求甘建华帮他作证,“反正性病防治中心已经恨你入骨了,你还怕什么?官司打赢了,我给你分成 20%—30%。”

1999 年 7 月 12 日,衡阳市城北区法院对此案进行了不公开审理。8 月 26 日,又进行了第二次质证。甘建华在陈述了以上事实后,愤怒地指出原告 C 的行为纯属恶意诉讼。

他说:“C夫妇将自己扮演成‘受害人’,妄图达到敲诈勒索巨额国家财富之目的,并且企图拉党报记者下水,请法庭予以高度重视。”

然而,同年10月25日,城北区法院作出一审判决,《湖南日报》社和甘建华败诉,需赔偿原告C夫妇名誉侵权之精神损失10000元。

看到这个判决结果,甘建华觉得自己的情感受到了极大的伤害,差一点对法律失去了信心。明明自己是出于匡扶正义、抨击邪恶的立场来写这篇文章,没想到却因为三个字化名的偶然巧合,打起了一桩冤枉官司。

如果省委机关报及新闻记者的正当舆论权利都不能得到有效保护,那么一名社会底层的百姓,他们又怎能指望法律的公正与公平呢?甘建华因敢替好人正名、敢为正气疾呼、敢向丑恶宣战,而被省委领导和广大读者誉为“湖南铁血记者”。但这场恶意诉讼给被迫应诉的他带来了诸多不利的影响,正常的工作、生活秩序被打乱,他花费了巨大的精力和较大的财力来应付官司,四起的流言更给他造成了生命中不能承受之重。

打官司的过程当中,尤其是一审败诉后,有人就造谣说甘建华写稿不讲职业道德搞假报道,甚至有人胡说他得了性病还好意思跟别人打官司,还向人家索赔几十万。事情以讹传讹,给他造成了众口难辩的恶劣影响。他无意于工作和事业,就连原定由湖南文艺出版社出版的著作《中国医疗纠纷备忘录》,也因此延误三个多月才出版,未能在第十届全国书市(长沙)上推出,其可预见的版税损失当在10万元以上。

虽然一审只判赔1万元钱,官司继续打下去会花去大量的无法用金钱计算的时间和精力,但《湖南日报》社和甘建华还是决定上诉,不仅为了司法公正和自己的清白,也为了今后正当的舆论监督的宽松环境和自由,为了中国记者的荣誉。

上诉状被衡阳市中级人民法院受理后,2000年3月23日,该院不公开审理了此案。同年3月31日,衡阳市中级人民法院作出了撤销原判,驳回C夫妇诉讼请求,一、二审诉讼费用20620元由C夫妇承担的终审判决。

但事情到此并未结束。

官司虽然胜诉了,但甘建华并不感到轻松。他看到,近些年,新闻官司呈不断上升的趋势,有的法院据说受理的绝大部分的名誉侵权案件,都是以新闻单位为被告的,这令相当一些新闻单位颇感苦恼。新闻官司的增多,一方面说明中国人对个人权利的重视程度在增强,另一方面也说明正当的舆论监督与新闻侵权界限模糊,致使不少人滥用诉权,恶意诉讼,搞得媒体及其从业人员焦头烂额,苦不堪言。经法院审理后,如果败诉,不但要赔偿对方的经济损失,媒体还要承受名誉损害,记者本身的精神痛苦自不待言。如果胜诉,媒体和记者则心存侥幸,不断反思自身在报道中究竟有什么做得不完美之处,却没有想到自己的“新闻监督权”和“不被非法起诉”的权利已被人剥夺了。

案件难道就此了结了? 甘建华对此感到极不平衡。

2001 年 9 月 5 日,也就是在甘建华狙击恶意诉讼获胜后的将近一年半时,一件事情促使他终于怒不可遏地拔剑相向了。那天上午,《衡阳日报》一位记者因新闻稿件中的一个细节问题,与被报道对象在办公室内发生了激烈的争吵。这时,身为记者部主任的甘建华从外面回来了,问明情况后,便向来人作了解释。孰料那人根本不予理睬,还鄙夷地说:“你不是自己因为性病还跟人打官司吗?你还好意思跟我说什么?”甘建华一怔,说:“你可要搞清楚,是衡南县那个性病患者与我打官司,不是我得了性病与别人打官司。”那人蛮不讲理地说:“这还不是差不多一码事。”这件事处理完后,甘建华的情绪一直很低落,他没想到当初被迫打的一场官司,竟然会给自己的人生造成这么大的伤害。

2001 年 9 月 20 日上午,甘建华来到衡南县人民法院,递上了状告 C 夫妇损害赔偿的民事诉状。这是新闻工作者在屡屡作为新闻侵权被告方之后,第一次以原告的姿态向原案原告(败诉方)提出挑战。衡南县人民法院受理了此案。

在民事诉状上,甘建华明确指出:“C 夫妇两被告此前的恶意诉讼已对本原告构成侵权,其行为具有违法性。本原告为此支出的费用和造成的损失与二被告的错告行为有直接的因果关系。根据民法及民法通则的有关规定,且两被告错告本原告的结果已经由衡阳市中级人民法院判决认定,按照权利义务对等的原则,二被告应依法承担赔偿义务。”他请求法院判令二被告共同赔偿因恶意诉讼给原告造成的经济损失 19351 元,精神损失费 5 万元。他表示:官司胜诉后所获得的赔偿,将全部捐献给中国记协权益保障组织。

评 述

打官司要花费多少时间,付出多少精力,投入多少开支,这是难以计算的。依法诉讼中,诉者有索赔补偿的权利,为什么被诉者遇到恶意诉讼,精神受到无辜骚扰,财力受到无端消耗的时候,却得不到应有的赔偿呢? 错告他人者难道不应承担相应的民事责任吗? 如 C 错告甘建华等一案,虽然终审裁定由败诉方 C 承担本案件诉讼费用,但这只能算是法律规定的一种义务,不能视为法律对恶意诉讼者的处罚。

正是出于这样的严肃思考,甘建华最终拿起了法律的武器,维护自己受到侵犯的尊严,也给恶意诉讼者一个警示和教训:不可把法律当儿戏。

这是一起将会产生长远影响的“传媒纠纷”案件,其影响已不仅在于当事双方的胜败,其社会意义至少体现在四个方面:

1. 传媒记者在开展正确的舆论监督过程中涉及的侵权诉讼,获胜后向原案原告(败诉方)重新提起诉讼,要求作出经济的和精神的损害赔偿,这在中国还是第一次。对于在民事诉讼的司法实践中,如何体现权利义务对等的原则,如何切实保护双方当事人的合法权益,这无疑是一次极其宝贵的探索。

2. 在媒介及其记者诉讼不断的情况下,此次甘建华奋起反击恶意诉讼,对于区分舆论监督与新闻侵权的界限,促使新闻界放手发挥舆论监督功能,提供了启示,将起到积极的推进作用。

3. 本案的诉讼审理,对于轻率地把法律当儿戏,恶意拿法律作幌子,图谋个人某种不良目的的诉讼者,是一次难得的警示和普法教育。因为,错告他人必须承担法律责任。

4. 本案的公益诉讼将会唤起更多的新闻界同仁起来维护中国记者的荣誉。

第四节 辨析核心概念

法律条文和法理的形成有一个逐步完善的过程,有些法理在国外适用,在国内不一定适用,因此熟悉相关的法律、法规,并在工作中注意合理规避,对传媒工作者来说极为重要。

1. 真实的三个概念

在传媒纠纷中,提及真实性时,往往会带出三个词组:新闻真实、法律真实、客观真实,虽然它们都有真实二字,但是他们各自代表着不同的内涵。

所谓客观真实,是指在意识之外,不依赖主观意识而存在的事物和状态。

所谓新闻真实,是新闻从业人员根据新闻规律对客观世界的一种认识状态,新闻真实并不代表客观真实。新闻是对变动着的客观世界的反映,属于认识范畴。

所谓法律真实,是法学家根据诉讼规律、证据规则对客观世界的一种认识状态,同样不代表客观真实。

因此,在“新闻失实”名誉侵权诉讼中,对新闻失实的判断如果仅仅从法律真实的认识规律出发,甚至将法律真实等同于客观真实,而罔顾新闻真实,或者将新闻真实、客观真实、法律真实混为一谈,都是不符合辩证唯物主义认识论的。

1998 年 1 月 13 日,由《光明日报》社主办的《生活时报》以《这辆救护车胆儿不小》为题报道了北京市急救中心一名医生在救治病人时舍近求远就医、收红包,违背医务人员职业道德的事。文章见报后,涉事医生以报道失实侵害名誉权为由,将《光明日报》社告上法庭。

北京市朝阳区人民法院对此案进行审理后认为,文章报道的舍近求远就医一事基本属实;关于"收红包"及医生"最初未在病人身边护理"的问题,因系投诉人江某所提供,且报道客观地叙述了江某投诉的内容,故该事实由提供新闻材料者负责。最后法院判决驳回了原告的诉讼请求,原告上诉也被驳回。

在这个案例中,江某向报社反映过情况及反映的是什么情况,文章中都作了反映,这一点是真实的;江某反映情况的内容是否与真实情况相符,即是否符合客观事实,报道并没有涉及,因此报道本身不存在失实或者不失实的问题;法院查明和认定的情况,是法院根据一定的诉讼程序规则作出的判断,未必符合客观实际,也不代表事情的真实情况。

而法院在《光明日报》社被诉侵权一案的判决中,在一定程度上明确了新闻真实、客观真实和法律真实三者的区别。

在对新闻真实性的判断上,判决基本上尊重了新闻真实的认识规律。对"收红包"问题的认定,判词认为"报道客观叙述了江某投诉的内容"(似可理解为不存在失实)。即对"收红包"问题,文章中明确表明是"据江银春介绍",因此,只要作者能证明江某确实向他介绍了文章反映的问题,报道就是真实的,符合新闻真实的要求,不用承担新闻失实侵权的责任。

至于江某介绍的"收红包"的情况是否属实,这属于客观真实的问题,报纸没有涉及,法院也没有简单认定其真实或者不真实,而是认定"该事实由提供新闻材料者负责"。从这方面看,该判决是令人信服的。

1999年11月25日,《海峡都市报》以《夜宿湖美,应召小姐说:这里全省最安全》为题披露了记者暗访福建泉州湖美大酒店的经历。

报道称,记者下榻这家酒店后,就有几批小姐先后打来骚扰电话,称可以上门提供"聊天、洗澡、按摩、做爱"等服务,当记者表示对安全有疑虑时,一位小姐竟然说:"我们湖美在整个福建省最安全,是四星级的。如果有什么事的话,警察会通知我们酒店,然后酒店再通知我们。"

湖美大酒店认为,《海峡都市报》的报道将其"描写成一个与公安机关串通一气,靠色情服务招揽生意的酒店",严重侵害了酒店名誉,遂向当地法院提起民事诉讼。要求报社"停止侵权行为",赔偿经济损失和精神损失合计30万元。

一审法院经审理后认为,"《……这里全省最安全》一文引用了电话中一位不知真实姓名和身份的'小姐'的话,对原告酒店的服务质量和存在问题进行报道,该报道对听来的消息未经核实,违反了新闻真实性原则"。

法院判令“《海峡都市报》社应立即停止对原告湖美大酒店的侵害”，在报纸上向原告赔礼道歉，并赔偿原告因侵权造成的损失1万元。

在审理中，《海峡都市报》记者将暗访时作的录音作为证据提交法庭，但法庭不予采信。

参与这起案件审理的一位法官表示，按照最高人民法院的司法解释，录音资料要征得对方同意才能作为有效证据。《海峡都市报》社不服一审判决提出上诉，最后被驳回。

《海峡都市报》遭遇的这起传媒侵权纠纷，法院的判决不仅让报社喊冤，也引起了广泛的社会议论。一些地方，宾馆、酒店存在色情服务是众所周知的。《海峡都市报》报道的情况并不让人感到意外，而记者的采访、报道从新闻规律来看也无可非议：记者住宿酒店的手续、对“小姐”的录音等材料都足以证明报道反映的情况是真实的。法院以“报道对听来的消息未经核实，违反了新闻真实性原则”，判报社承担侵权责任是难以令人信服的。

媒体采用暗访方式揭露社会丑陋现象已很普遍，包括中央电视台《焦点访谈》、《新闻调查》节目在内的很多媒体都针对一些社会丑陋现象或不法行为进行明察暗访报道，如果把这种伸张正义之举归到侵权之列，显然是不合适的。

2002年4月1日起施行的《最高人民法院关于民事诉讼证据的若干规定》作出了新规定。规定指出：以侵害他人合法权益或者违反法律禁止性规定的方法取得的证据，不能作为认定案件事实的依据。解释还规定，一方当事人提出的有其他证据佐证并以合法手段取得的、无疑点的视听资料或者与视听资料核对无误的复制件，对方当事人提出异议但没有足以反驳的相反证据的，法院应当确认其证明力。

而1995年高法在《关于未经对方当事人同意私自录制其谈话取得的资料不能作为证据使用的批复》中规定的是，未经对方同意私自录制的谈话录音资料，不具有合法性，不能作为证据使用。

两相对照，不难发现其中的差异。高法的新规定在一定程度上确立并完善了我国司法上的非法证据排除规则。它意味着未经对方同意私自录制的音像资料可以作为证据使用，除非这些资料的取得方法侵犯了他人的合法权益或违反法律强制性规定。

新规定给“偷拍偷录”证据留出了一定空间。它能否作为证据，关键是判断它是否构成犯法，而不在于它的秘密性。

张铁林诉周美凝、《成都商报》社侵害名誉权案①也非常有代表性。2003年

① 见《法制日报》2003年12月22日。

6月29日，《成都商报》刊登了《“皇上”提出怪要求》一文，文章副标题为“周璇昨在签售现场突曝曾遭某影视大腕骚扰”。该文称，成都女歌手周璇在举行其小说的签售活动时，去北京邀请一个影视大腕来担当签售嘉宾，但对方却提出以性做交易，被她拒绝，并称该影视大腕是以演皇帝而出名的。

7月4日，《成都商报》又刊登出《“皇阿玛”就是张铁林！》一文。该文称，周璇在记者会上首次当众明确指出“皇阿玛”就是张铁林。周璇复述了当晚她和张铁林在北京名人饭店相会的情景，并提供了她和张铁林在该饭店相会的合影作为证据。

上述文章刊登后，全国众多媒体纷纷转载。

张铁林认为周璇和《成都商报》社的行为已严重侵犯了其名誉权。要求两被告停止侵害，赔礼道歉，并共同赔偿精神损害抚慰金100万元。

原告张铁林诉称：周璇（周美凝）关于我以出席周璇的签售活动为由而提出性交易的说法纯属恶意诽谤，根本不是事实，而该言辞已被全国众多媒体刊登或转载；《成都商报》社在未经核实的情况下，就以《“皇上”提出怪要求》、《“皇阿玛”就是张铁林！》为题刊登周美凝对我的诽谤言辞，周美凝和《成都商报》社的行为已严重侵犯了我的名誉权。故要求周美凝和《成都商报》社停止侵害，在全国性的报纸上向我赔礼道歉，消除影响，并共同赔偿我精神损害抚慰金100万元。

被告周美凝辩称：我从未说过“以性做交易”、“‘皇上’提出怪要求”的话。《成都商报》社记者的评论我不承担责任；我向新闻媒体说“皇阿玛”就是张铁林，也不代表我说过张铁林提出怪要求、性交易；我只是向《成都商报》社记者讲述情况，是提供消息，并没有向社会公布，所以我不应该成为本案被告，不同意张铁林的诉讼请求。

被告《成都商报》社辩称：周璇在签售现场公开说出“性交易事件”，我报社据此采访报道，消息来源真实，没有杜撰新闻。报道均来源于周璇和张铁林的说法，没有夸张、歪曲内容，故没有侵害张铁林的名誉权，要求驳回张铁林对我报社的诉讼请求。

在法院审理中，张铁林提交了向金小山作的调查笔录。金小山证明，2003年6月22日晚，他到北京名人国际大酒店与张铁林、周美凝见面，三人一起谈话，最后他与张铁林一同离开了酒店；席间，张铁林未曾对周美凝提出性要求或说过其他此类暗示性的话，张铁林对周美凝未征得自己的同意即向成都媒体宣布自己会到场参加周美凝的新书签售活动很生气，对周美凝说其不懂规矩。

本案开庭审理过程中，金小山未出庭作证。周美凝称金小山未全程见证其与张铁林的会面，金小山的陈述不完全是事实，并称金小山与张铁林是多年的朋友，有密切关系。

本案开庭审理过程中，苏杰、黄立奇为周美凝出庭作证，证明周美凝在其小说《绝爱》的签售活动中，没有讲到去北京邀请的“影视大腕”提出来蓉担当签售的嘉宾要以性做交易，只称该“影视大腕”说周美凝不懂规矩。另黄立奇还证明7月3日，当有记者问周美凝“影视大腕”是不是张铁林时，周美凝没有说话。

张铁林认为苏杰、黄立奇是周美凝的歌迷，双方有密切关系，对此证言不予认可。

法院认为：根据《民法通则》的规定，公民享有的名誉权受法律保护，禁止用侮辱、诽谤等方式损害公民的名誉；涉外民事关系中侵权行为的损害赔偿，适用侵权行为地法律，故本案外国人张铁林名誉侵权诉讼，适用《中华人民共和国民法通则》。

张铁林指认周美凝在2003年6月29日、7月4日《成都商报》涉案文章中的说法侵害其名誉权，周美凝辩称其从未说过“以性做交易”、“‘皇上’提出怪要求”的话。根据当日及事后其他新闻媒体的相关报道，周美凝在举行其小说《绝爱》的签售活动时所谈到的她去北京邀请一个“影视大腕”来蓉担当签售的嘉宾一事与涉案文章所用的标题、行文的词语意思相当，内容相近。现周美凝并无证据证明其在涉案文章中的说法是真实的，而此说法直接影响到张铁林的社会评价，在此情形下，周美凝的行为构成对张铁林名誉权的侵害，理应承担侵权的民事责任，其辩解本院不予采信。

张铁林诉周美凝、《成都商报》社侵害名誉权案

《成都商报》社对周美凝举行小说《绝爱》签售活动时“性交易事件”的报道，来源于周美凝的叙述，反映的内容基本真实，在没有对方姓名的情况下也无核实的义务；对周美凝主动约见记者，公开当众明确指出其邀请来蓉担当签售嘉宾的影视大腕——“皇阿玛”就是张铁林的报道，反映的内容亦基本真实，没有

夸张、歪曲事实,故均不构成对张铁林名誉权的侵害。

综上所述,依照《中华人民共和国民法通则》第101条、第142条第1款的规定,2003年12月经北京市第二人民法院审理判决如下:

一、周美凝就侵害张铁林的名誉权于本判决生效后15日内在《成都商报》发表致歉声明(内容由本院审定),费用自行负担;

二、周美凝于本判决生效后15日内赔偿张铁林精神损害抚慰金人民币1万元;

三、驳回张铁林其他诉讼请求。

案件受理费一万五千零一十元,由张铁林负担一万四千八百六十元(已交纳),由周美凝负担一百五十元(于本判决生效后七日内交纳)。

如不服本判决,可在判决书送达之日起15日内,向本院递交上诉状,并按对方当事人的人数提出副本,上诉于北京市高级人民法院。

在这份判决中,北京市二中院不仅体察了新闻真实、法律真实和客观真实的区别,对传媒侵权诉讼中的媒体责任和言论主体的责任作了区分,而且注意到了言论自由与名誉权保护的平衡。

"真实是新闻的第一生命",但我们必须明确,"新闻真实"与"客观真实"并不是同一个意思。客观真实,是指在意识之外,不依赖主观意识而存在的事物和状态;而新闻是对变动着的客观世界的反映,属认识范畴,因而新闻真实,仅仅是新闻从业人员根据新闻规律对客观世界的一种认识状态,认识与存在总是有差距的,故新闻真实并不完全代表客观真实。

同样,法律家们根据诉讼规律、证据规则认定某个情况是否真实,也仅仅是对客观世界的一种认识状态,是法律意义上的真实。法律真实也与新闻真实一样,并不等于客观真实。因此,在新闻活动中,新闻从业人员只能尽可能地对新闻事实予以求证,以保证新闻真实更接近客观真实。同理,法庭审判也只能通过充分的佐证和反复的质证,使法律真实更接近于客观真实。

张铁林剧照

在本案中,作为新闻源的女歌手周璇,通过媒体散布张铁林以出席她的新书《绝爱》签售活动为由提出性交易被其拒绝的言论,如其言论不实,构成对张铁林名誉权的侵害,当然需要承担侵权责任。这是权利义务相一致的法律原则的要求。根据这一法律原则,公民在行使言论自由权利的时候,不得侵害他人的权利或名誉。

考虑到张铁林作为名人、也不排除周璇利用名人炒作自己的可能，在张铁林提出高达100万元的侵权赔偿额的上述案件中，法院一方面认定媒体如实报道言论主体的言论，不构成对张铁林名誉权损害的认定；另一方面，以周璇没有证据证明其言论的真实，认定其构成了对张铁林名誉权的损害。

在以往的一些媒体报道他人的言论被诉“失实”侵害名誉权的案件中，法院每每以媒体不能证明他人言论内容的真实性而认定媒体构成侵权。与之相比，本法院在此案的审理中，将“言论主体之言论内容是否真实”与“媒体的报道是否真实”区别开来，并将“媒体的责任”与“言论主体的责任”区别开来，完全是另外一种新闻侵权案件审判的思路。这种思路充分体现了对新闻规律的尊重。

2. 阶段真实与过程真实

关于新闻的定义，国内外学者有不同的表述：

新闻是新近发生的事实的报道（陆定一）。

新闻是新近变动的事实的传布（王中）。

新闻是已经发生和正在发生的事情的报道（美国约特斯）。

新闻就是把最新的现实现象在最短的时间距离内，连续介绍给最广泛的公众（德国多维法特）。

从这些界定和新闻的实践中可知，新闻经常是阶段性、过程性（或者连续性）的。因此，新闻真实也有阶段性真实和过程性真实之别。

在下面的案例中，法院的终审判决不仅彻底确认了新闻真实、客观真实和法律真实的不同规律，也体现了新闻阶段真实和过程真实的区别。

1999年3月5日，《四川法制报》“舆论与监督”专栏刊登了题为《安岳有人非法购买选票当选乡长》的群众来信。不久，安岳县人大常委会、县委组织部回函该报称，经调查，没有证据可以证明此次选举过程中有违法行为。

4月8日，《四川法制报》在“舆论与监督回音壁”专栏以《所谓“破坏选举”之事并不存在》为题全文刊出了该回函。

4月12日，在来信中被点名涉嫌贿选的汤某等三人同时向安岳县人民法院提起诉讼，状告《四川法制报》侵害其名誉权。

5月28日，安岳县法院经公开审理后认为，《四川法制报》发表的群众来信“内容严重失实”，“在客观上对原告构成了名誉权侵害”，从而判决《四川法制报》败诉。

报社不服提起上诉，资阳地区中级人民法院经审理认为，《四川法制报》发表群众来信，同时附“编后”要求安岳县人大和县委组织部调查处理此事，并公开答复来信反映的问题。该“编后”并未对来信发表自己的评论以引导读者对被上诉人（即文章点名涉嫌贿选的一审原告）作出不当评价而侵害其名誉权。相反，“编后”让一般读者知晓该来信仅为投诉人之反映，而非最终调查结果，足以阻止读者轻信该来信的真实性，而对被上诉人作出不当评价。

因此，从整个事件的全过程及名誉侵权的构成要件来看，报社并未对被上诉人构成名誉侵权。

在这个案例中，报道仅反映了两个阶段的事实：一个阶段是群众来信反映存在有人贿选的问题，一个阶段是有关部门调查不能证实群众反映的问题存在，两个阶段形成一个过程。

在这一过程的每个阶段，报社没有任何诋毁贬低一审原告的行为，而且从新闻真实的角度来看，都不存在失实的问题——作为第一个阶段的事实，报社确实收到了群众来信，群众来信确实反映了有人贿选的问题，而报社并没有认定一审三名原告就是贿选者；作为报社态度的编后，没有肯定或者否定什么事实，也没有对一审原告作出任何不当评价。报道的第二个阶段直接刊载了有关部门的回函。整个过程完全是实事求是，符合新闻真实的规律。

如果以后有了证据证实群众反映的问题确实存在，作为又一个阶段的事实，自然也是“贿选新闻”发展过程的一个部分。在每个阶段，报纸反映的问题都应该是真实的，从而整个过程作为每一个阶段的连续，才能是真实的。

新闻不仅要做到阶段真实，而且应做到过程真实。尤其是对法制新闻报道。我们知道，司法活动是一项程序性极强的活动，民事、行政诉讼有一审、二审程序，有的甚至还要经过再审程序；而在刑事诉讼中，从侦查，起诉，再到审判（一审、二审，甚至再审），程序更为复杂。新闻传媒在对其进行报道时，一定要注重对整个过程的报道，以确保做到过程真实，否则，将可能产生不良的影响。

例如，在刑事诉讼中，一个人涉嫌犯罪被立案侦查，但他可能是无辜的，最终可能不会被提起公诉；即使被提起公诉，也可能会被法院判决无罪；即使一审被判决有罪，也可能二审被判无罪；即使二审被判有罪，也可能通过再审被判无罪。因而，对这样一起案件，如果新闻媒体只报道侦查，或者起诉，或者一审，或者二审的情况，而不报道后面阶段的情况，虽然该报道在某个阶段是真实的，但并不符合新闻真实的要求——没有注重过程真实，必然会给当事人造成不应有的伤害。

虽然新闻媒体对这样的伤害不承担侵权责任，但是，在“新闻事实”已发生变化的情况下，新闻媒体有义务进一步跟踪报道。在新闻媒体没有进一步跟踪报道的情况下，法律应赋予当事人要求新闻媒体进一步跟踪报道的权利。

如果经当事人的请求，新闻媒体拒不跟踪报道，澄清事实，应视为媒体有不作为的过错,在此情况下,涉事人起诉媒体"新闻失实"侵权,媒体应承担相应责任。

对此种情形,最高法院1993年司法解释明确指出:"编辑出版单位在作品已被认定为侵害他人名誉权或者被告知明显属于侵害他人名誉权后,应刊登声明消除影响或者采取其他补救措施;拒不刊登声明,不采取其他补救措施,或者继续刊登、出版侵权作品的,应认定为侵权"。

该规定虽然是针对文学作品而言的,但也适用于新闻作品。这也正是新闻真实(包括阶段真实和过程真实)的要求。

由此,我们还可以联想到马克思在《新莱茵报》时处理过的一件事:当时,巴黎盛传俄国流亡者巴枯宁是沙皇尼古拉的间谍,两个互不联系的通讯员同时向报社提供了相同的消息。

出于报纸所承担的义务的考虑,马克思报道了这些消息。但报社同时也给了巴枯宁机会,让他提供事实消除人们对他的怀疑,并从别的报纸上转载了巴枯宁否定谣传的声明。

马克思认为,《新莱茵报》在一时无法核对又不得不报道的时候,全文照登通讯员的来信,一旦有了确凿材料后又加以纠正,用连续报道的形式揭示事件的真相,这种做法,是尊重客观性的表现,同时也是报纸工作的惯例。

马克思还认为,一个记者,一张报纸,只能反映一部分事实。但是,通过有机的运动,报纸可以通过分工——不是一个人做全部工作,而是由这个人数众多的团体中的每一个成员担负一件不大的工作——一步一步地弄清全部事实,从而给人一种整体的真实感。

对于阶段真实,必须明确的是,一个阶段的新闻反映的必须是当时阶段的事实。如果一个阶段的新闻反映的是另一个阶段的事实,虽然反映的都是存在过的事实,但仍然属于新闻失实;同时,一个阶段的新闻反映的"事实"在当时阶段并不存在,即使相应"事实"在以后出现,亦属新闻失实范畴。

此外,新闻阶段不真实应视为新闻失实,但在认定新闻阶段失实的责任时,应视情况对待。报刊有一个编辑出版过程,广播电视也有一个录制过程,这就注定新闻事件的发生或者新闻事实的存在与报道的推出经常是不同步的,有时在报道推出时,新闻事件、事实已发生了变化,但媒体和作者应尽可能做到新闻阶段真实。媒体和作者在作出报道前,应该尽可能了解准备报道的新闻事件、事实的最新变化,并及时调整自己的报道。

侵权纠纷之所以让很多媒体喊冤,一方面是审判人员对新闻真实存在认识误区,另一方面传媒从业人员记者在写文章时,为了增强文章的可读性,有时忽略对新闻来源的交待,将"某某人反映某某事情怎么样"直接写成"某某事情怎么样”。而事实上,两者是不同的,从新闻真实的要求来看,作者的报道是不真实的。作者如此写法,如果情况不属实,也会让传媒纠纷案缠身。

根据《民法通则》的精神,传媒侵权纠纷案件应适用过错责任归责原则,即传媒侵权行为人没有过错,就不用承担民事责任。这一点,已成为法学界和传媒业的共识。

对此,最高法院关于审理名誉权案件的1993年司法解释也明确表示,是否构成侵害名誉权的责任,应当根据受害人确有名誉被损害的事实、行为人行为违法、违法行为与损害后果之间有因果关系、行为人主观上有过错来认定。

在“范志毅诉文汇新民联合报业侵害名誉权案”①中,不但有上述概念的运用,还有新的概念引入,使我国的法律在实践中不断完善。

2002年6月中国国家足球队在日韩世界杯小组阶段比赛中,以三战皆负、一球未进的战绩黯然出局,就连对同组最“弱”的对手哥斯达黎加队也以0:2败北。论者多认为国家队后防主力范志毅表现失常。

2002年6月14日,《体坛周报》在《某国脚涉嫌赌球》的报道中援引未经核实的消息透露说,6月4日的中哥之战,某国脚竟然在赛前通过地下赌博集团,买自己的球队输球。

6月16日《东方体育日报》在题为《中哥战传范志毅涉嫌赌球》的报道中转载了《体坛周报》的文章。文章进行排除式分析后指明,涉嫌球员为本案原告范志毅。

文章同时报道了范本人的否定意见及足协、国家队其他队员的反应,还引用了网友的文章,并注明还将进一步关注此事件。

此后6月17日、19日《东方体育日报》刊登了《范九林:我儿子没赌球》、《范志毅郑重声明》,报道了对范志毅父亲的采访和范志毅本人没有赌球的声明;

6月20日《体坛周报》对出自不实消息来源的报道声明道歉。6月21日,《东方体育日报》以《真相大白:范志毅没有涉嫌赌球》为题报道说,事实表明范志毅没有赌球,所谓范赌球的谎言已不攻自破。文中言道:“本报通过连续报道为范志毅澄清事实真相,洗刷无端罪名的目的已达到。”

同年7月,范志毅以《东方体育日报》在2002年6月16日刊登的《中哥战传闻范志毅涉嫌赌球》侵害名誉权为由,起诉到上海市静安区法院,要求被告向他公开赔礼道歉,并赔偿精神损失费人民币5万元。

静安区法院民事审判庭的吴裕华、张君默、胡智明三位法官组成合议庭,由

① 参见《人民论坛》2004年 第八期。

吴裕华任审判长,公开审理此案,但双方在庭审调查中的意见分歧很大,法庭的调解努力终归于失败。

经过五个月的审理,法院作出了一审判决,对范志毅要求文汇新民联合报业集团赔礼道歉,赔偿 5 万元精神损失的请求,不予支持。

庭审中庭辩激烈,焦点直指新闻规律。

原告在起诉中指出,被告以未经核实的消息为新闻来源,直接点名原告系传闻中涉嫌赌球的球员,违反了新闻真实、准确、客观三原则,报道具有违法性,主观上是故意炒作,造成对原告名誉的损害。

被告律师称,原告认为第一篇文章已构成侵权,后面的报道不能改变第一篇文章所造成的伤害。他说,被告进行的是连续、求证式的报道,这是新闻报道中非常普遍的规律。

被告的这一观点在判决书中得以体现。判决书中说,被告的系列报道是有机的、连续的,客观反映了事件的全部情况,是一组完整的连续报道。就本案而言,不应将该组报道割裂。

原告律师称,被告的报道违背新闻真实性。

被告律师说,新闻真实有自己的含义,且有时效性。就像法律真实与客观真实有时一致,有时不一致一样,新闻真实也不等于客观真实,也不能用法律真实来要求新闻真实。

法院支持了这一观点,判决书中写道,新闻报道由于其时效性的特点,不能苛求其内容完全反映客观事实。

吴裕华审判长认为,新闻真实理论上讲不可能恢复客观真实。一次审判如果找到了客观真实,应该说是十分偶然的,因为证据不可能恢复历史的原状。按照媒体的调查只能报道到这里,就是新闻真实。因为被告《东方体育日报》引用了《体坛周报》未经核实的报道,而《体坛周报》的这篇报道后来又被证明不实,原告就此认为被告是传播谣言,应和捏造谣言者负有同样的责任,这是不对的。只要有客观的新闻来源,被告就没有责任,也不应强求被告去尽核实的义务。

法院判决认定,被告主观上不存在过错,行为也不违法。理由之一就是,本案争议的消息来源并非被告主观臆造,且从其文章结构和内容看,旨在连续调查"赌球传闻"的真实性。公众人物应容忍轻微侵权,正当舆论监督应予保护。"即使原告认为争议的报道点名道姓称其涉嫌赌球有损其名誉,但作为公众人物的原告,对媒体在行使正当舆论监督的过程中,可能造成的轻微损害应当予以容忍与理解。"

范志毅诉媒体侵权案一审宣判后,这段判词立时成了媒体争相报道的热点。有专业人士称,读懂这段判词才能真正明了,法律理念是决定官司胜败的内在因素。

本案是十多年来因体育新闻引发的侵权纠纷案中媒体首次胜诉的案件。法院对新闻规律的尊重和先进的法律理念,在这起纠纷案的胜败之间起到了重要作用。

判决书中首次使用了"公众人物"概念,清晰简短而有力地阐述了一个重要观念:"即使原告认为争议的报道点名道姓称其涉嫌赌球有损其名誉,但作为公众人物的原告,对媒体在行使正当舆论监督的过程中,可能造成的轻微损害应当予以容忍与理解。"也就是说,在涉及公共事务和公共利益时,与这些内容相关的公共人物的名誉权应当被特殊对待,公共人物比一般公民更有义务忍受轻微伤害,这就是公共人物名誉权保护的反向倾斜规则。

所谓公众人物,又称公众形象(Public figure),是指在社会生活中广为人知的社会成员,如:歌星、影星、体育明星、著名科学家、艺术家、皇亲贵族、战犯和社会公敌等。在世界新闻史上,公众人物的概念起源于美国的沙利文案①。1960年3月29日,《纽约时报》刊登了一则整版的文字广告,标题为《请留意他们的呼声正不断增长》,文中的内容批评南部一些地方官员对民权运动的指责、对和平斗争暴力镇压以及采用的其他非法手段。这版广告攻击和指出的问题是真实的,但也存在不少小的、非实质性的事实出入。警官沙利文(Sullivan)指责文章对当地警察局的行动报道是虚假和诽谤性的,要求赔偿50万美元,一审沙利文胜诉。

《纽约时报》上诉到联邦最高法院后,1964年3月9日,联邦法院以9对0票否定了州法院的判决。大法官认为,公共官员(Public official)应当接受公众的监督,而媒介在报道公共官员时是很难做到不出一点错的,这种犯错误的权利必须受到法律的保护,因为真理需要这种生存空间。最高法院确立了这样一个原则:为了保障宪法的权利,公共官员起诉新闻媒介诽谤案,不仅要证明普通法要求的有关内容已经发表,给自己造成了损害,而且要证明被告具有"实际上的恶意"(actual malice),方有可能胜诉。

所谓实际上的恶意,包括两种心理状态:即明知内容虚假或者毫不顾及内容的真假却轻率予以发表。1967年的两个判例中,最高法院又把"实际上的恶意"原则推广到"公众人物"上。

所谓"公众人物"除了指社会知名人士(完全公众人物)外,还包括那些自愿跻身于重要的公众辩论中希望影响舆论的人(志愿公众人物)。

自此,就确立了这样的原则:公共官员如果要对媒体提起诽谤指控并且胜

① 详见本书第二章第一节沙案部分。

诉,除了要证明新闻不实并且伤害了自己以外,还必须证明对方含有实际上的恶意,即明知新闻虚假或者毫不顾及新闻的真假轻率地予以发表,这就为新闻媒体提供了宪法上的保护,在美国的新闻法上被称为诽谤指控的宪法性抗辩。

从这个概念本身和起源上我们就可以看出:公共人物的名誉权、隐私权同一般公民的是有差异的,但本质上还是体现了社会事务信息公开与个人隐私保密之间的均衡关系。公共人物的名誉权、隐私权有别于一般人名誉权、隐私权的保护,公共人物的言行直接影响到公共事务,因此他们的言行应当接受公众的监督。但同时公众人物也是自然人,他们享有包括名誉权、隐私权等基本权利在内的人格权利,他们依法享有维护自己的个人私事和社会评价的权利,但是,他们的社会地位决定了他们有更多接触媒体为自己辩解的机会,因此,在司法实践中,对公众人物的名誉权隐私权实行弱化保护。本案就给我们提供了很好的启示。

在本案中,对法律理念的创新和新闻规律的尊重都是紧紧围绕着"监督"二字展开的。

正如判决书所指出的:"即使原告认为争议的报道点名道姓称其涉嫌赌球有损其名誉,但作为公众人物的原告,对媒体在行使正当舆论监督的过程中,可能造成的轻微损害应当予以容忍与理解。"

在世界杯期间,范志毅作为中国国家队的主力队员之一,显然是公众人物。其一举一动都受到公众的广泛关注,他的行为代表了中国人在国际上的形象,媒体对他的监督是理所当然的,忍受一定程度、一定期间的信息错误也是应有之义。公众人物应该宽容对待舆论监督。如果只愿意享受媒体对他的正面报道,而不能接受暂时性的错误指责,对于他来讲就从公众中获得了过分的不当利益。因此,在判决书中提到了公众人物应容忍轻微侵权的概念,这段判词引进了英美法系里"微罪不举"这一比较先进的理念。

所谓"微罪不举",就是媒体的报道可能对公众人物名誉在一定程度上造成了损害,但如果媒体没有捏造事实,公众人物就应该"容忍",而不应去追究媒体的责任。这次"微罪不举",不仅跳出了以往大众习惯的"有罪推定"原则,还确定了当公众人物的名誉权与舆论监督权发生冲突时,都要服从"公众利益"和"公众利益最大"的原则,从而使我国的司法审判开始了同国际的对接。这个观念的树立对媒体名誉侵权案的审理具有划时代的意义。

本案的胜诉与法院在判案过程中对新闻规律的自觉运用有很大的关系。庭辩焦点直指新闻规律。原告在起诉中说,被告以未经核实的消息为新闻来源,直接点名原告系传闻中涉嫌赌球的球员,违反了新闻真实、准确、客观的三原则,报道具有违法性,主观上是故意炒作,造成对原告名誉的损害。但是被告进行的是连续、求证式的报道,这是新闻报道中非常普遍的规律。马克思曾说:一个新闻记者在极其忠实地报道他所听到的人民呼声时,根本就不必随时准备详尽无遗地叙述事情的一切细节和论证全部原因和根源,只要报刊有机地运动着,全部事实就会完整地被揭示出来,报纸是一步一步地弄清全部事实的。被告的作为体现了这一观点。

判决书中说,被告的系列报道是有机的、连续的,客观反映了事件的全部情况,是一组完整的连续报道。就本案而言,不应将该组报道割裂。这一组四篇文章并未中伤范志毅赌球,而旨在澄清事实,因此被告主观上不存在过错,行为也不违法。本案消息来源并非被告主观臆造,且从其文章结构和内容看,旨在连续调查"赌球传闻"的真实性,属于调查取证式报道,新闻媒体在其间有更正的权利。所谓"新闻更正",是新闻媒介对已发表的不准确、不客观或不公正的报道,可能或已经给公民、法人及组织造成损失时,所采取的对当事人有效的必要的补救措施。新闻更正和答辩制度一样,已经受到世界各国立法的重视。在英、美等国的司法实践中,新闻界及时有效的更正,有助于减轻处罚或免责。

把"新闻更正"的理念贯穿于舆论监督,有着更大的意义。当某个新闻事件发生后,新闻记者到达现场初步了解事实,但由于新闻发布的时效性,很多时候不允许记者完整全面地了解真相,这时候是不是要发布新闻呢?如果发布,就有可能出现偏差,因为怕承担责任,大多数媒体就选择了暂不发布。而不发布有关信息,公众的知情权就难以得到保障,实际上也损害了广大民众的利益。

就本案来说,新闻更正原则的运用,连续性的调查式报道旨在对一个事件过程的揭示。这种连续性的报道,通过一层层的调查最后揭开面纱,在一定程度上已经减弱甚至消减了对公众人物名誉权的损害,这正是公众人物名誉权弱化保护的一个层面。

本案围绕公众人物的名誉权这个核心命题,在新闻界和司法界所具有的一系列创新意义,使人们对于公众人物的名誉权和舆论监督这两个话题有了更深刻的认识。此案对于人们提供的某些启示,将远远超过一件普通的体育名人新闻官司,在我国新闻法制研究史上留下了浓重的一笔。

范志毅诉文汇新民联合报业侵害名誉权案对"余秋雨诉肖夏林名誉权纠纷案"[①]的判定也产生了重要影响。

2000 年 8 月,湖南人民出版社出版发行了《余秋雨现象再批判》,书中收入肖夏林 2000 年发表在《书屋》杂志第 2 期上的《文化中的文化》一文。

在这篇八千余字的长文中,作者批评了"余秋雨现象",表达了对余秋雨的

① 资料来源:《北京日报》2003 年 3 月 25 日。

惋惜和对“余秋雨现象”的忧虑。

在作者看来，所谓“余秋雨现象”是指文人为获取知名度和经济利益而远离书斋、过分亲近媒体、过分迎合和误导公众的行为。肖夏林以自己对余秋雨的了解，相信了当时文坛的传闻，因而在其文中有“他做深圳文化顾问，为深圳扬名，深圳奉送他一套豪华别墅。文化在这里已是具体的名利”的陈述。

知名作家余秋雨

余秋雨则以深圳并未送其别墅为由，认为上述说法侵犯了他的名誉权，将肖夏林诉至北京市宣武区人民法院，要求法院判令被告停止侵权行为、在若干家媒体上公开道歉并赔偿精神损失10万元人民币。

因肖夏林提出管辖权异议申请，北京市宣武区人民法院将案件移送至北京市东城区人民法院审理。该院于2003年3月24日首次开庭审理本案。

一审判决驳回了原告余秋雨的诉讼请求。余秋雨不服判决，提起上诉。

2003年9月5日北京市第二中级人民法院对余秋雨诉肖夏林名誉权纠纷一案作出二审判决。驳回上诉，维持原判。二审判决为终审判决。

此案被告律师在准备案件的过程中，查阅了大量国内外判例，参考了青年学者萧瀚关于公共人物名誉权保护与公众知情权和言论自由权利如何行使问题的系列文章，借鉴了美国联邦最高法院自1964年以来在处理若干由公共人物提起的诽谤诉讼案件时逐渐形成的保护言论自由的司法原则，并向法院提交了上海市静安区人民法院审理的足球明星范志毅诉被告文汇新民联合报业集团名誉权纠纷一案的生效判决。

此案被告律师从准确理解和解释现行有效的司法解释条文入手，主张在公众人物所提起的诽谤诉讼中，应引入西方法治国家所普遍适用的公共人物概念和实际恶意原则。

他们认为：法律对公共人物的名誉权和隐私权保护应与对一般人的保护有所区别；现行司法解释中的所谓行为人构成名誉侵权的主观过错要件应当与通常所谓故意或过失概念有所区别，即行为人需主观上具有“实际恶意”时才能被认为其主观上有过错。在这一原则下，公共人物原告除证明损害后果的实际发生外，还需要证明行为人属于明知事实虚假仍然不顾后果地加以传播。

由于本案原告余秋雨属于公共人物，而被告肖夏林涉讼文字的撰写和发表并不构成主观上的实际恶意，法院最终驳回原告的诉讼请求。

值得一提的是，被告律师在法庭上提出了“公众人物需在最大程度上接受舆论监督”的法律问题。他指出，原告作为中国文化界的知名人物，他和无名无分的被告拥有的各种资源与权力并不对称，因此他在享受作为名人的种种利益的同时，也应禁得住不同声音的批判甚至委屈，这是作为名人的代价，也是公众的需要和言论自由的要求。他请求法庭对有着特殊身份的原告的名誉权只进行有限的和弱化的保护，以体现公平和公正。

“公众人物”概念的引入对本案的审理是有积极意义的。本案也是公众第一次看到在中国的判决书中出现“公众人物”这个概念。

3. 运用合法手段获取新闻事实

在前面的论述中提到过暗访，在这里结合暗访，阐述一下隐性采访的概念。隐性采访在我国早已有之，它是大众传媒对于一些通过正常采访无法得到的新闻素材，运用隐性采访的手段，全面、真实地了解事实真相，满足广大民众知悉社会真实情况的要求而采取的一种采访方式。

隐性采访(Secretive Interviewing)是相对于显性采访、公开采访(Open Interviewing)而言的。在我国1923年出版的第一部新闻采访学专著《实际应用新闻学》中，著名记者邵飘萍就曾提到采访的“隐显”问题：

> 有外交记者显示其资格与否，当视情形不同而临机决定。有若干人不喜彼言者披露于报纸，亦有若干人唯恐报纸不采其所言，苟误用则两失之矣。故探索新闻，问及附近之知其事者，有时直告以我乃某社社员，有时又只能作为私人询问，而勿令知我为新闻记者。凡此亦临机应变之一端，求达探索新闻之目的而已。①

这里，邵飘萍所说的“资格”，即是指记者的身份。在他看来，记者在采访中是否亮出身份，应根据不同的采访对象和情况，“临机应变”，从而肯定了隐性采访的合理性。

现行的新闻学辞书亦对隐性采访做了明确的解释。甘惜分主编的《新闻学

① 参见邵飘萍：《新闻文存》，中国新闻出版社1987年版，第436页。

大词典》将隐性采访定义为:“记者隐瞒记者身份或采访目的而进行的采访。”

冯健等主编的《中国新闻实用大辞典》对于隐性采访的定义是:“不公开记者身份、或公开记者身份但不道出真实采访意图的采访。”

除此之外,一些从事隐性采访活动的记者也根据自己的实践经验,对隐性采访作出各自的界定。

考察记者隐性采访的历史,可以发现,隐性采访作为一种采访手段,是由传媒史上激烈的报业竞争所催生的。

早年邵飘萍经常雇用侍从倚门窃听,以获得内幕消息。他的一次隐性采访还成为传媒史著述津津乐道的经典案例:1922 年,北洋政府内阁讨论“金佛郎”案,严禁记者旁听。邵飘萍不甘心,就守候在会场门侧,当法国公使进入会场时,他即尾随而入,门卫以为他是公使随从,就未加阻拦。第二天,内阁关于“金佛郎”的讨论便刊载在邵飘萍主办的《京报》上。

新中国成立后,由于种种原因,记者隐性采访一度销声匿迹,直到改革开放后,随着新闻改革的深化,记者隐性采访作为采访手段才“重现江湖”,并且随着传媒业竞争的升级而被越来越普遍地使用。

但是进入 21 世纪,传媒记者在使用暗访手段从事采访活动时常常会遇上麻烦,甚至引起纠纷。

前文提到的中国第一起(媒体公开报道的第一起)记者暗访引发的诉讼案件——福建《海峡都市报》因记者以暗访的形式采访报道泉州某酒店存在“色情服务”而被该酒店告上法庭,并且以媒体败诉而告终就是一例。

2002 年 4 月 1 日实施的最高人民法院《关于民事诉讼证据的若干规定》的司法解释对 1995 年的解释做了补充修改,指出:“只要不违反法律的一般禁止性规定,不侵害他人合法权益,不违反社会公共利益和社会公德,未经对方同意的录音录像也可以作为证据。”

尽管如此,《海峡都市报》的纠纷案还是给传媒业一个警示:到底应该怎样看待记者暗访?记者应该如何进行暗访?

记者隐性采访特别是用于舆论监督报道时,其是获取独家新闻的有效手段,隐性采访调查也被许多媒体当做“招牌菜”频频推出。

2001 年 9 月 5 日,中央电视台记者关于“南京冠生园”月饼用陈馅的报道就是一起成功的记者隐性采访,该报道一时成为广受关注的舆论焦点,同时也引发了人们对记者隐性采访更多的关注和思考。

在西方传媒史上,隐性采访是经常性采用的方式之一。许多调查性报道往往通过隐性采访收集信息,追踪挖掘。

威廉·谢尔曼扮病人采访就是一个较为典型的例子。

纽约市的许多医生采取虚报账单的手段,骗取市里的高额医疗补助费,虽然当局颇多疑问,却没有足够的证据。《纽约每日新闻报》年仅27岁的记者威廉·谢尔曼为了戳穿这种骗局,扮做一名患了感冒的病人去福利医院看病,通过亲眼观察和自身遭遇,获得了大量第一手线索和材料,产生了强烈的社会反响,从而使该市追回了被多索取的一百多万医疗补助费。

隐性采访是并列于显性采访而存在的,它具有与一般公开采访不同的目的、手段和规则。虽然采访情景有多样性的特点,但从采访实践看,隐性采访有三种主要类型:

1. 隐瞒身份

在有些采访中,记者如公开身份,将无法搜集到真实的线索和信息,也无法体验正在发生或已经发生的新闻事件,于是记者只能乔装改扮进行"暗访",进入新闻现场或事件中心。这类采访虽很客观、真实,但记者要冒一定的风险,因此必须学会保护自己。

如《福州晚报》刊登的《夜探"虎穴"》实录式报道,就是记者用隐瞒身份的方式进行的"暗访"。记者在接到读者关于"我市已明令禁止的有奖电子游戏机最近在一些娱乐场所竞相上马"的反映以后,决定深入"虎穴"进行调查。在以消费者身份进行的采访中,记者与娱乐场所的经营者"斗智斗勇"。在海山宾馆地下层游戏厅的有奖机前,记者"假装天真,拿出15元请小姐开机",引出小姐一番"教训":"15元想玩1小时?想得美!我们这儿对客人免费送茶水和快餐,假使每小时15元,我们吃啥?这字条是为了应付应付那些不懂行情的人的检查。"记者的言行机智灵活,小姐的话更是"实话实说"。

在调查中,记者的提问也恰到好处,在五四路成龙大酒店,为了验证是否真赌,记者没有公开采访中那种直接提问:"这儿可以赌吗?"而是换一个问法:"假使游戏赢了,能不能兑换现金?"这样既避免了不必要的麻烦,又获得了确切的答案。由此也可以看出,隐瞒身份的采访需要更高的技巧,不仅要善于搜集信息,揭穿"内幕",而且要随时保护自己,做到神态自然,不露声色。

2. 隐藏目的

有一类采访中,记者的身份虽是公开的,但隐去了真实的采访意图。在公开采访的同时,记者采取"声东击西"和"旁敲侧击"的策略,随时进行另外的观察与调查,从而发掘更重要的新闻信息。

中央电视台记者赵微曾讲过自己的一次采访经历①:

---

① 参见叶子主编:《中国电视名记者谈采访》,长城出版社1999年版,第108页。

在《管文物还是"吃文物》中，我对文管主任的采访是事先设计的。某文管主任挪用了文物勘探费，我们采访之后，他倍感轻松，说你们来一趟不容易，我领你们在这个文物景点逛逛，我欣然答应。这时我早已得到一个信息，这个园子里有一幢文物所领导利用创收所建的住宅。在逛的过程中，我一边与主任闲谈，一边留心观察。

我发现角落里有一个掩着的小门，马上意识到这小门里面正是我们目标所在。我一步跨进去，随时准备捕捉典型事实的摄像师心领神会，紧跟进去，随即开机拍摄：我指着这一幢漂亮的小楼问，这是什么？主任回答说是几户人家。我紧跟着问：什么人家？主任想不回答为时已晚，含糊其辞地说是领导，主任、书记住这儿。……

在我一步步追问下，主任不得不亮出底牌。至此，文物勘探费的去处向观众有了个清楚交代。

在这个个案中，记者的身份是公开的，但真实目的却含而不露。记者正是利用采访对象的"轻松"心理，顺藤摸瓜，实现了自己的最终目的。

3. 隐蔽手段

随着科学技术的发展，隐性采访所使用的器材越来越具有隐蔽性，偷拍、偷录已成为记者比较常用的采访手段。如中央电视台《焦点访谈》节目经常使用偷拍的方式，使一些正常采访无法见到的"阴暗角落"暴露在社会面前，如"107国道乱收费"、"山西交警乱罚款"、"广东走私"、"广东假摩托车市场"、"山东豆制品掺假"等一系列经典采访，都是偷拍发挥的威力。

在批评性报道中，记者使用隐蔽手段采访，其效果非常突出，是无法取代的。虽然偷拍、偷录的画面和音响技术标准赶不上正常拍摄和录音，但画面和声音给受众的冲击力却异常突出。

应该注意到，以"隐蔽手段"进行采访，也具有非常高的"危险系数"，稍有不慎，就可能使自身受到伤害和攻击。

例如在调查类的新闻节目中，有的记者经过乔装打扮，取得那些"作案"者（采访对象）的信任，"作案"者无意中将自己的劣迹和盘托出，这时早有准备的记者已通过隐形摄像机将"作案"者的原形拍个正着。

2001年8月17日，央视"经济半小时"节目曾播放了一位记者扮做文物收购商，在取得盗墓贼的充分信任后，提着隐形摄像机亲历盗墓贼从策划到筹备，再到破土盗墓的全过程。

在记者跟盗墓贼爬进墓穴的那一刹那，记者装摄像机的提包引起了盗贼的怀疑，幸亏记者急中生智而化险为夷。试想，万一露出破绽，记者恐怕就会被盗墓贼活埋了。正是这位记者沉着应付，有备无患，才使得13件西汉珍贵文物完好地回到了文物部门手中,同时也有了一次精彩的现场报道。

在一般情况下,采访应该是公开进行的,并且应当征得被采访者的同意,在特殊情况下,记者如何合法地不公开记者身份获取新闻事实,也有相应的原则。

在西方,"知情权"的概念在20世纪20年代被提出,如今已被国际公认为公民的基本权利之一。知情权作为人类文明进步的成果,其内涵包括公民有权知道他应当知道的事情,国家应最大限度地确认和保护公民知悉、获取信息的这种权利。

基于这样的理论,政府机关和公众服务机构的信息已依法开放,这使新闻记者在通常情况下不再需要运用隐性采访的手段来获取信息了。所以,在目前的西方新闻界,隐性采访作为一种采访手段,已经不被鼓励,只有在调查犯罪行为时,才可以较多地运用暗访。

在我国,记者隐性采访不仅在调查犯罪行为时被较多地使用,而且还被应用于更广泛的场合。即便如此,记者隐性采访也应该在合法的前提下进行,也就是说,记者在进行隐性采访时,应知道避开法律的雷区,遵循下面的一些原则:

A. 暗访应以"公共利益"为出发点。在西方传媒业,这一点也是隐性采访获得合法性的根据。若不是基于"公共利益",而是出于媒体或个人的私利,那么任何形式的隐性采访都是不应该提倡的。

B. 隐性采访不能暴露被采访对象受法律保护的个人隐私以及商业秘密或国家机密。一些容易与公民或法人的权利发生冲突的情况值得注意,其中常见的侵权行为有:(1) 泄露国家机密;(2) 侵犯商业秘密;(3) 侵害公民的人身权利,如人格尊严、名誉权、隐私权、肖像权、信用权等;(4) 侵害未成年人和妇女的合法权益;(5) 使用不法手段获取信息,包括使用有争议的录音、录像、照相器材,从而违背《国家安全法》的有关规定。

1971年在美国发生的"迪特曼诉《时代》公司案",非常具有典型性。退伍军人迪特曼在自己家中给人看病,属无照行医。《时代》公司下属《生活》杂志一男一女两名记者乔装进入他家采访。女的自称肺部不适,迪特曼给她检查时,男的用隐蔽方法拍了照片,两位记者与迪特曼的谈话,也通过窃听器传给了门外汽车内的调查人员。

几周后,迪特曼因无照行医被捕,《生活》杂志发表了录音内容和照片。迪特曼以侵犯隐私权为由提起诉讼,结果胜诉,获得赔偿。

被告《时代》周刊公司辩称,这些图片和录音具有信息价值和新闻价值,应受法律保护。但法庭认为,这些照片确有新闻价值,所以该杂志有权发表,但是隐蔽相机所拍摄的照片是通过侵害隐私的途径得来的,在私人家中秘密使用相机和录音话筒构成对原告隐私权的侵犯。

而“橄榄球球迷状告记者侵犯隐私权案”与上面的案件正好相反。美国一名狂热的橄榄球球迷观看比赛的情景被记者摄入镜头并发表，这名球迷状告记者侵犯他的隐私权，因为在照片上他的裤子拉锁没有拉上，这使他很难堪。但法院判决原告败诉，主要因为照片是在公共场合拍摄的，任何人在公共场合都有可能成为被观察、摄像、录像甚至提问的对象，任何人也可以将其在公共场合看到的或听到的记录下来，唯一的要求是采访者不得追逐或骚扰他人。

C. 记者在隐性采访时不能假冒人大代表、政协委员、政府官员、警察等特殊身份的人。这些身份都是依照法律规定专门授予的，任何人，包括记者在内假冒这些身份都是违法的。记者在隐性采访时应该尽可能地用过路人、旁观者、顾客之类人人都可具有的身份来掩盖自己的记者身份，而不要假扮特殊身份的人。

D. 记者的隐性采访行动本身不能超越法律和公众道德的界限。比如，为了揭露色情活动，记者自己去嫖娼，那是法律所不允许的。

此外，在道德范畴内使用隐性采访也十分重要。西方媒介都比较注重隐性采访的伦理问题，认为隐性采访是在采访对象未被告知真相的情况下进行的，被报道者处于被动地位，缺少保护自身权益的能力，因此双方地位是不平等的。在这种情况下，即使记者行为合法，但仍有用“不诚实”手段获取信息的嫌疑，可能引起道德质疑。

1997 年，在台湾引起巨大轰动的“白晓燕遭绑架、杀害案”就是隐性采访不顾社会道德的典型案例。当警方正以秘密方式与绑匪联络并准备营救人质时，一些媒体的记者乔装打扮频繁出入警方工作现场，在交赎金的地点甚至开来了一辆电视转播车。尽管这些记者掌握了翔实的第一手材料，报道真实、现场感强，但媒体的做法使绑匪感到，躲得过警方躲不过记者，最终杀害了人质。

媒体这种不顾人质安全的做法，引起了许多业内人士的深刻反思：新闻报道的目的何在？

不管遭遇怎样的尴尬，记者隐性采访在许多时候还是比公开采访具有独特的优势。因为隐性采访是记者不公开自己身份且在被采访对象不知情的情况下进行的，所以能够最大限度地接近事实真相，获得公开采访不可能得到的信息。特别是在进行揭露性的报道时，我们很难想象，被采访对象会对着记者的摄像机或是录音机坦白自己的不法勾当或有违公众道德的行为。这时，隐性采访就成为记者获取真实内幕的有效途径。

大众传媒是对普通公众知情权完整保护至关重要的一环，换言之，大众传媒最重要的责任之一就是要满足大众的“知情权”。为此，传媒有责任也有权利进行自由的采访报道，运用一切可能而合法的手段接近新闻源，而在这些手段中，当然应该包括隐性采访。

隐性采访受法律保护的抗辩事由。一般法律界人士从法律角度指出,媒体对抗新闻侵权主张的正当抗辩事由有以下几种①:

公众知情权。知情权即知的权利,也称做知悉权、了解权,其基本含义是公民有权知道他应当知道的事情,国家应当最大限度地确认和保障公民知悉、获取信息的权利,尤其是政务信息的权利。而新闻媒体的职责就是将社会已经发生和正在发生的真实的事实,告知公众,以满足其知的需要。因此,公众知情权是新闻报道最有力的抗辩事由。一个侵权纠纷发生之后,如果新闻媒体报道的出发点是满足公众的知情权,并且没有超出政党的报道范围,就不应当认为媒体是侵权。

社会公共利益需要。为了维护社会公共利益需要,法律准许使用他人的肖像,准许将他人的个人信息和活动公之于众。因为法律上的隐私是指与社会公共利益无关的个人私密,与社会公共利益有关,就不再是法律保护的范围。在新闻报道中,如果涉及肖像的使用,涉及社会个人私密,只要出于社会公共利益需要,就可以对抗新闻侵权的诉讼请求。揭露违法活动的隐性采访,之所以取得良好社会效果而不被法律追究,就是因为这种采访和报道符合社会公共利益需要,是维护秩序所必需的。

公众人物。被报道者是公众人物,也是对抗保护隐私权、肖像权的正当抗辩理由。当然在隐性采访中,应慎重对待对公众人物的报道,公众人物与社会公益无关的隐私,应受法律保护等。

4. 公权与私权

近几年,我国的法律、政策、规范性文件,均不同程度地规定了公众的舆论监督权利,同时,民事法律体系的完善也使公民、法人的人格权利得到了保护。作为一种社会现象,舆论监督中公权与私权这两种权利的行使与其他社会现象、其他各项权益一起发生着关联。

法学意义上的公权,是指公法所确认的权利。

西方法学界一般将宪法、行政法、刑法等划为公法,认为公权是指属于政治生活关系方面的权利,并将国家机关之间、国家与公民之间的政治生活关系称做公权关系。

---

① 参见杨立新:《隐性采访的合法性及其法律保护》,载《中国记者》2000年第2期。

同样法学意义上的私权,是指私法所确认的权利。

西方法学界一般将民法、商法等划为私法。私权是指属于民事生活方面的权利,并将公民与公民之间以及国家与公民之间的民事生活关系称做私权关系。

在我国,舆论监督作为一项法定权利,是由我国《宪法》第41条明文规定的,具体的表现为公民有批评、建议的权利。如果按照通行的权利类别划分,舆论监督主要涉及两类权利:一类是作为公民政治权利之表现的表达自由权,可称之为公权;另一类是公民、法人的名誉权、隐私权等民事生活方面的权利,可归类为私权。

舆论监督中公权与私权的冲突,集中表现为两种权利的互涉性,即避免对甲方的损害将会使乙方遭受损害。例如,公民贾桂花因《秋菊打官司》剧摄制组在陕西宝鸡进行纪实性拍摄时,摄下了其有"生理缺陷"的形象,并用于营利,认为该行为侵犯了其肖像权,要求摄制组公开赔礼道歉,剪除与其有关的镜头,同时要求赔偿其精神损失费8000元。而摄制组则以"文艺家行使宪法赋予的文艺创作自由权"进行抗辩。在这里公权与私权发生了正面冲突。

以我国传媒纠纷案的发展情况分析,舆论监督中公权与私权的冲突经历了一个从少到多、强烈爆发后渐趋平静的过程。

1949年新中国建立到1979年《刑法》颁布施行以前这段时期,权利规定尚不明朗,舆论监督中的公权与私权的冲突并不激烈。具体表现为没有出现过传媒诉讼案件,即使有传媒纠纷,法院往往以没有新闻法为由不受理这类案件。如,1980年歌星苏晓明诉侵害她名誉权案,天津市某法院即以没有新闻法为由裁定不予受理。

1979年《刑法》颁布以后到1987年《民法通则》施行以前,刑事法律日益健全,舆论监督中公权与私权的冲突有所增加,倾向于通过刑事手段予以平衡。典型的案例有1985年"沈涯夫、牟春霖诽谤案"①。

《民法通则》施行后,权利界限日益清晰,公民的权利意识提高,舆论监督中公权与私权的冲突进入大爆发阶段,形成了一股"先媒体记者热",著名人士如钢琴家刘诗昆,作家杨沫,电影导演陈凯歌,电影演员杨在葆、游本昌、刘晓庆、陈佩斯,歌星李谷一等人均卷入传媒侵权纠纷案中。1993年后,又形成以工商法人为原告的名誉权案热潮,著名案件有国贸大厦诉作家吴祖光、湖南环达公司诉《电子报》社、四川恩威公司诉《四川经济日报》社等。

目前,舆论监督中的权力冲突趋于平静,传媒纠纷案的数量没有以前多,"告媒体记者热"开始降温,这与近年传媒机构和记者的法律意识提高、传媒纠

---

① 参见石屹:《新闻纠纷与规避》,北京大学出版社2010年版,第21页。

纷的法律规范日益完善密切相关。

但是“平静”之下有隐忧。舆论监督中公权与私权的冲突没有因为传媒侵权纠纷案的减少而消失:一方面公民的名誉权、隐私权得到了有效保护,而另一方面舆论监督日见其难。表面的“平静”似隐含着“无救济无权利”①的意味。对法律活动来说,如何恰当地配置权益,给予适当的救济,是解决问题的关键。我国现阶段舆论监督的难处在于对公权与私权的法律规定存在失衡:

其一,对舆论监督中公权的规定比较原则、抽象、缺乏可操作性。我国对舆论监督中公民批评建议权的规定,除去《宪法》第41条的原则性规定之外,基本上没有相关的细化规定。

新闻传播活动主体的授权性规范相对薄弱,公权遭受侵犯时救济手段几近空白。传媒记者的采访权、报道权作为公民批评建议权能够得以实施的主要途径,一直未能得到法律的明文规定,这是导致舆论监督无法可依的重要原因。

与此相比,关于传播活动主体的禁止性规范和义务性规范则完备得多,导致批评建议动辄“触犯法网”,记者采访报道“雷区多多”。

值得注意的是,我国法律还没有从舆论监督主体同被监督者的权利和义务关系上加以全面的规定,特别是还没有制定出保障传播媒介独立自主地开展舆论监督的授权性条款和对于妨害舆论监督的行为的制裁性条款。

任何法定权利如果没有制定对侵害这种权利行为的制裁措施,那么这种权利是不完整的,也不会得到充分保障。

其二,法律对公民私权保护日益完善,救济途径较多,公权却处于弱势地位,导致法律救济手段的失衡。改革开放以来我国民事法律发展较快,关于保护公民、法人人格尊严权利的法律规范渐成体系(以最高人民法院1993年颁布施行的《关于审理名誉权案件若干问题的解答》、1996年公布的《关于审理名誉权案件若干问题的解释》和1998年公布的《关于审理名誉权案件若干问题的解释》为代表),这些法律文件对公民、法人的名誉权、姓名权(名称权)、隐私权的保护和权利救济规定得相当严密。

尽管审判机关也看到了这种公权与私权的冲突,并且明确提出应既保护名誉权又支持舆论监督的原则,但由于名誉权已拥有完备的法律保护体系而舆论监督还只是一个原则性的命题,所以在法律手段上就明显失衡,对某些以保护名誉权为借口而实际上却是抵制舆论监督的行为无法给以制裁。

① 西方法谚。

5. 传媒报道需有法律意识

传媒侵权纠纷的产生与是否依法报道有关。提高法律意识是防止传媒侵权纠纷发生的有效途径。

在我国法制建设不断完善的时期,各种侵权纠纷案纠缠传媒业,严重败坏了我国传媒的声誉、影响了舆论监督的威力。因此,杜绝传媒侵权纠纷从我做起,依法报道已成为一种共识。

在新闻产品采写编发的生产线上,特别是批评性报道产品生产线,某个环节出现问题,都有可能导致新闻侵权、新闻涉诉等传媒纠纷案,如,记者采访作风不扎实,道听途说,写作中歪曲事实、新闻编辑把关不严等。然而,新闻写作却是几乎所有一切传媒纠纷的孳生地。因为,所有的传媒纠纷均以公开发表的新闻成品为起因。如,我国第一个传媒诽谤罪案例——“沈涯夫、牟春霖诽谤案”①,上海《民主与法制》杂志社败诉的原因在于:作者把杜融妻子狄振智患有精神病以及三次进精神病医院和杜融工作调动的事实联系起来,在写作中,强行把杜妻之“疯”归结于杜融的残暴,却又拿不出在法律上能够站住脚的证据。如,杜融毒打妻子的见证人,医院证明其妻发疯的主要原因在于丈夫的毒打,杜融私生活的见证人等,以客观存在的事实揭露其本来面目。但是,文中在解释原因时,用词模糊,牵强事实之间的联系,甚至掺杂想象,虚构事实。

造成这种状况的因素很多,最主要的一点是记者缺乏基本的法律意识,特别是在下笔写作时,薄弱的法律意识和法律修养导致其无意识地越轨,在采访不深、不实等情况下,根据“感悟”到的主题,运用想象,甚至为求生动虚构细节,以构建完整的作品。

记者在写作过程中忽略或忘记了法律规范的存在,以想象、编造、歪曲事实,以及扭曲事实之间的逻辑关系等等方法扭曲了新闻写作以确切的新闻事实说话的原则。

传媒纠纷案的出现与公民法律意识的增强有关,公民法律意识的增强是事物向前发展的好现象。

怎样防传媒纠纷于未然?在新闻产品生产线中,可以完善产品生产流水线,扎实采访,认真核实,精心写作,严格把关,或者建立一套完善的监督防护机制等。要从源头上杜绝传媒纠纷,则必须提高记者自身的写作素质,增强其写作中的法律意识。具体而言:

---

① 参见石屹:《新闻纠纷与规避》,北京大学出版社 2010 年版。

(1) 新闻写作中要准确使用法律用语

在传媒纠纷构成三要件中,新闻成品是连接当事人双方的关键。当事人双方争论的焦点在于新闻成品描写的事实是否确切,描写的事实中是否有法律禁止发表的文字,如,国家秘密、商业秘密、个人隐私等。

应杜绝记者为追求新闻的可读性及轰动效应,根据基本事实,随意使用、生制滥造法律用语在新闻作品中出现,以致给被监督者留下了起诉的把柄,如,“犯罪分子”一词是需经法律审判后才能够确定的,在此以前,一律称为“涉嫌人员”、“犯罪嫌疑人”、“涉嫌犯罪”等。

表达人们心声、倾向性的词不宜超出法律的规范。如,在法庭尚未开庭前,在报端经常可以看到这些用语,“不杀不足以平民愤”、“罪大恶极、死有余辜”、“法院应该为民除害”、“希望政府从重惩处”等。这些都被视为在法律上不妥当的用语。

准确的法律用语还表现在写批评性稿件时,切忌过细地描写细节。批评性稿件写作要删繁就简,写出最基本、最确切的事实来,让最确切的事实说话,涉及隐私权、名誉权、商业秘密、国家机密等的言语应当避免。法律审判重视证据,描写过细,一是没必要,二是记者很难找出有利于自己的证据,因此不要让情绪流露在笔端。如,刘中培诉《遂宁日报》侵犯名誉案,《遂宁日报》败诉的原因就在于用词过于细致。法院认定《刘中培终止20年上访路》一文侵犯刘中培名誉案成立在于:文中描写刘中培“远近闻名的二扯扯,平时手脚不干净,村民都敬而远之”一句中,“远近闻名”、“不干净”两个词认定不准确,所用描写词句没有充分的根据证实,侵害了刘中培的名誉。

(2) 文章内在逻辑要准确

新闻写作的核心不仅表现在用确切的事实说话,还表现在事实之间的联系要准确,符合事物的本来面目。不少新闻涉诉是因为文中内在的逻辑与事实不符,或者记者文中的内在逻辑找不到在法律上可以站住脚的证据。如,2000年张某诉《南阳晚报》侵犯名誉案。《南阳晚报》败诉的原因在于:张某在文中被诬告为与其父一起参与一起谋杀案。细读全文,读者会发现文章的内在逻辑出现问题。文中导语写“两名犯罪嫌疑人捉拿归案”,然而在正文中却只是点名了张某父亲被捕的事实。为回应“两名犯罪嫌疑人捉拿归案”事实,在文中作者这样描写,“张和刚结婚不久的儿子合谋后,趁某某不备,在其饭碗里放了一包老鼠药”等,暗示其子张某也参与了整个谋杀过程,而没有点明张某是否被公安机关被捕,从而回避张某未被捕这一客观事实。

文中点明张被捕的客观事实,而以白描手法隐含其子张某参与整个犯罪过程。张某是其子,并不能必然推出结论:张某参与了其父犯罪的事实。文中以或然性的联系代替必然性的联系，违背了新闻写作要以确切事实说话的原则。

(3) 用事实说话要讲究技巧

法律要求用证据说话，而不是记者看到的"客观事实"。没有证据，即使被批评者怎么道德败坏、有多大的罪恶，记者、法律也拿他没办法。而被批评者对批评稿件特别敏感，新闻成品略有差错，就易造成侵犯被批评者的正当权益，以致产生起诉新闻媒体的可能。对此，写作批评稿时，除了要确定事实，更要注意巧妙地用事实说话。如，删繁就简策略，公正与平衡的手法，写作中尽量多用动词少用形容词，多用中性词少用或不用褒义词和贬义词，对某人某事定性的词尽量采用权威机关的言论，点明消息来源，对新闻通告切忌断章取义等等。

(4) 学法、用法提高法律意识

怎样提高新闻写作中的法律意识？除媒介加强行业自律、提高从业人员的职业道德外，学法、用法才是提高写作中法律意识的捷径。

具体而言，记者需要学习以下几个层次的法律知识。

首先，需要学习基本的法律常识。学习我国《宪法》、《刑法》、《民法》等国家基本法律，了解我国的法律体系、司法体系，了解涉诉的基本知识等，对法律知识的掌握要达到可与有关法律专家对话的程度。这也是记者构建自己法律知识体系的基本功。

其次，需学习有关新闻法规的基本知识。目前，我国还没有一部完整的新闻法，有关新闻法规散落在各法律法规内。记者需从相关资料中学习有关的新闻法规，了解当前的新闻政策、适用范围、报道口径，了解易发生涉诉的新闻以采取规避措施；了解记者拥有的权利和义务，有哪些维护记者权利的法规、法律；认识到记者并不是无冕之王，不能以道德审判代替法律审判；了解一旦发生涉诉，记者该怎么处理才能有效、合理地维护自己的权益等。

再次，需学习自己报道领域的法律法规。记者都有自己的报道领域，要对自己报道领域内的有关法律法规详细了解。这些知识与记者的新闻报道息息相关，是记者触"雷"的前沿阵地。在新闻采访写作中，记者经常会碰到该行业的有关违法乱纪的新闻事件，如没有充分的法律背景，记者将不能确切地用词，导致触犯新闻官司。

此外，记者应多交几个法律界的朋友，做自己新闻报道的法律顾问。不懂的法律知识及时向其请教，特别是在做有关批评性报道前，须做必要的法律咨询。

第五节 名誉权案件

对于中国传媒来说,随着名誉权纠纷案件的增多,公正的审判显得至关重要,公正审判不仅保护受侵害者的利益,也有利于媒体自身的健康发展。

审理此类案件对法院来说还是比较缺乏经验,有关法律也不够健全,加之其他种种原因,一些传媒名誉侵权案的审判工作出现了误区。比较典型的有以下几种情况:

对原、被告不能平等对待。名誉权诉讼的原、被告双方是平等的法律主体,这是常识,但有些审判人员把大众传播媒体被诉看成是"弄出事儿来了",需要查一查,"处理处理",以专案组对待犯错误者的态度对待媒体。诉讼过程中,媒体所发表的文章中用词不当都加以追究,而原告向有关部门和社会散发的充满谩骂的材料则被审判人员以"有则追究,无则加勉"的态度处之。

出现这种现象的原因主要有两个:其一,是法律意识不强和缺乏知识;其二,是有意偏袒原告。随着法制意识的增强,第二种情况似有增加之势。

管辖权的确定有失公正。按照法律规定,侵权案件应由被告所在地或侵害结果发生地的法院管辖,但传媒侵权纠纷的结果发生地往往被解释为原告所在地甚至是报刊发行和广播电视信号所覆盖的任何地方。这样解释也不是没有道理,但在实践中相当程度上成了原告可以任意选择法院而媒体只能服从的局面。因为报刊大多全国发行,除中央的广播、电视外,不少地方电视台通过卫星传送也已覆盖全国多数地区。实践中,多数案件都在原告所在地起诉,媒体只能被动地进行"没有主场的比赛"。还没有哪一种案件像传媒名誉侵权案这样,被告在管辖权上如此被动。

这种情况对于媒体是不公正的。原告在本地起诉,便于利用各种关系,诉讼费也比较低,败诉无须付出什么代价,无形中助长了滥用诉权的行为,这是其一。

不管在多么边远的地方,若有人起诉中央级别的媒体,这个人只要交 100 元左右的诉讼费,被诉的媒体就得派出领导、记者和律师前往应诉。原告败诉,所付出的可能仅仅是 100 元钱和几天误工。媒体胜诉,却要付出几万元的差旅费,人力的付出可能更多。

媒体进行舆论监督在相当程度上靠的是社会责任感,与其本身并无直接的利害关系,进行舆论监督本来就十分艰难,动辄被诉无疑会挫伤其积极性。

传媒纠纷成为权力对抗和报复舆论监督的手段。由于传媒名誉权案件可以在原告所在地起诉,有时法院不能真正做到独立审判,加上其他不正当的因素,因此新闻侵权案件的审判就有可能被利用来对抗和报复正当的舆论监督。在个别地区，舆论监督非常艰难，压、卡、哄、蒙，围、追、堵、截，无所不用其极。

但无论怎样，个别人只能控制当地新闻媒体，而拿外地和中央新闻媒体没办法。于是乎，本地新闻外地报，墙里"开花"墙外"香"的事屡见不鲜。但是，一旦涉诉，仍可以在当地法院起诉，个别审判就不幸成了对付舆论监督的手段，使审判变质。

混淆侵权与非侵权的界限。不能把传媒工作任何不妥之处都认定为触犯了法律。不同的人对同样的事情会有不同的看法，但有些审判人员在审理传媒名誉权纠纷时，将一般的工作失误，一般的细节不够准确、用词不当，甚至理解不同都认定为构成侵权。报道失实是构成侵权的最重要条件之一，但失实和侵权是两个不同的概念，失实不等于侵权，情节有轻重之分，具体情况要具体分析，而一些审判人员在实际操作中却认为失实就是侵权。这样做不仅无视传媒工作的规律，也违背了有关法律。

不切实际地要求媒体举证。根据谁主张谁举证的原则，传媒名誉侵权案在许多情况下应由原告举证，但在诉讼中一些审判人员往往不顾法律规定的原则和新闻工作的规律，过多地要求媒体举证。比如，文章中写了一句天气，就要举出当日的天气记录。传媒报道不是判决书，不可能所有刊出和播出的东西都取得或保留证据。

责任确认不实事求是。在一些传媒名誉侵权案件的审理中，不仅举证要求对媒体有失公正，在责任的确认上也存在同样的问题。各媒体对于自己职员的职务作品，自负责任。对于非本单位职员的职务作品，各媒体也负审查核实之责。但作为媒体，其采用稿件的权力是受到限制的，其审查核实稿件的手段是有限的，对其责任的追究应该实事求是，不能过于苛刻。譬如对于一些盖了大红公章的党政机关的来稿，新闻媒体不应承担责任。最高法院1998年规定，对于正式的公文，刊登和播发的新闻媒体可以不负责任。这是指正式的公文，更多的是盖了公章的稿件，这部分稿件本应文责自负，但在实际操作中情况不是这样。

利用名誉权诉讼逃避刑事责任。一些刑事犯罪嫌疑人在受到或面临追究时，如果媒体恰巧对其行为作了披露，有的嫌疑人竟然起诉媒体侵犯其名誉权，以民事诉讼对抗刑事追究。这种做法大多数情况下当然是徒劳的。根据民事诉讼法的规定，在名誉权诉讼的审理需要以刑事案件的结果为依据时，名誉权诉讼案至少应中止审理。但有些素质不高的审判人员却倒因为果，以构成名誉侵权为由，使逃避刑事责任者得逞。其认定构成侵权的理由竟然是刑事案件尚无结论。

舆论监督需要法律保障，法律保障的重要内容之一就是公正审理传媒名誉侵权案件，至少不应该使此类案件的审理对舆论监督起阻碍作用。传媒名誉权案件审判工作中出现的这些问题应该引起足够的重视。

1. 郭小川名誉、肖像侵权案

1999 年 1 月中旬出版的《幸福》杂志第 2 期“涛声依旧”栏目刊登了一篇文章:《无语问情:生死相依两茫茫——著名诗人郭小川一段鲜为人知的黄昏恋》,作者贺方钊。

文章的主要内容是:1969 年春,郭小川来到湖北咸宁五七干校,因其妻含冤去世,内心十分苦闷。自与干校卖饭票的少女佘心惠相识后,两人在艰苦的环境中相互照顾、相依为命,直到 1972 年,佘心惠患上血癌。此间,郭小川曾为她献诗《楠竹歌》。弥留之际,郭小川守在她身边,表示要与她举行婚礼。佘心惠临终吟着爱情诗句离开了人间。文章中还提到一些细节,如诗人第一次与佘心惠见面时,佘手里正拿着一本《郭小川诗选》;著名作家沈从文当时与郭小川共居一室,是郭、佘最初爱情的见证人;干校革委会邹副主任要对郭小川进行批斗时,佘心惠曾冲到批斗台上奋力保护郭。

该期《幸福》杂志发行后,《四川日报》社下属的《文摘周报》,《吉林日报》社下属的《文摘旬刊》、《购物导报》,湖南省作家协会主管的《作家与社会》等报刊,相继以不同形式转载了这篇文章。

不久,郭小川之妻杜惠,杜惠与郭小川之子女郭小林、郭岭梅、郭晓惠分别向北京市宣武区人民法院提起诉讼,状告贺方钊、《幸福》杂志社、湖南省作家协会、《四川日报》社、《吉林日报》社、《购物导报》社侵害郭小川及家人的名誉权、肖像权。①

原告杜惠诉称:郭小川是我国著名的诗人,也是原告的丈夫。他一生献身于社会主义文学事业,为党和国家做了大量工作,享有崇高的社会声誉。但被告贺方钊却撰文把其演绎成一个在国家政治生活极度动荡时期只关心个人温饱,沉迷于婚外恋的凡夫俗子,使郭小川的名誉受到极大的贬损。该文不足五千字,对郭小川到干校的时间、职务、同室人、用餐方式、主要人物、劳动地点、到团泊洼的时间等伪造失实之处却多达五十余处。更令人气愤的是,他竟诅咒原告已“含冤去世”。其文中虽没有使用侮辱谩骂性的语言,但基调却是诋毁、中伤性的,且通篇文章全部是无中生有、恶意捏造出来的,是极具欺骗性的造谣中伤。而《幸福》杂志社不加审查核实即发表此文,且将郭小川 20 世纪 50 年代在莫斯科红场的照片假冒为 70 年代在五七干校的照片,与一毫不相干少女的头像并列刊

① 参见:刘希全、童建明:《已故诗人郭小川名誉侵权一审判决》,载《光照日报》1999 年 12 月 11 日。

发于标题旁显著位置，使众读者更加相信此文的真实性。

此举不仅加剧了对郭小川名誉的损害，还侵犯了郭小川的肖像权。其他被告为了自己的商业目的竞相转载此文，无疑加剧了这种名誉侵权的范围和力度，使郭小川的所谓“黄昏恋”成为众人皆知的热点新闻。虽然各侵权媒体均称自己刊发了致歉声明，但比起他们刊发《黄昏恋》一文的显著版面及位置，几点声明显然达不到消除原侵权造成影响的目的。

原告郭小林、郭岭梅、郭晓惠诉称：由于六被告的侵权行为，使原告父亲郭小川的所谓“黄昏恋”成为尽人皆知的热点新闻。原告的子女也因此遭受了他们小小年纪所不应承受的心理压力。原告往日正常的工作、生活秩序被打乱，面对四面流言，每天疲于解释、澄清。

最令原告寒心的是，贺方钊竟将原告父亲写给女儿郭岭梅的《楠竹歌》说成是写给一名叫佘心惠的少女的，并将一毫不相干的少女头像与原告父亲的单身照片提供给幸福杂志社并列刊发，将原告受众人爱戴的父亲说成一个只会讨少女欢心并沉迷于婚外恋的浪荡诗人，并诅咒原告的母亲已死，严重地伤害了原告的感情。

四原告共同提出诉讼请求：

鉴于以上六被告的行为及由此而获取的非法物质利益，除要求六被告停止侵害、消除影响外，还要求被告赔偿原告因此而造成的精神损失费 100 万元，为此而造成的律师费、复印费、交通费、误工费、证人调查取证有关费用及出庭往返的交通费、住宿费共计 1.666 万元。其中，贺方钊应负担 10.2776 万元，《幸福》杂志社负担 50.2776 万元，湖南省作家协会负担 10.2776 万元，《四川日报》社负担 5.2776 万元，《吉林日报》社负担 15.2776 万元，《购物导报》社负担 10.2776 万元。

数被告分别进行了答辩。

被告贺方钊辩称：1996 年 6 月，被告在一个偶然的机会，认识了杨姓传销员。几天后，杨约了被告吃饭，并讲述了他表姑佘心惠与诗人郭小川 30 年前在湖北咸宁五七干校时一段凄美、动人的爱情经历，同时向被告提供了郭小川和佘心惠当年的照片。出于对诗人的崇敬，也被诗人高尚的人格和人性美所感召，被告特地于郭小川 80 周年诞辰之际，写下了这篇题为《你是我心灵飘展的旗帜》，后被舆论界炒作成《郭小川鲜为人知的黄昏恋》的文章，随后将其寄给了《幸福》杂志社，由于受条件限制，被告没能到咸宁五七干校和北京对原始素材进行核实，客观上给杜惠老人及其亲属造成了精神伤害。对此，被告负有责任并愿意向他们表示道歉、澄清事实，消除因此而造成的不良影响。但被告目前工资收入有限，妻子又下岗在家，除赡养父母还要抚养子女，生活十分困难，且被告撰写此文不存在侵权故意,故不同意四原告要求经济赔偿的诉讼请求。

被告《幸福》杂志社辩称:首先,被告发表该文是为了纪念郭小川诞辰80周年,唤起人们对已故诗人郭小川的怀念。文章的内容也是颂扬性的,意在歌颂郭小川作为诗人也具有普通人一样的丰富情感和爱心,赞扬诗人在极其困难的环境中具有博大的胸怀和刚直不阿的人格。没有侮辱、诽谤或者披露隐私损害郭小川名誉的故意。

其次,被告对稿件履行了审查核实的义务,不存在主观故意,况且法律没有规定新闻单位对报道真人真事的作品必须实地逐一调查核实,因此被告认为,新闻机构对其发表的作品只要在审查程序上合法,根据文责自负的原则,即使其发表的作品侵害了他人的名誉权,新闻单位也因无主观的过错,不应承担责任。

尽管如此,在发现贺文失实后,被告仍迅速采取了补救措施,除向原告发函致歉外,还同时在北京《文艺报》、武汉《新闻信息报》及本刊上发表了致歉声明。根据最高人民法院有关司法解释,被告认为被告的上述行为不构成侵权,不应承担作品侵权的民事责任。

另外,被告认为,精神损害赔偿应当通过精神救济的方式来补偿,而不能以财产救济来替代,两者不是同质救济。过高的精神赔偿,难免有人格商品化之嫌,同时也达不到救济的目的。故被告不同意四原告的诉讼请求。

被告湖南省作家协会辩称:被告创办的《作家与社会》报仅运作一年,属内部刊物。为反映老作家真善美的精神世界,被告在该报陆续刊发了一些老作家在情感方面的感人事迹。鉴于稿源缺乏,被告要求编辑部在征稿同时,可收集公开刊物上一些健康向上的文章。该刊编辑在《幸福》杂志上看到这篇反映郭小川情感方面的文章以后,立即与《幸福》杂志总编室取得了联系,得知该文作者贺方钊系湖北省黄石市政协办公室副主任,即放心地将原文转发。

得知此文失实后,作协党委立即召开了会议,对此事作出了处理意见,除决定对该报刊进行整顿外,还辞退了两名主要责任编辑,同时迅即在该刊物头版刊发了公开致歉函,并将800份报纸邮寄给所有资料交换单位和个人,以消除影响。现该刊物已经停办。因此,被告只能承担道义上的责任,经济上则无任何赔偿能力。

被告《四川日报》社辩称:被告下属《文摘周报》在转载此文一个月后,即收到一读者推荐来的一篇稿件,指出此文违反事实。被告感到问题很严重,但苦于无法与郭小川家人取得联系,便立即将该读者推荐来的驳斥《黄昏恋》的稿件全文编发,同时配发编者按,公开向郭小川亲属及读者致歉。从起诉书中得知郭小川亲属的地址线索后,被告又向他们发了快件,直接向四原告致歉,并表示愿为尽快消除不良影响作出进一步努力。《文摘周报》创刊20年来,曾多次刊登过郭小川同志当年创作的光辉诗篇和"文革"期间与亲属同遭迫害的有关文章,为宣传郭小川尽了一份薄力。根据最高人民法院有关司法解释,被告认为自己不具备名誉侵权的主、客观构成要件,未构成侵权。考虑到转载此文给四原告带来的负面影响,被告愿再次向他们表示道歉,但对原告提出的高额赔偿金,被告认为没有根据,也无能力支付,故不同意原告请求。

被告《吉林日报》社辩称:首先,被告下属《文摘旬刊》属于文摘性质,因而转载行为本身不具有违法性。

其次,被告在主观上不存在名誉侵权的故意,客观上也不具有侵害他人名誉的事实。为了慎重起见,被告在转载此文时特意删除了郭小川夫人去世及《楠竹歌》系郭小川献给佘心惠之作等敏感情节。

再次,被告认为此文非但没有贬损郭小川,还从另一个角度反映了诗人的美好情操。如文中提到佘心惠看到郭小川整日饥肠辘辘的模样,十分心痛,遂利用自己出售饭票的特权,多给其饭票,被诗人发现,随即板起面孔严厉地对其进行了批评。所以被告认为,即便此文有虚构成分,也不一定构成侵权,毕竟虚构与侵权是不同的两个概念。

最后,在发现此转载文失实后,被告立即在该报刊发了致歉声明。因此,被告认为被告不存在名誉侵权问题,故不同意对四原告进行经济补偿。

被告《购物导报》社辩称:被告之所以转载这篇文章,一是为了纪念郭小川80周年诞辰,二是因为看到《文摘周报》也转载了此文。被告只是依法转载且注明了文章出处,故不构成侵权。被告已在本报刊登了致歉声明。现同意在一定范围内为四原告进行道义上的补偿,但不同意对其进行经济补偿。

法院依法组成合议庭,公开开庭审理了本案。

经审理查明:1998年11月,贺方钊将自己撰写的约五千字的《你是我心灵飘展的旗帜——记著名诗人郭小川在湖北咸宁五七干校与回乡知青佘心惠的一段凄美动人的爱情故事》及郭小川和另一青年女子的黑白单人照片提供给《幸福》杂志社,同时注明上述两张照片分别为五七干校时的郭小川及中学时代的佘心惠。

《幸福》杂志社编辑张某接到该稿件和照片后填发了发稿单,在"记者意见"一栏填写如下意见:"此稿内容鲜为人知,已与作者联系,称为第一手资料。建议发第2期(作者已配照)。"

发稿编辑对此签署意见为:"如果真实,还可用。请落实,请再审。"

该社的法定代表人刘爱平在主编意见一栏签署如下意见:"诗人郭小川知者甚众。文章又从另一个角度展示诗人的人格魅力。请责编与作者再联系一次,如真实可发两版。"

对此,张某再次与贺方钊电话取得了联系,在得到肯定答复并保证不是一稿多投后,张某将此文编入《幸福》杂志1999年第2期,更名为《无语问情:生死相依两茫茫——著名诗人郭小川一段鲜为人知的黄昏恋》,于1999年1月10日至15日发行。1月18日,《作家与社会》在头版和第4版全文转载。2月25日,《文摘周报》在第5版"古今大观"栏目中以《著名诗人郭小川的黄昏恋》为题转载。2月26日,《文摘旬刊》以《著名诗人郭小川一段鲜为人知的黄昏恋》为题转载,转载时删除了郭小川之妻被迫害致死及《楠竹歌》系郭小川特为佘心惠所作等情节。3月10日,《购物导报》在18版"人物幸运"栏目以《著名诗人郭小川的黄昏恋》为题转载。

在得知此文有严重问题后,《幸福》杂志社在4月17日《文艺报》第4版右下角和4月16日《新闻信息报》第A4版左下角及本刊第6期34页上分别刊发了130余字的致歉声明,主要内容是:现发现我杂志第2期刊登的《无语问情:生死相依两茫茫》文章内容失实,此文对郭小川造成了名誉上的损害,对其家属造成了精神上的伤害,在读者中也造成了不良影响,故在此向郭小川家属致歉,对热爱诗人的读者表示歉疚,并希望各报刊不要再转载此文。

4月18日,《作家与社会》在头版左下角发表了140余字的《本报公开道歉》,主要内容是:对贺文因发稿时把关不严,此稿有些情况与事实不符,客观上给郭小川同志的夫人杜惠及其子女造成了伤害,特此向杜惠及子女和读者表示歉意。7月10日,湖南省作家协会为此作出了免除《作家与社会》执行总编职务及解聘两名主要责任编辑的决定,并向杜惠及子女发出了致歉信。

4月19日,《文摘周报》第5版左下角转载旭天《精神产品也应打假》一文并配发编者按,就转载的文章作了驳斥,同时向郭小川的亲属及读者致歉,480余字。9月8日,该报分别向杜惠及子女寄发了致歉函。9月20日,该报又在第5版右下角刊发了480余字的《再次向郭小川亲属道歉》文。

9月24日,《文摘旬刊》中下角发表了100余字的声明,主要内容是:本报摘自《幸福》第2期的《郭小川黄昏恋》一文,内容严重失实,所谓"郭、佘的恋情"纯属子虚乌有,故向已故郭小川及其家人表示诚挚的歉意。

10月20日,《购物导报》在32页右下角刊登了200余字的致歉声明,主要内容是:原作者贺方钊纯属胡编乱造,郭小川同志的夫人杜惠还健在,哪来黄昏恋?由于我们转载了这篇内容失实的文章,损害了郭小川同志的声誉,故向已故的郭小川同志及其家人和读者表示诚挚的歉意。

另查:郭小川随中国作家协会去湖北咸宁五七干校的时间应为1970年1月,而非上述文章所写的1969年春,且其当时的身份是《人民日报》的特约记者;郭小川当时住在向阳湖附近的五连,沈从文则住在双溪小煤窑附近故宫博物院下放干部的驻地，两地相距数十里；郭小川所在地五连食堂用餐实行包伙制，未使用过饭票；当地从未发生过五七干校学员遭群众围攻批斗之事。

《幸福》杂志在该文标题下刊发的所谓"干校时的郭小川"实为郭小川于1954年秋在苏联莫斯科拍照的；《楠竹歌》是郭小川于1970年10月特为当时在内蒙古插队的女儿郭岭梅而写的诗作；《郭小川诗选》是在郭小川逝世后，于1977年12月由人民文学出版社出版发行的。

杜惠及其子女因上述侵权行为所致调查费、误工、交通、打印、复印费、律师代理费等项经济损失共计10500元。上述事实有双方当事人陈述及有关证据材料等在案佐证。

审理中，四原告以六被告损害了郭小川肖像、名誉，侵犯了四原告名誉权为由，坚持起诉状中提出的诉讼请求。六被告均承认争讼文内容失实，但否认侵权，只愿意承担道义上的精神救济，不同意四原告关于精神和经济赔偿的要求。

1999年12月10日，宣武区法院依照《中华人民共和国民法通则》第100、101条，第106条第1、2款，第120条第1款之规定，作出【（1999）宣民初字第1748号】判决：一、贺方钊、《幸福》杂志社、湖南省作家协会、《四川日报》社、《吉林日报》社、《购物导报》社立即停止侵害，并于本判决生效之日起10日内分别在各自报刊（贺方钊在《幸福》杂志社）原侵权版面显著位置刊登致歉声明，内容位置须经本院审查核定；

二、贺方钊、《幸福》杂志社、湖南省作家协会、《四川日报》社、《吉林日报》社、《购物导报》社赔偿原告杜惠、郭小林、郭岭梅、郭晓惠精神抚慰金及经济损失共计16万元（含经济损失10500元），其中给付杜惠10万元，给付郭小林、郭岭梅、郭晓惠6万元（贺方钊负担2万元，《幸福》杂志社负担6万元，湖南省作家协会负担1万元，《四川日报》社负担2万元，《吉林日报》社负担3万元，《购物导报》社负担2万元），贺方钊与《幸福》杂志社承担连带责任。案件受理费15093.3元，由四原告共同负担8733.3元，贺方钊、《幸福》杂志社、湖南省作家协会、《四川日报》社、《吉林日报》社、《购物导报》社六被告分别负担810元、2310元、410元、810元、1210元、810元。

一审法院认为，公民享有名誉权，公民的人格尊严受法律保护，禁止用侮辱、诽谤等方式损害公民的名誉。郭小川作为我国当代著名的诗人，享有较高的社会声誉。在其妻杜惠尚在人世的情况下，被告贺方钊虚构、编撰了郭小川的所谓"黄昏恋"，并将郭本人及佘心惠的单人照片向新闻媒体寄发，确对郭小川的名誉、声誉及人格尊严产生了不良影响，破坏了郭小川在全国公众中的真实形象，造成人们对其社会评价的降低，侵害了郭小川本人的名誉，也给其家属即四原告带来精神上的严重伤害。贺在文章中称杜惠已去世，对杜惠本人的名誉权直接造成侵害。故贺方钊应对上述侵权事实承担主要的民事责任。

《幸福》杂志社作为首发刊物，未对贺方钊文章主要情节的真实性进行审查核实即将该文发表，且更改了原作题目、加注下标题并为此文配发了男、女主人公的照片，使郭、佘的所谓老少恋情更加醒目，吸引多家媒体转载，使之广为流传，严重妨碍了郭小川家人即四原告的正常工作、生活秩序和身体健康，给四原告精神造成痛苦，精神损害是显而易见的。故《幸福》杂志社应与贺方钊共同承担侵权的主要民事责任。

《吉林日报》社在转载争讼文章时将杜惠之死、《楠竹歌》系郭小川献给佘心惠的诗作等主要情节删掉，易引起读者产生郭、佘的所谓黄昏恋实为郭小川婚外恋的联想，无疑加深了对郭小川的名誉、声誉的损害及对原告杜惠及其子女的精神侵害的程度，故其应承担次要民事责任。

鉴于《作家与社会》系湖南省作家协会内部刊物，发行及交换范围仅限于该作协内部，影响较小，故可适当减轻其民事赔偿责任。其余两被告的转载行为无疑扩大了该文的侵权范围和影响，应各自承担相应的民事责任。此案受害人之一郭小川虽已故去，不具有肖像权，但其肖像利益是客观存在的，该肖像利益应由其近亲属承受。而郭小川作为著名诗人，其肖像无疑会因其声誉产生一定的社会效益和经济效益，对此，四原告作为其近亲属有权利承受。贺方钊和《幸福》杂志社未经逝者生前授权、遗嘱或其家人同意就擅自使用逝者肖像的行为，侵犯了四原告对郭小川肖像利益的承受权，两被告对此亦应承担民事责任。

六被告虽各自强调对名誉权没有主观故意，但鉴于六被告至今不承认对原告构成侵权，且补救措施与其刊登的近五千余字文章的显著版面、位置、内容相比，难以达到消除原侵权影响的目的，故六被告应重新刊登致歉声明。应当指出，郭小川作为著名诗人的影响、声誉及名人效应都不可否认地存在，且这些利益确为六被告带来了一定的经济利益，故六被告应对四原告进行精神救济之外的物质补偿。具体数额，本院将根据六被告各自的过错程度、侵权范围、对其侵权所采取的精神抚慰程度、获取的经济利益及原告由此产生的合理经济损失酌情予以确定。鉴于四原告索赔数额过高，缺乏法律依据，对其过高要求，本院不予支持。

《幸福》杂志社、《吉林日报》社、《四川日报》社、《购物导报》社不服一审判决，向北京市第一中级人民法院提起上诉。

《幸福》杂志社的上诉理由是：原审判定的精神抚慰金过高以及该社与贺方钊承担连带责任缺乏法律依据。《吉林日报》社的上诉理由是：该社系依法转载，主观无过错且转载之文不构成侵权。《四川日报》社、《购物导报》社的上诉理由是：本社系依法转载，主观无侵权故意且已登文致歉，不应承担经济赔偿。

被上诉人杜惠、郭小林、郭岭梅、郭晓惠答辩同意原判。

北京一中院公开开庭审理了本案。

二审查明的事实与一审相同。

2000 年 11 月 7 日，北京市第一中级人民法院依照《中华人民共和国民事诉讼法》第 153 条第 1 款第(1) 项之规定，作出【(2000)一中民终字第 3080 号】判决：驳回上诉，维持原判。一审案件受理费如原审所判。二审案件受理费 15093.3 元，由四上诉人各负担 3773.3 元。

二审法院认为，郭小川系我国当代著名诗人，享有较高的社会声誉，其虽已于 70 年代逝世，但其名誉仍应受到法律保护。

贺方钊所编撰的文章内容毫无事实依据，纯属虚构，贺方钊明知该文的发表将有损郭小川的名誉、声誉并破坏郭小川在全国公众中的真实形象，仍将杜撰的文章提供给出版发行单位，其在主观上系希望该文得以发表，确有侵权的故意。《幸福》杂志社未尽到严格审查之责，在主观上也有宣扬传播之故意。由于二者的共同行为，导致侵害后果的发生，同时引发其他报刊后续转载行为，对此贺方钊与《幸福》杂志社构成共同侵权且应承担主要民事责任。《幸福》杂志社提出其不应与贺方钊承担连带责任的上诉主张，理由不能成立，本院不予支持。

关于该社提出精神赔偿金过高一节，考虑到该文的发表不仅严重侵害了郭小川的名誉及肖像权益，同时也给其遗属造成极大的精神伤害，鉴于《幸福》杂志社应承担主要民事责任，故其承担的精神抚慰金数额应高于其他各过错方。对其此项主张，本院不予支持。

关于《吉林日报》社其转载不构成侵权的上诉主张，缺乏事实及法律依据，本院不予采信。《吉林日报》社、《四川日报》社、《购物导报》社不同意经济赔偿的主张，应当明确指出，作为报刊社对要发表的稿件应负责审查核实，《幸福》杂志社虽然作为首刊单位，但并不能以此免除转载单位的审核之责。作为转载单位转载其他刊物发表的作品，应该预见到作品可能存在错误造成他人损害，故应对其作品内容进行审查核实。由于三上诉人均疏于审查，以致转载后侵害范围进一步扩大，对此，《吉林日报》社、《购物导报》社、《四川日报》社、湖南省作家协会均存在主观过错，事发后，各转载单位虽然在相应的报刊刊登致歉声明，但不足以达到消除侵权影响及对受害人精神抚慰之目的。因此，原审法院在判令重新刊登致歉声明的同时，根据各侵权责任人的过错程度，确定赔偿精神抚慰金，是妥当的。《吉林日报》社、《四川日报》社、《购物导报》社对此提出的上诉主张，本院不予支持。

评 述

2000 年 11 月终审判决的已故著名诗人郭小川名誉、肖像受侵害案，是世纪之交最受瞩目的名人纠纷案之一。

从媒介侵权研究角度说，这是一件内涵丰富的典型案例。

本案原告以名誉权和肖像权的两个案由起诉，法院也是按照保护郭小川的名誉和肖像两个方面的合法权益来作出判决。判决各家被告承担包括赔偿人民币总共 16 万元在内的各项民事责任，不仅是对侵权文章损害郭小川名誉所作的救济，也包括了对文章作者和首发期刊因配发郭小川照片所造成损害的补偿。

关于死者肖像保护的问题，我国法律一直没有明确的说法。如对于使用鲁迅肖像引起的争端，从法庭延伸到学坛，至今未有定论。而上海一件因在广告中使用了已故京剧大师盖叫天的肖像而引起的纠纷，也僵持了几年。所以本案判决中有关保护郭小川肖像的部分，确实是可贵的探索。①

因使用死者肖像引起的纠纷之所以成为难点，是因为肖像权作为一种人身权，始于出生，终于死亡，人死后不应再有肖像权。但是纠纷的发生本身就说明对于死者肖像的非法使用会给他人、主要是死者亲属造成损害。

学术界通常认为肖像蕴含着某种利益。肖像是一种“有用物”。肖像作为特定人形象的再现，有辨认、传递信息、审美、用于人体科学艺术研究等等多种功用，因而具有使用价值。在商品经济条件下，肖像可以成为一种商品，具有价值和价格。因此肖像可以为肖像人带来财产上的利益。人死后这种利益仍然存在，就有发生侵害的可能性。《民法通则》规定“未经本人同意，不得以营利为目的使用公民的肖像”，这句话就承认了肖像的有用性以及获取利益的可能性。本案判决在承认郭小川死后已不具有肖像权的前提下，肯定他的“肖像利益是客观存在”，应当予以保护，行为人所侵害的正是这种肖像利益。

死者的这种肖像利益顺理成章的说法是归他的亲属享有。本案判决认为郭小川肖像利益“应由其近亲属承受”，行为人侵害的是他们的“郭小川肖像利益的承受权”。

首先，原告人是死者最亲密的近亲属即配偶和子女。

其次，本诉是同损害死者名誉一起起诉的，而死者名誉受损可由近亲属起诉，已有司法解释明确规定。

最后，对肖像的使用是配发侵害名誉权文章，非法性十分明显，不存在任何对肖像公益使用的阻碍违法的事由。

---

① 参见魏永征：《郭小川名誉、肖像受侵害案话题的延展——法律对保护死者肖像的探索》，载《检察日报》2000 年 11 月 29 日。

那么可不可以把近亲属有权主张死者肖像利益确定下来成为普遍原则呢？不行。这是因为肖像作为一种有用的资源，不仅属于个人，也属于社会。比如肖像特别是名人肖像，往往成为创作表现的对象，对死者肖像的使用，包括肖像人在世时创作他的肖像作品在其死后继续使用，也包括肖像人死后再创作他的肖像作品这种方式的使用，如果长期要征得"死者肖像利益承受人"同意并付酬，这会使肖像作者行使其著作权产生很大的困难。而著作权的行使也不是无限制的，它还要同社会公益有一个合理的平衡；肖像终究只是天赋资源而不同于智力成果，由它孳生的利益更应同社会公益有一个合理的平衡。所以学术界许多人主张死者肖像利益是要保护的，但不能像对死者名誉的保护那样，笼统规定近亲属有权起诉，那样保护期限可能延续百年，比著作权人死后权益保护期限还长，这对于科学艺术活动显然不利。应当规定一个较短的期限，例如像德国那样，以肖像人死后10年为限，并且权益承受人只限于配偶和子女。至于对于死者肖像的侮辱性使用，则可以按损害死者名誉处理。

本案判决有利于推动保护死者肖像规范的确立。

从本案看媒介的核实责任，稿件发表后发现失实，并且造成损害后果，报刊社应当视为没有尽到审查核实的义务而必须承担责任。

大众传播媒介必须确保新闻和其他内容的真实性，这是党对传播媒介的一贯要求，多次见于党的文件。在法律文件中，最高人民法院在1988年下达的一个批复中明确规定："报刊社对要发表的稿件，应负责审查核实。"这里说的审查核实，不只是去问作者文章有没有问题，而是必须将文章内容同客观实际情况进行核对，确保内容同客观实际相符合。①

行政法规《出版管理条例》也规定，出版物内容不真实，致使他人合法权益受到侵害，出版单位应当依法承担民事责任。确保内容真实的要求对于新闻媒介来说，自然是很高的，但又是起码的。

就本案而言，我们发现有关编辑部在审核来稿内容方面存在明显的缺陷。从形式上看，这家首发期刊确实履行了三审制。第一审批语："此稿内容鲜为人知，已与作者联系，称为一手资料。建议发第二期。"第二审批语："如果真实，还可用。"第三审批语："诗人郭小川知者甚众。文章又从另一个角度展示诗人的人格魅力。请责编与作者再联系一次，如真实可发两版。"看起来手续很完备，也考虑到真实的问题，但是事实表明他们对稿件内容还是没有作严格审核。

对于这篇文章，其实只要稍加推敲，就不难发现破绽。首先，来稿叙述的主人公是当代闻名的大诗人，为什么这件事情会长期"鲜为人知"，要过了二十多

① 参见魏永征：《从郭小川案看媒介的核实责任》，载《新闻三昧》2001年第1期。

年才突然冒出来? 其次,这位作者,既不是主人公生前友好,又看不出他同主人公的亲属朋友有什么密切联系,那么他是通过什么途径得知这段故事的? 他的消息来源可靠吗? 如果当时就问他有关资料是从哪儿来的,他说是听来的,文章就不会发表。第三,文章中还有死无对证的情节,如女青年临终时向郭小川吟诗、郭小川表示要与她举行婚礼等,这些作者从何得知? 都存在疑问。第四,这个故事即使是真的,也是郭小川的私生活,在保护隐私权已经成为热门话题的当时,为什么不去征求一下郭氏亲属的意见? 媒介同郭氏亲属取得联系之日,也正是谎言破产之时。

以上疑问同样适用于转载的报刊。本案中转载者只要认真对文章进行审核,同样会发现这些问题,就会决定不予转载或者要向有关部门和郭的亲属核实后再作转载。遗憾的是,他们也没有这样做。前面引用法律文件的规定,要求新闻媒介对稿件审查核实,对不真实造成损害承担责任,并没有说转载报刊除外,表明转载报刊同样应该对稿件内容的真实性负责。

《著作权法》确实规定作品在报刊上发表后,除作者声明不准转载外,其他报刊可以转载摘编但须付酬,但是转载程序的合法同作品内容的合法是不同性质的两回事。由于每一次转载,都是再一次传播,扩大了文章的影响,所以转载的作品如有侵权内容,转载者也要承担责任。最高法院 1998 年的司法解释规定:"新闻媒介和出版机构转载作品,当事人以转载者侵害其名誉权向人民法院提起诉讼的,人民法院应当受理。"说明转载侵权作品可以产生新的诉讼理由。2000 年新闻出版署发布《关于进一步加强报刊摘转稿件管理的通知》规定:"报刊摘转新闻报道或纪实作品等稿件应坚持真实性原则,对其摘转内容的真实性负有审核责任。摘转正式出版物的稿件也应核实真伪。稿件失实一经发现,应及时公开更正,并采取有效措施消除影响。"明确了转载者对于稿件也负有核实责任。所以本案中四家转载报刊被判令承担民事责任。

在传统的英美法的诽谤法里,对于媒介传播内容的真实性实行的是严格责任(Strict Liability),也就是无过错责任。那里对媒介提起诽谤指控只需满足三项条件:作品已经发表,说的是自己,有损害自己名誉的内容,而内容的真实只是媒介的一项抗辩理由。媒介被指控诽谤通常要做的第一件事就是对内容真实进行举证,如果不能证明真实就会被判承担诽谤责任。如果媒介只是说我已经核实过了,但发现差错很困难,不应当承担责任之类,是不会被法官采纳的。而转载属于重述(Restatement)行为,常见的重述还有翻译、改编、表演等,英美诽谤法认为,每一次重述,都是一种再一次明确的公开,由此可以产生一种新的诉讼理由。重述者也应当同首次发表的媒介一样承担责任。重述者如果被指控诽谤,光说我只是"准确地重述"别的媒介的内容所以我没有责任那是不行的,还是必须证明内容的真实性，如果不能举证同样会败诉。所以转载也不是免责的抗辩理由。

当然，英美诽谤法会用“特许权”的规定来平衡，比如对于官方公开的会议、公告、记录，社会团体和其他公共组织有关自己业务范围内的信息，官方人士的言论等等，新闻媒介享有报道的特许权，特许权的实质就是为媒介的核实留出了一个空间，媒介对特许权范围的内容可以不负核实责任。而如本案的情况，就是在外国也不属于特许权的范围。

郭小川和他的家人

由于我国法规规定了媒介的核实责任，媒介对于内容真实性的注意义务是十分严格的。而媒介对失实内容主观上不具有过错的情况也是存在的，如果实际情况表明媒介对失实内容主观上不具有过错，比方发表官方提供的正式信息，转载国家通讯社、党的机关报发表的文章，发表者和转载者无从预见其中的差错，按理不能负责。这些界限有的已有明确规定，有的还没有，需要在实践中进一步完善。

即使媒介在发表时不具有过错，在事后发现差错，也不等于什么责任也没有，可以不承担侵权责任，但还是要按照规定履行采取补救措施的责任。这有两种情况：

一种是对于虚构的文学作品，如小说。小说是无从核实的。有人在小说中使用真实姓名、地名并且予以贬损性描写，有人利用小说影射他人进行人身攻击，媒介在发表时自然是不可能预见的，发表后如发生纠纷媒介在主观上没有过错可以不承担侵权责任，但是必须采取措施进行补救。1993 年最高法院的司法解释就新闻出版单位发表文学作品引起的名誉权纠纷的责任问题作出规定：“编辑出版单位在作品已被认定为侵害他人名誉权或被告知明显属于侵害他人名誉权后，应刊登声明消除影响或采取其他补救措施；拒不刊登声明，不采取其他补救措施，或继续刊登、出版侵权作品的，应认定为侵权”。就是说，在这种情况下，媒介如果不及时采取发表声明消除影响等补救措施，就要承担不作为的侵权责任；如果继续刊登、出版侵权作品，还会被追究放任损害结果扩大的侵权责任。

再一种是根据1998年最高法院司法解释规定，客观准确地报道了国家机关依职权制作的公开的文书和实施的公开的职权行为，如果后来发生变化，比如二审判决改变一审判决，行政诉讼判决撤销行政处罚等，新闻媒介必须进行连续报道以作更正。该司法解释规定：“……前述文书和职务行为已公开纠正而拒绝更正报道，致使他人名誉受到损害的，应当认定为侵害他人名誉权。”据此，新闻媒介报道国家机关依职权制作的公开的文书和实施的公开的职权行为，是不可能预见有关文书或行为会发生错误的，如果有关国家机关后来发现有错公开纠正，对错误的文书或行为作报道的新闻媒介在主观上是没有过错的，不应承担侵权责任。但新闻媒介必须对这个纠正后再作更正报道，以消除前面对错误的文书或行为报道的影响。如果拒不报道，也会构成不作为的侵权行为，要承担相应的法律责任。

2. 刘翔诉《精品购物指南》等媒体侵犯肖像权案

2004年11月，刘翔起诉至北京海淀区人民法院称，2004年10月21日，《精品购物指南》报社未经同意将刘翔的肖像用做2004年第80期（总第1003期）《精品购物指南》（以下简称千期专刊）的封面，并为中友公司第6届购物节作封面广告。卓越公司于同日将千期专刊的全部内容上传到精品网和精品购物指南网，作为网络电子版。《精品购物指南》面向全国发行，单本传阅率达到4.2人；精品网的日均访问达到200万人次①。

刘翔认为：《精品购物指南》报社、卓越公司、中友公司的行为共同侵犯了自己的肖像权。故请求法院判令被告《精品购物指南》报社、卓越公司、中友公司停止侵权行为，停止使用原告的肖像；《精品购物指南》报社、卓越公司停止使用千期专刊第18版中刘翔的肖像；《精品购物指南》报社、卓越公司、中友公司在

① 参见王文波：《刘翔肖像权案终审改判〈精品购物指南〉败诉》，http://old.chinacourt.org/public/detail.php?id=189240。

一份全国发行的报纸上公开赔礼道歉；《精品购物指南》报社、卓越公司、中友公司赔偿经济损失共计125万元，包括精神损害抚慰金25万元，《精品购物指南》报社、卓越公司、中友公司的其他不当获利100万元。

北京海淀区人民法院经过审理，认为被告《精品购物指南》报社、卓越公司、中友公司的行为不构成对刘翔肖像权的侵犯，对刘翔主张的停止侵权、赔礼道歉、赔偿损失的诉讼请求不予支持。法院于2005年5月25日作出判决，驳回了刘翔的所有诉讼请求。

判决后，刘翔不服，上诉至北京市第一中级人民法院。

刘翔的律师说："我们经过仔细研究认为，原审判决在认定事实和适用法律两方面均存有错误。""根据我们调查，精品报社属于非新闻出版机构，根本没有从事新闻活动的资格，只是一份广告类期刊"，"况且他们使用的'新闻照片'，是经过技术手段修改过的，已非真正的新闻照片，比如换掉背景、将刘翔所跨栏架上面的奥运标志抹掉。"

中国田协也发表书面声明，坚决支持刘翔上诉。中国田径协会新闻发言人王楠说："这件事代表着运动员法律意识的提高，诉讼过程本身就有着积极的意义。我们咨询了很多案外专家、律师，感到本案在客观事实与判决结果之间有较大出入。"①

被上诉方《精品购物指南》报社和卓越公司出示证据来源

① 参见《刘翔律师：一审认定事实错误 适用法律不当》，载新华网2005年6月10日。

“刘翔的诉讼会提醒人们不能随意侵犯和损害运动员的权益,特别是对那些为自己赢利而巧立名目、变换花样的侵权行为是一个很好警示”,王楠说,“如果此案一审判决成立,我们十分担忧‘合法使用’刘翔以及优秀运动员的现象会越来越多。”

在北京市第一中级人民法院二审庭审中,针对刘翔的上诉理由,《精品购物指南》报社、卓越公司、中友公司辩称,《精品购物指南》报社使用公众人物新闻照片做报道,无须经其本人同意;千期专刊中的封面广告,与当期封面人物无关,两者之间没有任何的关联性;《精品购物指南》报社为非营利性机构,出版《精品购物指南》是非营利性的行为;千期专刊中载有刘翔肖像的图片,是《精品购物指南》报社通过合法途径取得并合理使用的新闻照片;《精品购物指南》报社出版千期专刊,使用刘翔在雅典奥运会比赛照片作为封面,是一种正常的新闻报道行为;卓越公司与《精品购物指南》报社是不同性质的两个独立法人,各自拥有独立的广告经营许可证,卓越公司也没有发布封面广告,故其不应承担责任;中友公司在《精品购物指南》发布封面广告是正常的商业行为,刘翔肖像不是封面广告的组成部分,对超出广告范围的其他版面内容,中友公司无权也无义务审核,故中友公司不应承担侵权责任。

因就千期专刊其他内容中所刊载的肖像,刘翔方在一审中已明确表示不主张侵权,所以一中院综合上诉方和被上诉方的观点,认为本案争议焦点在于精品报社在千期专刊封面中使用刘翔肖像是否构成侵权。

一中院认为:《精品购物指南》封面刘翔肖像与购物节广告具有关联性。在千期专刊封面上,虽然不存在“利用刘翔肖像做广告”,但就封面的整体设计所反映出的整体视觉效果而言,确实足以令公众产生“刘翔在为中友公司做广告”之误解。

《精品购物指南》报社使用刘翔肖像时违反广告法,构成侵权。《精品购物指南》报社在千期专刊的整体封面设计中,使刘翔肖像与购物节广告产生一定的广告性质的关联性,从而使社会公众产生“刘翔为中友公司购物节做广告”之有合理根据的误解,进而使刘翔人格受到购物节广告的商业化侵害。《精品购物指南》报社在发布千期专刊封面广告之时,未尽力注意避让他人肖像权,从而对载有刘翔肖像的图片进行了不妥当的修改,违反了《广告法》第13条“广告必须与其他非广告信息相区别,不得使消费者产生误解”之规定,显然具有过错。故《精品购物指南》报社的此种行为侵犯了刘翔的肖像权。

卓越公司和中友公司没有侵犯刘翔的肖像权。卓越公司只是千期专刊网络电子版上传发布业务的承揽者,其对千期专刊及其电子版的自身内容并无决定权,不存在使用刘翔肖像的行为,也就不存在与《精品购物指南》报社共同侵犯刘翔肖像权的前提,而且卓越公司在千期专刊的电子版中已经删除了购物节广告。因此在本案中，卓越公司没有侵犯刘翔的肖像权。同时，卓越公司与《精品购物指南》报社各自为独立单位，各自拥有相应的广告许可证，上诉人仅凭千期专刊尾部印刷的广告许可证号而认定卓越公司与《精品购物指南》报社共用一个广告许可证，显属错误，而且《精品购物指南》报社与卓越公司是否共用一个广告许可证，与确定卓越公司是否构成侵权无关。

侵权的《精品购物指南》报社“千期专刊”封面

刘翔肖像并非购物节广告的组成部分。没有证据显示是中友公司或者歌华公司要求《精品购物指南》报社在千期专刊封面中将购物节广告与刘翔肖像设计在一起，也没有证据显示中友公司或者歌华公司参与了千期专刊的封面设计。故中友百货也不存在使用刘翔肖像的行为，同样没有侵犯刘翔的肖像权。仅凭《广告订版单》中的“广告安排后，请将此单签字回传，同时提供 6 份样报”，不能说明实际上样报确实是在千期专刊销售发行前提供的，也就不能说明中友公司或者歌华公司预先知道千期专刊的封面设计。即使中友公司或者歌华公司预先知道千期专刊的封面设计，其要求在千期专刊封面刊登购物节广告是依据其与精品报社之间的合同关系行使权利，也不构成侵权。

最后，一中院经审理认定，卓越公司与中友公司均不构成侵权，故刘翔针对此二者的诉讼请求不能成立。《精品购物指南》报社在使用刘翔肖像过程中，因过错造成刘翔人格受商业化侵害，构成侵犯肖像权。为消除《精品购物指南》报社这一侵权行为给刘翔人格带来的商业化负面影响，公开赔礼道歉理所应当，故应令《精品购物指南》报社在《精品购物指南》上刊登致歉声明为宜；考虑到因千期专刊的发行使刘翔人格在较广泛的社会范围受到商业化侵害，存在一定的侵权后果，而且刘翔本人对此并无过错，所以还应当令《精品购物指南》报社赔偿适当的精神损害抚慰金,具体数额法院酌定为二万元,对刘翔要求的精神损害抚慰金过高部分不予支持。刘翔没有提供证据证实自己受有经济损失,故对其此项诉讼请求,不应支持。千期专刊已经发行,《精品购物指南》报社在千期专刊封面使用刘翔肖像的行为已经完成,故刘翔要求停止侵权行为,显然不现实,无法得到支持;由于在不构成侵权的条件下可以对肖像进行使用,故刘翔无权要求《精品购物指南》报社一概停止使用其肖像,更无权要求《精品购物指南》报社停止使用不构成侵权的千期专刊第18版中的肖像。

2005年12月25日北京市第一中级人民法院终审宣判:令《精品购物指南》报社在《精品购物指南》上向刘翔公开赔礼道歉,赔偿刘翔精神损害抚慰金2万元。刘翔的其他诉讼请求被驳回。

评 述

随着传媒报道手段、技术不断发展,手机彩信、网络视频等新媒体的出现,都极大地挑战了肖像权中的现行法规。直观、简洁的图片报道越来越多,由此产生的肖像权纠纷也越来越多。

新闻人物的肖像在传媒报道中的使用最为频繁,理论上认为新闻人物的肖像权只有在极为特定的情况和极为特定的范围内才可受到限制,否则,未经本人同意的情况下使用应不视为侵权行为。

在允许合理使用的情况下,新闻报道中的人物图片与广告栏目也要有明确的界限,要清楚地分开,这不仅是反映了司法机构对新闻人物的肖像权予以充分保护的意图,而且也对媒体发布广告时,合理注意对其他民事权利的避让提出了较高的要求。

刘翔诉《精品购物指南》等媒体侵犯肖像权一案中,按照我国《民法通则》的规定,"是否以营利为目的"成为判断是否侵权的关键。

本案在一、二审的判决中,在分别对有刘翔肖像的照片与同一版面中的商业广告之间的异同进行了详细分析之后,作出了完全相反的判断。通过二审判决所确立的"把新闻报道中的人物图片与广告栏目要清楚分开"的原则,体现了司法机构对肖像权给予充分保护的意图,也对媒体发布广告时应合理地注意对其他民事权利的避让提出了较高的要求。这是本案审理和判决中值得肯定的一个亮点。

如果刘翔的代理人在诉讼中,并不仅是针对该版下面的广告,而是把诉讼点同时指向报纸使用刘翔的大幅照片作为封面,有吸引读者和提高发行量的作用,则"以营利为目的"的条件即可满足,这起由肖像权引起的侵权纠纷案件可能会赢得更容易些。

3. "帕帕垃圾"报道现象

"帕帕垃圾"是指专门追逐明星、拍摄名人私生活的记者。这称呼来自意大利影片《滴露牡丹开》中一个专门偷拍明星照片的摄影师的名字"Paparazzo",意大利语中其复数形式为"Paparazzi",后来这个名字被作为这一类人的统称。"帕帕垃圾"是其音义结合的中文译法,在港台地区人们则俗称之为"狗仔队"。

1997年的戴安娜车祸事件,使"帕帕垃圾"几乎在一夜间"闻名于世",成了人人喊打的过街老鼠。从"帕帕垃圾"、"狗仔队"这些颇为传神的中文称呼中,我们就能品读出其不堪的处境。但是将矛头指向他们的个人道德品质,是比较片面的。

实际上,"帕帕垃圾"的形成有多种因素,以往人们关注的多是"帕帕垃圾"自身行为、媒体炒作等等因素,但是,在这之外,从明星与媒体的互动角度也可以找到其中的某些重要答案。

明星是公众人物。在现代社会中,公众人物对媒体的基本心态是爱恨交织。首先,媒体是明星成名的"通道":他们的言行通过媒体的"放大"而广为人知并受到社会关注,在这种"广知"与"关注"中,他们得到了某种神圣地位的社会承认。而当他(她)们成名之后,媒体无所不在的报道又的确造成对其私生活的干扰。不管公众人物情愿或不情愿,从权利和义务对等的角度分析,他们曾通过媒体获得了巨大利益,就有义务接受媒体的监督。也就是说,同普通百姓相比,公众人物的私人权利在某种程度上要有所让步。

对于这一点,在学界是有争议的。一般认为,对于政治公众人物,因其掌握着巨大的社会权力,其言行同公众的利益密切相关,所以,在公共权利同私人权利发生冲突时,为防止权力滥用,政治公众人物应该让步私人权利,接受近乎不受限制的公众监督。而对待非政治性的公众人物的私人权利,有学者认为,应该将其视同于普通公民予以保护。

然而,明星虽然不掌握政治权力,他们在引领生活时尚、生活态度、生活方式等方面对社会的影响同样是巨大的,公众同样有必要更多地了解明星,以便确信他们是否是令人信服、值得效仿的榜样。从这一点来说,尽管人们对"帕帕垃圾"的很多做法并不完全赞同,但在有些时候,"帕帕垃圾"让公众实现了某种必要的社会知情权利。媒体的密切关注,有利于包括明星在内的公众人物保持必要的社会警醒。

前面曾提到"适当地"曝光他人生活的三个标准:

所曝光的对象是具有相当社会影响力的公众人物;

1997年8月31日，英国王妃戴安娜为了避开专门偷拍名人照片狗仔队的追逐，在巴黎的塞纳河畔隧道内遇车祸不幸身亡。图为帕瓦罗蒂参加戴安娜王妃葬礼

未经其本人同意而加以报道的事件发生地是公众场合而非私密场所；

被报道的公众人物的言行应同公众有关（包括与社会利益、社会关系和社会观念相关）。

但"帕帕垃圾"的报道只满足其中部分条件或在边缘状态，因而导致争议。

在国外，"帕帕垃圾"之所以能够凭借一组照片获得数千、上万甚至十余万美元的报酬，根源来自于公众对明星私生活了解的渴望，甚至是窥视的欲望。

全面"认识"明星，是公众正常、合理的"知情"要求。在今天强调人的选择和自主意识的社会里，人们的"知情"要求比以往更加强烈。过去，人们对明星很少用质疑的眼光去审视，而在今天有多种选择的社会中，不同的明星更像是不同生活方式的文化符号。给予公众更多的知情权，表明社会在进步，这也是媒体所应承担的责任。

公众对明星的窥视欲来自后者在生活方式和生活状态方面同普通人的巨大反差。明星作为时尚潮流的化身，拥有更多前卫、另类，甚至反主流文化等特点。这使他们在观念上具有某种文化特质，这种特质造成了巨大的悬念和诱惑力，从而引发人们探求的兴趣和窥视的欲望。

也有部分公众对明星抱有不健康的心理，希望通过了解某种刺激性的东西，达到破坏明星形象的目的。在现实生活中，明星所获得的利益巨大，这会造成部分公众的心理失衡，他们希望在明星身上找到人类的弱点、道德或生活上的瑕疵，来获得心理上的某种平衡和安慰。虽然这是部分人的心理状态，但有时也反映了公众接受明星负面新闻的基本心态。

从社会调查的结果来看，当社会压力比较大的时候，公众反应的总体趋向不是捧明星而是贬明星。尤其是在生活境遇不那么尽如人意的时候，公众这种反应就尤为突出。反之，公众的心态则比较正面和“阳光”。明星们的负面新闻被频频爆炒时，往往是经济不景气的时候，而在经济比较景气的时候，人们的重心在抓住发展机遇，对明星的负面报道往往不是那么在意和关注。

英国王妃戴安娜

2002年底，受“9·11”事件的影响，美国经济持续滑坡，民航宣告破产，在此情况下，带有搞笑色彩的布什、克林顿木偶在美国上市，并被媒体频频炒作。因此，“帕帕垃圾”的报道其实有时也承担着平衡社会心理的“杠杆”作用。

告诉公众事实真相，满足公众的社会知情权是媒体的责任，同时媒体也承担着引导社会舆论、实现社会正义的义务。随着市场化运作的日益介入，媒体之间竞争的日益激烈，媒体对公众的“引导”作用有弱化的倾向，而“迎合”甚至“媚俗”之风日渐盛行，这是需要警惕的。

从整个媒体的发展来看，不同的发展阶段呈现不同的特征。当媒体发展到一定阶段，严肃媒体在市场竞争中会占有更有利的位置。以美国为例，美国有一千五百多家报纸，其中真正的主流报纸（即所谓严肃的高级报纸）占3%左右，但是它们的社会影响力和市场回报占总量的60%，甚至更多。因此，真正严肃的报纸，应当是赢利状况最好的报纸。

传媒竞争，一种是比规模——如大众化报纸，它们采用的基本手段是越做越厚，越做越具有刺激性；另一种是比技术，即整合信息、解构信息的能力，令别人难以“克隆”，这是严肃媒体的竞争方略。对于明星的曝光，尽管有读者需求，但并非事关公众利益，严肃媒体往往不会参与其中。这实际上是媒体在向公众昭示自己的形象定位。相信在一个充分尊重个人选择自由的社会里，公众会对各个媒体作出自己的恰当判断，而“帕帕垃圾”报道也会被控制在一个适度的范围之内。

第三章　第二媒体和第三媒体

随着广播、电视传媒业的迅猛发展，第二、第三媒体的侵权纠纷发生率也在不断增加，而且侵权的形式和种类也与以往有所不同。从本章的案件中我们发现个别媒体参与不正当的竞争也是导致传媒侵权纠纷的重要原因之一，比如白晓燕一案，正是某媒体不道德的行为，置人质安危于不顾，最终导致了白晓燕丧失性命，引发人们的非议。

还有"纸馅包子"案，这是一个本不该发生的事，但是由于当事人利欲熏心，伪造虚假新闻，最终落得以身试法的下场，可悲可叹！

第一节　外国经典案例

1. 被电视直播的"世纪大审判"——"辛普森案件"

主要案情：1994 年 6 月 12 日深夜，曾在洛杉矶奥运会上点燃圣火的美国超级橄榄球明星 O. J. 辛普森（Orenthal James Simpson）的前妻尼科尔（Nicole Brown Simpson）和其男友戈尔德曼（Ronald Goldman）双双被杀害于尼科尔在洛杉矶的别墅。

现场发现的一些物证使辛普森成为案件最大的、也是唯一的嫌疑人，并将其置于相继发生的刑事诉讼被告人和民事诉讼被告人之位。

历时近三年的刑、民事诉讼，案件审理可谓一波三折，一直为美国和全世界所关注，迥异的刑、民事诉讼结果更使许多人诧异、震惊和难解其所以然。

在证据充分的情况下，最终辛普森竟逃脱了法律制裁，在用刀杀前妻及其男友两项一级谋杀罪的指控中以无罪获释，仅被民事判定为对两人的死亡负有责任。

"辛普森案件"的审判过程、结果和影响都异乎寻常，尽管此案不涉及传媒

2008 年 10 月 3 日在美国拉斯维加斯的克拉克县地区法院，辛普森听到自己罪名成立的裁决。13 年前这一天，辛普森接受“杀妻案”庭审裁决，在一场漫长司法审理落幕时无罪开释。

纠纷，但正是由于法官允许对案件的庭审进行电视直播，使得这一案件的影响进一步扩大，乃至被冠以“世纪大审判”的称谓。

笔者认为，没有电视，这个所谓的“世纪大审判”在全球的关注度就不可能有这样高，这是电视在人类传播史上创造的又一个奇迹。从这一事件中我们能够感受到现代传媒的传播力量。

借助电视传媒的现场直播，也使人们有机会对美国的司法制度和审判程序有更为深入的了解。

在美国历史上从来没有任何一个案件像“辛普森案件”这样让世界人民关注的程度这样高。

由于该案的重大影响力，以及它所体现出的传媒的力量，我们不惜花些篇幅来具体介绍一下。

当年侥幸逃脱的辛普森

案　发

“辛普森案件”发生于 1994 年 6 月 12 日深夜。洛杉矶警方接到报案赶到在洛杉矶西部豪华别墅内的现场,现场发现一男一女两具尸体。躺在安全门内台阶上的女性是房主尼科尔·布朗,她是美国著名体育明星辛普森的前妻,她的喉管已被割断。人行道上躺着的男子是25岁的罗纳德·戈尔德曼,他身上有20处刀伤,死前有搏斗的痕迹。法医对尸体解剖后断定:他们是在12日晚上11时左右被人用利器杀害。

因为尼科尔家财产没有丢失,尼科尔与辛普森所生的两个孩子当时在室内睡觉,未受到任何惊动,警方初步断定是一桩室内情杀案。

案发后凌晨,四名警察来到死者前夫即著名的黑人橄榄球明星辛普森住所,在门外发现其白色的不朗哥型号汽车染有血迹,车道上也发现血迹。按铃无人回应,爬墙而入,其中一名警察福尔曼在后院找到一只染有血迹的手套和其他证据。

案件主要证人是当时住在客房的辛普森朋友。他说,客房墙外曾有像地震一样的响声;此外,一个被电话预约、接辛普森去机场的司机说,10点左右他到辛普森家按门铃无人回应,接近11点时,发现一高大黑人(与辛普森相似)匆匆从街外跑回屋,再按门铃后辛普森回应了,出来说他睡着了,然后坐车到机场去芝加哥。

辛普森1947年4月9日生于美国旧金山波特里奥的康涅迪格大街的黑人居住区,曾是全美最著名的橄榄球运动员,后担任全国广播公司NBC体育节目评论员,是在美国深受欢迎的人物之一。

1977年,辛普森与18岁的尼科尔相识,1978年二人发展为情人关系,1979年,辛普森与第一任妻子离婚,与尼科尔同居,1985年正式与尼科尔结婚,生有一儿一女;婚后二人关系紧张,经常吵架,辛普森还曾因殴打尼科尔被洛杉矶地方法院以虐待妇女罪判处30天监禁,缓期两年执行,罚金7000美元,公益服务120小时,接受心理咨询六周,每周二次;1992年,二人离婚,但辛普森仍经常找尼科尔,意图重归于好,但尼科尔与戈尔德曼来往密切。

案发后凌晨,辛普森在芝加哥酒店接到警方通知前妻死讯,清早赶回加州。辛普森离开旅馆后,警察搜了他住过的915房间,在毛巾、床单上发现了血迹和碎玻璃。

辛普森抵达洛杉矶场后,被警察带回警署。辛普森在律师极力反对下单独接受了警察一小时的问话,辛普森拒不承认谋杀一事。当时警察发现辛普森受伤,他解释说,接到前妻死讯时过于激动打破镜子而受伤的。

经过几天调查后,警署决定将辛普森列为主要疑犯逮捕。

6月17日中午,辛普森突然失踪,随后观众在电视上看见了难忘的镜头:天上直升机队，地上巡逻车队全面出动，几小时后，电视屏幕上终于出现了辛普森的白色小车。几十辆警车尾随在小白车之后。

警方一共出动了几架飞机，十几辆警车追捕辛普森。新闻机构也出动了直升机进行跟踪和现场直播。此时，辛普森正坐在考林斯的汽车里，用枪顶着自己的脑袋，企图自杀，考林斯用电话与警方取得了联系，在警方和朋友的劝说下，辛普森同意不再逃跑，于19时57分，抵达住所；20时45分，辛普森被警方从住所带到了洛杉矶看守所，被控两个一级谋杀罪，即：杀害尼科尔和戈尔德曼。如果罪名成立，辛普森将被判处无期徒刑或死刑。

辛普森聘请了全美最著名的律师组成辩护团为其辩护，其中包括：夏皮罗、贝利、德肖维茨、科克伦、杰尔曼、李昌钰等；起诉方检察官为：加斯蒂·克拉克、霍奇曼等8人。双方阵容强大，举世瞩目。

1994年6月30日，案件开始预审；7月7日，经过预审辩论，法官裁决：现存证据已经表明下列罪行，有足够理由相信，被告犯下了被控的罪行。

7月22日，洛杉矶最高法院伊藤法官正式宣布受理辛普森案，由陪审团审判。

11月3日，12名陪审员组成陪审团。

1995年1月24日，“辛普森案件”正式开庭审理。

控方主要证据有：

1. 在辛普森罗金汉别墅发现一只带血的手套，该手套系辛普森常用的牌号，与犯罪现场发现的另一只是一对，检验分析，手套上有戈尔德曼身上衬衫的纤维物质；有尼科尔和戈尔德曼的头发；有野马车上的纤维物质及具有黑人特征的体毛，手套上的血迹经化验分析系尼科尔、戈尔德曼和辛普森的血液；

2. 在辛普森家中卧室床下发现袜子上有血迹。经DNA分析，符合辛普森和尼科尔的基因特征；

3. 在犯罪现场后门发现的血迹，因不在发案现场，系干净未受污染的血液，经DNA分析，这些血液是辛普森的；

4. 在辛普森的野马车里发现多处血迹，在车门上、车内地板上、仪表盘上有血迹。车门上的血迹符合辛普森的DNA特征；在仪表盘上的血迹系辛普森、尼科尔、戈尔德曼的；在车内地毯上有尼科尔的血迹；

5. 在犯罪现场发现的血迹，经分析，符合辛普森的DNA特征，其中对辛普森的一滴血用常规血清分析，证明系辛普森的血迹；

6. 在犯罪现场发现头发和衣服纤维，犯罪现场的一只针织滑雪帽上有辛普森的头发和其野马车车厢地毯的纤维，在戈尔德曼的衬衫上发现的深蓝色纤维与在辛普森罗金汉别墅里搜到的血手套及辛普森卧室发现的袜子相符；

7. 在犯罪现场发现带血的脚印,尺寸为12号,与辛普森鞋号相同,出售该鞋的百货公司正是辛普森常购物的商店;

8. 在罗金汉别墅的车道、门厅、浴室洗脸池及浴盆内都发现少量血迹。

辩方认为:

1. 警察发现谋杀事件后,并未按规定办理搜查证就径直前往辛普森家中搜查,取证方式严重违法;

2. 警察在后来补办的搜查证上竟然写错了理由,说明警察的办案能力低下和严重失职;

3. 警察调查人员未能把犯罪现场完整地保护下来,他们从尼科尔家中拿来一块毛毯将受害人尸体遮盖住,受害人身上发现的毛发及纤维物质究竟是谁的成了疑问;在从尸体上提取头发纤维物质样品之前,曾把尸体在院内拖动搬移,增加了尸体沾染他人头发和纤维物的可能;

4. 在现场调查的警官未能按洛杉矶警察局规定的工作章程及时通知验尸官和法医前往尸检,现场提取的证据的可信性有疑问。

5. 在现场搜查的洛杉矶警察法医当时并未在犯罪现场后门发现大量血迹,也未在辛普森袜子上发现血迹,他们是在几个星期后,从辛普森身上取了血样后,才发现这些血迹的。

6. 洛杉矶警方法医在现场并未计算收集到的血液和血迹数量,进行干燥处理后也未计算数量,每次化验分析也不计数量。

7. 警察证人福尔曼对黑人有偏见,经常骂黑人为黑鬼,且曾向房客要过辛普森汽车的钥匙,有栽赃陷害的可能。

8. 控方证人丹尼斯一方出庭证明搜集证据的有效性,但是辩方经过法庭质证,使其不得不承认:取毛毯盖尼科尔尸体是一个致命的错误;警察没有及时召集犯罪学家到现场;未用警带围住辛普森的野马车;将在辛普森家发现的手套带到了案发现场;提取证据未戴乳胶手套;辛普森汽车旁的4滴血液未进行记录,且少了血滴;物证受到污染。

9. 控方证人塞尔马公司实验室主管洛宾·克顿出庭证明DNA检验的科学性,DNA血样与辛普森血样的相似性,指出现场发现的血样的提供者是辛普森。辩方首先指出DNA分析统计方法并非完全可信,血样在六月天很热的卡车里长达7小时可能变质。举出塞尔马公司曾检验DNA出错的例子,说明现有检验结果的可信度值得怀疑。

陪审团审判

在“辛普森案件”中,选中的陪审团成员由八名非裔美国人、二名西班牙裔美国人,一名美国印第安人和一个白种人组成。陪审团成员中,两人有高中以上文化背景。根据调查问卷,辛普森案件的陪审团成员基本上都认为 DNA 证据是不可靠的。

辛普森案件中,辩方在挑选陪审团成员上首先胜出一筹。陪审团陪审的时间越长,出现误判的可能性就越大,尤其是当陪审团被隔离时。

1995 年 10 月 1 日,辛普森案在历时一年多的审理后,终于临近尾声。在最后的法庭总结陈述中,起诉方的克拉克检察官、道尔顿检察官和辩护方的科克伦律师、谢克律师各自施展辩才,归纳了己方的意见。他们的发言充满感情,充满无可辩驳的逻辑力量。

10 月 2 日 9 时 16 分,12 名陪审员进入评议室,开始了对案件的讨论。下午 3 时,三声蜂鸣器的轻响,意味着陪审员作出了一致的裁决。很快 12 名陪审员回到了法庭。首席陪审员告诉法官,他们的裁决已被签名、加注日期,封在一个信封内。法官告诉双方律师,裁决结果将在第二天西部时间上午 10 点宣布。

在西部时间上午 10 点到 10 点 10 分(东部时间下午 1 点到 1 点 10 分)之间,人们全停止了工作。没有人去教室上课,没有人去打电话,没有人去洗澡,也没有人去遛狗散步,民航班机在等待,金融活动停了下来。他们全在凝神听取对 O. J. 辛普森的最后裁决。克林顿总统在东部时间 12 点 58 分放下手中的工作,离开椭圆形办公室,和助手们一起到秘书办公室里收看宣布裁决的实况。

在整个国家的期待下,司法官罗伯森女士宣读法庭裁决:辛普森无罪。法庭立刻沸腾起来。

辛普森自由了。他被当庭释放。

不同的结局:民事审判

1994 年 7 月 27 日和 1995 年 6 月 12 日,两名受害人戈尔德曼和尼科尔的亲属分别向法院提起非法致人死亡而要求赔偿的民事诉讼,从而又将辛普森推到民事诉讼的被告席。在经过交换诉状、证据开示、选定陪审团等有关程序后,民事审判于 1996 年 9 月 17 日正式开始。该案件由加州的圣塔莫尼卡民事法院(Santa Monica, California Civil Court)受理,法官希诺诗·富基萨肯(Hiroshi Fujisaki)作为独任法官主审此案。在审判一开始,富基萨肯法官即禁止电视记者们在法庭拍摄,并作出裁定限制双方代理律师就案件公开发表言论,从而将案件置于相对独立平静的审理氛围中。与该刑事案件不同,民事诉讼的气氛非常职业化,诉讼进程更快捷。不过在此民事案件中,大部分证据只是刑事诉讼时证据的再现和重复。

一方面,富基萨肯法官不允许任何来自刑事诉讼的,可能有利于辛普森的有关种族歧视的证言进入民事诉讼程序;另一方面,也确有一些重要的新证据的展示更有利于原告一方。例如,原告方传唤了数名早在马克·福尔曼之前就已经到达案发现场的洛杉矶警员证实,所有重要的证据在福尔曼到达现场之前就已经被收集,所以福尔曼不可能伪造现场和证据。

他们同时还证实,只有一只带血的手套留在现场。在刑事诉讼时,辩方曾主张福尔曼在现场发现了两只带血手套并将其中一只移至辛普森家中从而诬陷辛普森。上述证人的证言推翻了刑事诉讼辩方的这一主张。

再有,警方认定辛普森有一双与案发现场足迹相符的鞋子,而辛普森却矢口否认。原告方向法庭出示了27张照片,十分清楚地显示辛普森穿的正是与现场足迹相符的鞋子。原告律师指出,正是由于辛普森作了案,他才否认自己有同样的鞋子。

陪审团在就民事案件作出最后裁决前,要求再次核实辛普森有关不在现场的证据,殴打尼科尔的证词以及去他住宅接送他去机场的司机有关按门铃无人应答的情况及时间的证词,这些都显示出陪审团对辛普森的怀疑。

1997年2月4日,民事陪审团终于作出裁决。他们一致认定辛普森对两名受害人之死负有责任,并裁决辛普森赔偿原告方850万美金,另外还裁决辛普森向两名受害人家庭各支付1250万美金的惩罚性赔偿金,共计3350万美金。

评述

发生在1994年的美国"辛普森案件",可以说对"无罪推定"是一个正面、也是反面的案例,被告律师辩解的逻辑性令世人瞩目。

美国法律中有一条著名的证据规则:"面条里只能有一只臭虫"。这是一个形象的比喻:任何人发现自己的面碗里有一只臭虫时,他绝不会再去寻找第二只,而是径直倒掉整碗面条。

据此,即便洛杉矶警方获取了大量能证明辛普森有罪的证据,但只要其中有一样(袜子)是非法取得的,所有证据就都不能被法庭采信。于是,陪审团裁定将他无罪释放。

美国民主建设中从来都在防范过度的权力而导致民权受损,体现在刑事定罪上就是"宁可漏网三千,也不错杀一人!"这就是美国法律的精神,"漏网三千"则是保障公民人身自由权利必须付出的代价。而陪审团正是遵循这一宪法精神原则,裁定辛普森无罪,但是仅仅是刑事无罪。

辛普森案件的意义在于:

1. 辛普森是公众人物,甚至被追捕过程也被电视台直播,整个案件影响力极大,然而在最后的审判过程中,陪审团并没有受舆论和公众压力的影响,竟然判处“民愤极大”的辛普森无罪，这一点突出表明了美国司法的绝对独立性；

2．在审判过程中，西方大陆法体系中“无罪推定”原则被运用得淋漓尽致；

3．辛普森被当庭以无罪释放，并且根据美国法律不会以同一罪名再次受到起诉，这说明即使现在辛普森承认有罪，仍然可以逍遥法外；

4．审判以后，美国警署对办案调查流程做了进一步的检讨和修正；

5．绝大部分美国人内心认为辛普森有罪，但也同时认可他受到了公正的审判，如果自己当时站在陪审员立场，也会根据法律判处他无罪。这表明了西方法治国家一般民众在意识形态里对人权和法律的绝对尊重，以及对公众事件所具有的独立思考和理智态度。

然而，在辛普森案件里，警察在侦查过程中也明显存在不足和错误：

1．忽视现场勘查常识

死者被发现后，西区警察分局局长布歇决定派几位刑警赶赴相距约 4 公里的辛普森住宅，去通知他本人前妻尼科尔遇害但孩子无恙的消息，并让辛普森着手把两个受惊的孩子带回家。这时，一位名叫福尔曼的白人刑警自告奋勇要求带队前往。因为在 1985 年的一次家庭纠纷中，尼科尔被辛普森殴打后报警，福尔曼曾上门处理过他们的家庭暴力案件，知道辛普森住宅的准确地址。于是，主持调查凶杀案的瓦纳特警长便率领福尔曼等四名警探驱车前往辛普森住宅。

布歇局长的这一决定铸成了警方的第一个重大失误，因为前去的 4 位白人警官都曾进入过血迹遍地的第一杀人现场勘察，其皮靴和警服上很有可能已不小心沾染了血迹。按常规，布歇局长应当派几位没进入过第一现场的警官去通知辛普森，以防止第一现场的血迹与后来被警方宣布为第二现场的辛普森住宅的血迹发生交叉沾染，这是刑事案现场勘查的基本常识。可是，警方在辛普森案件中却完全忽视了这一点。

在采集证据和保护现场方面，警方也出现了很多常识性的重大失误。案发之后，大批刑警和刑事检验人员迅速来到现场，但法医直到案发 10 小时后才到达现场，错过了准确鉴定被害人尼科尔死亡时间的最佳时机。

法医在解剖尸体时，不但没对尼科尔尸体进行 X 光检查和采集尼科尔的右手指纹，而且对尼科尔死亡前是否受到性侵犯也未作任何医学鉴定，致使破案线索大大减少。

为了“保护”现场，警方人员还顺手从尼科尔的公寓中拿了几条白被单，小心翼翼地盖在了尸体之上。可是，由于辛普森与尼科尔离婚后仍然藕断丝连，案发数周前他还曾经在尼科尔公寓过夜，并经常来公寓看望孩子，被单上难免会有他的头发或皮屑，结果致使检方呈上法庭的 DNA 证据的可信度大打折扣。

根据案发现场照片，辩方专家发现尼科尔尸体裸露的肩膀上有七点血滴，从这些血滴的形状和滴落方向看，它们不可能是尼科尔本人滴落的。根据推理，这些血滴很可能是在尼科尔倒地后，有人流着血从她尸体旁走过时滴落的。

因此，如果这些血滴不是来自另一名被害人戈尔德曼，那一定是凶手滴落的。这样，如果能证明这些血滴属于辛普森，那么他杀人的嫌疑便倍增。可是，当辩方专家向警方检验人员提出查验这些血滴时他们深感惊讶，因为警方完全忽视了这些血滴的重要性。尼科尔的尸体在解剖前已进行冲洗，这些血滴永远消失了。

2. 警方涉嫌非法搜查

6月13日清晨5点，四位白人刑警来到建有围墙的辛普森住宅。他们在前门按了很久电铃，但一直无人应门。这时，福尔曼独自一人沿围墙搜索了一圈，发现围墙后门的路上停着一辆白色福特野马型越野车。经细心观察后，福尔曼高声叫瓦纳特警长过来察看，说在驾驶员位置的车门把手上发现了微小血迹。温纳特和另两位警官看到血迹后大惊失色，他们担心住宅内的人有生命危险，便决定进入住宅进行紧急搜查。

在辛普森案件中，从当时福尔曼发现血迹和长时间无人应门的情况看，四位警官擅闯民宅之举勉强可以算是具有“合理性”。警官们进入住宅后，一旦发现辛普森及其家人没有生命危险，就应停止搜查，只有在与法官取得联系申请到搜查许可证后才能对辛普森住宅进行合法搜查。但是，在没有面临迫在眉睫的危险和非紧急情况下，福尔曼警官独自一人迫不及待地在辛普森宅内继续搜查，结果铸成了警方在此案中的第二个重大失误。

决定进入住宅后，福尔曼自告奋勇抢先翻越围墙，从里面打开前门，四位警官一起直奔豪宅。可是，按了很久的电铃仍然无人应门，于是他们绕行到住宅后边去三间独立客房敲门。在第一间客房，有一位睡眼惺忪的白人出来应门，他自称是辛普森的哥们儿，名叫凯林。凯林称，大约在晚上10时45分左右他听到客房背后一声巨响，墙壁上的挂画都被震动得摇晃起来，以为是轻微地震，没放在心上。福尔曼疑心大起，立即单枪匹马到客房后搜查。大约18分钟后，福尔曼高声叫来其他刑警，说在屋后悬挂式空调机下的走道上发现了一只沾有血迹的右手黑色皮手套，这只手套与在凶杀案现场发现的另一只手套相配。但是，在血手套现场没发现其他血迹以及可疑的脚印和痕迹。福尔曼解释说，估计在半夜三更、黑灯瞎火之时，凶犯潜逃在屋后，一不留神撞在了空调上，在惊慌失措中遗落了手套。

发现血手套后，刑警们又找到了更多线索。他们发现，在围墙前门车道以及从前门通往住宅大门的小道都有血滴的痕迹。这样，警方认为已有足够的理由怀疑辛普森是凶杀嫌疑，便宣布辛普森住宅为凶杀案第二犯罪现场，正式向法官申请搜查许可证。在后来的搜查中，福尔曼在二楼卧室的地毯上发现了一双沾有血迹的袜子，它成为指控辛普森涉嫌杀人的重要证据之一。

可是，在没有搜查许可证和非紧急情况下福尔曼独自一人在辛普森住宅中大肆搜查一事使警方涉嫌违反正当的法律程序。依照美国法律，在某些人命关天的特殊情况下，警官可以用电话或其他现代化通讯手段与法官取得联系，法官了解现场情况后可以口头授权警察进行搜查。只有在面临生命危险或罪证可能被销毁的紧急情况下警察才能破门闯入民宅搜查。可是，警官们进入辛普森住宅后的境况并非如此。

在预审时，辩方指控四位白人警官心怀偏见、先入为主，早在案发之初就已把辛普森内定为主要嫌犯，然后故意寻找借口闯入民宅进化非法搜查。假如法官判决警方违宪，则搜获的血迹和血手套都会成为“不用的证据”，不能在审判时呈堂。事实上法官听取警方的辩解后裁决搜查行为合法。尽管如此，在庭辩期间，面对辩方律师的穷追猛打，福尔曼死活也解释不清，作为一个有多年刑事侦察经验的老手，在非紧急情况下，明知没有搜查许可证，为何仍然独自在住宅内搜查？辩方借此怀疑，福尔曼之所以急不可待地闯入搜查，很可能是为了借机伪造证据，用栽赃手法嫁祸被告。

3. 警官携带血样返回现场

6 月 13 日中午 12 点，当辛普森从芝加哥匆忙赶回洛杉矶时，警方已封锁了他的住宅。主持调查的瓦纳特和兰吉警官让他到警署总部来一趟，澄清一些疑点，辛普森答应了。辛普森的私人律师要求随同前往，但辛普森坚称自己与凶杀案绝对无关，用不着律师。

瓦纳特向辛普森宣读了“米兰达告诫”[①]，提醒他有权保持沉默，有权请律师在盘问时在场。但辛普森同意放弃沉默权，独自一人与两位刑警交谈了半个多小时。

在审问过程中，瓦纳特告诉辛普森，警方已在他的住宅内发现了一些可疑血迹。辛普森当即表示愿意提供自己的血液样品，以便澄清真相。于是，警署的护士从辛普森身上抽取了血液样品。按常规，为了防止血样凝固和变质，警方在辛普森的血样中添加了防腐剂（EDTA）。这时，瓦纳特注意到辛普森左手用绷带扎住，且有肿胀迹象。辛普森解释说手指不知咋整的弄破了，对于弄破的具体时间他解释得含含糊糊、前后矛盾。征得辛普森同意后，瓦纳特指挥摄影师将伤口

① 此为美国警察向犯罪嫌疑人说出的第一句话：“你有权保持沉默。如果你不保持沉默，那么你所说的一切都能够用来在法庭作为控告你的证据。你有权在受审时请律师在一旁咨询。如果你付不起律师费的话，法庭会为你免费提供律师。你是否完全了解你的上述权利？”这句话就是著名的“米兰达警告”，也称“米兰达告诫”，即犯罪嫌疑人、被告人在被讯问时，有保持沉默和拒绝回答的权利。

拍摄下来。值得一提的是，辛普森此时仅是犯罪嫌疑人，法官虽已颁发搜查许可证，但尚未正式颁发逮捕令，辛普森如果心里有鬼，他完全可以拒绝与警方合作，拒绝抽取血样和拍摄伤口照片。

得到辛普森的血样后，瓦纳特警长并未将它立即送交一步之遥的警署刑事化验室，反而携带血样回到了32公里以外的凶杀案现场。

瓦纳特那天手持血样在凶杀现场逗留了三个小时之后，才将血样交给正在现场取样勘查的刑事检验员丹尼斯·冯(Dennis Fung)。在庭审时，面对辩方律师的质问，瓦纳特解释说，根据工作条例，所有证据必须先登记编号，然后才能送交刑事化验室存档，而丹尼斯·冯正是负责登记编号的警员，所以他才携带血样回到了犯罪现场。可是辩方死死抓住这个重大疑点大加渲染，辩方律师卡克伦把瓦纳特和福尔曼贬称为一对大骗子，使陪审团对警方涉嫌违法乱纪、栽赃陷害的疑虑大大加深。

瓦纳特携带血样返回第一犯罪现场，铸成了警方在此案中第三个重大失误。在庭审时，警署护士出庭作证时说，他那天从辛普森身上抽取了大约7.9至8.1毫升血液样品。可是，辩方专家在警方实验室只发现了6.5毫升的血样。换言之，大约1.4至1.6毫升的辛普森血液样品竟然不翼而飞。辩方借此怀疑，瓦纳特携带血样回到第一犯罪现场很可能是为了借机伪造证据。

此外，在法庭上，辛普森先带上了为预防污损而准备的超薄型橡胶手套，然后试图戴上血手套。可是，众目睽睽之下，辛普森折腾了很久，却很难将手套戴上。辩方立刻指出，这只手套太小，根本不可能属于辛普森。检方请出手套专家作证，声称手套沾到血迹后，可能会收缩一些。但辩方专家认为，这是一种经过预缩处理的高级皮手套，沾血后不会收缩。在众目睽睽之下，辩方的辩解更令人信服，使得这个证据没有为控方发挥作用。

美国人会这么关注这个案子？这里不得不谈一谈美国人的体育运动。

绝大多数的美国人都是球迷，主要喜欢的就是被称为美式足球的橄榄球、棒球和篮球。美国人的“运动观”和中国人不同，一般的美国老百姓很少关心美国在世界运动会上得了什么金牌，他们最感兴趣的事情，莫过于自己所住的城市或州的运动队在全国联赛上的成绩。出类拔萃的球星在人们眼里就是一个“美国英雄”。所以，美国超级橄榄球明星辛普森在大家眼里，就是一个“美国式的英雄”，而且，他以前给人们的印象一直是一个善良的好人。

案发之后，当警察试图找他通知案情时，发现他已经去了芝加哥。最后，警察设法找到他住的旅馆，电话向他通报案情，要他赶快回来。

在以后的几天里，警察宣布有足够的证据将辛普森列为杀人嫌疑犯，但还是顾及辛普森的声望，答应他参加前妻的葬礼之后，限时让他自己去投案。

但葬礼之后辛普森并没有去投案。时限一过，警察只得把他宣布为重大通缉犯。很快，警察在高速公路上发现了他的白色福特重型车。

打开电视机，人们可以看到追踪的现场直播。天上是直升机，公路上是整整齐齐的一排警车跟在他的白色福特车后面，出现一番洋洋大观的追捕景象。由于车速很慢，气氛并不显得紧张，倒显得有点滑稽。电视台还同时播放一些心理学家的分析，说他有可能自杀，有可能持枪，有可能最后开枪拒捕，等等。整整几个小时，全美国乃至世界都在"跟踪追看"。

在辛普森从芝加哥回来的一个小时里，警察局还没有宣布辛普森为嫌疑犯时，他就已经给美国最著名的律师之一夏皮罗打电话，聘请他作为他的律师，并且马上组建了此后名满全美的"梦幻律师团"。

与此同时，由地方女检察官克拉克，黑人检察官达顿为首的一个检方律师团也组建起来了。

这两个律师团，一个代表被告，一个代表原告。

在美国，检方和辩方是完全平等对抗的两个队伍。美国的法庭和运动场没有什么区别，检方和辩方就像两支势均力敌的运动队。因为根据美国的法律，不论嫌疑犯被控的罪行有多么严重，不论检方手中掌握的证据看上去是多么的有力，在他被宣判有罪之前，都必须假设他是无罪的。

"无罪假定"在美国的司法制度中是极为重要的一条原则。正是这一条原则，决定了检方和辩方从道义上的平等地位。正因为在宣判之前，假定被告是无罪的，律师才可以毫无心理负担，理直气壮地进行辩护。

所以，在被告不认罪的情况下，检方的责任是举证，证明控告可以站得住脚，以期找出真正的罪犯；而作为辩方，则是竭力对检方的证据提出质疑，甚至推翻检方的证据，以期维护有可能被冤枉的被告的清白。

美国的司法彻底独立。政府无权干预审理过程。

在美国法庭上，法官起的作用就是维持秩序。双方的证据是否可以呈堂，提出的证人是否可以出庭，向证人的提问是否恰当，在法庭上可以说什么，不可以说什么，在有一方犯规的时候叫停，等等，这些都是法官的责任。

但是，最终决定案件输赢的，最终掌握被告生杀大权的，是由美国平民组成的陪审团。

美国宪法修正案，即：权利法案第五条，第六条和第七条都有涉及陪审团制度的内容。

《美国宪法修正案》第五条规定："非经大陪审团提起公诉，人民不应受判处死罪或会因重罪而被剥夺部分公权之审判；惟于战争或社会动乱时期中，正在服役的陆海军或民兵中发生的案件，不在此列；人民不得为同一罪行而两次被置于危及生命或肢体之处境;不得被强迫在任何刑事案件中自证其罪,不得不经过适当法律程序而被剥夺生命,自由或财产;人民私有产业,如无合理赔偿,不得被征为公用。"

宪法修正案第六条规定:"在所有刑事案中,被告人应有权提出下列要求:要求由罪案发生地之州及区的公正的陪审团予以迅速及公开之审判,并由法律确定其应属何区;要求获悉被控的罪名和理由;要求与原告的证人对质;要求以强制手段促使对被告有利的证人出庭作证;并要求由律师协助辩护。"

宪法修正案第七条规定:"在引用习惯法的诉讼中,其争执所涉及价值超过20美元,则当事人有权要求陪审团审判;任何业经陪审团审判之事实,除依照习惯法之规定外,不得在合众国任何法院中重审。"

从美国宪法修正案中我们看到,一般的民事和刑事案件,只要你提出要求,都可以由陪审团审理。而重大案件,尤其是有可能导致死刑的案件,则必须通过陪审团审理。

从表面上来看,似乎只要是案发地法院的管区之内,年满18岁以上的美国公民,都可以当陪审员。但是,实际上并不是那么简单。

首先是与案子有关的人员,包括与原告或被告有联系的人不得入选;其次,一些职业有可能产生思维倾向的,比如律师、医生、教师等等,也不得入选。

在辛普森一案中,陪审团的初选是在1994年9月底完成的,共选出了304名候选人,直到1994年11月,辛普森一案最终选出12名陪审员和12名候补陪审员,其中大多数是黑人。

而法官人选也必须同时被双方所接纳,经过双方再三讨论,本案最终确定法官由日裔法官伊藤(Ito)出任。伊藤的公正无私是出了名的,他的妻子恰好是承办此案的洛杉矶警察局的警官,他还能被极其挑剔的辩方律师所接受,这就足以证明他声誉好的程度。

在美国,各个州对于是否允许电视台进入法庭进行电视报道有不同规定。有些州绝对不允许电视从业人员进入法庭。在这种情况下,法庭上既不准录像,也不准录音,甚至也不可以拍照。电视观众只能在新闻节目中听到一些简单介绍。这为一批画画者提供了一种专门的职业,因为新闻媒体为了弥补电视观众对法庭审理的视觉了解,要雇用一些艺术家画现场速写以再现当时的情景。

有些州的法律则使现场的电视传播具有可能性,但是,必须考虑辩方和检方的意见,最后,由法官裁决。加利佛尼亚州就属于此列。本案伊藤法官批准了辛普森案的电视转播,这使所有人都有了一个难能可贵的机会,去了解美国的司法制度是如何运转的。

但是,电视转播也有一个非常严格的规定,就是不可以"暴露"陪审员。

法庭的四大要素：检方、辩方、法官、陪审团好不容易齐全了，但是还不能开庭，因为要由法官先决定哪些证据可以呈堂，即：并不是所有的证据都可以真的算证据的，这涉及美国宪法第四修正案，以及美国最高法院依据这个修正案所定出的“排斥原则”。

在随之开始的审前听证会上，人们在电视机前，看到法官提出是否认罪时，辛普森无精打采地回答法官说，不认罪。于是，听证开始。辛普森的辩护律师一开头就提出，在辛普森案发的当天晚上，警察在他家里所找到的一大堆证据，都不能作为合法证据在法庭上提供给陪审团。他们所依据的正是宪法修正案的第4条：“人人具有保障人身，住所，文件及财物的安全，不受无理之搜索和拘捕的权利；此项权利，不得侵犯；除非有成立的理由，加上宣誓或誓愿保证，并具体指明必须搜索的地点，必须拘捕的人，或必须扣压的物品，否则一概不得颁发搜捕状。”

在此案中，当警察接到报案，查看现场之后，很快就去了辛普森的家。他当时已经离家去了芝加哥，警察在他的家里，发现了一些证据，然后才据此取得搜捕令，这是非常规的做法。在美国，一般来说，没有非常确定的理由（猜测、推理和怀疑都根本不是理由），警察是根本拿不到搜捕令的。许多案子，警察都因此而束手无策。那么，如果警察违规作业，在无搜捕令的情况下私闯民宅进行搜查，并且成功地如愿拿到了证据，铁证如山之下，罪犯是否就可以得到惩罚，警察的违规在成功破案的事实面前是否就可以忽略不计了呢？这在美国绝对行不通。

美国权利法案的核心就是防止美国政府剥夺人民的自由和权利，如果以“成败论英雄”，那就是在鼓励警察违反宪法。所以，如果警察未持有搜捕状进行搜查和逮捕，那就是违宪，即使拿到天大的证据，也只能作废，放案犯回家。

所以，在开庭之前，法官首先要判定，警察在案发当晚第一次进入辛普森的家是不是合法；如果不合法，那么所有在他家发现的证据都不能在审判的时候在法庭上出现，这就是“排斥原则”。从理论上讲，“非法证据”被“排斥”掉之后，在整个案子里唯一有权决定辛普森是否有罪的陪审员们，就不会知道曾经在辛普森家里发现了什么。这样，找到的证据就作废了，如山的铁证也就在顷刻之间化为乌有。

辛普森的陪审团从宣誓就任开始，即被隔离了。一般的案子，如果影响不是太大的话，陪审员通常是可以回家的。但是，如果案子引起轰动，美国新闻界无孔不入的报道会使陪审团受到极大的干扰。一般在挑选陪审员的时候，就挑选那些对案情一无所知的人，他们所得到的全部信息，只限于在法庭上被允许呈堂的证据，这样，他们在判断时也就不会受到新闻界的推测和不合法证据的影响。

这也是辛普森案挑选陪审团特别吃力的地方,因为在陪审团被选定和隔离之前,案情已广为流传,几乎已经找不到一个说是没有大量看过相关报道的人。但是,被选中的陪审员都会被告知,只有呈堂的证据才是算数的。至于在他们隔离之后公布的证据,如果被法官宣布为非法的话,陪审员根本就不会知道。

他们被允许知道只限于法官判定可以让他们听到和看到的东西。即使在法庭上发生的事情,只要遇到法官认为还需要进一步了解之后才能决定的情况,都会先把陪审员请出法庭。

但是作为被告,他有宪法所保证的面对一切与他有关证据的权利。因此,被告是始终在场的。

陪审员在这一段时间里,上食品店买吃的,都有法警跟着,以保证他们不与外界接触。在整个案子结束并移交给他们决定之前,陪审员不可以互相交流和讨论案情。

因此,在这一段时间里,陪审员的自由比该案的嫌疑犯还要少得多。

辛普森案件比较特殊,由于双方角逐激烈,审理过程长,导致陪审员被隔离的时间长达 9 个月。

在美国,平时人们的穿着打扮是非常随便的。但是,在当了被告上法庭的时候,哪怕他从来没有穿过西装,肯定也会考虑要去买一套。因为在判决之前,美国对被告是“无罪假定”,因此,哪怕是最危险的被告,美国当局都没有权力强迫被告在法庭穿上囚服,更不能戴刑具,以免陪审团在判决之前对被告有“罪犯形象”的先入之见。

而被告也都会充分运用自己的权利,借此精心打扮一番,以最“正人君子”、最“体面”的形象出现在陪审团面前,以争取“印象分”。这样,在美国的法庭上,检方和辩方的最后一点有可能形成不平等的感觉也消除了。

对于预审阶段的证据,伊藤法官最终裁定,在辛普森家里发现的证据都是可以呈堂的合法证据。因为作为证人的警察一口咬定,案发的当天晚上,他们从案发现场出来,赶到辛普森的家中,并不是对这位被害人的前夫产生了丝毫的怀疑,而是考虑到他与被害者曾经是亲属关系,有可能也遭遇了同样的不幸,或者说,生命也可能正处于危险之中;再者,与辛普森当时同住的,还有辛普森的孩子,他们的安全也在警察的关注之中;警察在辛普森的家门前和门口停着的辛普森汽车车门上发现血迹后,更担心里面可能发生问题。由于这一切都是处于紧急状态,所以他们是作为紧急状态处理,才进入他的住宅的。此后发现血手套等重大证据,据此取得搜捕令,正式开始搜查。所以,整个程序是完全合法的。

辩护律师抗辩说,警察是在撒谎,他们根本一开始就是把辛普森当做嫌疑犯，一开始就是去非法搜查的。法官对辩护律师抗辩的说辞不予支持。

法官在这时候的裁决是很谨慎的，一是要有法律依据，二是要公平。否则后患无穷。在整个审判结束之后，只要审判过程有“瑕疵”，不服的一方就可以上诉，据此推翻审判结果。甚至法官还有可能因此而成为被告，葬送前程。

我们再回到辛普森这个案子。如果检察官提出的是“一级谋杀罪”的罪名指控，按照加利佛尼亚州的法律规定，你就一定要提出充分证据，不仅证明嫌疑犯杀了人，还必须证明他是预谋杀人。这是因为，陪审团最后作出的判断并不是“有罪”或是“无罪”，而是“罪名成立”或是“罪名不成立”。

如果检方只提出一种指控，陪审团的判定就称为“全肯定或全否定”判定。也就是说，如果你提出的只是“一级谋杀罪”指控，你又只能证明杀人而不能证明预谋，陪审团仍然会说，“一级谋杀罪的罪名不成立”；如果检察官没有提出其他指控，唯一的指控又被否定，案犯就可以回家了。所以，对于检察官来说，这是一个非常有技巧性的问题。如果提出一级谋杀罪的指控，最后罪名成立，则杀害了两条性命的罪犯就会得到较重的处罚，如死刑，或者无期徒刑，不准假释等。但同时，检察官的风险也大得多。如果提二级谋杀罪，即指控他是在争吵之类恼怒中，一时性起无法控制而杀了人，这对于检察官来说，寻求“罪名成立”的压力当然要小得多，但是，可以寻求的处罚也就轻得多了，不仅刑期较短，而且关一段时间之后案犯就可以设法申请假释了。辛普森案的检察官经过再三推敲和权衡，最终对他提出两项一级谋杀罪指控，也就是说，指控他对于被害的两个人都是一级谋杀。

检察官的指控当然有他们的理由，他们提出，在夏天戴着皮手套，携带利刃（两人都是被利刃割断脖子而死），穿戴暗色衣帽（现场拣到一顶暗色帽子）以及在现场停放逃脱工具（指辛普森的汽车里发现血迹），这都说明他是有预谋的。

检察官寻求两项一级谋杀罪是有些风险的。首先是非常偶然地出现在现场的年轻人戈尔德曼（他是下班后来送还尼科尔在他们餐厅用晚餐时遗忘在餐厅里的太阳镜），你很难说服陪审团，说辛普森是“预谋”要杀他。其次，如果辛普森是个预谋杀人犯的话，他就是世界上最愚蠢的一个。为什么这么说？因为在天天都可以从电视里看到好几个破案故事片的美国，哪一个打算逃脱的预谋杀人犯会用这种方法杀出一地血来，然后带回一大堆证据，撒得自己家里到处都是呢？如果是辛普森干的话，这种情况看上去更像是一种情绪失控的冲动。

另一个问题就是检察官是否要求死刑。

辛普森案的发生地加利佛尼亚州是有死刑的，但是按照美国的法律规定，检察官必须在审判之前就提出是否寻求死刑，而不是在被告确定有罪之后再考虑这个问题，这也给检察官的决定带来很大难度。因为在美国，是否应该有死刑这回事,一直是一个严肃而又有争议的话题。有非常多的人反对死刑。

在这样一个大背景下,如果一开始就对辛普森这样一个曾经是黑人体育英雄的人寻求死刑,很可能就会使陪审员在考虑被告的"罪名成立"时,心理压力太大,从而"下不了手"。因此,最终检察官放弃提出要求死刑,应该说这样做是比较明智的。

当正式审判开始的时候,照例需要被告当着陪审团的面再回答一次,是否自认"罪名成立"。一般来说,被告都是简单回答"罪名成立",或是"罪名不成立"。可是,谁也没有想到,辛普森不但一反预审时无精打采的模样(预审时陪审团不在场),而且提足中气斩钉截铁地答道:"罪名百分之一百的绝对不成立!"这种出乎意料的夸张表达,在法庭上可谓首创,其目的是一开始就给陪审团留下强烈的印象。此举一时间在法庭之外被传为笑柄。

听证过程是双方律师的"竞技"对抗过程。先由检方提供证据和证人,然后,由辩方提供证据和证人。

在美国的法庭上,不论证人提供的是正面还是反面的证据,不论他提供的证词是想说明被告有罪还是没罪,他都要在陪审团面前经受得住反对一方的诘问。

在美国的法庭上,最重要的东西莫过于证据和证词,因此,任何证据都要经过反复推敲,检方所作出的血样化验报告,辩方都会提出要一份血样另请专家进行测试。证人的每一句话,也都有可能被陪审团作为定罪的重要依据,因此,证词的可靠性,证人本身的可靠性,都在律师质疑的范围之内。如果把美国法庭比做"运动场",证人就是运动双方竞争和游戏的那只"球"。

在作证过程中,检察官和辩护律师所能做的事情就是提问。提什么问题,怎么提都大有讲究。与证人观点一致的一方,必须通过提问和证人的回答,使一旁的陪审团相信证词是可靠的。而另一方,却恰恰相反,他必须挖空心思千方百计地提出一些证人感到难以回答的问题,或者让证人的回答出现矛盾,或者刺激证人的感情薄弱点,使证人在情绪激动时证词出现漏洞,甚至于直接对证人本身的信誉和可靠性提出质问。在这种情况下,毫无法庭经验的证人很有可能会被问得狼狈不堪。

但是,并不是任何问题都可以问的。有些问题在"犯规"之列,是不准提出的。什么问题能问,什么问题不能问,全靠法官掌握。

这个时候,法官的作用就体现出来了。

最常见的犯规是"与案情无关"的问题。比如说,证人本人的信誉和道德品质经常会受到质疑,这类问题一提出,提供证人的一方肯定要提出"反对",以保护自己的证人,这时,就看法官判断了。如果法官判"与案情无关",质疑就被半路堵回去了,证人就可以松口气;如果法官认为这一提问对鉴定证人本身的可靠性，以及对鉴定他证词的可靠性都有关，那么，证人就得倒抽一口冷气，好好准备应付一些咄咄逼人的问话了。

还有一些诱导性的问题也是不允许的，比如说，你不能先确定一个事实，问证人是不是这样。这是犯规的。同一个问题，从一个角度去问是可以的，而换一个角度问可能就犯规了。在美国的法庭上，是相当紧张的。提问的一方总是尽量提一些问题，诱使证人讲出对自己一方有利的证词，对方就几乎一直在对各种问题的提法提出“反对”，法官就不断地在对每一个“反对”作“通过”或“否决”的判定。一旦法官的判定出来，反对的一方可以再一次对法官的判定加以“反对”，这时，法官再重复一次他的判定时，会简单讲出他作出判定的理由。

这个过程，对于律师和法官的要求都是很高的。他们不仅要熟悉法律条文，还必须熟悉各种判例。在美国，前案的判例，会成为以后案件审判的依据。

因此，律师在提出“反对”时，常常提出某个法律条文或以前的某个判例作为依据，说明自己“反对”得有理。法官在这种情况下，当然首先是要对这些条文判例都反应得过来，然后，还要马上从自己熟悉的判例中找出自己反驳的理由。

美国法庭之所以能够这么有秩序，在陪审团面前“不准争执”的规定起了很大的作用。在审理过程中，提问的一方是在与证人对话，反对的一方是在与法官对话，检、辩双方一般是相互不对话的。一旦出现他们之间的对话，通常就带有争执的意味，法官会在这样的苗头刚冒出来的时候就马上叫停，有时会立即判处罚款。这时，检察官和辩方律师只好当场掏出支票本先付罚款，200 美元的罚款当场交出，争执消除，正常的程序再继续下去。

在辛普森案件的审理过程中，检、辩双方都因为争执而被法官当场罚过款。

在法庭向证人提问时，也绝对不允许争执。与证人的全部对话只能以提问的形式出现。即使提问的一方发现证人明显是在说谎，他也不能直接对证人说，你这是说谎，因为这已经不是提问，而是一种争执。

在这种情况下，提问者能够做的，就是以继续提问的方式戳穿证人的谎言。一般来说，都能够达到目的。何况证人出庭时都要宣誓说实话，说谎在理论上犯了伪证罪，是要负法律责任的。所有的律师也都有一套把肯定句变为疑问句的本事。

在辛普森案件中，最长的一个阶段是由检方提供证据证人，这一阶段持续了大概有半年，几乎每天都进行。在国内的相关报道中也可以看到，情况对于辛普森显得非常不利。首先他提不出最重要的不在现场的证明。

案发当天晚上，尼科尔在 10 点钟左右给母亲打过一个电话，从这个电话到辛普森在自己家里接一名出租司机的电话，这段时间为 45 分钟。这是辛普森最关键和引起争议的一段时间。辛普森声称这段时间他是在家里独自睡觉,因此,提不出证人。在这种情况下,检、辩双方争论的焦点,就是辛普森是否来得及在这段时间里完成所有动作。对于这一点,他们始终持有不同意见。

辩护律师一直宣称,时间是不够的。因为是用刀,相对需要时间,而且他还必须来回于两个住宅之间。两个健康的成年人也不可能束手待毙,毫无搏斗,尼科尔由于是女性,显得弱一些,戈尔德曼却是一个健壮的年轻男子。

最后给人留下的印象是,杀得顺利的话,时间也许是够的;同时也给所有的人留下一些疑问,一是时间到底够不够,二是如果辛普森是预谋杀人犯,他为什么冒险给自己只安排非常短的作案时间? 在这段时间里,他必须开车来回,杀人,然后更衣、销毁证据(凶器和凶手所穿的衣服鞋子始终没有找到)。他必须在这段时间里完成一切,因为他后面的时间安排把自己给堵死了——他不仅没有证人证明他不在现场,反而还约了一个豪华出租车到他的住所接他去机场。如果这是一个预谋杀人案,这种安排是很不近情理的。

正因为他预订了出租车,才出现了对他十分不利的出租车司机的证词。司机的证词说,到他家门外的时候是 10 点 22 分。司机的基本证词都得到他的移动电话记录的证实,因为他曾多次和他的老板联系。而其他一些警察局证人都受到辩方律师十分苛刻的盘问。其中给人印象最深的一个是福尔曼,正是他捡到两只血手套作为关键证据的。他不是洛杉矶警察局重案组的成员,只是碰巧那天值夜班,接到报警电话后是他最先到达现场。最初的一些证据,包括辛普森白色福特车上的血迹,那两只血手套等等,就是他发现的。此后,重案组的人一赶到,他把案子交出去,就再也没事儿了。所以,福尔曼牵进这个案子里的时间并不长,但是显然他在该案里的地位却十分重要。他是辩方假设的有可能因种族歧视而栽赃的主要目标,因此,这一段听证对他来说过得相当艰难。

但是,福尔曼在这一阶段的表现基本上还是令检方满意的。尽管他受到被告律师的反复盘问,他还是能够做到"兵来将挡,水来土掩",似乎没出什么大娄子。对于如何发现一些重要证据,都能一一道来,没有什么破绽。对于被告律师指责他有种族主义的言论,他也断然加以否认。他非常坚决地回答说,在以往的至少 10 年中,他从来没有用过"黑鬼"这一字眼。

另一个在法庭上十分狼狈的,是一个冯姓的华裔警官。他是搞技术的。亚裔在美国的各种机构里,担任技术方面的小头头的相当多。重案组接手之后,就是由他负责搜集证据。因此,他也是一个本案罪证可靠度的重要证人。

本案的血样证据显得很重要的原因,是辛普森接到警察报告他前妻死亡的电话后,从芝加哥赶回来的时候,带着一个被割破的手指。他自称是在旅馆被打破的玻璃杯割伤的。但是,检方要证明的是,在他的汽车和现场发现的血滴中,有辛普森的基因,也就是说,要证明他的手指是在去芝加哥之前,在杀人现场割破的。

在一开始接受律师盘问的时候,冯警官十分从容,问他收集证据的全过程,他回答得信心十足,看上去也没有什么漏洞。实际上,当时取证的全过程都是有录像的,这是警察局的工作录像。根据宪法第六修正案,被告有权面对自己的全部证据,所以这些录像在被告律师那里都有一份拷贝。

对冯警官的第一阶段的听证结束后,被告律师马上就在法庭上放了警察局取证的工作录像。放出来的录像和当初冯警官的作证有多处不符,基本上都是技术细节问题。比如,他曾经说,取证时是按操作规定采取了戴橡皮手套等防污染措施,但在录像里却不是这样;他说某一重要证据是他自己亲自收集的,录像里却是技术级别还不够的助手在那里操作。另外,取到的血样没有及时送检,在高温的车内放置过久无人看管等等。总之,此类问题一大堆。

在法庭上尝到自己信口开河苦果的冯,愁眉苦脸,与录像里的踌躇满志,洋洋得意恰成鲜明对照。

被告律师并不满足于把冯定位在一个"马大哈"的形象上,他们直追冯的个人品质问题。他们通过提问,给陪审团留下这样的印象,冯前面第一阶段的证词,不是时日已久,记忆不清说错了,也不是信口开河不负责任,而是有意撒谎,是有意掩盖警察局草菅证据,甚至有可能偷换证据的真相。他们要让陪审团明白,冯不仅是一个撒谎者,而且还可能是一个阴险的,居心叵测的,刻意掩盖事实真相的家伙。

由于冯涉及的物证特别多,所以听证的时间也特别长。经过多天,当长长的作证过程终于过去时,冯又让所有的人经历了一个戏剧性的结尾。当他结束听证,离开证人席的时候,他走过检察官的坐席,非常尴尬地和检察官握了一下手。这完全可以理解,他本来是检方提供的证人,检方当然对他寄予厚望,希望他作为一个负责取证的技术官员,至少能向法庭和陪审团提供有力的证词,证明检方向法庭提供的证据,取证过程是科学而公正的,没有被调包的可能,冯却使他们大失所望;同时,正由于他接触的证据特别多,一旦捅开这个漏洞,影响非同小可。作为一名犯罪方面的专业工作者,冯当然知道自己闯的祸不小。如今木已成舟,双方握手道别的心情都很复杂,这很好理解。

此后,在法庭呈现的是大量的基因化验证据。

有几个方面辩方的做法显然是成功的。首先是指出了取证过程的操作不规范,血样保管有漏洞,提出辛普森被警察抽去做化验的血少了一些(暗示有人利用了这份血样去栽赃,给栽赃提供了现实可能性);还提出辛普森作案时间的疑问。

此外，给陪审团留下深刻印象的一个场面，是让辛普森试戴在现场拣到的血手套。

当检方的证人纷纷作证完毕的时候，并没有给人一种形势明朗的感觉，也丝毫看不出辩方有绝对取胜的迹象。在美国，警察掌握被告了一大堆证据，却反过来被指责为栽赃，这种情况毕竟还是罕见的。如果被告的律师不拿出点什么"绝招儿"，很难取信于陪审团。同时，形势不明朗的状态，对检方也是一个不祥之兆，因为这说明检方的证据仍处于被挑战的位置。

在此期间，辛普森本人也尽了最大的努力在外界争取同情。他设立了一个免费热线电话，以收集寻找凶手的线索，用巨款悬赏捉拿凶手，同时还在牢里写了一本书为自己辩解。当然，这些举动收效甚微，人们依然将信将疑。

由于庭审时间长，陪审团的隔离时间达到了创纪录的水平。在此期间，有10名陪审员由于种种原因，或是被取消资格，或是主动要求离开了陪审团。幸而，在12名陪审员之外，还有12名候补陪审员。

自始至终，候补陪审员是和正式的陪审员一起参加法庭的审理活动的。每当一名陪审员因故离开的时候，就有一名候补的顶上去。一旦候补名额全部顶完，再有人必须退出的话，审判就可能由于陪审团的人数不足而宣告失败，一切都要重新开始。好在，剩下的这些人一直坚持到了最后。

被告律师提供的证人很少，但是，出场了几位国家级的大师。其中有一个是诺贝尔奖的获得者。而华裔证人李昌钰的出场引起了所有人的关注，他是辛普森的律师夏皮罗的朋友。李博士是著名犯罪学家，从技术的角度曾经给过夏皮罗很多帮助，他还曾经为许多大案提出过关键性的证据。这些证据，有的用于为罪犯定罪，也有的帮助了嫌疑犯解脱。正是李昌钰的这些科学的研究成果和不偏不倚的科学态度，使他受到相关领域的普遍尊重。

李昌钰的作证是要付报酬的，但是他显然很重视华人珍惜名誉的传统，在出庭之前，就宣布把五万美元的出庭报酬捐给了洛杉矶警察局作为教育基金。

他这样做的原因，是他作证的主要内容是洛杉矶警察局的取证工作有问题，尤其是主要取证警探的水平太差。碰巧的是，备受辩方律师攻击的主要取证警探也是华裔。

李昌钰受辛普森的律师夏皮罗的委托，为辛普森作过身体检查，以证明他身上没有任何搏斗的痕迹，他在法庭上出示了这些检查的照片。李昌钰还根据犯罪现场的照片作了一些推论。其中比较重要的，是李昌钰在分析了一张现场照片之后，认为其中的一个"痕迹"有可能是第二双脚印。这如果被证明是真的，将是一个重大的突破。因为现场除了被害者之外，只发现过一个人的脚印，尽管作案者的鞋子始终没有找到，但是脚印的尺寸与辛普森的一致，而且被确定，那是一双只有富人才会问津的昂贵的鞋。检方认为，辛普森作案是一个人干的。李博士的发现是一个“合理的怀疑”。刑事法律有一个极其重要的原则，被告只要提出“合理的怀疑”即可，不必作出证明，这叫做“没有证明的负担”；而相反，检方则必须提供证明以“超越合理的怀疑”，这叫做“具有证明的负担”，或者说“证明的负担在检方”。

因此，检方无论如何也不愿意这一点被突破，他们也再一次请出犯罪专家，以否定李博士的推论。在法庭上，检方也从他的工作录像中挑出他的操作不规范之处。这时，法庭之外又出现了意外情节。李博士在遭到反驳之后，在自己的实验室开起了记者招待会。他对记者说，自己的结论和反驳他的专家并没有什么大的冲突，因为他当初在法庭上说的就是“有可能是第二双脚印”，他从来也没有说过“肯定是”。同时，他还对检方挑出他操作不规范的毛病十分恼怒，指责检方在他操作过程中不配合，不向他提供应有的装备，使他根本找不到手套等，只能违规操作。他还对记者说，他后悔自己卷入此案。此举显得急于为自己的证词辩解，一时间舆论哗然。

一般来说，证人的作用就是在法庭上提供证词，作证成不成功也都在法庭上了结了。在法庭之外，你再为自己的证词做什么解释，陪审团听不见，对于这个案子等于是没起作用。但是，这番话对于庭外的民众显然是有影响的，对辩方显然不利。辩方律师肯定也没想到会有这么一招。我觉得这也是华人重个人声誉的心理起作用，他最关心的，显然是自己长期以来建立的良好声誉不要因此受损。李博士举行的记者招待会陪审团是无法知道的，但是作为世界著名的犯罪学家，他在法庭上作了种种分析之后所作的结论，对陪审团应该有很大的影响。他针对检方所提出的血液证据说，“在这些情况下，我所能得出的唯一看法是，事有蹊跷。”

而真正戏剧性的情节，是出在拣到血手套的警官福尔曼身上。他在近十年里，断断续续地让一个剧作家录下了他的大量言论。因为剧作家要收集洛杉矶警察的生活素材，通过朋友介绍，付费让福尔曼录音。

伊藤法官的妻子是洛杉矶警察局的高层官员，曾经是福尔曼的上司。而在福尔曼的录音里，不仅有大量攻击黑人的言论，还有许多贬抑西班牙裔，犹太人以及妇女的言论，其中包括对法官妻子的抨击。伊藤也在法庭上含泪承认，听到对他妻子的攻击，他也会像常人一样，感到深受伤害。经过两天的激烈争辩，检方终于作出决定，在事先抹去录音带中有关法官妻子的内容，不再要求法官回避。庭审继续进行。

陪审团在这一段时间依然被请出了法庭，这场风波，他们并不知晓。

在陪审团不在场的情况下，法庭先播放了一次福尔曼的录音，以确定这些录音是否可以和哪些可以放给陪审团听。放录音的那天,法庭上气氛凝重,鸦雀无声。福尔曼的录音不仅回响在法庭上,而且回响在整个美国,震惊了所有的人。

最严重的是,他以完全肯定的态度描述了警察作伪证和栽赃的违法行为。五个月前,他在这个法庭上,曾经发誓说真话,并且宣称自己十年来没有提到过"黑鬼"这个词。但是,在同一个法庭上,可以听到,他宣称洛杉矶市政府里的黑人都该枪毙掉。在14个小时的录音中,他不止四十次用了"黑鬼"这个词。

在福尔曼的录音带出来之前,多数的法律专家都认为,这一案件会因为陪审团意见不统一而无法作出判决。

这反映了这个案子本身的复杂性。一方面它有大量的科学证据;另一方面,它又有许多疑点和逻辑上不够通畅的地方。在事后,李博士甚至直接谈到,一般这样的案子能够找到的DNA之类的科学证据都是不多的,而这个案子的DNA证据"多得叫人起疑"。

但是在福尔曼的录音出来以后,多数专家的意见趋于陪审团会一致作出无罪判决。专家作出这项判断时,并没有强调这是因为陪审团的种族比例。在最后的陪审团中,有九名黑人,一名拉丁裔和两名白人。

事实上,福尔曼录音所带来两个变化是非常确定的:

1. 录音使检方最重要的一名证人从可信变为绝对不可信;

2. 录音使辩方提出的不太可能发生的警察栽赃神话变得有可能。

第一条的依据是福尔曼第一次的证词显然有谎言,第二条的依据是福尔曼强烈的种族主义倾向,使人相信他可能有对辛普森栽赃的动机。

这样一个大案有着巨量的幕后工作,双方都在尽自己最大的努力搜集证据,这里包括有关自己一方证人和对方证人的所有情况。

女剧作家出现在法庭上的时候,是以辩方证人的身份出现的。实际上,她并不是辛普森案的直接证人,她只是有关福尔曼和录音带的证人。当被告律师提出录音带的证据之后,法庭照例又要对这一证据是否应该呈堂,避开陪审员展开一场激烈的法庭辩论。这位女剧作家就是在陪审团不在场的情况下出场的。

检方拼死阻止录音带向陪审团播放。在混战一场之后,戈尔德曼的父亲在法庭外发表讲话。他质问辩护律师,这到底是审判辛普森还是审判福尔曼。检方也援引"与本案无关"的条例进行抗辩,说福尔曼是不是种族主义者,和辛普森有没有杀人根本没关系,他是种族主义者也并不说明他就会去栽赃。但是,要说这份录音与本案完全无关,已经是非常困难了。

为了慎重处理福尔曼的录音,伊藤法官决定再一次把福尔曼传来听证(陪审团不在场)。福尔曼又一次来到法庭,这一天,法庭上气氛凝重。这时,他已经不再是一名警察,录音带一曝光,他马上就申请退职了。可以说,作为这场案子的证人,他已经远不是在法庭上被"审"得狼狈,他几乎是身败名裂,丢了工作,前途渺茫。他这次带了一名律师同上法庭。

福尔曼求助于律师已经有一段时间了,有两名律师为他工作。他的录音带一曝光,其中一名律师就宣布辞职。

福尔曼在法庭上只待了4分钟,却决定了检方的命运。福尔曼接受了被告律师的一系列提问,其中包括"你在此案初审听证时所说的证词,是不是完全真实的?""你有没有提交过捏造的警方报告?"最致命的一个问题是,"在此案中你有没有栽赃和假造证据?"在这些问题提出时,检方几乎是不停地跳起来反对这些提问,但是,问题都被当裁判的法官一一通过了。每当福尔曼接到一个新问题,他就把头侧向一边,悄悄向他的律师咨询。然后,他回过头来,快速并且简单地答道:"我要求引用我国宪法第五修正案权利。"他用这句话抵挡了所有的问题。

福尔曼引用了权利法案第五条中的一句话,就是公民:"不得被强迫在任何刑事案件中自证其罪"。这一句也被扩大为:不能强迫一个人说出对自己不利的证词。而这一条更普遍的应用就是当一个警察逮捕一个犯人时给他说的第一句话"你有权保持沉默"。这是宪法第五修正案赋予每一个公民的权利。有权保持沉默,不说出对自己不利的证词,同时要求一个律师,由他协助犯人摆脱困境。如果警察要是忘了把权利告诉犯人,就那只好放人回家。

恰到好处地运用权利法案第五条,可以在美国非常有效地保护自己的合法权利。

福尔曼警官并不是这个案子中第一个运用第五条来保护自己的人。在这个案子刚开审不久,有一个被告的证人为辛普森作证,她是辛普森邻居的女佣,是一个从南美过来的移民,来的时间不久,只会说西班牙语,法庭还特地给她配了一名翻译。当时,她说在一段关键时间里,就是检方认为辛普森是开车出去杀人的那一段时间里,她记得自己看到过辛普森的车停在家门外。最后,在检方的追问下,大家觉得她对时间的记忆不准确,所以对案子没有形成太大的影响。但是在一开始的时候,检方对于这个证人的出现感到非常紧张,定了一系列的策略要把她"攻下来",其中很重要的一个策略就是攻击她的可信度。

检方因此收集有她的全部资料,然后在法庭上要她回答,为什么她在进入美国国境的时候在表格上填的出生年月,和她的身份证上的出生年月不相符合。对于一个从贫穷的南美国家移民来美国的人,很可能为了能在美国留下来,在一些类似出身年月的问题上搞点小花样,这是很常见的情况。但是检方就是要利用一切可乘之机,使得陪审团认为这是一个不诚实的证人,证词也就不可信了。

但是,检察官的问题刚刚提出来,伊藤法官马上叫停,然后,对这个毫无美国法律知识的南美女佣说,回答这个问题对她有可能不利,她有权"运用第五条"不回答这个问题,她也可以找一个律师,让律师告知如何处理这样的情况。结果,检方也就不再提这个问题了。

在福尔曼当时的情况下,律师给他的建议就是,引用宪法修正案第五条的权利抵挡所有的问题,因为他已经有无可抵赖的大量证据在辛普森的辩护律师手里。

面对极为险峻的形势,福尔曼首先选择了自保。他的律师受雇于他,首先考虑的也是保护他的利益。福尔曼已经不可能再去管什么辛普森案的检察官的困境,他顾自己都来不及了。

那位为福尔曼录音的女剧作家,也属于同样的情况。鉴于她和福尔曼的多年私交,她知道作为辩方的证人出庭,对于福尔曼是不利的。而且,交出录音带之后,她自己在一般人眼里就是一个见利忘义、私德可疑的形象,她当然希望不要在这个案子里抛头露面,最好所有的人都不知道那个女作家就是她。

因此,一开始她拒绝了辩方的要求。在这种情况下,辩方有权利要法庭出传票命令她出庭。辩方律师的依据,就是美国宪法修正案第六条中的一句:"被告人应有权……要求以强制手段促使对被告有利的证人出庭作证。"当时伊藤法官表示,他无权这样做,因为他无权命令另一个州的居民来他这个法庭作证,而必须由她所居住的北卡罗兰纳的法庭出一张传票。可见,她的出庭一方面是辩方律师大量工作的结果,另一方面更是被告受宪法修正案保护的结果。

在辛普森案件中,福尔曼警官的关键是,当辛普森的律师问他:"在此案中你有没有栽赃和假造证据"的时候,他的回答竟然也是:"我要求引用我的宪法第五条修正案权利"!人们将会如何解读这句话呢?最直接最明白的解读就是:如果福尔曼直接对这个问题作出回答的话,这个回答将会对福尔曼不利,或者说,他的回答将会使他"自证其罪"。也就是说,在辛普森案中,他是栽了赃了,制造了假证据了。如果他如实回答了这样的问题,他将无法逃脱由于栽赃而被起诉,这将对他不利。而他引用他的宪法第五修正案的权利之后,他不"自证其罪",别人要证明他有罪也就非常困难。福尔曼的这句话一出口,检方从理论上已经全盘皆输。

当时的法学院教授们评论说,福尔曼所采用的立场是"完全在意料之中的",检方"只能指望别让陪审团听到福尔曼的回答。只要陪审团听到了,检方的一切努力将会万劫不复。最低限度的影响,就是陪审团不会相信和福尔曼有关的一切事情。"

接下来,检方所要做的,确实都在围绕着如何阻止有关福尔曼的一切被送到陪审团面前。

这就像预审阶段辩方曾经试图阻挡证据呈堂一样，显得有点勉强。但是，他们部分地做到了。首先，伊藤法官宣布，既然福尔曼决定用“第五条”回答一切问题，就没有必要让他在陪审团面前再来这么一遍，也不告诉陪审团，福尔曼不再出庭是因为他“运用第五条”，但是，要求陪审团把他的不出庭，列为检验他的可信度的因素之一。伊藤法官不把福尔曼“运用第五条”的情况告诉陪审团的考虑，显然是不想让福尔曼一个含义并不绝对明确的回答，一下子就毁了检方的全部证据。同时，伊藤法官决定，福尔曼长长的录音，只挑选两段放给陪审团听。在福尔曼41次谩骂“黑鬼”的录音中，陪审团只能够听到两次，而且是在不太刺激性的语句中。也没有同意辩方所要求的，播放录音中描述警方捏造理由抓人，销毁证据等部分。法官的理由是，辩方律师不能提供足够的证据证明福尔曼确实在辛普森案件中栽赃，也就没有为播放具有爆炸性的证词提出所需的根据。伊藤依然认为，辩方有关福尔曼栽赃的“这个假设在法理和逻辑两方面，都还需要大为加强，这样空泛的说法，还不能提到陪审团面前作为证据。”

伊藤法官在竭力维持裁判的公正性的同时，既使陪审团通过录音了解到福尔曼初审阶段证词不实的真相，以及他的种族主义的倾向，又不让他过去十年与本案没有非常直接关系的夸夸其谈，由于其刺激性而对审判形成超出合理范围的影响。辩方对这样的裁决可以说是愤怒之极。

一方面，陪审团在作出判决之前，将再也没有机会知道，福尔曼对栽赃的问题采取了“运用第五条”的态度，因为凡是没有被批准呈堂的信息，任何人都不允许在陪审员面前透露；另一方面，他们期望甚高的录音带被大大地打了折扣。但是，也只能服从裁判。

作为弥补，辩方又提供了一些证人。这些证人都清楚地向陪审团证明了福尔曼对黑人仇视和对黑白通婚的憎恶。当天的听证结束之后，检方就承认，他们打了一场败仗。

经过漫长的听证，终于等到了结辩的来临。在结辩开始之前，还有几件事必须提一下。

一是辛普森本人决定放弃上证人席作证的权利。这个权利，是在宪法第六修正案里规定的，即，“被告应有权……与原告的证人对质”。

这一举动有时对被告有利，有时却是有风险的，因为当被告走上证人席的时候，检方有权利对他大量盘问，除了问到与案情有关的问题，还会尽可能质疑他的个人品质问题，使陪审团对其留下一个坏印象。因此被告是否为自己作证，一般都由他的律师根据利弊为他分析和决策。

二是伊藤非常出人意料地同意了辛普森在陪审团不在场的情况下，发表了很短的，为自己辩解的讲话。尽管这段话只有一分多钟，而且陪审团也不在场，但是法官的这一决定使检察官气得双手发抖,而因为这不是作证,检方无法对他提问。被告律师提出这一要求一定也是经过精心考虑的。由于这一做法并不犯规,所以他们估计法官会同意。虽然法官对法庭上的一些情况是有决定权,但是所有的法律专家对伊藤这一决定的评价都是:“极不寻常”。

在结辩之前另一个非常重要的裁决,就是法官同意了检方的要求,让陪审团不受“全肯定或全否定”判定的影响,如果发现辛普森是出于冲动而不是出于预谋杀害两名被害人的话,他们也可以将被告判为“二级谋杀罪”。法律专家们都认为,这一裁决是检方“非常重大的胜利”,原因是陪审团有了更大的空间达成合议,甚至可能会使陪审员改变态度。

但是,检方的这个要求很难说是明智的。因为“一级谋杀罪”和“二级谋杀罪”有着逻辑上的差异。

当初检方坚决提出“一级谋杀罪”的唯一指控时,曾经强调辛普森是“在夏天戴手套,携带利刃,穿戴暗色衣帽”,并且针对这种指控配以物证,如皮手套,暗色绒线帽……等等。现在检方的要求则证明了他们对自己这种说法没有信心,而且在要求陪审团转而考虑“二级谋杀罪”的时候,那些只能和“一级谋杀罪”相匹配的物证又该如何处理?在这种情况下,陪审团自然会质疑物证的可靠性。

辛普森案件在距离初选陪审团一年的时候,终于抵达结辩。所谓结辩,就是检、辩双方分别向陪审团总结自己的证据,陈述自己的观点。由于在整个听证过程中,双方律师在证人面前只有提问的份,其表达自己意见的方式只能是间接的,因此,这是双方第一次,也是最后一次完整地表达自己,直接地争取陪审团的支持。

检方集中向陪审团重复了证据,包括尼科尔公寓后门发现的血迹,DNA 测试与辛普森的血型相同(570 亿人中间才有一个这样的血型);现场发现名贵鞋的鞋印,尺寸与辛普森的相同;作案者戴的一双稀有的皮手套(一只在现场,一只在辛普森的屋后),辛普森曾经拥有过一双同类型的手套;此外,还有辛普森汽车里有血脚印,他的卧室里有带血迹的袜子。

在结辩时,检方不得不严厉批评了福尔曼,但是强调,“福尔曼是一名种族主义以及他在证人席上对此问题说谎的事实,并不意味着我们未能证明被告是有罪的。如果陪审员因为一名警察的种族主义态度而不理睬如此有力的证据,这将成为一个悲剧。”

在检方提到辛普森割破的手指时,过分卖力的电视转播录像师把镜头摇向了辛普森的手指。伊藤法官马上命令拔去电源插头,致使转播中断。因为录像师的这一举动有可能使电视观众看到辛普森的笔记本,这严重违反“被告与其律师之间的交流必须保密”的规定，这一规定也是为了保护被告的合法权利。然后，法官马上向负责转播的机构——电台及电视新闻协会处以一千五百美元的罚款，罚款之后，又重新恢复了转播。

在检方结辩的时候，女检察官克拉克十分动情地向陪审团讲述她自己如何面对如山铁证始终相信辛普森是此案凶手，决心克服种种困难，将他绳之以法。在克拉克讲述的过程中，被告律师三次从椅子上跳起来反对。最后一次，被告律师反对的矛头已经指向法官，意图表明法官没有公平对待他的反对权力，终于迫使法官宣布休庭，把陪审团暂时请出法庭。看来检察官克拉克确实是“犯规”了，在经过讨论重新开庭的时候，法官下令检察官克拉克在此后的结辩中，不准再说“我”如何如何，不许使用“我”这个词。在她保证不再这样做之后，结辩才继续下去。

被告律师认为，她前面的这种叙述方式是在暗示陪审团，她自己是在“申张正义”，在为被害者“讨还公道”，在“道义”上拔高检方而贬低辩护方。用这种方法来影响陪审团，这在美国的法庭上是一种明显的犯规，难怪辩方律师十分愤怒，连连反对。

在检方的结辩中，黑人律师达顿受到一致好评，他的发言集中要点，极富感情。达顿很年轻，他看上去像个理想主义者，相信自己是在为被害者的家属讨还公道，他在这个案子里承受了额外的压力，因为他自己是一个黑人，却在试图把一个“黑人英雄”送到无期徒刑的大牢里，不少相信辛普森无罪的黑人都指责他“出卖黑人兄弟”，但是这只使他感到难过却并不使他感到困扰。真正使他困扰的是，在他奋力“讨还公道”的过程中，他看到和他一样的律师，正在他的对立面上工作，而且，眼看着要“拼不过他们了”。

他在这个案子审了一半的时候，发表过十分伤感的讲话。他说，如果重新选择的话，很可能不会再去做一个律师。在美国，实际上人们都有着很沉重的“追求正义”的心理负担。

辩方律师的结辩有别于检方。律师卡克伦明确对陪审团表示“我们不需要证明什么”。这是在美国法庭上，对抗双方最大的区别。

美国司法制度对于要求判一个人有罪的检方，严格到近乎苛刻的地步。这也是在贯彻“宁可放过三千，不可错杀一个”的原则。

检方必须拿出铁证来，而辩方不需要任何证据，需要的只是提出疑问。所以，在最后，卡可伦是以 15 个问题来结束他的结辩。

在辩方的结辩中，律师直指物证受到污染和警方涉嫌栽赃。冯警官和福尔曼再一次受到攻击，他们被形容成“一对行骗的恶魔”，主攻对象当然是福尔曼。但是辩方律师有大量的夸张的，煽动种族情绪的言辞，比如，称福尔曼和希特勒一样,是一名“灭绝种族的种族主义者”。辩方律师采取的这个策略,搅混了一锅水。

检方最后为结辩安排了一个戏剧性的高潮,播放了尼科尔以前在辛普森冲到她家里时,她向警方报警的录音,在她惶恐不安的声音背景下,银幕上,是巨幅的两名受害者满身是血的尸体照片。总之,在这几天里,检、辩双方都已经充分运用了他们有可能利用的一切办法,包括各种展示手段,去说服陪审团。历时 9 个月,聆听了 127 名证人的审判,终于走向判决。

伊藤法官给予陪审团最后的指示。这些指示主要是美国法律对于陪审团的规定。法庭上一片肃静,伊藤法官一字一句地,清楚地念了两遍。其中有,法律规定,陪审团在合议之前,不得互相讨论案情;在合议之前,不得对案子形成固定的看法;陪审员必须按法律判断,而不能掺杂自己的好恶;陪审员不得轻信双方的律师,要以证据为依据;陪审员不得由于对双方律师的印象好坏而影响对证据的判断;在双方的证据出现矛盾的时候,必须倾向于相信证明被告罪名不成立的证据。

给人印象最深的,就是最后一条。在辛普森的案子里,始终没有出现过直接的证据,双方提供的证据,都是所谓外围的“情况证据”。美国的法律,在这种情况下,是站在保护被告的立场上的。

法官给出这些指示以后,这个案子就正式交给陪审团了。

不到四小时,这 12 名陪审员表示他们已经作出裁决,然后,神情严肃地进入法庭,把装着裁决的密封信封交给了伊藤法官。辛普森面容凝重地盯着他们看,想看出点蛛丝马迹来。但是,他们之中只有两个人向他这个方向投了一眼,其他人的眼光都避着他。一般分析,陪审员避开被告的目光,十之八九情况不妙,所以,当辛普森离开法庭的时候,看上去脸色阴沉。

法官决定第二天早上 10 点钟拆封宣布。

洛杉矶的上午 10 点,即美国东海岸的下午 1 点。平时充满交易员震耳欲聋喊叫声的芝加哥期货交易所,在宣判的那几分钟完全鸦雀无声。首都联邦政府的高级官员,平时你很难让他们承认,有什么事情会比他们手头的公事更重要,但是这一天,一度各机关部门几乎停摆,从白宫到国会和联邦各部门,原定下午 1 点钟举行的许多有美国家政策的简报,听证和记者会,不是延期就是取消,只为了等待辛普森的审判。

这一宣判,包含了很多的内容。

由本案反映出的最大问题是,美国社会在观念上的种族对立仍然明显。判决前后,不同的美国人态度的对立更令人吃惊。

据判决前的一项问卷调查,74% 的白人认为被告有罪,而 77% 的黑人则认为无罪;宣判后的调查依然与此类似。就全体人口的抽样调查,67%的人认为判决不公,28%的人则认为公正(这与美国人口中黑人的比例比较接近),5%的人不确定。

美国广播公司(ABC)的另一项调查表明,37%的白人同意宣判结果,83%的黑人表示赞同。

不少美国人对陪审团这一制度的合理性和公正性提出怀疑。

辛普森回家了,也是坐着白色的汽车,电视记者一路跟踪拍摄,顶上有12架直升机在追随,使人想起一年前的追捕场面。他跑了,永远地跑了。即使是明天发现一把凶刀,上面有他清清楚楚的血手印,就是明天有人拿出一盘录像带,上面有辛普森杀人的全过程,也统统没有用。

检察官再也不可能向他提出另一场起诉,因为在美国宪法修正案的第五条里,有这样一句话,"公民不得为同一罪行而两次被至于危及生命或肢体之处境",这在美国的法律术语中叫做"两次困境",将一个公民置于"两次困境"是违宪的。

权利法案的这一条,限制了政府的执法人员对一个公民无休无止地纠缠。因为宪法的制定者认为,必须防止这样的情况:一个执法人员没有充分证据却要判一个人有罪,当陪审团宣布"罪名不成立"之后,执法人员不甘心,明天弄到一点什么,重新起诉,后天有些借口,又重新起诉,反正你别想太平。禁止"两次困境"就彻底杜绝了这种可能。

对于一个罪行,刑事起诉只以一次为限。如果被判无罪释放了,只有当他又一次犯罪被你抓住,你才可能再一次对他起诉,否则,你只能看着他永远地逃离你的手掌心。

实际上,美国人为了公民的自由和权利,除了付出精神上和安全上的巨大代价之外,他们人人还在付出金钱的代价。辛普森一案,仅仅审理费用就达八百多万美元,如果加上警方调查取证的费用,不会低于一千万美元。不要以为辛普森是名人,才审得时间特别长,对于一个平民而言,案件的审理过程也是十分认真的。

美国政府不拥有任何企业,它的每一分钱都是老百姓,包括这些陪审员,交给政府的税金。

明确了代价之后,仍然选择尊重公民的权利和自由为最高目标,这是需要勇气的。

2. 1992年罗德尼·金诉洛杉矶市警察局案

1991年3月3日,是美国当代史上悲喜交集的一天。这天,伊拉克政府宣布接受美国为首的联军提出的停火条件,海湾战争正式结束。美军以148人阵亡、458人负伤的代价,取得重创伊拉克42个师,一举收复科威特的空前胜利。

同一天,在美国第二大城市洛杉矶,4名白人警察殴打黑人青年罗德尼·金的过程被人偶然摄入录像镜头,4名警察遂因刑事罪被起诉至加州地方法院。[①]

一年后,以白人为主的陪审团判决"被告无罪"。判决一出,当地黑人群情激奋,聚众闹事,烧杀抢劫,引发了一场震惊世界的大暴乱。几十小时内,54人"阵亡",2328人受伤,1000多栋建筑物被焚毁。

评 述

美国大众传播媒体历来标榜客观中立,以揭露事实真相为职业的最高追求,其中司法新闻更是强调以事实为生命。但是,由于主客观因素的限制,媒体报道实际上不可能包括事实真相的全部细节,它只能接近事实,或者只能是一种有选择性的事实。回首往事,1992年洛杉矶市发生震撼全球的黑人大暴乱事件,与新闻媒体报道罗德尼·金(Rodney King)被殴案时对原始录像画面的剪裁取舍有直接关系。

震惊全美的无罪审判

"被告无罪"的判决结果出来后,绝大多数美国人都深感惊讶、意外和愤慨。在长达一年多的时间里,4名警察野蛮殴打罗德尼·金的录像画面,经ABC、NBC、CBS全美三大电视新闻网和有线电视新闻网(CNN)反复不断地播映,已经深深地印在了美国人的脑海中。民意测验表明,在看过电视录像的观众中,92%的人认为白人警察有罪。得知判决结果和爆发种族暴乱的噩耗后,当时的美国

① 参见任东来:《罗德尼·金诉洛杉矶市警察局案——新闻自由与公正审判的两难抉择》,http://www.cc.org.cn/;图片来自中国法律信息网。

总统老布什大发雷霆，他叮嘱联邦司法部，一定要以违反联邦民权法的刑事罪重新起诉4名白人警察。

既然看过电视新闻的绝大多数美国人，包括老布什总统都认为警察恶迹昭彰，为何以随机抽样方法从洛杉矶地区居民中挑选出的陪审团会一致裁决被告无罪呢？

原来陪审团在法庭审判时看到的录像，与绝大多数美国人在晚间电视新闻中看到的录像画面不一样。在法庭上播放给陪审团看的证据录像中，有罗德尼·金在拒捕过程中攻击警察的镜头，而三大电视新闻网播放的电视录像，却把不利于金的镜头和画面全给剪辑了。换言之，媒体用偏离事实真相的"司法新闻"误导了民众，在法院作出判决之前，媒体已用被删剪的电视画面预先提供了警察有罪的证据，致使绝大多数民众在法庭审判前，就已认定涉案警察罪责难逃。因此，无罪判决一出，引发暴乱。

在美国，刑事审判是公开进行的，任何人均可以旁听包括联邦最高法院在内的各级法院的每一次开庭。重大案件的全部原始档案，在结案后全部对公众开放。根据已公开的金案原始档案和当事人的回忆，此案的背景和案发过程其实并不复杂。

罗德尼·金1965年生于洛杉矶市，从小酷爱体育，棒球打得已接近职业选手水准，中学没念完就退学当了建筑工人。罗德尼·金有两个特点：一是身板儿强壮；二是酷嗜烈性杜松子酒。他一旦喝多了，脾气比原公牛队悍将、NBA篮板王罗德曼（Dennis Rodman）还要邪乎。

1989年11月某一天，他拿着一张价值一美元的食品救济券，来到一家美籍韩裔老板开的杂货店买一包口香糖。韩裔老板一看是食品救济券，死活不卖，两个人为这事儿吵了起来，最后金勃然大怒，把这家杂货店给抢了，结果因抢劫罪被判入狱两年。

入狱后，金表现特别好，是监狱里的模范犯人。1990年12月，狱方同意他假释出狱，监外服刑，条件之一是不能沾酒。金出狱后，找了一份建筑工的活儿。起初他还能控制自己，但时间一长，架不住朋友热情相劝，禁酒的假释条件逐渐忘到脑后。

1991年3月2日晚上，金与两位黑人哥们儿在一起看了一场棒球比赛的电视转播，他一边看球一边痛饮，总共喝了三大瓶烈性杜松子酒。深夜，金硬撑着驾车送哥们儿回家，在加州210号公路上超速飞驶。已经喝迷糊了的金一点也没觉察到，前方恰好有一辆加州公路巡逻处的警车。警车中的女巡警辛格立刻拉响警笛，驱车紧追。一场都市大暴乱的序幕就这样拉开了。

金的哥们儿在车内连声高叫：后面是警察，快停车！可是，罗德尼·金却借酒耍疯,企图逃脱追捕。他知道自己是一个有案底在身的假释犯,酒后驾车被警方抓获不会有好结果。

可是,一个头脑完全清醒的人应当明白,在高速公路上逃脱警方追捕的可能性微乎其微。而且,依照加州法律,假释罪犯酒后驾车并试图逃脱警察追捕,将被重罚。

金本人后来对记者解释了当时拒不停车的原因,称自己在狱外大碗喝酒、大块吃肉的日子太幸福了,再也不想重蹲大狱。至于超速驾驶一事,金狡辩说,他当时并没注意看车速表,凭感觉,车速大约在时速 80 英里左右。

但辛格警官出庭作证时说,金当时的时速大约为 115 英里(185 公里)左右。这个车速是非常惊人的,加州高速公路的限制时速为 65 英里。

在法庭审判时,金本人没有就超速驾驶、拒不停车等问题出庭宣誓作证。因为金的律师担心,在酒后超速驾车和拒不停车两件事上,金并不占理,出庭作证肯定对他不利。至于后来挨打的经过,自有录像和医生报告为证,警方无法抵赖。如果金本人出庭为挨打一事作证,虽然有可能得到陪审团的同情,但被告律师肯定会借机盘问金,把他的犯罪前科和假释罪犯身份全部抖搂出来,捎带着把金证词的可信度贬得一钱不值。反之,如果原告不出庭作证,按照加州法律,被告律师不得随意向陪审团透露原告的犯罪前科。

在辛格警官的追赶下,金慌不择路,驱车拐进了市区的一条小路,不料,前方一辆大卡车已把路堵得严严实实,警方还出动了直升机。

辛格警官跳下警车,持枪在手,喝令逃犯俯首就擒,同行的两人趴在地上,按规矩将双手放在背后,老老实实地等着警官给戴手铐。但金面对辛格警官的厉声警告,毫无反应,时而原地摇摆跳舞,时而向空中的直升机招手致意,并扭动臀部下流地挑逗渐渐逼近的辛格警官。辛格警官继续举枪向前,试图制服金。

这时,站在辛格警官身后不远的孔恩(Stacey C. Konn)警长大吼一声:“停住”! 原来,孔恩警长是洛杉矶市警察局刑警队的人,他从辛格的臂章符号上辨认出,女警官只是交通巡警,缺乏刑事警察训练,恐怕无法制服拒捕醉汉。

此外,在嫌犯手中无刀无枪的情况下,警方是不能轻易动枪的。听到吼声,辛格警官回头,见是孔恩警长和他身旁的鲍威尔(Laurence Powell)等四位白人刑警,便收起枪支退下来。

孔恩警长一挥手,四位警官将金围住,在口头警告无效之后,四人试图将醉汉擒获。但金面无惧色,与四位警官贴身格斗。一番徒手较量,四位警官竟败下阵来。

孔恩警长见状启动了高压电警棍,想将金制服。可是,出乎孔恩警长的意料,金被打倒后,竟然瞬间就站了起来。孔恩警长惊呆了,再次启动高压电警棍,但金不仅倒地后眨眼工夫就重新站起，而且向鲍威尔警官猛扑过来。

鲍威尔警官见五万伏电压的高压电警棍竟然都无法制服金，顺手掏出金属警棍，向金的头部和身体打来，另外两位警官随后也参加了这场殴打，并用警靴踢金。在旁边指挥的孔恩警长高喊："不要打头部，打身体的关节"。根据警方的内部规定，不到万不得已之时，应尽量避免重击嫌犯的头部，以求减少不必要的伤害和可能由此导致的巨额赔偿。可是，几位警官仍然劈头盖脸地打。

执法过当的白人警察

警官们乱棍齐下，连打带踢，重击已倒在地上的醉汉金，超出了适度动武的范围。虽然警官喝令金趴在地上不动，按规矩将双手放在背后，但此时金不仅酩酊大醉，而且也被揍得晕头转向，他拒不服从命令，一直不停地滚动。这样，一直到警察打下第 56 记警棍之后，金总算清醒过来，告饶说："求求你们，别打了"，并趴在地上不再动弹。警官这才停止殴打，上前给金戴上手铐，并立刻叫救护车把他送到医院急救室抢救。

金酗酒驾车，违规超速，耍蛮拒捕，警方若适度使用武力，将他打翻擒获，本在情理之中。可是，四名白人警察执法过当，集体痛殴了黑人醉汉。据事后统计，警棍以平均每三秒钟两下的频率打下，可谓过狠过毒。

警官们想不到，殴打的过程被人用摄像机偷拍了。原来，距殴打现场约 30 米处有一栋公寓楼，一位叫霍利得（George Holliday）的公司经理住在二楼。3 月 3 日凌晨，他被直升机的轰鸣和警笛声吵醒，通过窗户，他看到一帮警察围住了一个黑人，出于好奇，他拿起几天前才购买的一架索尼摄像机到阳台，拍摄了时间为 81 秒钟的录像。

这段录像既没拍摄到金扭动臀部挑逗辛格警官的画面，也没拍摄到四位警官与金徒手格斗时横着飞了出去的丢人场景,更没拍摄到孔恩警长先后两次启动高压电警棍试图制服金的镜头。不早不晚,这段实况录像恰好从金向鲍威尔警官猛扑过来开始,到警官给不再动弹的金戴上手铐后结束。短短81秒钟的录像,使霍利得一夜之间成为全美国最出名的业余摄像师。

次日,霍利得给附近的警察分局打了个电话,说自己偶然拍摄到一段警察打人的录像,问警方是否有兴趣看看?谁知接电话的警官竟然表示毫无兴趣。霍利得一气之下,便给CNN洛杉矶办事处打了个电话,但却没人接电话。为保证录像画面的新闻时效性,霍利得决定主动上门,驱车把录像带送到了洛杉矶市的地方电视台KTLA。

正为收视率下跌发愁的KTLA电视台如获至宝,当机立断高价买下录像。经总裁拍板,编辑们把长度为81秒的原始录像删剪编辑为长度68秒的电视画面,即刻在黄金时段反复播放,同时将这一删剪过的录像提供给ABC、NBC、CBS三大电视网和CNN,在两周内反复播放达数百次之多,使金被殴事件成为震撼全球的头号新闻。

值得注意的是,CNN总部在录像播出三个星期之后,才知道KTLA提供的录像带删除了至关重要的部分,副总裁特纳(Ed Turner)遂下令,CNN今后重播这条新闻时,应把被删剪的部分补上。以后CNN播出的打人事件新闻中有金拒捕的画面,总共也就是两三秒钟时间。可是,三大电视网和KTLA电视台在新闻节目中,仍然照播删剪过的录像。

在美国,三大电视网的新闻和娱乐节目是免费的,KTLA电视台的节目在洛杉矶地区也不收费,而CNN的电视节目只有已购买了有线电视节目(Cable TV)的观众才能看到,低收入阶层一般很少有人花钱购买有线电视节目。而且,普通美国民众生活节奏紧张,即使花钱购买有线电视节目,主要目的也是收看球赛实况、专门频道的电视节目和电影名片,每天认真收看CNN新闻的观众并不多,更少有人会注意警察打人录像的微小差别。因此,真正知道原始录像被删剪一事的美国人微乎其微。

老布什总统也被蒙在鼓中,更不会留意CNN新闻节目中电视画面的微小变化,所以才会在得知无罪判决消息时,大发雷霆。

这样,一个因假释罪犯超速飞车,借酒拒捕引发的警察执法过当的事件,由于新闻媒体的片面报道,竟演变为白人警察无故殴打手无寸铁的黑人这一震惊全球的践踏人权事件,四位白人警官随即被捕在押。在检察官帮助下,罗德尼·金趁势以刑事罪起诉洛杉矶市警察局,并在随后的民事赔偿诉讼中要求总金额为5600万美元的人身伤害赔偿,平均每挨一警棍价值百万美元。

应当注意的是,在法院对这个案件作出独立判决之前,媒体实际上已经用被删剪的录像，对警察预先作出了有罪推定和有罪判决，致使绝大多数民众在审判前就已认定涉案警察罪大恶极、罪责难逃，为审判后出现的暴乱事件埋下了定时炸弹，最终酿成了一场美国历史上损失惨重的城市暴乱。

人们自然会产生一个疑问：美国媒体历来标榜追求事实真相，其中司法新闻更是强调以事实为生命，既然如此，KTLA 电视台为何要用偏离事实真相的"司法新闻"误导民众，最终激起民变呢？

这个问题一时恐难说清。由于种种主客观因素的局限，新闻报道实际上不可能包括事实真相的全部细节，只能接近事实，或者只能是一种有选择性的事实。在新闻报道过程中，每家媒体都会有自己"选择事实"的标准。从新闻理论角度而言，美国新闻媒体比较注重新闻的所谓"客观性"，强调大众传播媒介对新闻的报道应是一种不加分析和解释的具体事实报道，力求使事实真相与新闻媒体自身的倾向性有所区别。

但是，在美国这种高度商业化的社会里，大众传播媒介选择新闻的标准，通常具有严重的市场化趋向。为了提高收视率和在激烈的竞争中击败对手，媒体特别重视新闻的刺激性和戏剧性，以金案为例，警察打一个拒捕的假释罪犯不是什么了不起的新闻，而白人警察野蛮殴打一个黑人，才会成为头号新闻。

问题的复杂性在于，商业性并非美国媒体"选择新闻"的唯一标准。一些自由派传播媒介人士认为，所谓客观中立、不偏不私的新闻报道根本不存在，新闻媒体应当替天行道，为民请命，尤其应当为社会中那些极少有发言机会的弱势群体大声呐喊。对于那些恃强凌弱的政府官员和执法人员的昭彰劣迹，新闻媒体应予以毫不留情的揭露和抨击。

政府执法官员历来是新闻媒体监督的主要对象之一。多年以来，洛杉矶市警方因部分警官涉嫌贪赃枉法，滥用权力，歧视黑人，与黑社会沆瀣一气而臭名昭著。这回警察野蛮殴打黑人的过程被偶然摄入镜头，昭彰在目，铁证如山。新闻媒体在报道这一重大司法新闻时，自然觉得有义不容辞的责任。

KTLA 电视台擅自删剪原始录像，片面报道罗德尼·金被殴案，会不会因此而引发法律麻烦呢？一般是不会的。

在美国社会中，媒体被称为独立于总统、国会和最高法院之外的"第四权"，是美国各行各业中受宪法第一修正案保护的特别行业，因此，KTLA 电视台天经地义、理所当然地拥有对任何原始录像进行删剪和编辑的权利。

经过删剪的录像虽然未能全面客观地报导殴打事件，对警方构成了一定程度的诬陷和诽谤，可是，根据联邦最高法院 1964 年"《纽约时报》公司诉萨利文案"(New York Times Co. v. Sullivan, 1964)的判例，政府公职官员打赢这类诽谤官司的前提是，必须能够证明报道是出于"真正的恶意"，致使公职官员打赢这种官司的可能性微乎其微。再加上宣传工具全都掌握在私营新闻媒体手中,所以政府行政部门和警方对媒体的片面报道基本上束手无策。

由于媒体大造声势,使金案在未审之前就已闹得满城风雨。在美国社会中,媒体对司法活动的大量报道,对于司法过程和司法权是一种强大的监督力量。

应该说,大众传播媒介对司法案件的深入报道和舆论监督,对于增加司法透明度,监督法官判案,提高法院审判质量,促进司法公正,揭露司法腐败,培养公民法律观念和意识,起到了难以估量的重要作用。

然而,不容忽视的是,尽管主流媒体都标榜自己客观公正,但事实上仍然会受到不同的利益背景和价值取向的影响。当法院处于媒体所激起的公众舆论中,强大的舆论会对公正审判造成巨大压力,使审判丧失公正性和独立性。正是由于存在这种危险,即使在崇尚新闻自由的美国,为了维护司法独立和正当程序原则,法院和法官历来都对新闻媒体抱有极大的警惕和戒备心理。

为了防止媒体干涉法院独立审判,美国法律规定,媒体对法庭活动只能进行文字描述,一般禁止录音录像和实况转播法庭审案过程。所以,全国三大电视网和 CNN 对法庭活动进行报道时,所配画面只能是法庭速写师提供的速写画。轰动一时的辛普森案的审理过程经电视直播,在美国司法史上是极为罕见的例外。此外,为了防止媒体影响陪审团的独立判断,最高法院大法官克拉克(Tom C. Clark,任期 1949—1967 年)1966 年在“谢泼德诉马克斯威尔案”(Sheppard v. Maxwell,1966)中指出:“鉴于现代传播媒介的煽动能力和将有倾向性的新闻报道隔绝开来的困难,初审法院应采取有力措施以保证法律之天平不会不利于被告”。克拉克法官裁定:“将陪审团与外界隔绝开来,也是本法官应根据辩护律师的建议而采取的措施。如果审判活动被公开报道而可能有失公正,应令重新审判”。

依照联邦最高法院的判例,联邦和州各级法院有责任确保新闻媒体不干预公正审判,法官、律师和刑事案中的公诉人有责任挑选对案情“一无所知”的候选人出任陪审员,并使陪审团与媒体的宣传报道暂时隔绝开来。在审判期间,法官有责任告诫陪审员,不得接触任何媒体传播的新闻和消息,只能将法庭所展示的证据作为判决的唯一根据。此外,法官还可以依法限制涉案人士与媒体接触,推迟案件审判,变更审判地点,改变管辖法院等。在金案中,加州地方法院法官下令将审案地点由洛杉矶县迁到温杜纳县,对审判结果造成了一定影响。温杜纳县是洛杉矶地区警务人员的聚居区,民性保守,对警方权威推崇敬仰,白人占人口总数 60%,黑人仅占 3%。在这一地区挑选出的陪审团,显然对被告比较有利。

在加州地方法院审判时,警方被告聘请了一位经验丰富的刑事辩护律师,他告诉陪审团，警察群殴嫌犯完全是基于自身的紧张和恐惧。他声称，在多数情况下，因超速、闯红灯等小事违规，却在警察尾追时拼命逃窜的嫌犯，绝大多数是重罪在身的亡命之徒或毒品贩子。这一经验使警方从一开始就已处于高度紧张状态。

此外，金异常强壮，在拒捕时不仅一人轻松打翻四名警察，而且抗住了五万伏高压电警棍的两次击打，当遇到这类难以制服的拒捕嫌犯时，警察动用警棍是合法的，法律不应追究警察的责任。被告律师指出，根据未经删剪的原始录像，当失去控制的金向鲍威尔警官猛扑过来，威胁到警官的安全时，他们才被迫挥动警棍。

然而，关键在于，当金被最初的一阵乱棍打倒在地，完全失去反抗能力之后，警察还要继续施暴，这最后阶段的攻击是否有必要？被告律师根据录像辩护说，金被打翻在地后，一直不停地滚动，并多次试图站起来，对警官的反复喝令置之不理，结果造成警察执法过当。

对警察来说，如果不将拒捕案犯彻底制服并铐住，那等于是失职。此外，如果细看录像慢镜头，就可以发现，在雨点般打向金的 56 记警棍中，有 23 记打空了。

被告律师强调，如果金不拒捕，殴打事件就不会发生。对警察的一个极为有利的证据是，在案发之夜、高速逃窜的汽车中，还有金的两个黑人同伴，他们老老实实地遵循警察命令，结果毫发无损。由此证明，金的指控——白人警察出于种族偏见故意殴打无辜黑人的理由根本站不住脚。

但是，被告律师的这番辩护，新闻媒体并未详细报道。原因之一是，在重大案件审判期间，法官可以下令控辩双方不得向新闻界透露案情，使审判过程不受社会舆论的监督和影响。

1992 年 4 月，地方法院陪审团作出裁决，宣布四位警官无罪（对鲍威尔警官一项罪状的指控未定）。仅仅两小时后，熊熊大火在洛杉矶四处燃起，黑烟弥漫，枪声四起，很多人趁火打劫，涌进商店哄抢。法律和秩序陷入瘫痪，四分之一的城区陷入火海，损失程度超过了 20 世纪 60 年代的黑人城市暴乱。更为严重的是，暴乱出现蔓延趋势，全国各大城市都出现动乱迹象。老布什总统不得不调动数万联邦军队和加州国民警卫队进入洛杉矶市平暴。

暴乱发生后，责怪和谩骂纷纷指向陪审团。面对指责，一位陪审员在接受媒体采访时辩解说："金从未失去控制"，"一直是金在主导整个过程，是他自己决定逮捕的时间要多久"，"他并没有遭到虐待"，"很多时候警棍根本没有打到身上"，"警察的行为完全合法"。另一位陪审员表示："警察有权在必要时使用暴力进行逮捕，他们的所作所为，正是纳税人雇他们干的"。

在一片混乱和愤怒之中,哪里还有人会注意听陪审员的解释。况且,1992年是大选年,洛杉矶暴乱使老布什总统心急如焚。暴乱平息之后,老布什总统在电视上向选民们保证,联邦政府将尽最大努力,以触犯联邦民权法的刑事罪名重新起诉四位白人警察。

值得注意的是,老布什总统宣布重新起诉警察一事,涉及美国宪法中禁止"双重惩罚"(Double Jeopardy)的宪政难题。为了防止官府凭借手中特权迫害百姓,宪法第五修正案规定,任何人不得因同一犯罪行为而两次遭受生命和身体的危害。宪法第七修正案规定,除非依照习惯法规则,联邦法院不得重新审查经陪审团裁决的事实。具体地说,在刑事案件中,经陪审团作出的无罪开释裁决是不可改变的。比如,加州地方法院陪审团在辛普森案中作出无罪裁决,即成为该案的终审裁决,控方不能上诉。以后即使发现了新的证据,地方法院和联邦法院都无法立案重审辛普森。但是,控方可以在民事法庭以民事罪名重新起诉,要求经济或伤害赔偿。

老布什总统为什么敢声称联邦政府将重新起诉已被加州地方法院陪审团无罪开释的四位警察呢? 这里也有例外的情况。

根据最高法院1922年对"美国诉兰扎案"(United States v. Lanza,1922)的裁决,在某些极特殊的情况下,双重惩罚并不违宪。例如,在20世纪60年代,南方佐治亚州由白人组成的陪审团出于种族偏见,使杀害黑人的白人三K党徒在罪证确凿的情况下,仍然被陪审团无罪开释。在民权运动的压力下,联邦政府终于忍无可忍,被迫强行介入,在联邦法院以侵犯民权的特殊刑事罪名重审此案,终于使涉案的三K党徒受到惩罚。这样,尽管金案中的白人警察不是三K党徒,他们涉嫌触犯的刑律只是执法过当,但联邦法院在种种压力之下,仍然可以根据几乎毫无相似之处的先例起诉四位警察。警察的薪水不高,没钱聘请著名宪法律师上诉喊冤。

这样,金被殴一案,实际上已沦为一个政治案。联邦政府忧心忡忡,担心再有一次无罪判决,那将有可能激起全国规模的黑人暴乱。依照美国司法制度常例,涉及重要案件的陪审团的挑选程序极为严格,候选人会收到厚达数十页的问卷,其中包括一百多条不容回避的问题,涉及家庭成员职业以及对警察、嫌犯和少数族裔的看法等敏感问题,借以判定陪审员是否持有公正和中立的立场。可是,在重审案中,联邦地区法院的主审法官一反常规,禁止被告律师向候选人提出诸如"你是否有勇气坚持与绝大多数人意见相左的立场"之类的问题。可以说,联邦地区法院从一开始就定下了要把"民愤极大"的白人警察定罪的基调。

经过一年的审理,1993年4月,联邦地区法院小陪审团作出裁决,四名警察中的鲍威尔警官和孔恩警长被裁定有罪,另外两名警察则被无罪开释。判决之后，全国各地风平浪静，联邦政府总算如释重负。根据联邦法规和惯例，触犯联邦民权法的刑事罪犯，至少应被判处六年有期徒刑。可是，联邦地区法院法官在依法量刑时，却动了一点儿恻隐之心，只给两位警官判了两年半有期徒刑。全美各地民权团体闻讯大怒，坚决要求联邦司法部向分管加州地区的联邦第九巡回上诉法院上诉。

1994 年 4 月，金在州法院的民事赔偿案（Rodney King v. City of Los Angeles）中胜诉，获得了总额高达 380 万美元的伤害赔偿，摇身一变成为百万富翁。1995 年 1 月，联邦第九上诉法院在压力下作出判决，判定联邦地区法院对有罪警察量刑过轻，下令重新量刑，加重刑罚。重刑威胁之下，因律师费已负债累累的孔恩和鲍威尔警官痛下决心，宁可砸锅卖铁，倾家荡产，也一定要聘请大牌律师，向联邦最高法院喊冤叫屈，请求大法官主持公道。1996 年 6 月，联邦最高法院以 9 比 0 对"孔恩诉美国案"（Koon v. United States, 1996）作出裁决，以警察违法打人与金拒捕有关系为理由，推翻了联邦上诉法院关于对警察加重刑罚的裁定。轰动一时的罗德尼·金被殴案终于降下了帷幕。

坦率地说，罗德尼·金被殴案触发洛杉矶大暴乱的缘由极为复杂：美国经济全球化导致大都市地区黑人劳工阶层大量失业；里根执政时期大幅度消减福利计划，致使贫富悬殊恶性发展；黑人贫困社区长期被忽视，犯罪率居高不下；司法制度弊端丛生，警察执法犯法、滥用权力现象极为普遍；等等。然而，还有一个不容忽视的重要原因，就是新闻媒体呼风唤雨，大造声势，最终导致了这场前所未有的都市大暴乱。而金本人又集前科罪犯、拒捕嫌犯和暴力受害者于一身，充分反映出美国社会中种族矛盾和民主制度的复杂性和多面性。

美国最高法院大法官布莱克（Hugo L. Black，任期 1937—1971 年）有句名言："言论自由与公正审判是我们文明中两种最为珍贵的东西，实在难以在二者之间取舍"。罗德尼·金被殴案反映出的诸多问题，正是这种两难困境的真实写照。

另外，有必要再讲一讲陪审团。美国司法制度中的陪审团主要分两种，一种是大陪审团，通常由 23 人组成，他们不负责裁定被告是否有罪，或是被告触犯了哪些法律。大陪审团的主要责任是负责案情的前期调查，传唤与案件有关的人证和物证，决定对一些有争议性的重大案件是否应当立案起诉。当大陪审团作出起诉的裁定后，就自动解散，由检察官接手继续办案。另一种是小陪审团，通常由案件发生所在地区的 12 位公民组成，负责对刑事以及民事案件中的被告人是否构成刑事犯罪或民事侵权作出裁决。如果裁决无罪或不构成侵权，审判即告结束。如果裁定有罪或侵权成立，则由法官依法量刑，作出司法判决。

第二节　我国港台地区经典案例

1. 被媒体迫害致死——白晓燕绑架案[①]

1997年白晓燕命案(简称“白案”)为台湾有史以来最重大的刑案之一,由于被害者为知名艺人白冰冰之女,加上陈进兴等三名绑匪不仅作案手法残酷且又于逃亡途中犯下多件刑案,导致台湾社会为之震撼。此外,该案发生期间,台湾新闻媒体进行大肆报道,也被普遍认为侵害受害者家属隐私,将歹徒英雄化。因此,此时期媒体的报道行为也成为以后台湾新闻媒体伦理标准的负面教材。

白冰冰与女儿合影照

“白案”不但为当年度影响台湾最大的单一事件,也是20世纪九十年代以来台湾最重大的治安事件之一。据台湾半官方的“国策中心研究室”所做的研究报告显示,白案的影响层面甚至导致台湾的“修宪”、“政党政治”与“内阁政治”的权责划分。

绑架案发生在1997年4月14日上午7点45分。在去台北醒悟中学的上学途中,16岁的女中学生白晓燕被包抄而来的绑匪陈进兴、林春生、高天民等人劫持。

晚上,受害者的母亲——42岁的台湾著名“本土艺人”白冰冰在影棚拍摄专辑时接到了她生平第一个恐怖电话。绑匪拍下白晓燕的裸照,剁下她的左手小指,置于龟山墓园通知白家人来取。当晚,白冰冰见到女儿写给她的求救信:

① 参见陈兴康、姚睿华、陈伟航编著:《白晓燕绑架案内幕》,中国戏剧出版社1998年版。

“妈妈,我被绑架了,现在很痛苦,你一定要救我,他们要五百万美金……,不可以报警,要不然我命休矣……”

白冰冰失声痛哭,思忖再三选择报警。警方于当晚进驻林口白家,并且在林口消防小队成立“0414”专案小组指挥所。

然而,不幸的是,在白冰冰报警的同时,与警局有密切联系的主要台湾媒体也立刻获知消息。由于白冰冰知名度之高,这起绑票案格外引人注目。

当晚就不停有记者打电话到白冰冰家里。白冰冰无助地哀告:“拜托,不要写,不要写,真的不要写。”

次日,仍有《中华日报》和《大成报》两家报纸“抢先报道”这则消息。而白家门外,近十辆采访车纷纷赶抵,各自“布阵”。这个原本是绝对秘密的警方缉匪行动,此刻似乎全世界的人都通过媒体知道了。

晚上,绑匪终于来了第二通电话,只问一句:“钱准备好了吗?”此时,台北和桃园两县调集了700名警员,全面部署。4月16日,绑匪再来电话,仍在问钱准备好了没。李登辉、连战也都致电慰问。蓬头垢面的白冰冰则慌乱地到处筹钱——绑匪要的500万“旧”美钞!

白冰冰在电话中要求听女儿读报纸的声音,绑匪把电话挂断。隔了10分钟,电话再响,播放一个“女孩”读报的录音。

次日,绑匪又问,钱准备好了没有?白冰冰说准备好了。绑匪约她再等电话。已经三天没吃没睡的白冰冰,喝下了一瓶鸡精。

下午3点半,终于等到了绑匪的电话,要白冰冰一个人出去交赎金。在场的友人建议她对绑匪说“我不会驾车”。歹徒即刻挂断电话。不久,又打电话来,怒责她说:“你女儿说你会开车呀!”

“女儿还活着!”白冰冰高兴得说不出话。

一个小时后,白冰冰由女警乔装成女伴,陪同出门“赴约”。警车伪装成的士尾随。但过后又懊恼回家。路上有两家电视台的车子一直跟着,绑匪则没有露面。警方下车骂电视台记者,却遭到记者的抵制:“他们不撤,我们也不撤!”

案发第五天。白冰冰在绑匪以随身电话指示下,带着500万美元,在台北县乘坐警方伪装的的士,东奔西跑。但是,最终仍失望回家。绑匪没有现身拿赎金。大批采访车却跟随着,警方直升机则在空中盘旋。

4月19日,绑匪要白冰冰搬离住处。显然已经知道警方和大批记者在她家走动。此后四天半,绑匪不再来电话。白冰冰几乎急疯了。记者仍打电话给她,她吼叫着:“拜托,不要跟踪我们,离我们远一点!”

绑匪的沉默,使一股不祥的感觉涌上许多人心头。

事后证实,18日傍晚,回到台北五股乡西云路的租房内,陈进兴等人因不满白冰冰报警,对白晓燕拳打脚踢,并涉嫌强暴了受害者。次日凌晨,白晓燕身体抽筋,因不堪殴打致肝脏破裂,腹腔内出血身亡。21日凌晨,绑匪弃尸于中港大排水沟内。

就在4月23日,绑匪假称白晓燕仍活着,通知白家"晚上7点,在新竹体育场付赎金"时,一份杂志封面报道:"白冰冰重演7年噩梦,茶饭不思捶心肝168小时。"愤怒的母亲哭着向"新闻局长"投诉。警方则花钱四处收购这份杂志,希望不要惊动绑匪。

但台北警方办案手段的粗糙、指挥系统的凌乱、通讯设备的欠缺间接造成了白晓燕悲剧。当晚,警方部署由行动组车辆护送白冰冰及三大袋500万美元现款南下新竹交款。由于指挥车无法发挥指挥功能,各行动组在长途飞奔下,发现通讯设备根本不能使用,以致歹徒一再以电话更改交款地点。交款车在新竹地区一直兜圈拖延时间之际,却发现各行动组车辆早已散落各地不知去向。

警方终于采取行动。追踪了十多天绑匪的随身电话发话来源,开始分头抓人。但被认为是主嫌的林春生,早已闻风而逃,临走前还潜回秘密租用的房子烧毁证物。而另一主嫌陈进兴,则和警探枪战后开车逃逸。警方只抓到说不出肉票下落的绑匪家属——陈进兴的妻子。

4月26日凌晨,警方被迫公布案情。像解禁的囚犯兴奋地冲出牢房,新闻媒体疯狂地、巨细无遗地报道了追踪多日的内情,包括案发后白冰冰在路旁槟榔摊接电话的照片。

两天后,这起被台湾媒体"全程监控"的绑票案终于酿成惨剧。白晓燕的尸体在中港大排水沟内被人发现。全身赤裸,绑了6个铁槌,总重近30公斤,头部遭重创,舌头外吐,死状十分凄惨。

白冰冰得知女儿尸体被发现的消息,痛哭失声。但所有的人都想不到,在殡仪馆,她只说了一句:"再让我看她一眼"。硬是把眼泪忍住,脸色煞白地退在一旁。

在当晚的电视采访中,这位刚刚失去女儿的单身母亲含泪说了一句,"我孤儿寡母,你们不能那样欺负我。"

"白案"由起初的单纯刑事案件,发展成为社会事件、政治事件,为台湾当局始料不及。有媒体报道,就在白冰冰召开记者会呼吁李登辉看看岛内治安时,他正在高尔夫球场挥杆尽兴。

4月28日。白晓燕的惨死被证实后,舆情愤怒到了极点,对当局的抨击不断升级。据民调显示,近九成民众担心未成年子女被绑架,台湾当局声望大跌。

全台湾的新闻媒体皆以最大篇幅报道"白案",社论、专论、民意论坛也纷纷提出剖析与省思。4月30日,《中国时报》发表社论:"重建价值体系,重建台湾的人心”！

两天后，5万民众走上街头，高呼“‘总统’认错，撤换‘阁揆’”的口号。舆论讨伐声尚未停止，由伊甸基金会创办人刘侠召集，人本教育基金会董事史英、妇运学者刘毓秀、律师林义胸等人领队，一百三十多个民社团群起“为台湾奔走”。5月8日，时任“政务委员”的马英九发表“不知为何而战”声明，为“白案”负责，辞去一切公职，转入政大任法律系专任副教授。

此时，游行还在继续，民众群情激奋。5月18日，人们再度集合了500个民间团体一起来“用脚爱台湾”。数万名群众在“总统府”前抗议示威，并用激光将“认错”两字打在“总统府”的建筑上。在庞大的压力下，李登辉不得不同意撤换“阁揆”。此时，“白案”已造成“行政院院长”连战下台的政治效应。

虽然李登辉数度公开向民众道歉，但并没有减轻其政治压力。5月15日，原“政务委员”叶金凤取代“内政部长”林丰正的职位，“农委会主委”由中兴大学农学院院长彭作奎取代原任的邱茂英，“劳委会主委”由“交通部政务次长”许介圭，接任已辞职为参选“台北县长”做准备的谢深山，而“新闻局长”苏起升任“政务委员”，遗缺由“副局长”李大维升任。

在当局种种回应下，更多的民众再度走上街头，主办两次群众活动的人本基金会和有着不同诉求的近70个团体，又于5月24日在“总统府”前静坐一夜表达人民的不满。

但在此刻，陈进兴等人仍然在逃，尚未逮捕归案。令人惊骇的是，在逃亡期间，他们仍然持续犯罪，警方动员了上万警力，不断路检、搜山、守候，却一无所获。其间，陈进兴持刀枪进入台北市中山区大楼出租套房，又犯了9宗强奸案、2宗杀人案、1宗勒索案。

更有甚者，“警政署署长”姚高桥隐瞒案情，未向上级呈报，以致“最高当局”都是经由媒体报道才得知陈进兴等人再度犯案。此事经媒体披露几乎动摇了社会人心。

由于民众对犯罪行为痛恨至极，社会上弥漫着“乱世用重典”的情绪，这也标志着当时台湾治安恶化到无以复加的地步。民众要求当局检讨现行假释制度，许多人甚至怀念以往“戒严”时代的治安状况。

陈进兴等人于4月中旬杀害白晓燕以来，并没有逃亡海外，其间两度向《联合报》投书，“以颇受委屈的姿态控诉警方刑讯逼供其妻子”，并嘲弄警察。

由于陈等人行踪不断暴露，活动范围逐渐缩小，林春生于8月19日，在台北市五常街一处改建的警察宿舍内，被警察击毙。11月17日，高天民进入北投石牌路一家油压中心，被警方包围，最后自杀身亡。

漏网的陈进兴，此时则准备干一件“风云色变”的大案。11月18日下午6

时,他闯入南非“驻台武官”卓懋祺的官邸,将其一家5人全部扣为人质。

陈进兴以绑架外国人为筹码,提出国际媒体采访、会见妻子张素真以及检察官张振兴等条件。消息传开,官邸外旋即聚集大批警员和媒体记者。特勤队员潜入官邸厨房和浴室准备攻坚。陈进兴因为紧张,误伤了武官和他22岁的女儿。经过协商,陈同意将伤者送往医院救治。此后双方进入僵持阶段。

然而从19日零时开始,陈进兴开始接受电视台的电话采访,在全台湾观众面前谈了两个钟头,原本被用来作为陈与警方联系通道的电话被占线了5个多小时。这是过去犯罪行为所没有的。残酷的凶手得以以委屈的口吻,向大众倾吐内心委屈;记者为了避免刺激他,以近乎讨好的方式提问。这种电子媒体的特性导致了观众的复杂心理,人们在担心人质安全的同时,似乎开始对罪犯抱着微妙的同情心理。而陈进兴则可以从客厅的电视中通过直播,看见外头警方的部署和动静。

清晨7点20分,检察官张振兴终于对陈进兴开始了两个多小时的电话笔录。10点40分,张素真与友人进入官邸与陈进兴会面,规劝投降。11点48分,陈进兴同意释放最小的人质——一个只有7个月大小的婴儿。在警方试图劝服陈进兴期间,不少政治人物亦赶到现场外表示关切。其中民进党的谢长廷律师表示将为陈进兴的家人辩护,随后谢长廷两度进入官邸规劝,带出另一名12岁的人质。晚上7点54分,陈进兴释放最后一个人质,在张素真等人的陪同下终于走出官邸,结束了长达24小时的人质劫持事件。

白晓燕命案至此落幕。对于岛内居民来说,失去的并不只是一个纯洁女孩的生命,而是人们对身家安全的基本信心。

在陈进兴等人逃亡期间,台湾北部弥漫着惊恐的气氛,人们在恐惧中夹杂着愤怒与无奈,这段鲜明的记忆,始终深深地烙印在台湾民众的脑海里。

1999年10月6日,轰动台湾一时的白晓燕遭绑架撕票案中仅存活的重犯——陈进兴最终被枪决。遗体随即送往台湾林长庚医院解剖,依他的遗愿割除眼角膜、心、肺等器官作移植用,为他万恶的一生添点善事。

然而,陈进兴伏法并捐赠器官的消息披露后,在台大医院等待换肺的病人家属,闻知器官来自陈进兴,表示宁可死掉也不要陈进兴的狼心狗肺。

此时,受害人白晓燕的妈妈白冰冰,对于陈进兴的伏法还是难以平复,表示对陈的恨意不会随枪决的执行而消逝;但希望她的生活能恢复平静,不再受到干扰。

在女儿遭绑票遇害12年忌日,即2009年4月14日,白冰冰含泪撰文悼念女儿

“4月14日,唉!晓燕,日子过得真快,你已经29岁了,当年你只有17岁,

最后不幸惨遭毒手，留下伤心欲绝的母亲，我好痛。12年来一如往常，每当我要出远门，一定焚香向你告别，每逢年节，也都为你准备红包，有心事就对着你的相片诉苦，你是那么鲜活地活在我的世界里，佛说要放下，但谈何容易。……”她哭着说：“内心深处，还是忘不了女儿，未来人生我是一个人，会慢慢适应。”

评述

在白晓燕遭绑架，当时部分台湾新闻媒体在人质未获安全之时，就发布新闻，置人质安危于不顾，引起了人们的非议；而在确认白晓燕遇害消息后，台湾媒体报道内容更是巨细靡遗，其中TVBS、《自立早报》刊登出被害人裸露照片，而《中国时报》也刊出白晓燕惨遭凌虐的尸体照片，更引发舆论挞伐。更有台湾媒体在采访新闻时，跟随家属缴交赎款，以致打草惊蛇，使歹徒逃脱，这一切都显示了新闻伦理在这一刻遭到了践踏。

而当时台湾媒体对于陈进兴性侵害案的黄色描写也令人诟病。从陈进兴所犯的强暴案件开始，乃至于请心理专家、性学专家探讨陈进兴的强暴习性是否为“性变态”等，几乎都绕着性话题打转，内容极为不堪。

后陈进兴挟持南非武官事件爆发，台湾媒体24小时不间断报道，并且抢着打电话进入武官官邸，与陈进兴进行现场访问，更被批评有将歹徒所作所为英雄化的嫌疑。在台湾电视文化委员会所主办的“1998倒胃新闻大餐”票选活动中，该事件被评判为“杀人犯在电视新闻画面中公开示态，述说自己的不满，恶言尽出，誓言报复，使电视成为罪犯的传声筒”，票选为该年度三大倒胃新闻的“第二名”。

不可否认，台湾部分媒体为了一时所谓的“轰动效应”，而置当事人年轻的生命于不顾，丧失了起码的新闻道德水准，在整个“白案”事件当中，扮演了极不光彩的角色，这一惨痛的教训，需要永远铭记。

第三节　我国大陆地区经典案例

1. 陈佩斯、朱时茂维权官司

1999年，陈佩斯和朱时茂以中国国际电视总公司①未经著作权人许可，在出

① 中国国际电视总公司是中央电视台全额投资的大型国有企业，成立于1984年。

版发行的 VCD 光盘中使用了陈佩斯和朱时茂在历届春节晚会上表演的《吃面条》、《拍电影》、《警察与小偷》、《主角与配角》、《警察与小舅子》等八个小品,向北京市第一中级人民法院提起诉讼。

陈佩斯和朱时茂在中央电视台春节晚会上创作表演的小品《吃面条》

著名演员陈佩斯和朱时茂在中央电视台春节晚会上创作表演的小品,多年来深受广大观众的喜爱,成了电视台经常播放的保留节目。可是,一些包括像中国国际电视总公司这样的音像公司未经他俩同意,就擅自把他们的小品制成 VCD,有的制成录像带公开出售营利。陈、朱二人几经交涉无果,把被告推上了法庭。陈佩斯和朱时茂认为,中国国际电视总公司侵犯了其著作权、表演权、获得报酬权等,要求被告赔礼道歉,并赔偿 166 万余元。

2000 年 12 月 6 日,北京市第一中级人民法院依法对陈佩斯和朱时茂状告中国国际电视总公司侵犯其小品的著作权一案进行了一审公开审理。

法院认为,虽然央视对春节晚会整体享有著作权,但陈佩斯、朱时茂并未丧失对他们作品的著作权和表演权,因此中国国际电视总公司的行为构成侵权,判决被告立即停止侵权,登报道歉,并赔偿二人经济损失 333293 元。[①]

被告方中国国际电视总公司表示保留答辩意见和上诉权利。

2001 年 4 月,被告方中国国际电视总公司提起上诉,后又主动撤诉,当年 4 月 30 日,北京市高级人民法院裁定:准予中国国际电视总公司撤诉。

与中国国际电视总公司的官司一审结束后,陈佩斯、朱时茂继续开始自己的维权行动。

1998 年,扬子江音像出版社(简称扬子江)出版发行了《开心系列剧 VCD》

① 参见吉建富:《陈佩斯朱时茂为"羊肉串"打官司 笑星昨日无笑容》,载《新闻晨报》2001 年 08 月 15 日。

光盘一套,其中《陈佩斯开心果》专辑中收录了陈佩斯和朱时茂合作创作并表演的《大变活人》、《宇宙体操队选拔赛》及《烤羊肉串》三个小品节目,此后扬子江又委托广东中凯文化发展有限公司(简称广东中凯)和上海天鼎音像制品有限公司(简称上海天鼎)作为总经销商销售该音像制品。

陈、朱二人发现后于2001年1月向上海第二中级人民法院提起诉讼,状告扬子江、广东中凯和上海天鼎。这起案件当年被列为上海市第一号知识产权案。

诉状言称:1984年至今,我们俩合作创作、表演了一大批脍炙人口的喜剧小品,包括在中央电视台春节联欢晚会上演出的《大变活人》、《宇宙体操队选拔赛》及《烤羊肉串》三个小品。依据《著作权法》第23条之规定,“使用他人作品应当同著作权人订立合同或者获得许可”,但是三被告未获得我们的许可擅自制作、发行、销售了包含有上述三个小品的“陈佩斯开心果”VCD专辑。经调查,在全国各地的音像市场均发现了大量的侵权光盘,致使侵权范围不断扩大。为了维权,我们要求法院判令三被告立即停止制作、发行、销售该VCD,在《中国电视报》、《文汇报》显著位置刊登道歉声明,并赔偿我们的经济损失100万元。

2001年8月14日,上海二中院开庭审理此案。

被告扬子江、广东中凯辩称,他们出版发行和经销的这套VCD光盘取材于中央电视台的春节联欢晚会录像。陈、朱二人在央视春节联欢晚会上表演的这三个喜剧小品,创作时和表演中还有其他的演职人员参与其中,创作者并不仅仅是两原告。同时,春节晚会的节目是中央电视台投资、组织、拍摄的电视作品。这三个小品节目属于电视作品,其整体著作权属于央视。陈、朱作为表演者,不享有著作权,只享有署名权。因此,两原告不具备诉讼主体资格。

第二被告广东中凯辩称,中凯是从尊华公司那里以1.5万元的费用买了授权书的。

第三被告上海天鼎辩称,自己只是经销商,对所经销产品已尽审查义务,因此没有责任。

原告陈、朱的代理律师富敏荣就本案涉及的法律问题发表意见说,从本案的证据事实看,央视春节晚会是现场直播晚会,央视对三个小品的录制行为并没有构成对小品本身的改编、编辑或者其他创造性的演绎活动。央视晚会所采用的导演、摄像等手段都是出于现场直播的需要,将小品真实、准确、客观地转变成视频信号传送出去,记录在录像带上的小品与现场表演的小品没有任何区别,录制行为仅改变了小品的载体方式而没有改变小品本身的内容或形式。因此,根据《著作权法》规定:将表演或者景物机械地录制下来,不视为摄制电影、电视、录像作品,而是录像制品。

富律师认为:央视对春节联欢晚会这一综艺节目整体享有权利,并不能由此推定陈佩斯、朱时茂在该节目中丧失其对所涉小品享有的著作权和表演者权，陈、朱许可央视录像播放其在历届春节联欢会上表演的小品节目，并不意味着陈、朱将小品的著作权、表演者权处分或转让给了央视，央视也不因其组织导演、摄制了陈、朱表演的小品，就当然拥有了这些小品的著作权及表演者权。

作品传播者的权利与作品的著作权毕竟是两种不同权利，关键要看双方对有关作品使用有无具体约定。事实上，陈、朱与央视并未就所涉及的三个小品的使用和表演签署过任何协议，陈、朱当然拥有三个小品的相关权利。因此，在央视对春节联欢晚会节目享有著作权，陈、朱对创作、表演的小品享有著作权、表演者权的情况下，本案中被告既没有征得央视也未获得原告的许可，就出版发行含有原告享有著作权及表演者权利的小品的 VCD 光盘，明显构成侵权。

庭审中，朱时茂说："我们二人是小品的创作主体，被告把提出修改意见的人也称为创作者是不对的。要说主创人员，编导共四位，即陈佩斯、朱时茂和我们俩人的妻子。"而陈佩斯在谈起这些节目的创作经历时说，中央电视台春节晚会的导演找他们，当时未定现场节目，他和朱时茂带着任务去找素材。在创作《烤羊肉串》时，他与朱时茂化了装在大冷天去动物园门口进行观察。《大变活人》是朱时茂去美国回来同陈佩斯一起创作的。朱时茂将美国的见闻告诉陈佩斯，陈听后认为可借鉴国外一些风格，突出视觉效果，此后他们还特地去请教了许多魔术大师。

面对盗版已成为一种社会公害，打击盗版并非易事这一事实。陈佩斯曾对特别授权代理人富敏荣律师说："现在你创作一个小品，只要一家电视台播了，大家都能看到，你就不要再到各地去演了。因此，这种创作的经济效益很低，如果单靠给电视台创作小品你得饿死。我们在春节晚会上的节目从未授权给谁去发行，电视台拥有播放权，而他们却出了录像带和光盘。你提出抗议，他下次还出；你要打官司，他们跟你说'都是朋友，打什么官司，还得合作'。直到现在我和朱时茂的小品还在各地播放，我们一分钱没得到。事实上，这些小品倾注了我和朱时茂太多的精力、血汗和感情，真的就好像是我们辛辛苦苦经营起来的一块田地一样，眼睁睁看着别人来偷盗，如果我们不起来说声'不'的话，那就太对不起自己，也太对不起社会良知了。我过去经营电影，你的电影还没上演呐，人家光盘已经在卖了。我们不能坐视偷盗者横行了！不管顶多大风险，我们也要把腰杆挺直，维护我们应有的合法权益"。

朱时茂也感叹说，节目要上中央电视台春节晚会谈何容易！他和陈佩斯不知为创作小品争吵过多少次，吵得不可开交是家常便饭。他为这些小品的创作曾哭过，他真想大喝一声：侵权行为必须住手了！

2001 年 12 月 19 日，上海市第二中级人民法院对这起知识产权案作出了一审判决:判令三被告立即停止发行、销售开心果经典、陈佩斯小品 VCD,在《中国电视报》、《文汇报》刊登声明,向陈、朱两原告赔礼道歉,消除影响,并赔偿两原告经济损失共计人民币 30 万元。

评 述

未经允许复制、出版别人的智慧成果以谋取利益,与从别人家里盗取物品出售获利,本质上是完全相同的。如何才能从根本上遏止盗版现象呢?有人认为,对于盗版行为要严厉打击。

降低打击的"门槛",加大打击的力度迫在眉睫。"罚它个倾家荡产",是多年来反盗版人士的强烈呼声,但盗版者屡败屡战,这说明法的"厉"度和罚的力度还远远不够。

尽管《刑法》中设立了侵犯著作权罪的条文,但由于"门槛"较高、取证较难等原因,此条文在司法实践中难以适用。

"标本兼治"是句老话,如果说法制建设以制裁和威慑"治标"的话,那么还得靠道德建设作为手段,以教育和倡导来"治本"。改变人们买盗版、用盗版的习惯,在全社会养成遵守法律、尊重他人智力成果的良好风尚。唯有如此,反盗版、保护知识产权这项事业,才会取得突破和成功。

2. 安阳市人民广播电台"交通热线"被诉侵权案①

2002 年 5 月 24 日上午,安阳市人民广播电台"交通热线"节目在直播中接到一起电话投诉,称该市公安局交警支队工程设施大队民警呼某在执行公务时索贿两盒烟。

尽管"交通热线"的主持人在直播中并未对这一投诉进行任何评述,也未对事件本身作最后结论,但是,呼某还是将安阳市人民广播电台告上了法庭,理由是电台的直播节目内容失实,侵害了他的名誉权。因此,他要求对方赔礼道歉,恢复名誉。

呼某在他的民事起诉状中说,2002 年 5 月 24 日上午,他在安阳市第五人民医院门口执行画线公务,为防止刚刚画过的斑马线被损坏,他们在斑马线的两侧都摆有醒目的标志帽。这时,一辆红色的桑塔纳轿车违章行驶,从未干的斑马线

① 案源来自《扬子晚报》2002 年 11 月 6 日相关报道。

上轧了过去。他遂责令该车停下,以毁坏交通设施的理由去纠正司机的行为、查看其驾驶证,并按规定把司机带到附近的交通岗亭处理。在那里,他将司机的驾驶证交给了岗亭的负责民警,随即又赶回了自己的工作岗位。

20分钟后,他接到一个给该司机说情的电话,他如实将情况告之。至于后来岗亭的值班交警如何处理的,不属于他的职责范围,他不了解情况。

他个人并未向司机索贿,所谓司机“找了他四五次,又买了两盒烟”等情节,均属恶意诽谤。

呼某说,在听到这一直播节目的内容后,他立即向交警支队的领导作了汇报,支队也立即与“交通热线”节目组取得了联系,反映呼某的不同说法,节目组当时说:“等我们派记者调查落实后,再向听众解释。”但是,此后该热线并未向其进行调查核实,也没有在节目中对此进行澄清。

当呼某要求电台进行调查时,电台却以“找不到司机”为由,不理会呼某的正当要求。呼某认为,电台是“企图不了了之”。作为一个公民,他的合法权益同样受到法律的保护。于是,他一纸诉状将安阳市人民广播电台告上了法庭。

2002年7月8日,此案在安阳市铁西区人民法院开庭审理。由于此案牵涉到热线直播这一电子媒体极为普遍的操作方式,因此,案件的进程引起了传媒业的广泛关注。

呼某表示,此事一经电台播出后,给他个人的名誉带来了极大的伤害。他认为:“电台仅凭一个电话,就向社会播出与事实不符的新闻投诉,致使成千上万的听众都以为我有以权谋私、向违章司机索取财物的行为。因此,电台的行为严重侵犯了我的名誉权,影响了我个人的前途,也影响了公安民警的形象,更使我从此背上沉重的思想包袱,无法向单位、向社会交代,无颜面对亲戚朋友。”

安阳市人民广播电台并不认同呼某的说法。他们认为:

1. 侵犯名誉权不成立。电台的热线直播采取的是直播方式,由听众直接向节目主持人反映情况,主持人不作任何评述,不给定性,因此侵犯名誉权的事实不存在。

2. 起诉主体错误。“交通热线”在接听投诉电话时已向投诉人和听众说明,在调查落实后才能作答复,所以即使侵权的事实存在,也应该按照1998年26号《最高人民法院关于名誉侵权若干问题的解释》第7条来执行,即由主动提供虚假新闻线索的司机承担名誉侵权责任。

2002年10月16日,在经过审判委员会慎重研究后,安阳市铁西区人民法院认为交通热线节目是安阳人民广播电台与安阳市交通警察支队联办的,其主要宗旨是监督交警警容警纪,采用直播的方式播出。被告主观上不存在诋毁原告的故意和过失,客观上也并未发表任何评论以引导听众对原告作出不当评价而降低其社会地位，从而侵害其名誉权。因此，原告的诉讼请求，法院不予支持。依据有关法律规定，判决驳回原告的诉讼请求，案件受理费由原告负担。

评 述

这是一个要求在表达自由和公民名誉权的保护之间进行权衡的典型案例。

本案的审理引起了传媒业乃至法学界的浓厚兴趣。因为它的结果将对未来传媒业如何操作"热线直播"类节目会产生特殊的影响。

在"受贿"没有确切证据的情况下，如果呼某败诉，就意味着他所受到的名誉伤害无法得到任何形式的补偿。公众有理由担心，以后可能会有人利用电台或电视台的直播节目来诽谤自己，却不会受到任何惩罚；但是，如果呼某胜诉，那么"热线直播"一类的节目将何以自处？毕竟，我们不可能在直播中完全杜绝虚假的投诉。

是为了保证内容真实而彻底放弃直播？还是冒着侵犯他人名誉权的风险，继续坚持这一广受公众欢迎的报道方式？这是一个两难的选择。

就热线直播本身而言，它实际上代表的是一种极为珍贵的权利：意见表达的自由。而从争执的另一端来看：交警呼某在他所认为的"失实报道"对外播出后，受到了巨大的精神压力，有充分的证据证明自己的名誉权受到了损害。一个政府公务员理应接受舆论监督，但他的名誉权是否也应该受到保护？或者进一步说，是否应该受到和普通公民一样的保护？

作为思考的前提，我们可以确认的是，当言论自由与个人名誉权保护发生冲突的时候，我们应更多地对前者进行保护——作出这样一种价值判断的理由是：我们应对与社会公益有关的意见予以优先保护。也就是说，宁可让个人的名誉偶尔受到诽谤言论的伤害，也不能让公众和媒体因为担心卷入诽谤诉讼而缄口不言。①

尤其是在关于政府公务员的名誉权纠纷案中，更应该注意尽量保护言路的畅通，容忍"与事实有所出入的说法"出现的可能，只有这样，才能给予意见表达以"呼吸的空间"，②确保公众对舆论监督的信心。

在呼某诉安阳市人民广播电台一案中，我们应该坚定这样的认识：尽管个别诽谤完全可能在直播中出现，而由于直播本身所具有的不可预见性，主持人很可能无法当场辨别这些投诉是否属于诽谤，从而导致当事人的名誉受损，但这也许

① 参见王强华、魏永征主编：《舆论监督与新闻纠纷》，复旦大学出版社 2000 年版，第 163 页。

② 参见王希：《原则与妥协：美国宪法的精神与实践》，北京大学出版社 2000 年版，第 545 页。

是我们为保护言论自由而不得不付出的代价。[①]

在我国现行的传媒体制下,电台、电视台的热线电话直播往往是最为重要的言论自由的通路。按照广电部的有关规定,媒体在进行直播时必须使用“延时装置”以及“储存电话”等技术保障措施,但直播节目本身所具有的特点,使得它可以在最大程度上摆脱“把关人”的控制,而成为除了网络之外最为重要的直接表达意见的渠道。

电台、电视台很难在某人通过热线直播电话发表意见时,更改其意见,报纸媒体因不具备这一即时性,而使得编辑有可能对反馈而来的公众意见进行他所认为“合适的修改”。从这个角度上说,电台及电视台的热线直播,在体现民意的“原生态”上有天然的优势。

尽管如此,直播并不能成为电子媒体肆无忌惮地侵害公民个人名誉权的借口。当我们谈及“言论自由优先”时,它仅仅意味着“优先”,而非意味着我们可以公众利益为名,无视个人的名誉受到伤害——即使受害者是以政府公务员的身份出现的。

也就是说,如果热线直播不可避免地产生了对于当事人的名誉伤害,那么,媒体必须尽快在最大范围内进行弥补:

首先,节目的主持人在直播中,应该强调投诉的事件“未经核实”、“并非最终结论”、“媒体将对事件双方进行深入调查”。

其次,要求当事人把姓名、地址和联系方法留下以备查实。有可能的话,还应该及时采访另一方当事人。如果确实无法进行即时采访,也必须在直播之后尽快进行核实和调查,并在下期直播节目中公布调查结果。

最后,如果证实被投诉一方蒙受了冤屈,应当在直播中郑重道歉,以此来挽回影响,弥补对该当事人的名誉损害,争取当事人的谅解。

这样做虽然可能比较麻烦,却是一个自由而负责任的媒体所应该采取的态度,同时也是最好的规避法律风险的方式。即使当事人事后仍然以侵害名誉权为由将媒体告上法庭,媒体也有了有力的抗辩事由:报道是本着公益目的;立场公正;已在可能的最大范围内对当事人的名誉伤害进行了弥补。

从呼某的这一案例可以清楚地看出,传媒在行使言论自由的权利时,一定要注意行为得当,否则,便很难避免法律风险。

在这起事例中,投诉者并未提供自己的姓名、地址和联系方法,安阳市人民广播电台“热线传真”的节目主持人在节目中亦未就此进行查询。这样的“匿名

---

① 参见周海燕:《在表达自由和名誉权保护之间》,http://xhs.vip.qikan.com.cn/article.aspx? titleid=xwjz20030812。

消息来源”，所提供的信息的可信程度，显然不能与具名者所提供的信息的可信性相比。有人担忧，要求投诉人公开透露姓名，岂非令其容易遭到打击报复？

关于这一点，电台完全可以通过技术方法进行处理，比如要求投诉人把姓名和联系方法留给导播，这样就既可及时进行核查，又不致因为公开姓名而遭到可能的报复。如果仅仅因担心当事人受到打击报复而不索要联系方式，也就无法进行事后的调查和真伪的判断，这样的“直播”，显然无法达到新闻对于真实性的要求。

此外，即使因种种原因无法从投诉人一方获得查证的渠道，媒体也应该及时从被投诉者一方着手，进行相关事件的调查。绝不能以“找不到当事人”为理由，拒绝对事件作进一步的核实。

《纽约时报》记者尼尔·席汉曾经说过：“对任何个人或者团体的指控，最基本最起码的事，是进行反复的查证”。[①] 在呼某的这起事件中，电台在播出当日就接到了交警部门的说明，随后也作出了进行核实的承诺，但却一而再、再而三地以找不到投诉人为由进行推诿，也不给呼某发言的机会。这显然并非真正的言论自由——真正的言论自由是属于当事人双方的。

安阳市人民广播电台的答辩显示，作为新闻媒体，他们并不了解自身所负有的法律义务。该媒体称，直播节目由听众直接向节目主持人反映情况，主持人不作任何评述、不给定性，因此侵犯名誉权的事实不存在——那么，只要是由他人提供的新闻材料，无论真假，新闻媒体就都没有核实之责吗？他们又说，由于“交通热线”在接听投诉电话时已向听众声明，在调查落实之后才能作答复，所以即使侵权的事实存在，也应该按照1998年26号《最高人民法院关于名誉侵权若干问题的解释》第7条来执行，即由主动提供虚假新闻线索的司机承担名誉侵权责任。这实际上是歪曲了高院该司法解释的原意。

事实上，在高院的该司法解释里，从未规定只由主动提供新闻材料的主动新闻源单独承担名誉侵权的责任——相反，在任何情况下，媒体都负有不可推卸的核实之责。1988年最高人民法院在《关于侵害名誉权案件有关报刊杂志社应否列为被告和如何适用管辖问题的批复》（法民复【1988年】11号）中即已指出：报刊杂志社对所发表的稿件，应负责审查核实，因此其稿件如果侵害了公民的名誉权，作者和报刊杂志社都有责任。[②] 在1993年的《最高人民法院关于审理名誉权案件若干问题的解答》中，高院明确说明：应根据原告的起诉来确定被告，只诉作者的，列作者为被告；只诉新闻单位的，列新闻单位为被告；对作者和新闻单

① 参见李子坚：《纽约时报的风格》，长春出版社1999年版，第225页。
② 参见杨立新主编：《侵权行为法案例教程》，中国政法大学出版社1999年版，第156页。

位都提起诉讼的,将作者和新闻单位均列为被告。①

据此来看,呼某既然只将安阳市人民广播电台列为被告,就谈不上"应由主动提供虚假新闻线索的司机承担名誉侵权责任"。在呼某反复要求进行调查的情况下,电台一直迟迟不采取核实行动。这也从某个角度很好地说明,所谓"调查核实之后再作答复",不过是该媒体为预防讼案缠身的挡箭牌。

3. 訾北佳制造"纸馅包子"案

这是由当事人一手制造的一起恶劣的新闻虚假报道案。

2007 年 7 月 8 日晚 7 时,北京电视台生活频道(BTV-7)《透明度》播出"纸做的包子",节目一开始援引"业内人士马先生"曝料称,用废纸制作肉馅"已经成了行内公开的秘密",并安排记者在朝阳区十字口村暗访这种现象,随后联系朝阳区左家庄工商所做突击检查,相关商贩因为没有营业执照和卫生许可证被取缔。节目最后还通过海淀区的卫生执法人员,提醒观众识别纸箱馅包子的方法。

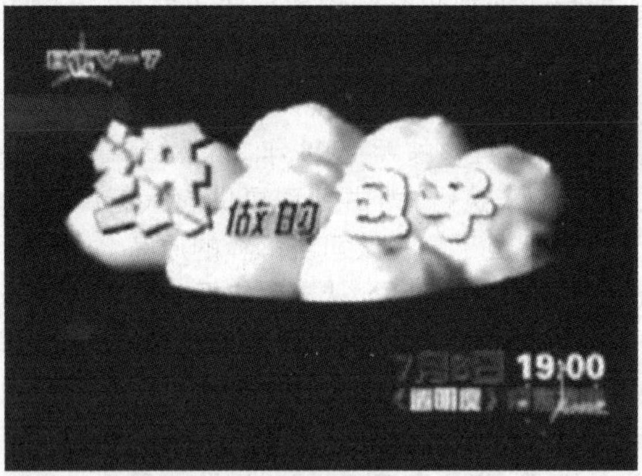

BTV-7 报道"纸馅包子"截屏图

据北京电视台网站的资料显示,《透明度》是生活服务类专题节目,每周一期,每期 28 分钟,通过记者真实的调查体验及第一手资料的展示,对消费和市场行为进行分析,以此告知消费者在遭遇假冒伪劣商品时如何进行正确的辨别和

① 参见王强华、魏永征主编:《舆论监督与新闻纠纷》,复旦大学出版社 2000 年版,第 392 页。

挑选。

北京电视台2007年7月12日发布的最新收视数据显示,《透明度》收视率为6.77%,占有率21.63%,在全台10个频道的新闻时事类栏目中排名第四。

2007年7月10日,北京卫视(BTV-1)《北京新闻》以《"纸箱馅"包子流入早点摊》为题报道此事。随后,多家中央和地方的电视台、报纸转载此报道,并结合猪肉涨价的背景新闻报道,引起海外媒体的关注。

2007年7月16日有报道称,"纸馅包子"摊主仍然在逃,而北京市食品安全办公室抽检全市23家早点摊的包子后,未发现"纸馅包子",负责人表示正在继续扩大监督检查范围,在全市范围开展专项治理行动,希望市民举报。有餐饮业者表示,相关报道对生意有影响。

2007年7月18日晚间,北京电视台在《北京新闻》中称,"纸馅包子"被认定为虚假报道,摄制者已被刑事拘留,北京电视台向社会深刻道歉。

北京市第二中级人民法院12日依法公开开庭审理了"纸箱馅包子"虚假新闻炮制者訾北佳涉嫌损害商品声誉案。訾北佳因犯损害商品声誉罪,被一审判处有期徒刑1年,并处罚金1000元。①

经法院审理查明,现年28岁的訾北佳,被捕前系北京电视台生活频道《透明度》栏目临时人员。2007年6月间,他通过查访,在没有发现有人制作、出售肉馅内掺纸的包子的情况下,为了谋取所谓的业绩,化名"胡月",冒充建筑工地负责人,到本市朝阳区太阳宫乡十字口村13号院内,对制作早餐的陕西省来京人员卫全峰等四人谎称需定购大量包子,要求卫全峰等人为其加工制作。后訾北佳携带秘拍设备、纸箱和自己购买的面粉、肉馅等再次来到十字口村13号院。訾北佳以喂狗为由,要求卫全峰等人将浸泡后的纸箱板剁碎掺入肉馅,制作了二十余个"纸箱馅包子"。与此同时,訾北佳秘拍了卫全峰等人制作"纸箱馅包子"的过程。在节目后期制作中,訾北佳采用剪辑画面、虚假配音等方法,编辑制作了虚假电视专题片《纸做的包子》播出带,对北京电视台隐瞒了事实真相,使该虚假新闻得以于7月8日在北京电视台生活频道《透明度》栏目播出,造成了恶劣影响,严重损害了相关行业商品的声誉。

在法庭上,訾北佳对检察机关指控的犯罪事实供认不讳。他在自我辩护和最后陈述中悔称自己是一念之差,一时糊涂,导演了一场不该上演的闹剧,欺骗了北京电视台,欺骗了广大电视观众。訾北佳表示愿意真诚悔罪、认罪伏法,并向广大电视观众、相关行业从业人员和北京电视台表达深深的歉意,真诚地说一声"对不起"。他还以自己沉痛的教训劝诫广大新闻工作者要引以为戒,恪守新

① 参见《"纸馅包子"假新闻的炮制者一审被判损害商品声誉罪》,新华社北京8月12日电讯稿。

闻职业道德,不要步其后尘。訾北佳的辩护律师认为,訾北佳能如实交代自己的罪行,并有真诚悔罪的表现,希望法庭充分考虑。

受“纸馅包子”报道的影响,北京朝阳区太阳宫乡十字口村一家包子铺停业很多天了,灰尘布满了笼屉。

法院认定,訾北佳作为北京电视台生活频道《透明度》栏目的临时人员,故意捏造事实,编制虚假新闻,并隐瞒事实真相,使虚假节目得以播出,造成恶劣影响。其捏造并散布虚伪事实的行为,损害了特定食品行业商品的声誉,情节严重,已构成损害商品声誉罪,依法应予惩处。据此,法院依法作出上述一审判决。

2007 年 7 月 19 日,中国记协通报“纸馅包子”虚假新闻并表示谴责,其通告内容如下:①

北京电视台《透明度》栏目 7 月 8 日播出的《纸做的包子》报道被证实为虚假新闻,令人震惊,令人愤怒。这起虚假新闻严重败坏了国家声誉,严重损害了广大人民群众的切身利益,严重违背了新闻职业精神职业道德,严重损害了新闻媒体的形象和社会公信力。中华全国新闻工作者协会代表全国广大新闻工作者对制造虚假新闻的行为表示谴责,要求新闻界采取切实可行的有力措施杜绝虚假新闻。

导向是新闻的根本,真实是新闻的生命。在正确舆论导向下,维护新闻的真实性是新闻从业人员最基本的职业道德,也是新闻媒体必须承担的社会责任。然而,此次事件中,訾某策划、导演新闻,大肆造假,严重违背职业道德;北京电视台生活频道对该报道审核不严,管理制度执行不力,致使虚假新闻得以播出;一些媒体不经核实就转发此消息,使得这起虚假新闻竟然能够招摇过市。这些必须引起新闻界的警醒。

① 参见中国新闻网 2007 年 7 月 19 日。

今年上半年,少数媒体听信谣传,炒作所谓香蕉染“蕉瘟”、“毒香蕉”,引起消费者的恐慌和困惑,给产地农民造成巨大经济损失。

虚假新闻的存在是新闻界的耻辱。虚假新闻干扰了正常的生产、生活秩序,造成严重的经济损失和恶劣的社会影响,也损害了新闻媒体的公信力。这是法律法规、新闻纪律和职业道德所不允许的,对无中生有、胡编乱造、搞虚假新闻、制造虚假新闻和发布虚假新闻的媒体和人员理应严肃处理。“纸做的包子”等虚假新闻出现再次说明,坚持马克思主义新闻观至关重要,坚持正确的舆论导向至关重要,坚持新闻真实性至关重要,坚持新闻职业道德至关重要。

中国记协和新闻战线“三项学习教育活动”领导小组办公室要求,新闻界要通过深入开展“三项学习教育活动”,进一步加强管理,堵塞漏洞,把好进人关、用人关和审核关,切实履行好新闻媒体的职责,努力提高自身政治思想素质,不断增强政治意识、大局意识、责任意识,弘扬职业精神,恪守职业道德,自觉维护新闻工作者的社会形象,始终把社会效益作为最高准则,把真实作为新闻的生命,更好地承担起党和人民赋予的神圣使命和责任。

评 述

訾北佳是我国《刑法》自 1979 年生效以来因制造虚假新闻被判刑的第一人,“纸馅包子”一案也由此载入中国新闻史的史册。

訾北佳制造“纸馅包子”虚假新闻的案件由于本人未对法院判决提起上诉,因此一审判决就是最后的结果。

围绕此案的判决在学术界引起了广泛讨论。

有学者担忧,记者因采访报道等职业行为而受到了针对个人的人身与财产的威胁与制裁,表明中国新闻工作的职业风险正在加大。

也有法律界人士法律人联名质疑“纸包子”案一审判决,他们认为:

訾北佳因为涉嫌制造“纸包子”假新闻依损害商品声誉罪被判刑一年。判决依据的是《刑法》第三章第八节“扰乱市场秩序罪”中的第 221 条,该条这样规定:“捏造并散布虚伪事实,损害他人的商业信誉、商品声誉,给他人造成重大损失或者有其他严重情节的,处二年以下有期徒刑或者拘役,并处或者单处罚金。”

他们从专业角度认为,訾北佳不构成犯罪,原因如下:

第一,就法律适用而言,即使訾北佳完全凭空捏造了纸包子新闻,从犯罪构成来看,也不构成损害商品声誉罪。

从主观上看,訾北佳不具有损害他人商品声誉的主观恶意。损害他人商品声誉应当有主观恶意,如果只是想表达批评意见而没有损害他人商品声誉的故意,即使伪造了新闻也不构成此罪。《最高人民法院关于审理名誉权案件若干问题的解释》第9条规定:新闻单位对生产者、销售者的产品质量或服务质量进行批评、评论,不应当认定为侵害他人名誉权。就本案而言,訾北佳与包子店没有竞争关系等直接的商业利益关系,显然没有主观恶意去损害他人商品声誉。

从侵犯客体上看,对于某类商品的批评不构成损害"他人的"商品声誉。损害商品声誉罪主要的处罚对象是以造谣的方式贬低竞争对手的不正当竞争行为,被损害的商品声誉应当是特指的"他人的",而不是泛泛的某一类商品的声誉。因此,必须具有直接损害他人商品声誉的故意才能构成此罪。如果没有特定对象的界定,任何人对某一类商品的批评都可能构成此罪名,针对商业的公共舆论将不复存在。

从危害后果来看,不能确定"给他人造成重大损失"。从相关报道看,检察机关指控訾北佳的一个逻辑证据是给他人造成了重大损失。虽然刑法并没有就该条款的"重大损失"作出解释,但从常理来讲,重大损失显然不能简单等于某几天卖包子的数量减少了一些。而且,从7月8日北京电视台曝光"纸包子"到7月18日宣布"纸包子"是假新闻,期间仅仅10天,重大损失从何而来又是如何统计出来的?比如包子店在10天内利润减少了多少,以及利润减少与虚假新闻之间是否存在因果关系,这都需要有完整的证据链条。如果检察机关不能严谨地证明訾北佳的新闻报道确实造成了特定他人的重大损失,就不能构成该罪。

第二,就本案事实而言,制造某种现象的电视画面并不等于《刑法》第221条的"捏造虚伪事实"。由于电视新闻对画面的独特要求,"摆拍"在电视新闻中很常见,即在无法拍到现场画面的情况下模拟现场镜头。模拟场景的"摆拍"并不必然等于虚构事实,如果真正的事实存在,只是因为拍不到现场,制造了模拟场景,在没有如实告诉观众是模拟场景的情况下,这是新闻职业道德问题,但不是法律问题,更不是刑法问题。

从相关事实报道得知,6月初訾北佳即在栏目组选题会上提出,曾接到过群众电话反映"包子馅有掺碎纸"的问题,引起栏目制片人的兴趣,遂被确定为报道专题。可见,"纸包子"并非空穴来风。

因此,就纸包子事件而言,有关部门首先应该调查的是到底有没有"纸包子"这种社会事实的存在,而不是北京电视台播出的画面是否为真实拍摄得来。如果确实存在或者曾经存在纸包子,訾北佳和北京电视台只是摆拍了制作镜头,这只能算是捏造了虚假电视镜头,而不能被认定是刑法意义上的"捏造虚伪事实"。

综上所述,部分法律界人士认为,本案事实不清,适用法律不当,訾北佳不构成损害商品声誉罪。訾北佳的行为是一个新闻媒体道德自律的问题,用刑法的经济罪名处罚公共舆论只能造成公众心理的困惑，降低司法的公信力。

4.《舌尖上的中国》海报涉嫌侵权

2012 年 5 月，由中央电视台创作的纪录片《舌尖上的中国》在电视上热播，同时，网上流传的纪录片《舌尖上的中国》的海报也十分引人注目。

《舌尖上的中国》海报

画面上远看为一双筷子夹着一块“腊肉”（见图），近看则发现“腊肉”其实是一幅山水画。

不过，人们很快发现画面中“腊肉”部分与中国美协副主席、广东美协主席许钦松的山水画很像，于是人们开始质疑《舌尖上的中国》涉嫌侵权，并引来媒体不同程度的关注。

把两个画面仔细比对，可以发现《舌尖上的中国》海报与许钦松的作品《岭云带雨》局部几乎完全一致，只是在颜色的处理上将山水的水墨变成了腊肉的朱红色。

随后，《舌尖上的中国》海报作者、设计师张发财就海报侵权一事作出回应。他说明了该海报是受朋友所托，用筷子和山水画结合的创意制作而成。《舌尖上的中国》在媒体大火之后，2012 年 5 月 31 日，他被朋友问及海报中山水画是谁的作品时，才发现此作品非古人之作，而是当代著名画家许钦松的作品。于是他找各种方式，多次通过电话、短信联系许钦松，但一直没有得到回复。

之后，张发财又接到媒体电话采访，涉及海报侵权的事宜，于是他在微博中为自己的失误向许钦松道歉，并承诺支付相关的费用。他表示自己对侵权的行

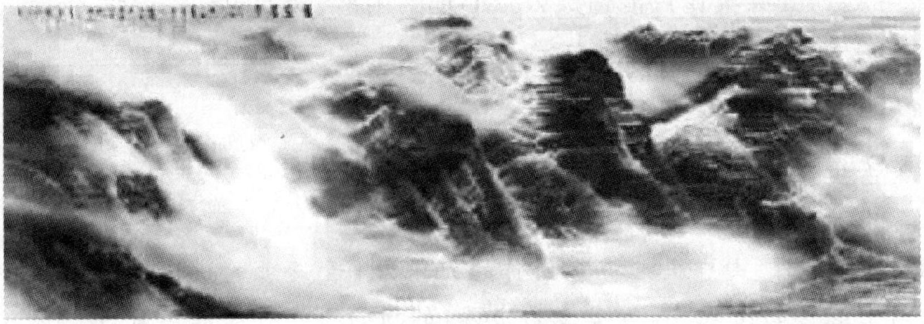

许钦松的作品《岭云带雨》(局部)

为也十分不齿,但设计《舌尖上的中国》海报纯属帮忙,未收取任何费用,也没有版权购买的预算。

设计师表示此事给中央电视台也造成了困扰,为此他十分抱歉,并表示愿意承担一切后果。

事后,设计师透露已经收到许钦松的回复,称因为近期忙于画展所以没有及时回复,在画展后会与其取得联系。

有媒体随即给许钦松发去相关图片。随后,许钦松给记者打来电话表示《舌尖上的中国》独家官网上的相关画面,的确就是自己的山水画作品《岭云带雨》的局部。他说:"这件作品是我的代表作之一,现在就在广东美术馆展出"。

许钦松说,他觉得还是挺高兴的,自己的作品通过《舌尖上的中国》得到了广泛传播。不过,《舌尖上的中国》海报设计方及独家官网在此之前并没有和他联系过,当然也就没有征得过他的同意。

评 述

尽管设计师张发财恳切的认错微博得到了各界名人的支持,且说明他设计《舌尖上的中国》海报纯属帮忙,未收取任何费用,但是仍有不少网友对他的解释并不认可。

不可否认,无论蓄意与否,《舌尖上的中国》海报制作方都涉嫌侵犯了山水画作品《岭云带雨》的作者许钦松的署名权、修改权以及保持作品完整性的权利。

从这个案例中我们可以看到,在我国版权意识不强,绝不仅是张发财一个设计师的问题,《让子弹飞》、《非诚勿扰》等知名国产影片的海报都曾被指称抄袭或模仿。中央美院的肖勇教授坦言:"我国是文化创意产业较弱的国家,电影海报抄袭只是冰山一角。我国不乏设计人才,但如果不能给他们成长的时间和土壤，就很容易让他们走捷径。”①

希望经过这一事件人们的版权意识能够有所增强，并同时这一事件能成为中国设计人版权意识成长的一个注脚。

5. 翻唱《传奇》涉嫌侵权

2010年，王菲把歌曲《传奇》带上中央电视台春晚舞台之后，不仅原唱者李健人气大增，这首歌也成了“香饽饽”，不但成为王菲全国巡演中的必唱曲目，还被毛宁收录到新专辑中。

王菲春晚唱《传奇》

然而，2012年9月，歌曲《传奇》的版权所有人老孙文化(北京)有限公司却把王菲和毛宁告上法庭，称其在未获得许可的情况下演唱此歌属于侵权行为，他们已向法院提出诉讼，索赔300万元版权费。

《传奇》是歌手李健在2003年发行的专辑《似水流年》中的一首歌，这首歌的版权在2008年被李健经营文化公司的朋友孙涌智买走。按照合同约定，《传奇》只允许曲作者李健来演唱，其他人演唱必须得到孙涌智本人的同意，2010年王菲在春晚演唱《传奇》，便是经过了孙涌智的授权。

可是，在2010年春晚之后，王菲在演唱会上也频频演唱《传奇》这首歌，却未得到孙涌智的授权。据不完全统计，从2010年10月巡回演唱会的第一场至

① 资料来源：《新民晚报》2012年6月4日。

今,王菲已经走过 17 座城市唱了 43 场,却没给《传奇》的版权方交过一分钱。

此外,歌手毛宁在 2012 年 4 月 25 日发行的新专辑《12 种毛宁》中,同样未经老孙文化的授权就翻唱了歌曲《传奇》。该专辑收录了 12 首作品,第一首主打歌曲便是老孙文化拥有版权的《传奇》。

媒体记者采访了歌曲版权人老孙文化的委托代理人、资深法律人士丁笑天,他表示:"此前我们曾与王菲的经纪人陈家瑛联系过,希望能够和解,但却没有得到回应,所以我们才考虑用法律的手段维权。"至于版权费收多少,丁律师算了笔账,据他了解,王菲每场演唱会收益 2000 万元,他们提出诉讼的演唱会有 10 场,按照国家版权局发布的《演出法定许可付酬标准暂行办法》,可收取这 10 场演唱会总收益的 1/25,也就是总共 800 万元的版权费。但丁律师表示,由于版权方了解到,王菲与李健的私交很好,并且她对侵权的事情并不知情,所以他们打算把索赔金额降到 300 万元,"我们也想通过此事,让大家重视版权、尊重版权。"①

而毛宁的经纪人则表示,专辑《12 种毛宁》中翻唱的每一首歌,都是经由公司提出申请,中国音乐著作权协会(简称"音著协")审核之后签署许可合同的,所以并不存在侵权一说。对此,丁笑天表示,老孙文化(北京)有限公司总经理孙涌智于 2010 年 11 月 29 日加入音著协,他把所代理音乐的 KTV 播放权和演唱会使用权签给了音著协,但保留了其所代理曲目出唱片的权利,音著协没有任何权利签署《传奇》出唱片的许可合同。②

老孙文化(北京)有限公司法人孙涌智在 2012 年 9 月 12 日接受南都记者采访时表示,他是站在维护音乐人权益的角度上发声的。③

孙涌智说,我们公司是同时对五六起侵权案向法院提起诉讼的,目前已有四五起立了案。

当问及王菲首唱这首歌是 2010 年央视春晚,为什么隔了这么久才要打这场官司时,孙涌智回答,两年来这首歌被侵权了太多次,我没法一直保持沉默。现状很无奈,两年来这首歌遭遇了各种盗版,冒出了各种版本,在 K T V 的点唱率也非常高。我觉得很无奈。

2010 年春晚后不久,潘美辰在北京演唱会上也唱了《传奇》。我当时很无奈,想打官司,但很难打,因为潘来自台湾,官司成本太高。

春晚剧组从我这儿取得的是春晚演唱的一次性授权。

在谈及毛宁的情况时孙涌智说,4 月 26 日是知识产权日,那天有朋友在微

---

① 参见:《王菲演绎〈传奇〉涉嫌侵权 遭版权人索赔 300 万》,载《腾讯娱乐》2012 年 9 月 11 日。

② 同上。

③ 参见:《王菲翻唱〈传奇〉涉嫌侵权 版权者:被侵两年无法沉默》,载《南方都市报》2012 年 9 月 13 日。

博上@我——我平时很少上微博的,我这才知道毛宁也唱了《传奇》。有媒体看到我微博后去向毛宁方面求证,他的经纪人说,他们是从“合法渠道拿到这首歌的合法授权的”。我对这个说法比较震惊,也很不忿:从毛宁演唱前到他的专辑推出后,他那边从头到尾都没有跟我有过任何接触。

王菲的经纪人陈家瑛对港媒说,王菲只是在演唱会上演唱,并没有灌录成DVD发售,所以并没有侵犯版权。针对此种说法,孙涌智的回应是:内地跟香港对于版权的法律法规不一样,我所针对的是这首歌在内地的状况。

关于哪些歌手有《传奇》的合法演唱权,孙涌智说,李健不用说,他是这首歌的曲作者,我就是从他和词作者刘兵那里获得版权的。其次还有孙楠、周笔畅、周华健、费玉清等,英文版授权给了迈克学摇滚(乐队),还有藏语版和粤语版。

对于歌手要想获得《传奇》的版权要走什么程序?花费大概多少?

孙涌智表示:只要找到我商谈需求,我认为OK,就签合同。价格要看具体情况来定。

评述

对于现场演唱翻唱,无论王菲有没有发行DVD,只要在涉及商业性质的场合演唱,都必须经过著作权人的同意并赋予一定费用。在任何国家和地区都一样。按照《中华人民共和国著作权法》,在侵权行为发生之后的两年内,著作权人都可以对侵权者提出上诉。

对于出版物翻唱,著作权人可把作品著作权委托给音著协管理:如果老孙没有把许可出版唱片的权利签给音著协,而音著协收了毛宁的版权费,那这个翻唱就不合法;如果老孙把作品全权授权给音著协,毛宁就可直接与音著协签协议,无需老孙同意。

对于电视节目翻唱,也是要经过授权的。比如,《中国好声音》学员李代沫翻唱曲婉婷的《我的歌声里》,节目制片方必须向著作权人申请许可,需不需要付费要和著作权人沟通决定。

目前国内很多歌手在翻唱前只和著作权人进行口头协定,没有签署合约,很容易在歌曲‘火’了后产生纠纷。

香港是行政特区,其规定和大陆有些不同。比如,在香港王菲无需与歌曲版权者沟通。

香港有几家主要机构管理版权问题:CASH(香港作曲家及作词家协会)、IFPI(国际唱片业协会,此处指香港分会)、H KR IA(香港音像联盟)。简单来说,CASH代表作曲及作词,负责发放所有公开播放和公开演出的牌照,IFPI、H KR IA则代表唱歌人的权利。如果歌手只是唱歌是不需要申请牌照的。比如,春晚演唱,主办方是央视,那就应该是央视和当地相关协会签订公开表演的合约,王菲不需要作任何申请;假如王菲在红馆开演唱会,她个人也不需要拿牌照,而由主办方或红馆向 CASH 申请;如果歌手要将歌曲收录到专辑里,则需要申请牌照,和版权所有人沟通。

在香港,所有公开场合使用歌曲都需要申请牌照,包括医务所、咖啡厅、广场、音像店等。协会每天有人巡视,比如,会去某个商场里记录播歌情况,如果哪些地方没有拿牌照(而播歌),他们就会说服对方去申请。

除了翻唱歌曲外,背景音乐的使用在法律上国际也有一些规定。

背景音乐是指商场、饭店等营业性场所使用的音乐。保护知识产权的国际"伯尔尼公约"有关内容规定,在营业场所使用音乐,使用者应向著作权人支付使用费。

一百五十多年前,法国巴黎香榭丽舍大街的大使咖啡馆里,一位作曲家忽然听到有人演奏他写的音乐,于是他突发奇想,说如果咖啡馆老板不付他演出作品的钱,那么,他也不付老板咖啡钱。最后,他赢了这场官司。这位作曲家就成了音乐权益保障的鼻祖。

我国现行的《著作权法》规定,以表演、广播、信息网络传播和录制、复制发行等方式使用音乐作品,均应取得著作权人的许可。

2002 年,电视连续剧《激情燃烧的岁月》在各地方电视台热播后,一些地方电台也开始播放,《激情燃烧的岁月》的制作方就地方电台私自播放电视剧录音剪辑一事,表示要对几家电台提起诉讼进行维权。事后,地方电台主动赔偿,制作方才从法院撤回了诉讼。

同时,《激情燃烧的岁月》一剧多次使用《解放区的天》、《保卫黄河》、《延安颂》等 10 首作品作为背景音乐,由于剧组在使用这些音乐之前未支付著作权使用费用,中国音乐著作权协会一纸诉状将《激情燃烧的岁月》一剧的制作方以及音像制品的出版、销售等单位告上法庭,索赔 51 万。

2002 年 9 月 15 日我国开始实施的《中华人民共和国著作权法实施条例》规定:"著作权人和与著作权有关的权利人可以授权著作权集体管理组织行使著作权和与著作权有关的权力。著作权集体管理组织被授权后,可以以自己的名义为著作权人和与著作权有关的权利人主张权利,并可以作为当事人进行涉及著作权或与著作权有关权利的诉讼、仲裁活动。"

我国内地唯一一家音乐著作权集体管理机构——中国音乐著作权协会,目前管理的音乐作品达六万余首。其会员包括曲作者、词作者,还有音乐出版者和权利继承人。会员通过签订合同,授权协会管理其复制权、表演权、广播权。

目前,我国的著作权保护已开始履行国际承诺,保护水平大大提高。在向播放背景音乐者收费问题上各大城市率先起到示范作用。一些娱乐业经营者从开始的不接受、不理睬，到后来的主动付费，体现出经营者对知识产权的日益重视。

此外，广播电台、电视台播放外国录音制品，也应当取得著作权人或著作权人代理机构的许可，并向其支付报酬。

我国广播电台、电视台在使用外国录音制品时，一要看该国是否已参加了我国已加入的国际著作权条约（《伯尔尼公约》、《版权公约》、《唱片公约》）或该国与我国是否签订有著作权保护的双边协定，如果未参加这些条约，使用该国的录音制品，就可以不经其许可，也不向其支付报酬而播放；二要看与我国共同参加了国际著作权条约的国家的法律是否保护录音制品制作者的权利，如果其法律保护录音制作者的权利，那么，我国广播电台、电视台使用其录音制品，就应取得该制作者或其集体管理机构的许可，并向其支付报酬。

6. 赵季平名誉侵权案[①]

“大河向东流，天上的星星参北斗”，许多人一听到这首歌立刻就会想到，这是电视连续剧《水浒传》的主题曲。

曾创作了《红高粱》、《黄土地》、《霸王别姬》以及这首《好汉歌》的著名作曲家赵季平可谓家喻户晓，令他没有想到的，这首歌在为他赢得了“飞天奖”优秀音乐奖的同时，也给他带来了长达两年的诉讼官司。

《好汉歌》自被歌手刘欢成功演绎后，一夜之间响遍大江南北。

作曲家赵季平

1998 年 5 月 28 日，湖南株洲退休音乐教师刘鸿志以中国音乐家协会交响乐学会会员、音乐教授的身份在《羊城晚报》第 740 期发表了《“好汉”与“王大娘”咋就这么像》。文章指出，《好汉歌》的原曲是 1940 年前后流行全国的民俗歌曲《王大娘补缸》调，“《好汉歌》的旋律几乎与《王大娘补缸》完全一致，只是做了某些乐句的加花或压缩”。

① 案源来自《光明日报》1998 年 11 月 28。

文章同时引用罗曼·罗兰的名言加以阐发,“要散布阳光到别人心里,先得自己心里有阳光——《水浒传》里的主题曲《好汉歌》,正是自己心里没有阳光,硬充好汉,把富于诙谐戏谑风格的民俗小调,硬套在一百零八位梁山好汉身上,撒向电视观众心里。如是,大江南北、大河上下、城乡山区、大街小巷都在哼唱,好像90年代后期的音乐高潮到了。

但谁知那描述仗义行侠、顶天立地、路见不平拔刀相助、劫富济贫、替天行道的梁山泊英雄的《水浒传》主题曲,正是1940年前后,笔者在读小学时就能耳熟背唱的流行全国的《王大娘补缸》调呢?”

其后,《羊城晚报》又刊登了多篇文章,有认为“好汉”不能像“王大娘”的,也有赞成可以像“王大娘”。同年6月8日,《法制文萃》在总第406期上转载了该文,并使用了“《水浒传》的主题曲《好汉歌》竟是剽窃之作”的标题。

1998年7月5日,《好汉歌》的曲作者赵季平以侵犯名誉权为由,将刘鸿志等告上法庭。刘鸿志被列为第一被告,《羊城晚报》为第二被告,由于《法制文萃》不具有独立法人资格,又将其主管单位《法制日报》追加为第三被告。原告要求各被告停止侵害,赔礼道歉,恢复名誉,消除影响,并要求被告刘鸿志赔偿损失5万元,两家报社分别赔偿10万元和5万元。

1998年11月18日上午,朝阳区法院酒仙桥法庭开庭审理此案。

赵季平认为这篇文章侵犯了其名誉权,他认为,文章作者的中心意思是要向全社会披露,《好汉歌》的曲作者抄袭了《王大娘补缸》,因而认定《好汉歌》的“作者心里没有阳光”,构成了对原告的人格尊严和音乐创作道德等名誉权的严重侵害。《好汉歌》是在充分汲取民间音乐精华的基础上加以崭新的艺术发挥和创造,使原有的音乐素材发生了质的变化,是原创音乐。

对此,原告代理人指出,《好汉歌》以及电视剧《水浒》的其他音乐均为作曲家赵季平独立创作。在创作过程中,作者研究了山东梁山、郓城等地的民间音乐,在《好汉歌》中综合了郓城的筝曲《呀儿哟》和豫东民歌《锔大缸》(即《王大娘补缸》)的音乐素材,并加以新的艺术创造,构成了新的音乐形象。在法庭上,原告出示了《水浒传》全剧音乐作品获“飞天奖”优秀音乐奖证书,以及由中国音乐家协会创作委员会出具的《对于〈好汉歌〉的书面意见》,认定赵季平的《好汉歌》对所用民间音乐素材进行了再创造。

中国歌剧舞剧院著名作曲家温中甲认为:运用民间音乐作为素材进行音乐创作,无可非议,因为这是音乐创作的正常手法之一,关键在于是否赋予原素材以新的生命,是否塑造了新的音乐形象。古今中外的音乐作品中,这类例子比比皆是。在民歌上简单加减几个音符写不出《好汉歌》,这首歌曲有自己新的生命,绝不是一般的改编,更不是抄袭。

被告刘鸿志辩称：我并非凭空捏造，因为《好汉歌》与《王大娘补缸》“本就这么像”。而且这个标题是以疑设问，事实上这个疑问是有根据的，《好汉歌》57个音节中的28个音节是在原曲调的基础上进行了加花与压缩。再者，文中并无“剽窃”字眼，作为音乐工作者在介绍音乐作品方面发表一点评论，既非失实，也未侵权，故不同意原告的诉讼请求。

在法庭上，被告刘鸿志的代理人称，刘文是切合主题而作，所想表达的是两个曲子“咋就这么像”。文中根本没有“抄袭”两字，亦无任何侮辱性语言，因此并无侵犯名誉权之嫌。

刘鸿志的代理人解释说，早在20世纪40年代，《王大娘补缸》就流行全国，成了家喻户晓的名曲。但由于目前对民间音乐作品尚缺乏法律保护，采用民间音乐素材是否构成“抄袭”的法定标准不易认定，在刘文中也未轻易作结论，只是提出一个问题供大家评说，即《好汉歌》署名“赵季平曲”是否超出了一定的度。刘鸿志认为，《好汉歌》署名“赵季平编曲”更为恰当。

刘鸿志的代理人认为，刘文并未对赵季平的道德品质加以指责。关于文章的标题，刘鸿志称之为以疑设问，目的是提出《好汉歌》像《王大娘补缸》，而这一疑问又是有充分根据的，并非无中生有的设问。

《羊城晚报》方面认为，围绕《好汉歌》刊登的文章为的是繁荣音乐创作，这是履行新闻单位的职责，并非针对原告进行人身攻击。该报有关由《好汉歌》引出的音乐创作问题的评论文章共有五篇，刘文只是其中的一篇。刊登这些文章的基本想法是：第一，根据百家争鸣的方针，对《好汉歌》的创作问题进行探讨，围绕《好汉歌》像不像《王大娘补缸》，即音乐创作能不能借鉴、怎样借鉴、借鉴什么这样的中心展开，始终没有超出学术讨论的范畴；第二，刘文只是对《好汉歌》是否为原创提出质疑；第三，刘文只是一种个人之见，不是定论，可以赞成，也可以进行反驳。

从《羊城晚报》发表的有关文章看，有的认为不能“像”，有的认为可以“像”，各抒己见，没有贬损原告名誉的言辞，完全是正常的学术讨论。

原告赵季平认为，《法制文萃》报转载刘鸿志的文章，并使用《〈水浒传〉的主题曲〈好汉歌〉竟是剽窃之作》的标题，这就直接给原告创作的《好汉歌》戴上了“剽窃之作”的帽子。这个事实表明，《法制文萃》报在主观上已有积极参与侵害原告的故意，在客观上将侵权的事态作了进一步扩大。

《法制文萃》报方面称，作为转载单位，没有义务对被转载新闻的真实性进行审查核实。该报转载《羊城晚报》刘文是忠实的，没有任何歪曲和篡改行为。两报在内容上基本相同，只不过标题在文字处理上略有不同。但从全文内容上看，使用“剽窃”一词符合刘文本意。

刘鸿志的文章无疑是平地起风雷,使很多人心里产生疑问:《好汉歌》到底是作者倾心力作还是剽窃之作?三被告的行为是否侵害了赵季平的名誉权?在审理过程中法院有两种意见①。

第一种意见认为:刘鸿志撰写的文章《“好汉”与“王大娘”咋就这么像》,构成对赵季平名誉权的侵害。

赵季平在《好汉歌》作曲中,汲取了《王大娘补缸》等民间音乐素材并加以艺术发挥和再创作,是专业作曲中正常的创作手法。《好汉歌》虽与《王大娘补缸》在某些旋律特点上有相似之处,但在整个音乐形象和风格上是不同的。刘鸿志以披露的方式在文章中说,《好汉歌》“正是自己心里没有阳光——从《好汉歌》的旋律来看,几乎与《王大娘补缸》调完全一样”。可见,文章是说《好汉歌》的作者心中没有阳光,抄袭了《王大娘补缸》,还硬充好汉。从报纸杂志转载该文时,均使用了“竟是剽窃之作”的标题,足以证明这一点。可见,该文章已超出了学术讨论的范畴,构成了对原告人格的侮辱,且有使原告的名誉受到损害的事实。所以,根据《民法通则》第101条及相关司法解释,应认定侵害了原告的名誉权。

第二种意见:刘鸿志的文章不构成侵权。

刘的文章标题是以疑设问,提出《好汉歌》像《王大娘补缸》的曲调,并列举了《好汉歌》在《王大娘补缸》的旋律和节奏上进行了加花和压缩,说像是有根据的。刘鸿志对音乐创作发表评论,虽语言过激,给原告造成一定不良影响,但仍属学术讨论范畴。故不应认定侵害他人名誉权。

2000年4月10日,北京朝阳区法院庭审后得到初步结果。法庭援引中国音乐家协会创作委员会的鉴定称:赵季平创作的《好汉歌》汲取了民间音乐的精华,是采用民间音乐素材的再创造,本属于专业作曲中正常的创作手法之一。民间音乐是所在国国民共同拥有的财富,任何人都有权依据自己的创作需要在不同地区进行不同形式的运用,所以《好汉歌》与原民间素材完全一致的说法,以及对作曲家冠以剽窃的恶意用语,是有失原则的,也是不能成立的。

法庭认定第一被告刘鸿志在文章中使用了尖刻、讽刺、挖苦的语言,当庭对刘提出批评,但从文章整体上看并未构成法律上的侵权。刘鸿志也当庭向赵的代理人表示了歉意。认定第二被告《羊城晚报》同时刊登了否定和肯定的文章,属于讨论范围。第三被告转载时加上了“剽窃”二字,是不妥的,提出批评,但总体没有构成侵权。因此驳回起诉,10天以内送达判决书。

法庭判决后,赵季平的律师认为一审判决结论是不正确的,对《好汉歌》的认定评价可以接受,但对三被告失之过宽,第一被告存在讽刺语言明显侵权,第

---

① 参见苏亚宁:《“好汉歌”引发的名誉权官司》,法律图书馆网站。

二被告后发文章是一种补救行为，第三被告用“剽窃”字样，使问题定性化。而赵季平因忙于为《笑傲江湖》创作歌曲，并未出庭，但获知法庭结果后他表示，不再提起任何诉讼。

评 述

我国《民法通则》第 101 条规定，“公民享有名誉权，公民的人格尊严受法律保护，禁止用侮辱、诽谤等方式损害公民名誉权”。之后，最高人民法院又制定了一系列相关司法解释，对侵害名誉权的类型及认定方式作出了规定。因此，判定三被告是否侵权，应考虑以下几方面：

第一，文章的基本内容是否失实，这是原、被告双方争议的焦点，也是认定作者是否侵权的关键。《民法通则》第 101 条、《最高人民法院关于审理名誉权案件若干问题的解答》(1993 年 8 月 7 日)第 8 条规定，“因撰写、发表批评文章引起的名誉权纠纷，人民法院应根据不同情况处理：文章反映的问题基本真实，没有侮辱他人人格的内容的，不应认定为侵害他人名誉权”；“文章的基本内容失实，使他人名誉受到损害的，应认定为侵害他人名誉权”。

从当事人在庭上出示的磁带录音看，《王大娘补缸》原是地方歌舞小戏中钉缸人出场时的一段唱，又名《大补缸》、《锯大缸》。这首曲调共有八段唱词，用一个乐段反复演唱，20 世纪 40 年代在河南、山东等地广为流传。《好汉歌》的曲调和其基本一致，“只是做了某些乐句的加花或压缩”，在常人听来并无多少差别。而且，在法庭上，原告赵季平也承认“融入了《王大娘补缸》一曲”①。

从《羊城晚报》刊登刘鸿志的文章背景看，在刊登了刘文章后，该报又连续刊登了《“好汉”长得像“大娘”?》、《“好汉”咋就不能像“大娘”》等文章，围绕对民间音乐素材的汲取和应用的方法展开讨论，各自陈述其观点，仁者见仁，智者见智。所以，刘鸿志的文章虽有些言辞过于尖刻，但从整体上看仍属于学术讨论范围。

第二，受害人是否确有名誉被侵害的事实。《最高人民法院关于审理名誉权案件若干问题的解答》强调了侵权事实和结果在认定是否为侵权行为中的重要作用。该法第 7 条规定：“是否构成侵害名誉权……应当根据受害人确有名誉被侵害的事实……行为人主观上有过错来认定”。从本案看，无论《好汉歌》与《王大娘补缸》像与不像，刘鸿志文章的发表都并未使社会公众对赵季平的评价降低。在法庭上，中国音乐家协会也作出了《对于“好汉歌”的书面意见》，充

---

① 参见苏亚宁：《“好汉歌”引发的名誉权官司》一文，法律图书馆网站。

分肯定了“赵季平——采用民间音乐素材进行再创造,本属于专业作曲中正常的也是常见的创作手法之一”,是无可非意的。

第三,作者主观上是否有过错。作为一个退休音乐教师,刘鸿志撰写该文将两者进行对比,尚不能算做故意侵害名誉权。原告作为著名作曲家,是公众人物,其作品应受到观众的监督。但应指出,学术讨论应当坚持严谨的学术精神和使用规范的语言。而刘在文章中使用的语言比较尖刻,《法制文萃》报在转载时加了“竟是剽窃之作”的标题。对此,均应予以批评。

2000 年 4 月 11 日,朝阳区人民法院经过两次开庭,在肯定了《好汉歌》是原告赵季平在汲取了包括《王大娘补缸》等民间音乐的基础上创作而成,属于著作权保护范畴之后,依法作出一审判决,因原告请求于法无据,故驳回赵季平的诉讼请求。一审判决后,双方都没有上诉,判决生效。

第四章　第四媒体——新媒体

1998 年 5 月，联合国秘书长安南在联合国新闻委员会上提出，在加强传统的文字和声像传播手段的同时，应利用最先进的第四媒体——互联网（Internet）。自此，“第四媒体”的概念正式得到使用。

互联网虽不是为新闻而生，但新闻正在成为它的特色之一。

将网络媒体称为“第四媒体”，也是为了强调它同报纸、广播、电视等新闻媒介一样，是能够及时、广泛传递新闻信息的第四大新闻媒介。

从广义上说，“第四媒体”通常就是指互联网，不过，互联网并非仅有传播信息的媒体功能，它还具有数字化、多媒体、实时性和交互性传递新闻信息的独特优势。因此，从狭义上说，“第四媒体”是指基于互联网这个传输平台来传播新闻和信息的网络。

“第四媒体”可以分为两部分：

一是传统媒体的数字化，如《人民日报》的电子版；

二是由于网络提供的便利条件而诞生的“新型媒体”，也就是新媒体。

新媒体是指一切区别于传统媒体而言的具有多种传播形式与内容形态的不断更新、不断涌现的新型媒体。如新浪网、数字电视、车载电视、楼宇电梯广告、手机短信、手机电视等等。

美国《连线》杂志对新媒体的定义为：“所有人对所有人的传播。”

第一节　国外经典案例

随着互联网、移动新媒体的迅速发展，传统媒体的发展空间和传播优势受到了严峻挑战。国际传播环境正在发生着深刻的变化，以互联网为代表的新兴媒体正逐渐成为国际传播的重要力量。

面对这样的局面，全世界重要媒体也都纷纷开办网站，加速新媒体转型。

但是，伴随着新媒体的发展，一些意想不到的侵权案件也不期而至。

1. 新媒体将巴黎法院禁令变成一纸空文

1996年,被前法国总统密特朗解雇的私人医生推出《大秘密》一书,披露了密特朗的健康档案。此书的出版引起了全法国的震惊,随即巴黎法院以此书侵犯密特朗的私生活、违反医生替病人保密的职业道德为由,下令禁止发行,但禁令下达不久,有人将此书全文输入因特网,成了任何人都可以调阅的"公开的秘密"。

这成为最具代表性的新媒体将法院禁令变成一纸空文的经典案例。

评 述

网络空间具有全球性和信息传输的迅捷性。公民隐私权一旦在网上披露,全球范围的人在瞬间都能知道。而名人不可"告人"的隐私一旦被披露,它引起的震动是无法估量的。

弗朗索瓦·密特朗

1996年1月8日,在法兰西共和国历史上任期最长的密特朗总统被前列腺癌夺去了生命。当他谢世仅数日、举国上下还沉浸在一片哀痛之中的时候,他的私人医生克洛德·古布雷就抛出了《大秘密》一书,披露了密特朗在当选总统之前就已身患癌症并一直隐瞒着这个秘密带病统治国家长达14年之久的内幕。

克洛德·古布雷在书中披露,已故法国国家元首密特朗在1981年当上总统后仅六个月便已患上癌症,在1994年底统治后期,密特朗已无足够的体力"履行总统职责"。这一病情一直作为"国家最高机密"被锁在保险柜里。

这一披露在法国政坛和新闻界、医学界引起轩然大波。几乎所有人均一致谴责密特朗私人医生"违反医德","泄露国家机密"。密特朗家属也提出起诉,要求禁止发行此书。

然而,事情的原委还要从蓬皮杜总统在职病逝一事说起。当时蓬皮杜身患癌症,直至去世。法国人对他们在几年中为一病人所领导,且对真相一无所知而感到难以接受。

在舆论的压力下,密特朗当选总统之后,宣布每隔一季度便公布一次他的医疗健康报告，以保持总统健康状况的透明度。法国宪法上并没有类似的规定，其继任者法国总统希拉克就没有公布他的健康报告，但密特朗想在这方面“作出表率”。

没有想到的是，第二份报告尚未公布，医生们就发现密特朗患上了前列腺癌。当时医生甚至断言，短则三个月、长则三年，密特朗将被癌症夺去生命。

密特朗被告之这一情况时，“他脸色泛灰，喃喃而道：‘我完了’”。根据密特朗向选民作出的许诺，他应该宣布这一病情。然而，经过一番考虑之后，在第二份健康报告单中，只字未提癌症之事。这一情况一直延续到1992年密特朗不得不住院动手术时，才首次披露。

在这十多年里，密特朗每天都在最机密的情况下接受治疗，包括在他出国访问的日子里。这一机密甚至连密特朗夫人也不知晓。

直到1994年年底，古布雷医生在其书中描述，密特朗已无足够的体力履行总统职责。“他早上9时30分至10时来到总统府后，便躺上床一直到午餐时间。他已不再签署任何文件，也不再听取报告……他唯一感兴趣的是如何治好他的病……”

其后，密特朗与结识了近25年的古布雷医生分道扬镳。接着，在接受一位记者采访时，密特朗声称“他受到了极坏的治疗”。

被激怒了的古布雷，于是开始了本书的写作。他的本意是赶在密特朗去世前就发表，以此来答复密特朗对他的“攻击”。古布雷认为，密特朗在患上前列腺癌之后能够活14年之久，是一个罕见的奇迹。这一方面是由于密特朗自身的顽强生命力所致，另一方面也证明治疗是有效的。

此书原定在1996年1月底出版。密特朗逝世使出版商一度考虑推迟或提前出版此书。后因《世界报》披露了密特朗向公众隐瞒病情的秘密，使出版社决定立即出版此书。但是，此书出版不久，就被法院下令禁止发行。

古布雷认为，如果当时按规定公布了密特朗的病情，法国政治生活将发生重要变化。比如选民就很有可能在1988年密特朗竞选连任时拒绝再度将他们的信任交在一个身患绝症的政治家手中。

古布雷的披露使全法国震惊不已。古布雷陷于空前的孤立之中：政界的反应几乎是一致的，左右翼都认为“不应越过一定的界线”，国家机密不应泄露，表现了充分的“为逝者讳”的统一精神。但同时，一般老百姓则普遍对密特朗发表弄虚作假的健康报告感到不能接受。

一位深谙密特朗统治艺术的政治观察家对本报记者透露，这一披露“未尝不是密特朗所希望的”。他说，密特朗知道，这一秘密是他在执政14年中犯下的最严重的错误之一。如何披露，而不至于使他本人陷于尴尬之中，是密特朗一直在思考的问题。

在试图通过出版书籍，披露他人隐私未果的情况下，好事者选择了网络，因为信息内容不仅和当事人有关，而且涉及国家利益，该内容遭到传统传播渠道的封杀。

同传统隐私权侵权行为的手段相比，网络隐私权具有新特点：

“网络隐私权”一词并非法定概念，而是从学理角度在传统隐私权的基础上提出的一种新概念。由于这一领域的研究正处于起步阶段，关于网络隐私权确切而统一的定义还没有形成。我国有学者认为，网络隐私权指自然人在网上享有私人生活安宁和私人信息，依法受到保护，不被他人非法侵犯、知悉、搜集、复制、利用和公开的一种人格权；也指禁止在网上泄露某些与个人相关的敏感信息，包括事实、图像以及诽谤的意见等。

其实，网络隐私权就其实质而言，仍属于隐私权的一种，可以说是隐私权发展到一定阶段的产物，是隐私权的高级形态。网络隐私权同传统隐私权之间最大的不同在于是否同网络有关，是否发生在网络空间中。网络隐私权表现出的新特点有如下几点：

1. 客体的扩大化和数据化

网络隐私权的客体是网络隐私，网络隐私较传统隐私在内容上更为广泛，呈现出扩大化的趋势，包括个人的姓名、性别、身高、指纹、血型、病史、联系电话、财产等等，以及一切与个人有关的信息在内。随着科技的发展，个人及其家族的基因图谱也会纳入隐私的范畴。

由于因特网的数字化、信息传输分组化特点，使得网络隐私主要以“个人数据”的形式出现。1995 年通过的《欧盟数据保护指令》对“个人数据”的定义是：“有关一个被识别或可识别的自然人的任何信息。”

个人数据的主要法律特征有：

一是个人数据为生成该数据的主体（即自然人）所拥有。他人仅拥有使用权，而且使用权仅限于约定的范围；

二是个人数据是足以对主体构成识别的数据。在多数情况下，单一数据难以对个人加以识别，但是若干个单一数据的组合就足以对个人进行识别。

近年来，不少国家和地区已将个人数据明确为隐私权的保护对象，美国 1974 年颁布的《个人隐私法》和英国 1984 年制定的《数据保护法》中，均对个人数据作出法律界定。

2. 性质的双重化

民法理论中，以权利所体现的利益的不同为标准，将民事权利分为财产权和人身权，人身权又可以进一步分为人格权和身份权。一般认为隐私权是一种独立的精神性人格权，不具有物质性或财产权属性。

然而，在网络空间中，对个人隐私的侵犯不仅仅是基于窥探他人隐私的好奇心，而大多数是基于利益的驱使。因为个人数据已经具有经济价值，财产属性，所以才会被网络经营商收集、利用、买卖。因而隐私权也已经具有物质性或财产权属性。

需要指出的是，权利主体对个人数据的财产权不同于传统的财产权，其并不存在有形的占有。比如存在电脑里的个人数据，只需轻轻一点"发送"，便可到达天涯海角，而不需要转移到硬盘或复制到软盘上。因为网络空间中的个人隐私已经成为一种无形财产，隐私权因此兼具无形财产权与人格权的双重属性。

3. 内容的复杂化

由于因特网具有开放性、交互性、信息资源共享性等特点，在一定程度上削弱了权利主体对个人隐私的控制能力，使得对个人数据的收集和处理更加平常和普遍，每一个人的部分个人数据都可能被他人（国家机关、ISP公司、网站等）所掌握和利用。而当事人却不一定知道自己的个人数据，在他人手中是什么内容，是否真实准确，将用于什么目的和用途。因此，网络隐私权除了具有传统隐私权的四项基本权利外，还包括以下新的内容：

一是隐私知悉权，指权利主体有权知晓个人数据收集者的性质、经营范围、收集的目的、用途等情况，有权通过合理途径查询其个人数据的收集和使用情况；

二是隐私修改权，权利主体发现记录自己的个人数据有误或其个人数据已发生变化时，有权进行修改、补充、删除，以保证个人数据的准确；

三是隐私收益权，权利主体对其提供的个人数据有权要求收集或使用者支付相应的报酬。

4. 侵权行为手段的智能化、隐蔽化

同传统隐私权侵权行为的手段相比，网络隐私侵权更多的是依靠智力和高科技去实施侵权的行为，行为人必须具备相当程度的专业知识和熟练的操作技能，否则难以达到收集他人数据或侵入他人系统的目的。其有高科技作支撑，侵权行为可以瞬间完成，侵权证据又多存于数据、代码等无形信息中，很容易被更改和删除，甚至不留任何痕迹。相比网络技术知识匮乏的普遍用户来说，很难发现自己的隐私被侵害了。

5. 侵权后果的严重化

由于网络空间的全球性和信息传输的迅捷性，公民隐私权一旦在网上披露，全球范围的人在瞬间都能知道，这将给当事人带来严重的损害后果。前面提到的法国总统密特朗解雇的私人医生推出的《大秘密》一书，就属此类。此书因侵犯密特朗的私生活，也违反医生替病人保密的职业道德，被巴黎法院下令禁止发行,但禁令下达不久,有人将此书全文输入因特网,成了任何人都可以调阅的“公开的秘密”。

2. 新媒体的崛起与规范运作

新媒体的崛起不是偶然发生,是网络发展到一定阶段的必然产物。除了有像《大秘密》这样的爆炸性新闻被在网上公之于众,产生让人震惊的影响外,还有一个事件的发生,被认为是新媒体崛起的标志,那就是1998年1月17日麦特·德拉吉在互联网上向世界发布的具有轰动性的独家新闻——克林顿性丑闻[①]。

德拉吉独家新闻中的主人公美国前总统比尔·克林顿与前白宫女实习生莫尼卡·莱温斯基。

在这一天,他向所拥有的近五万名新闻邮件订户发送了一个令华盛顿震惊的信息,这个信息同时也放到了他的网站上:“一个白宫实习生与美国总统有染。”

一年后,克林顿因为德拉吉率先报道的丑闻而被众议院弹劾、被参议院审

① 当美国《新闻周刊》高层决定将记者迈克尔·艾西科夫生平采写的最大一条新闻“——一个白宫实习生与美国总统有染”的消息在见报前几小时扼杀于襁褓中时,美国网上特立独行的个体户、新闻界业余“扒粪者”——麦特·德拉吉,将这条消息发布到了网上。1995年开始德拉吉向他的网上订户以电子邮件的方式发布“德拉吉报道”。

讯,德拉吉通过因特网告诉人们的信息,以其迅速在世界产生的广泛影响力,宣告了因特网这一新媒体的崛起。

正是因为美国人麦特·德拉吉第一个在网上报道了这一新闻,此事件亦被称为“德拉吉事件”。网络媒介成为第一时间新闻的报道与传播者,从此名声大噪,浏览网上新闻的人数像核裂变一样以惊人的速度增长。

这是网络时代新闻传播史上的一个奇迹,德拉吉一个人打败了美联社、CNN、华盛顿邮报,这个奇迹随即带来了“第四媒体”的闪亮登场。

1998 年 5 月在联合国新闻委员会年会上,互联网被正式承认为“第四媒体”。

大众传播研究学者琼·杰尔曼在 1998 年 7 月 21 日写道:未来,也许 100 年后,大学新闻学院及令人肃然起敬的新闻奖将以现在在一些人看来“声名狼藉”的网络记者麦特·德拉吉的名字来命名。而此时,CNN 的拉里·金及彼得·阿内特(曾在海湾战争期间在巴格达为 CNN 现场直播联军的攻击行动)等可能早已被人们忘却了。那时,德拉吉将被全世界的新闻学者与学生们作为研究对象。

2008 年 2 月 28 日,“德拉吉报道”网站披露了英国小王子哈里在阿富汗服役的消息后,该新闻才成为了全球各大媒体的头条。图为哈里王子在训练中。

杰尔曼的预言大家可以置之一笑。德拉吉也不必是一个杰出的记者、作家或者学者。他在历史上独一无二的位置,奠基于这样一个事实:他较早地认识到了,并且全力发掘因特网这一崛起的新技术平台的巨大潜力。

通过革命性的且十分便宜的、空前高速的信息采集及“广播”方式,德拉吉事实上展示了一种新的新闻样式。

新闻史上这一仍在发展的章节的特殊的意义在于,一种崭新的媒体正在崛起。

评 述

发布新闻上的自由性是网络这种新媒体具有吸引力的重要原因。

随着新媒体的快速发展,越来越多的人开始依附于网络来“生存”,网络新闻发布的相对随意性逐渐显出了不足。因为人们一旦依靠这种新媒介来获取信息,马上对信息的权威性提出了更高的要求。网络的无序状态使受众无法判别信息的真伪,他们可能得到许多无价值甚至是负价值的信息,依据这些信息还极有可能在现实中作出错误的决定。他们开始要求从网站上获得权威的东西——像从传统媒体上每天得到最新信息一样——供于真实的生活中使用。

这种需求客观上导致了权威网站的出现,一些有实力的大网站在技术、资本的大力支持下,逐渐成为网上信息中心,吸引了大多数网民的注意力;而实力弱小、观众信任度低的网站则萎缩消亡:金钱向利润最高的地方集中,网民的注意力资源也向新闻最权威、综合服务最好的网站积聚。

3. 网络犯罪花样多 纽约破获诈骗案

美国当地时间2001年3月20日上午,纽约警方向媒体披露了一起让超级富翁们都心惊胆战的网络诈骗案:一名在餐厅打杂的男子只是利用当地图书馆里的几部电脑,便成功地制造了一起起自互联网面世以来数额最大的诈骗大案,使《福布斯》评选的“美国富人排行榜”前200名的富人首当其冲成为受害者。

这名男子名叫亚布拉罕·阿布拉达,32岁。他精通计算机技术,年轻时就因多次利用信用卡进行诈骗活动被判过几年刑。他诈骗的目标全是金融、企业界巨头,首次作案便瞄准了与美国名人、富人打交道的大型信用评估公司。他通过伪造的证件,要求这些公司提供富人们的详细信用材料,并利用这些材料“克隆”了这些富人的身份,然后成功地破译了他们的信用卡和他们在几家投资或经纪业公司以及银行的账号。在长达六个月的时间里,阿布拉达几乎是如出一辙地进行诈骗活动。

评 述

网络技术的发展,带来了一系列伦理道德问题,其中最突出的就是侵犯隐私权问题。在新媒体普及的时代,隐私权变得尤为重要。

从20世纪90年代起,国际互联网(Internet)的出现,开创了以计算机高新技术应用为核心的信息网络时代。正如马歇尔·麦克卢恩(Marshall McLuhan)

所说："任何技术都倾向于创造一个新的人类环境。"

计算机网络技术消除了时空的界限，使地球变成一个由计算机连接起来的"地球村"。应当看到，现代计算机信息与网络技术的开发与应用，是一把"双刃剑"。一方面，它借助计算机智能化、信息传播与交换的快速、便捷和时空压缩等优势，对社会的经济、文化、教育、科技、政治方面的发展起到积极的推动作用；另一方面，它又把社会及其成员带入一个全新的生存与发展的技术与人文环境中，使人们面临着技术上的"可能"与伦理上的"应该"的严峻挑战，带来了一些政治、法律、伦理道德方面的新问题。

而在这所有的伦理问题中，隐私权问题是讨论得最多的。

隐私权一词，源于英文 Privacy，按照《韦氏大辞典》的解释，主要含义有三：

一是指独立于其他公司或其他人的性质或状态；

二是指不受未经批准的监视或观察；

三是解释为隐居、私宅、私人事务、私密环境等。

《不列颠百科全书》（国际中文版）中规定："隐私权是民事侵权行为法和美国宪法上的一个法律概念。在侵权行为法中，隐私权是一种不受这样一些行为给予精神上的伤害的权利，这些行为的目的是要通过将被害人的私生活向公众曝光或通过侮慢和骚扰他的宁静使他处于极度紧张的状态。"

现代侵权法在以下四个领域有了新发展：

非法干涉他人的私人领域；

非法公开他人的私生活；

擅自使用他人的名称或称号；

错误地陈述或公开他人信息。

可见，隐私已被普遍认为是个人抗衡社会的价值所在。

这里所讲的是作为法定权利的隐私权。作为天赋权利的隐私权，有的哲学家认为它是一种基本的、不能削减的权利，而另一些哲学家则认为隐私权是一种其他重要权利诸如行使自由或个人自主权的必要条件。

隐私权是社会民主制度发展到一定水平的产物。1890 年美国学者威廉和布朗德斯在《对个人隐私的权利》一文中首次提出这一概念。日本紧随其后，认为个人隐私权是指"对来自他人的侵害而受到保护的私生活及个人秘密的领域"。

随着计算机网络技术的发展，近年来，不少国家和地区已经将个人数据明确为隐私权的对象，并对个人数据作出了法律界定。

瑞典 1973 年制定的《数据法》和美国 1974 年颁布的《个人隐私法》中对个人数据都有明确的表述。英国在 1984 年制定的《数据保护法》规定："个人数据是由有关一个活着的人的信息组成的数据,对于这个人,可以通过该信息(或者通过数据用户拥有的该信息的其他信息)识别出来,该信息包括对有关个人的评价,但不包括对个人数据用户表示的意图。”1995 年通过的《欧洲联盟数据保护规章》对个人数据下的定义是:“有关一个被识别或可识别的自然人(数据主体)的任何信息。”

在新媒体时代,个人隐私主要是以“个人数据”形式体现。

传统的个人隐私包括:姓名、出生年月日、身份证编号、婚姻、家庭、教育、病历、职业、财务情况等等数据。

随着新媒体时代的到来,出现了许多新兴个人数据,如电子邮件地址(E-mail address)、网域名称(Domain Name)、网页地址(URL)、使用者名称、通行码(User Name 及 Password)、网际网络通讯协议地址(IP Address)等信息。这种信息应有一定的地域范围,戈夫曼在其文章《个人的空间》中称之为“物的空间”、“一个保护区”或“信息禁区”,包括“个人所期望控制渠道的一系列有关于自己的事实材料和传统上对隐私构成威胁的范围”。

隐私权是一种重要的天赋权利,在当今社会已得到公认。尊重他人的隐私是社会公民的义务,保护隐私是对人性自由和尊严的尊重,是一项基本的社会伦理要求,也是人类文明进步的一个重要标志。

在新媒体时代,隐私权面临信息网络技术的挑战,更是作为一种相当重要的人权逐渐被社会及其成员所认同。在这个时代出现的最具爆炸性的问题之一便是个人隐私的保护。

信息技术与个人隐私共存正变得越来越模糊,个人隐私权的保护出现危机。主体控制有关自己信息的权利日益受到计算机信息网络技术的威胁,个人隐私权能否得到有效保护已成为社会性的忧虑。

没有隐私,我们的生活就会受到更多的控制,我们作为人的尊严就会受到损害。

当然,隐私权的构成是有条件的,隐私权的保护也是相对的。在不同场合,对不同对象,国家法律需要对特定个体的个人隐私权作出必要的限制。例如,要求具有特定身份的人(主要是国家工作人员)如实申报个人财产,以防止其个人隐私的内容有碍社会公共利益。

信息网络技术挑战隐私权。网络技术的出现为信息的收集、传播和管理等提供了得天独厚的物质条件同时,也使得个人隐私权遭到前所未有的威胁。个人隐私逐渐暴露于公众面前,隐私被窥探的可能性随之大增。

信息产业的巨头之一、太阳微系统公司的总经理斯科特·麦克尼利(S. Mc-Nealy)断言:“必须承认这一事实:私生活已不复存在。”用另一美国学者的话说:“我们正生活在一个透明的社会里”,“社会中每个人所拥有的个人隐私正在消失”。

在新媒体时代,个人隐私权侵犯具体可分为以下六种情形:

1. 侵害个人通信内容。在网络通信过程中,个人的通信极有可能被雇主、ISP 公司和黑客截获,以致造成个人隐私被侵害。例如,英特尔新产品 Pentium III 上市时,其 CPU 加入经过随机数取样特殊编码序号的“安全序号”功能,使计算机用户的私人信息受到不适当的跟踪,结果触发了一场隐私权的争论。

还有微软 windows 操作系统“漏洞”(Backdoor)将用户计算机信息秘密传送至微软网站(www. Microsoft. com)等等。

2. 收集他人私人资料赚钱。未经他人同意,收集和使用他人电子邮件,甚至将收集到的电子邮件转卖给他人,该行为构成了对他人隐私权的侵害。

2000 年初,日本樱花银行称,电脑黑客通过互联网窃取了它 2 万名客户的姓名、电话号码、住址等信息,而且已有多人的信息被卖给东京的一家邮寄名单供应商。

3. 散播侵害隐私权的软件。身份证号的设计依据一定的数理逻辑,只要知道其中的逻辑规则,就能设计出相应的程序软件。许多地下网站散播这些软件,并利用这样的软件,以假身份证号码取得电子邮件账号,进行犯罪行为。

4. 侵入他人系统以获取资料。在网站未能建立有效的安全措施的情况下,网络黑客很容易侵入他人电脑,破坏和窃取他人的个人资料,侵害他人隐私权。一位名叫 Raphael Gray 的 18 岁青年黑客曾经侵入美国、加拿大、泰国、日本、英国等国家的九个电子商务站点,窃取了超过二万六千个信用卡账户的信息,其中包括比尔·盖茨的信用卡号。

5. 不当泄露他人资料。许多用户不知道什么是隐私,不知道如何保护自己的隐私,也不知道尊重他人的隐私。有人因爱情失意,就将女友的私人信息在网上公开,在商业网站上“大卖活人”;有人搞恶作剧,将女大学生的寝室电话号码在聊天室内公布。据报道,1998 年一名美国少女无故频频受电话骚扰,被要求提供“性服务”,后经警方查实,原来是其追求者求爱不成,遂在因特网上公开其个人的详细资料,并登出色情服务的广告。

6. 网上有害信息传播。网上色情、淫秽信息和其他不利于人的精神健康的信息,会给网络用户的家庭成员,尤其是未成年人带来负面影响,同时也构成对家庭安宁生活的破坏。

新媒体时代,隐私权的侵害已造成了严重的后果。对消费者而言,当他们的隐私在商业交往中受到了损害,就会产生严重的后果。其中之一便是让人们在从事各种商业活动之前更加小心,唯恐留下永久性的重要个人数据。

正如沃瑟·斯特罗姆所观察到的,当隐私受到这样的限制时,“生活就会在这个限度之内,少了些自然,多了些拘谨”。而最严重的后果就是在这个领域中个人自由的价值受到了贬低。

对公司员工而言,电子监控系统抑制了言论自由,并营造出一种使大多数员工感到压抑和紧张的“奥威尔式”的氛围。更为严重的是从这种监控系统获得的信息可能不公平地用来做些对员工不利的事。

从长远来看,隐私权不仅仅关系到每一个公民的切身利益,更关系到未来新媒体经济和新媒体社会的健康发展。但是,隐私权保护的现状不令人乐观。许多网站缺乏保护隐私权的有效措施。更令人担心的是,众多网站对侵犯用户个人隐私权浑然不觉,即使遭人指控也不以为意。

保护隐私权必须综合利用各种措施。具体有以下几种:

首先,新媒体消费者应该提高自己的隐私权保护意识。

新媒体消费者应该意识到自己拥有自由购物、不被跟踪的权利,当网站或企业侵犯了你的时候,你应该反击。

部分专家也先后提出了保护网络隐私的高招:

(1)不要填那么多表格,只写下绝对必要的个人资料;

(2)不要在商店里开支票;

(3)不要把身份证放在皮夹里,以免遗失或遭窃而后患无穷;

(4)检查你的银行与证券商的政策,例如多少人可以取得你的资料,有人检查你的资料时你是否会收到通知,如何阻止你的资料被卖给其他行销公司等等;

(5)以书面方式通知你的银行,说你不要让别人知道你的记录;

(6)通知直销协会,要求他们将你的资料自邮购名单上剔除;

(7)申请一个未公开、未经登录的电话号码;

(8)使用邮政信箱,如此可大幅减少获悉你家地址的人数;

(9)使用语音信箱,除了个人通讯之外,把同事、牙医和修车技工的信息,转到语音信箱或呼叫器;

(10)如果实在走投无路,就换个身份重新出发吧。

其次,各国政府应制定相应的可操作的法律制度来监督网站采取合法的隐私保护措施。

华盛顿电子隐私信息中心(Electronic Privacy Information Center in Washington D. C)主任 Rotenberg 曾指出:“隐私之于 21 世纪的信息经济,如同消费者保护问题和环境问题之于 20 世纪的工业社会。相信道德自律,就像相信强盗可以由和尚点化一样。真正有用的,还是应该有相应的法规。”

欧盟在保护个人网上隐私权方面,一直做得比较扎实。1996 年夏天,欧盟委员会提出了发展互联网的基本原则。随后制定了四条"基本路线"，其中之一便是"制定有关法律，既要能给予公民使用公共信息的权利，又要能够保护他们的隐私权"。1998 年 10 月，欧盟制定的《电子商务私人资料保护办法》正式生效。

日本针对网络隐私也采取了相应的措施。2000 年 6 月 1 日，日本国会通过了《通信监听法》，该法案使检察机关可以监视电子邮件。这一法案一通过立刻遭到日本各界的强烈反对。此外，日本部分在野党呼吁国会讨论禁止闯入他人电脑窃取个人信息或密码的法案——"禁止不正当闯入法"。

美国宪法有几条修正案提及隐私权的保护，1974 年专门制定了《隐私法》。早在 1986 年，美国就通过了《联邦电子通讯隐私法》，禁止许多截取电子通讯的行为。2000 年 4 月 21 日，旨在保护儿童网络隐私的《儿童网络隐私保护法》也在美国正式生效，成为美国进入网络时代的第一部有关保护个人网络隐私的正式联邦法律。

为使世界对保护网络隐私更加关注，2000 年 4 月，名为"电脑、自由与隐私"的保护互联网用户隐私的大会在加拿大多伦多召开，来自加拿大、美国等国家的大约四百名互联网用户与专家、政府官员和商界人士重点讨论了如何保护互联网用户隐私权问题。

在我国，《中华人民共和国计算机信息网络国际互联网管理暂行规定实施办法》第 18 条规定：用户应当服从接入单位的管理，遵守用户守则；不得擅自进入未经许可的计算机系统，篡改他人信息；不得在网络上散发恶意信息，冒用他人名义发出信息，侵犯他人隐私。

再次，建立规范的新媒体行业自律体系，加强行业自律的力量。

在新媒体隐私保护的问题上，部分商业机构开始作出自我规范，最值得一提的是网络隐私权联盟。这是一个跨行业的由超过五十家跨国公司和商业联合会组成的团体，它提出凡加入第三机构的商业网站，必须通过这一机构的网络隐私保护合格认证，由此获得这一机构颁发的易识别的徽章或记号。消费者在从事网上交易时，可以通过这些记号判断商业网站的可信任度。

与欧洲相比，美国对行业自律更青睐有加。意大利数据保护委员会总裁斯苔芳诺·罗道塔在分析欧美在网络隐私方面存在的差异时，指出：美国主要是依靠消费者自己躲避过分骚扰的网站。而在欧洲，隐私权则依靠法律保护，网站必须遵循严格的指导原则。

对于我国而言，加强行业自律也十分必要。可以开发适合国情和自身特点的保护隐私权的自律机制，落实保障个人数据的权利。这样网络消费者才可能建立使用信心，进一步促进电子商务良性发展。近年，国内众多网站纷纷宣布和出台自己保护网络隐私的条款或政策。

最后,加强新媒体道德教育,使新媒体道德、伦理深入人心,从而杜绝任何恶意的新媒体隐私侵权行为。计算机网络道德教育中,要侧重于网络行为的一般规范和网络责任教育。新媒体道德教育的规范,可以借鉴国外的一些比较成熟的东西,如美国计算机伦理协会制定的"计算机伦理十戒"就很有代表性。这"十戒"是:

(1)你不应当用计算机去伤害他人;
(2)你不应当干扰别人的计算机工作;
(3)你不应当偷窥别人的文件;
(4)你不应当用计算机进行偷盗;
(5)你不应当用计算机作伪证;
(6)你不应当利用或拷贝你没有付过钱的软件;
(7)你不应当未经许可而使用别人的计算机资源;
(8)你不应当盗用别人的智力成果;
(9)你应当考虑你所编制的程序的社会后果;
(10)你应当用深思熟虑和审慎的态度来使用计算机。

当然,新媒体网络道德教育的内容要与我国的现实情况相结合,形成具有中国特色的新媒体道德教育思想和规范体系。此外,完善的技术支持体系也是保护隐私侵犯所必不可少的。

"解铃还需系铃人",新媒体技术的发展带来了新的社会问题,同样新媒体技术的发展也将更好地解决公民隐私问题。所以,努力开发更先进的新媒体技术,增加新媒体的安全性,也是保护新媒体隐私不容忽视的一个方法。在许多情况下口令是保护隐私权免遭侵犯的核心,口令应尽可能地不容易被破译和保密。保护信息隐私权的另一关键技术是加密软件,它可以防止个人数据信息被截获或非法利用。

斩断盗取新媒体隐私的魔爪,装备个人防火墙是一个好办法。防火墙可以在很大程度上降低你的设备在网上的"可见度",从而降低其受到攻击的可能性。

第二节　国内经典案例

新媒体的崛起对社会生活的各个层面都产生了广泛而深远的影响。

在刚刚过去的2012年,"表哥"、"房叔"等网络反腐事件,就向人们展示了网络在反腐领域不可忽视的力量。

在新近的一项“你最愿意用什么渠道参与反腐”的网络调查中，74.6%的参与者选择了“网络曝光”，而选择“信访”方式的只占1.27%。

人们青睐网络举报，主要是因为网络能够形成舆论压力，“迫使”有关部门快速作出回应，一些长期得不到处理的问题一经网络曝光，可能很快就有了“动静”。相比传统的信访举报，网络举报的效果迅速了许多。

无论是重庆市北碚区原区委书记雷政富在其不雅视频曝光后63小时内被免职并立案调查，还是山东省农业厅原副厅长单增德因“离婚承诺书”在12小时后被立案调查，这些引来喝彩的“秒杀贪官”背后，是相关部门对网络举报线索的高度重视和快速反应。

在福建连江，一套网络涉腐涉纪舆情收集处置机制已经形成，纪检、宣传、公安等部门联合应对，凡是涉腐涉纪的舆情信息统一报送纪委处置。这套机制建立以来，连江全县共收集涉腐涉纪和群众关注的问题等舆情信息近六万条，其中45条与连江县有关的涉腐涉纪舆情得到了有效处置。

2011年8月以来，江苏淮安市纪委在当地最有人气的民间网站“淮水安澜”论坛开设了“阳光纪检”专栏，在接收网络举报的同时，要求各部门对网民反映的咨询投诉在第一时间回应。17个月过去后，这个旨在让百姓参与零距离、投诉零门槛的网络平台发布主题帖3.78万个、跟帖近55万个、点击量达6700余万人次，网民通过“阳光纪检”平台举报并经查证属实的违法违纪案件达52起。

2011年7月12日，中国社会科学院在京发布的新媒体蓝皮书《中国新媒体发展报告(2011)》对十多年来的重大网络舆论事件进行了详尽和系统的梳理，其中所揭示的重大网络舆论事件的一系列特征值得人们重视和警惕。

从1998年1月美国总统克林顿丑闻事件开始，到2010年底，我国重大网络舆论事件在时间上呈波浪状不断上扬的发展态势。所涉及的210起重大网络舆论事件中，仅在2009年有所回落，2010年又重新恢复上扬的态势。

其中一些标志性的年份还被人们进行了命名，如2003年是网络舆论年、2007年是网络民意年、2008年是网络舆论监督年、2010年是微博发展年等。

不可否认，网络舆论事件之所以在2008年达到最高峰，与2008年诸多天灾人祸及社会大事频发有关；网络舆论事件在2009年有所回落，而在2010年又出现回升，这与网络舆论事件所反映的社会矛盾继续发展有关，同时也与新媒体的快速发展有关，特别是微博的发展。此外，网络舆论事件从形成、发展到高峰峭立，再到有所回落，也显示出政府部门网络舆论管理水平的提升。

从重大网络舆论事件的地域分布来看：源自东部地区的占54%，源自中部地区的占22%，源自西部地区的占24%。

在对重大网络舆论事件分布空间的分析过程中,能发现事件发生地域的迁移。初期阶段(1998 年至 1999 年),网络舆论事件多源于国外,如克林顿丑闻事件等;2000 年前后,网络舆论事件中心转移到国内中西部地区,如胡长清案、广西南丹矿难等;2003 年以后,东部发达地区成为关注的焦点,如孙志刚案、珠海买春事件、上海社保案等。

在 1998—2010 年期间,重大网络舆论事件呈现出诸多特征:

按照通行的中国当代十大社会阶层划分,重大网络舆论事件所涉阶层,以国家与社会管理者首当其冲,相关案例共 67 起,约占整体的 36%。国家与社会管理者在整个社会阶层结构中有主导性特点,他们最接近整个社会最重要的组织资源,对社会发展具有较大的影响作用。因此,他们构成了网络舆论事件的焦点,网民极度关注他们的道德品质、管理能力、工作作风等。

而 2010 年,政府部门管理者的贪污腐败、生活作风和工作作风问题成为网民关注的重点,如共青团河北省石家庄市委原副书记王亚丽骗官案、湖北恩施腐败书记"日记门"事件、安徽马鞍山局长打人事件、广西来宾烟草局长"香艳日记"事件等。

此外,2010 年,一个令人注目的现象是,不少政府部门管理者开始自觉运用新媒体,如四川巴中"全裸"乡政府的费用公示、江西黎川新任科级干部财产公示等,皆获得广大网民的好评。

重大网络舆论事件所涉及的类型,主要集中在政治与民生方面。2010 年出现了一些新的变化——随着微博、手机等新媒体的迅猛发展,政府部门管理、房屋拆迁在网络舆论事件中的比例呈扩大趋势,成为最容易引发网络舆论关注的兴趣点。

此外,对性质敏感、发生地偏远的事件,网络媒体强大的挖掘功能也是网络舆论事件呈现出来的一大特征。

如 2008 年的浙江温州"出国考察门"事件,其中出现了一张遗失的公务员出国考察账单,在事情没有核实之前,传统媒体难以报道,网络论坛却已四处张贴。

2010 年微博兴起后,迅速成为网络舆论事件的信息起源。比如,"天价微博"事件就是当事人利用微博爆料,反映电信运营商高收费,从而引起网民与消费者的关注。

在公众通过微博对突发事件进行报道这一情形增加的同时,政府部门管理者利用微博实现信息透明与舆论引导的能力也在逐步提高,这说明政府部门利用新媒体实现信息公开、与网民问政的做法是一种反映社会民主进步的、成熟的有效做法。

2010年年内,各种热点事件、突发事件不断,网络舆论风起云涌。这是处在社会转型期、矛盾凸显期、危机频发期的现实的反映。

针对210个重大网络舆论事件进行解析后发现,网络舆论在推进事件发展中的作用是多向的。其中,起正向作用的案例有140起,比例为67%;起中性作用的案例为46起,比例为24%;起负向作用的案例有20起,比例为9%。

数据显示,起正向作用的网络舆论占绝大多数,其积极意义十分明显。如2003年的孙志刚事件,其影响是最终废止了1982年5月发布的《城市流浪人员乞讨收容遣送办法》;2008年山西襄汾溃坝事件发生后,网络舆论反响强烈,很快掀起问责风暴,涉及各级官员一百多名;其他如2007年厦门PX事件、2009年番禺垃圾焚烧事件等,都因网络舆论的强烈反应,最终导致地方政府修改决议。

当然,我们也看到,网络舆论的情绪化、鼓动化、不负责任等特点,也易引起网络暴力、网络侵权等问题。

1. 伦敦奥运会新媒体权益受侵犯引发法律探讨

央视国际网络有限公司(CNTV.cn/CCTV.com)经国际奥林匹克委员会授权,是2012年伦敦奥运会官方互联网/移动平台转播机构,独家享有在中国大陆和澳门地区对伦敦2012年奥运会赛事进行传播的新媒体权利。

伦敦奥运会新媒体权益受侵犯引发法律探讨

根据授权,任何人未经许可不得在中国大陆和澳门地区利用新媒体或类似方式对伦敦2012年奥运会赛事进行传播。

2012年8月27日下午央视国际网络有限公司针对2012年伦敦奥运会新媒体传播过程中,奥运会赛事和奥运节目在中国大陆多个地区出现大规模盗播现象,在北京举行研讨会。

央视网指出,一家新媒体上市公司——百视通网络电视技术发展有限责任公司[①]在其与电信运营商合作的各地 IPTV 业务中,未经授权播出中央电视台的伦敦奥运会转播频道,并盗用其中的奥运赛事节目来制作奥运点播节目和专题节目。

在这方面,权益人央视国际网络有限公司已经取得了完整的证据资料,并在会上作出展示。

评 述

目前,电视频道在网络等新媒体中的权益,以及奥运会这种由权利人授权的独家传播权如何界定,在现行法律中还存在模糊之处。

《著作权法》第 44 条规定,广播电台、电视台有权禁止未经其许可,将其播放的广播、电视转播;或者将其播放的广播、电视录制在音像载体上以及复制音像载体。而通过网络、移动平台等新媒体方式进行播放,却没有明确界定为“转播”或者“录制、复制”,在此前的个别案例中确实也有法院不认定为转播或录制复制的判决。

如何使新媒体平台不至于沦为奥运会侵权者的天堂?中国社会科学院法学研究所知识产权研究中心教授李顺德认为,法律不应是一成不变的,它的制定过程一定是建立在相应的技术手段发展之上。从传输方式上看,奥运节目的传输信号首先应该受到保护。对于奥运会节目信号传播权的保护,也就是对广播组织权邻接权的保护,因此不能因为具体节目信号传输手段发生变化就将其置于法律的保护范围之外。

同时,来自国家版权局版权司、国家广电总局法规司以及中国奥委会法律事务方面的负责人一致认为,中国的法制建设到现在,不可能出现明显侵犯奥运会版权却无法可依的情况。

中国人民大学知识产权学院副院长、知识产权法教研室主任郭禾表示,从《著作权》的角度来讲,中央电视台在转播奥运会赛事和制作奥运节目的过程中进行了大量的组织和编排,奥运会赛事和奥运节目具有典型的独创性,是独立的

---

① 百视通公司(BesTV)是由上海广播电视台、上海东方传媒集团公司(SMG)控股,清华同方、上海联合等产业链合作伙伴参股成立的股份制新媒体上市企业。百视通在全国最早运营 IPTV、手机电视、网络电视台、互联网电视等新媒体业务,已成为全球最大的 IPTV 业务服务商,拥有全国最大的互联网电视平台与用户规模。百视通于 2011 年借壳广电信息(股票代码:600637)上市,成为中国大陆新媒体业务布局最全、规模最大、盈利能力最强的新媒体上市公司。百视通已建立了覆盖 20 个省市的运营体系,并已在东南亚国家或地区建立办事处,开始全球化发展步伐。

作品，因此应该享有著作权。此外，专家们还认为，央视国际网络有限公司在中国大陆和澳门地区的新媒体传播权是通过与国际奥委会签署合约有偿取得的，从这个角度来说，独家传播权也应予以保护。

主办这次研讨会的央视国际网络有限公司担心，盗版和非法使用奥运会赛事和奥运节目已经严重影响到奥运会知识产权所有人——国际奥委会和奥运会转播权利持有方的专有权利，还可能进一步影响到国际奥委会对于中国知识产权保护的信任程度，并产生不好的国际影响。

对此，中国奥委会法律事务部主任李雁军表示，奥运会发展到今天，其转播权授权已经不仅是国际奥委会同某一家机构或者某个企业的买卖关系，每个向国际奥委会购买转播奥运会权利的机构或者企业都有义务承担相应的奥林匹克知识产权保护的责任和义务。

如何维护自身权益，同时履行对国际奥委会的承诺是央视国际网络有限公司正在慎重考虑的问题，无论是否通过诉讼途径维权，该事件对新媒体环境下的知识产权保护，以及相关的法制建设，都将产生深远的影响。

2. 陈堂发诉中国博客信息技术有限公司侵权案①

2006年11月23日，备受关注的"中国博客第一案"终审落槌，江苏省南京市中级法院判决："驳回上诉，维持原判"。至此，这起历时一年的"网络博客案"落下帷幕。

2005年11月初，南京大学新闻传播学院副教授陈堂发以名誉权受侵犯为由，将"中国博客网站"告上南京市鼓楼区法院，因网站是非合格的被告，陈堂发撤诉后又重新将网站的主办单位"杭州博客信息技术有限公司"告上法院。

引发诉讼的起因是中国博客网用户"K007"在自己名为"长套袜"的博客上，刊发了一篇《烂人烂教材》的网络日志，辱骂陈堂发是"猥琐人"、"简直就是流氓"。陈堂发发现这篇博客日志后，致电中国博客网要求删帖，但网站方面却要他提供能证明自己身份的证明材料，否则不予删帖。因双方观点相左，那篇涉嫌侵权的博客日志便被长时间保留下来，直到引发诉讼日志才被删除。

法院审理认为，在《烂人烂教材》这篇博客日志中，K007用"猥琐人"、"流氓"等词语评价原告，而这些评价在通常人看来明显具有侮辱性质，故《烂人烂

① 参见陈亮：《中国博客网败诉名誉侵权案》，载《南方日报》2006年8月15日。

教材》因存在侮辱原告的内容构成有害信息。

原告2005年10月24日电话通知被告删除信息,可以认定被告此时已经发现有害信息,其应当在合理的时间内采取措施停止有害信息的传播,但是被告仅仅要求原告提供身份证明而不采取任何措施,未尽到"善良管理人"的注意义务,应承担相应的法律责任。

法院于2006年8月2日一审判决被告中国博客信息技术有限公司,自本判决生效起五日内,在中国博客网首页向原告南京大学副教授陈堂发刊登致歉声明并保留10日;赔偿原告经济损失1000元。

一审宣判后,被告不服提起上诉。南京市中级法院经审理判决"驳回上诉,维持原判"。

>> 评 述

本案被称为"中国博客第一案",在网络纠纷呈现不断上升趋势的情况下,案件原告在经过一番波折后,最终胜诉,有着特别重要的意义。

本案的意义在于:

一是给BSP(博客平台提供商)提出了必须符含ICP管理制度的规范。

二是给Blog(博客)以外被侵权人因为Blog内容而被波及提供了一个判例。

三是彻底否定了BSP(博客平台提供商)"免编辑"等自由发表又无须管理的荒谬理论。

陈堂发诉中国博客信息技术有限公司侵权一案,长时间受到媒体和网民的广泛关注。2006年6月底至7月初,《人民日报》在国内政治版以"关注博客侵权"为题,连续六天展开讨论。此案之所以受到关注,不仅是因为此案是我国首起博客侵权案,更重要的是博客作为一种新兴的网络传播载体,近年来发展迅猛,侵权事件时有发生。

中国互联网协会交流与发展中心发布的《2005—2006年中国互联网产业调查报告》显示,2005年全球博客数量突破1亿,而在中国这一数字当时已达1600万。

博客的迅猛发展,博客因所谓"想写就写"而引发的大量侵权纠纷,使人们对此案极为关注。此案的判决对规范网络博客的发展和运营意义十分重大。如何鉴别有害信息、发现有害信息后能否作出快速反应、清除有害信息对网站点击率造成的影响等等,都是网络运营商们必须面对的问题。

在2006年6月28日召开的"扎实推进文明办网文明上网,深入开展阳光绿色网络工程"电视电话会议上,国务院新闻办主任蔡武要求,要把践行社会主义荣辱观作为网络文明建设的核心内容,弘扬网络道德,净化网络环境,形成文明、健康、向上的网络新风。重点新闻网站要始终坚持正确舆论导向，自觉在文明办网、文明上网活动中起带头作用。要加强对网站从业人员的培训，增强政治素质和社会责任感，使其自觉承担社会责任。

清除网络有害信息如今已成为人们的共识，南京市鼓楼区人民法院对“中国博客第一案”的判决，对文明办网起到了法律上的规范作用。

3. 金巧巧状告宋祖德诽谤①

2002 年的夏天，“富商宋祖德送保时捷给金巧巧”的新闻在全国媒体遍地开花，一时间“宋祖德”这个名字成为娱乐圈新热点。

在一系列热闹新闻出炉的时候，当事人金巧巧一直未为自己辩白，因为怕被人指为炒作，无奈选择了哑忍。

这一忍就是六年，直到 2008 年 11 月 27 日和 30 日宋祖德在新浪等四家门户网站的博客上发表了《中国首富黄光裕曾栽倒在金巧巧的石榴裙下》和《金巧巧的另外一些破事》两篇文章。金巧巧认为，该文章内容虚构，歪曲事实，用语低俗，严重侮辱了自己的人格，使她的名誉身心都受到了伤害，侵犯了自己的名誉权。

宋祖德

金巧巧表示这次事件是让自己下定决心，采取法律行动还自己清白的一个导火索。宋祖德曾数次对她的人身进行诽谤，之前并不想与之计较，但一再的忍让却换不来片刻的安宁，干脆勇敢地站出来，维护自己的合法权益。

2008 年 12 月　原告金巧巧向北京市朝阳区人民法院提起诉讼，状告宋祖德、刘信达侵权。

2009 年 4 月　一审裁定书驳回被告刘信达对本案管辖权提出的异议。

① 参见洪雪:《金巧巧告宋祖德侵犯名誉权 二审再胜》，载《法制晚报》2010 年 4 月 14 日。

2009 年 8 月 二审裁定书驳回刘信达上诉,维持原判。本裁定为终审裁定。

2009 年 12 月 一审宣判宋祖德、刘信达分别在新浪、搜狐、网易网站的博客频道首页持续七天向金巧巧赔礼道歉,二人分别赔偿金巧巧精神损害抚慰金各 10 万元,共计 20 万元。

2010 年 4 月 第二中级人民法院作出(2010)二中民终字第 5969 号民事判决书,驳回宋祖德、刘信达上诉,维持原判。本判决为终审判决。

2010 年 6 月 判决书已生效,但宋祖德、刘信达拒不执行法院判决,金巧巧依法向法院申请强制执行。

2010 年 7 月 法院强制执行,宋祖德、刘信达赔偿金巧巧名誉损失费 20 万元。

2011 年 6 月 金巧巧最终获得宋祖德、刘信达赔偿名誉损失费 20 万元。

评 述

有着"内地第一全能女艺人"之称的金巧巧,以饰演《西游记》中"孔雀公主"一角进入大众视线,入行十余年,先后在《杨门女将》、《老大的幸福》、《太祖秘史》、《薛仁贵传奇》等经典影视作品中担任重要角色。

"金巧巧遭诽谤状告宋祖德案"终于结案,最终以法院强制宋祖德等赔偿金巧巧 20 万元名誉损失费而告终。

自从 2008 年 12 月 22 日,金巧巧打响娱乐圈"围剿"宋祖德的"第一枪"以来,谢晋遗孀徐大雯和演员刘晓庆的及时跟进和有效痛击,彻底让宋祖德、刘信达闭上了他们著名的"大嘴"。

在整个金巧巧诉宋祖德、刘信达名誉侵权案件的庭审前后,金巧巧均表示:"赔多少钱不重要,只是要把清白讨回来,不能总是忍让宋祖德这样的人,他会更肆无忌惮!"并希望大家提高自我保护意识,积极抵制网络低俗内容,净化网络环境。

此次案件结果让人们看到,有时面对流言飞语,不能一直退让。退让的结果是招致对方越来越肆无忌惮的攻击。所以,在法治社会,我们要相信法律,在自己的权益受到侵害时,学会拿起法律的武器捍卫自己的尊严。

4. 谢晋遗孀徐大雯诉宋祖德、刘信达名誉侵权

2009 年 12 月 25 日,谢晋遗孀徐大雯诉宋祖德、刘信达名誉侵权案在静安

法院一审宣判，法院判决宋、刘二人立即停止对谢晋名誉的侵害，两人连续10天在媒体上刊登公开赔礼道歉的声明，赔偿徐大雯经济损失和精神损害抚慰金近29万元。

上海市静安法院认定：自谢晋逝世的次日即2008年10月19日起，宋祖德在博客中相继上传了《千万别学谢晋这样死！》、《谢晋和刘晓庆在海外有个重度脑瘫的私生子谢虞庆！》等五篇博客文章。上述文章称谢晋因性猝死而亡，谢晋与刘晓庆在海外育有一个重度脑瘫的私生子。现经法庭查证，博客文章及相关叙述的内容均属捏造。

2009年12月25日，徐大雯（后左一）在法院接受媒体采访（新华社记者　陈飞摄）

在庭审中，宋、刘两人不再坚持博客内容"绝对真实"，而以"黑客说"进行抗辩，称文章非其本人上传，还提供了宋祖德博客"被黑"的网络报道及公证文书。

不过法院查明，本案两篇最主要的侵权文章上传时间早于宋祖德声称博客"被黑"之前，后来又有多篇文章相印证，且有关媒体来求证时，两人仍作出了同涉案文章内容一样的叙述。

庭审中，宋、刘二人又以声音被合成进行抗辩，但从所述内容与电话号码来看，记者确实采访了宋祖德。因此，法院驳回"黑客说"，认为涉案侵权博客文章系由宋、刘两人分别发表上传于互联网。

法官宣读的这份判决书长达22页，除了大量的事实认定及证据材料外，还直指宋、刘二人侵权手段十分恶劣。判决书称，宋、刘二人各自上传涉案诽谤文章在先，又向求证媒体继续散布诽谤言论，还谎称系刘信达"亲耳所闻、亲眼所见"、有录音有照片，甚至扬言欢迎谢晋的亲朋好友以及所谓"私生子"的母亲刘晓庆提起诉讼、转载者无需负法律责任。

法院认为，谢晋是我国著名的电影导演，德艺双馨，宋、刘二人于谢晋刚过世正处于新闻报道追踪的中心，利用互联网实施了侵权行为，使谢晋的名誉在更大范围内遭到不法侵害。两被告的主观过错十分严重,所采用的侵权手段十分恶劣。法院判决,宋祖德、刘信达立即停止对谢晋名誉的侵害,在四门户网站和《华西都市报》等六家报刊醒目位置刊登公开道歉声明(内容须经法院审核同意);赔偿徐大雯经济损失8.9万元和精神损害抚慰金20万元。

法庭宣判当天13时5分,身穿黑色大衣、戴着藏青色围巾的谢导夫人徐大雯在委托律师的搀扶下缓缓走了进来,神情凝重,一言不发。为了亲耳听到这次判决,她等待了将近一年的时间。

宋祖德和刘信达方只派了代理律师到庭。代理律师表示,经征询两名当事人,对法院事实的认定有异议,不服判决,并表示会上诉。

2010年2月1日下午,谢晋名誉侵权案二审在上海市第二中级人民法院开庭审理。之前声称将亲自出庭的上诉人宋祖德未现身。法院当庭作出宣判:驳回上诉,维持原判。

2010年5月24日,宋祖德终于向谢晋遗孀徐大雯女士表示了诚挚歉意,并交了15万元罚款。

但是,事件并未就此结束。宋祖德博客引发的名誉侵权事件的另一受害者刘晓庆,决定正式委托为徐大雯打赢官司的律师富敏荣,以"诽谤罪"为由,起诉宋祖德刘信达。面对刘晓庆即将进行的刑事诉讼,这哥俩迅速作出反应,委托记者将道歉声明转交刘晓庆,希望和解此事。

评 述

宋祖德在博客中恶言歪曲过近百名明星,在其他人都选择沉默时,徐大雯是继金巧巧之后又一个站出来起诉的,人们都为之钦佩。面对宋祖德一审下来"要上诉"的说法,徐大雯坚定地表示,她有时间和做坏事的人打官司,要在世人面前揭下坏人虚伪的皮。她要将这场官司打到底,告得宋祖德彻底服罪。

作为徐大雯的代理律师,新文汇律师事务所的富敏荣律师在判决后表示:"和我预料的一样,宋祖德要为自己的诽谤言论付出巨大代价。"

富敏荣律师说:"有人说宋祖德就是为了炒作,而我的观点是索性把他炒焦,让广大群众看到他狡辩到无话可说。"他们秉承全程公开、全透明操作,不但公开审理,所有诉状和证据也都上传至新文汇律师事务所的网站,案件一有进展,马上向媒体公开。

富敏荣表示,名人影星采取的不屑一顾态度纵容了宋祖德,对待"宋祖德现象"要采取"零容忍"的态度。徐大雯和金巧巧勇敢地站出来,法院给予了她们公正的判决,赔偿数额均达到或超过20万元。"只有真正执行到位,才能达到惩罚的目的,到时看宋祖德还想怎么赖?"

2009年12月25日，上海市静安区人民法院就谢晋名誉侵权案一审判决宋祖德、刘信达败诉，宋祖德兄弟需赔偿徐大雯各类损失近29万元。宋祖德兄弟认为法院确认网上博客中的文章是他俩所为，缺乏依据，不服一审判决，向上海市第二中级人民法院提起上诉，并申请追加七家媒体为共同侵权人。

2010年2月1日下午，上海市第二中级人民法院对本案进行审理，法院当庭作出宣判：驳回上诉，维持原判。宋祖德兄弟追加多家媒体为共同侵权人的申请被驳回。二审法院认为，宋、刘两人应对自己的博客内容承担法律责任，徐大雯一方提供的证据足以证明涉案诽谤文章由宋、刘两人上传到博客。宋、刘两人事后也未澄清、删除文章，反而在接受媒体采访时认可博客文章的内容。宋祖德、刘信达辩称涉案博客文章并非两人本人上传，系他人冒用两人的名义，但两人对此既未能提供相应的证据予以印证，也无法作出令人信服的合理解释。

被法院驳回上诉，维持原判，宋祖德代理律师石珉光表示很遗憾，"原本在一审中，证据对宋祖德很有利的，但判决一直没查清。一审时法院也查证，宋祖德开的是娱乐大王的博客，作为一名胡说大王，你去他那里看到的东西，肯定也是胡说的东西。媒体把胡说的东西转到正式媒体上公布，谁转载应由谁来负责。"

此前，宋祖德曾信誓旦旦说会出席二审，石律师表示，"他这样说过没错，但他早说了自己是娱乐大王，他说的都是娱乐的话，没有向你宣誓过会为所说的负法律责任。他是随便一说，逗着你们玩的，就是这么回事。"

面对再度败诉，宋祖德依然坚持，"我一分钱都不会赔，因为我没有做错什么。这次败诉了，我会向高院申诉，直到赢官司为止，高院再判我输我会继续投诉。"

宋祖德律师还将败诉归咎于原律师，徐大雯代理律师表示，"整个二审过程中，他的特点依然是耍赖。他一审的时候是赖黑客，把所有的责任都推给了黑客。上次是赖记者，把所有的责任推给媒体，法庭上都在强调这一点。第三个他又赖一审律师。他的特点是耍赖，但耍赖是没用的，因为二审维持原判。"

对于二审结果，被判下的赔偿金由50万元减至20万元，徐大雯一方表示，他们的目的不是钱，是能澄清事实。他们认为这次判的赔偿没预期的多，不足以惩罚宋祖德和刘信达，但也不会提起上诉。希望宋祖德和刘信达能吸取教训，不要在网络上任意谩骂和诽谤他人。

这场官司的意义在于，它让一些人认清这样一个现实：网络世界有法律底线，宋祖德有权在网络上娱乐，却不能捏造事实，诽谤他人，损害他人的权益。

5. 网站擅用赵本山卡通肖像案

2009年12月，天涯社区网站用带有赵本山卡通肖像的flash广告推广业务，并配有“您有才”、“咱不差钱”等赵本山在《策划》、《不差钱》等小品中制造的流行语作为旁白。

赵本山认为，虽然头像经过卡通化，但配合旁白，普通人很容易认出他。

他以侵犯其肖像权为由，将对方诉至法院，要求停止侵害、赔礼道歉，并赔偿经济损失405万元。

海淀区法院一审判决天涯公司停止侵权，在天涯社区网站主页上登载致歉声明，并赔偿赵本山12万元。一审宣判后，天涯公司上诉，被驳回。

赵本山卡通肖像

评 述

肖像权是公民的具体人格权。肖像是指通过绘画、照相、雕塑、录像、电影、电视等艺术形式，使公民的外貌在物质载体上再现的视觉形象。

肖像权，就是公民以在自己肖像上所体现的利益为内容的人格权，与其他人格权相比，肖像权的客体本身具有一定的财产利益因素，即可因使用而产生经济效益，在肖像权的使用权上还可以部分转让。这种使用权的部分转让须经权利人同意。

在肖像权侵权的确认上，法学理论上与实务上观点有所不同，主要表现在对肖像权侵权的构成要件的认识上。

理论上的意见认为，侵害肖像权的构成要件是：未经本人同意、非法使用、不具“阻却违法事由”三个。实务上有些人则认为除上述条件外，还要加上“以营利为目的”的要件。这一观点对保护公民合法权益不利。例如有的人非法使用他人肖像，并不是为了营利，同样构成侵权行为。

6. 范冰冰状告某医院整形网络广告侵权①

电影明星范冰冰

认为某医院擅自使用自己名字做广告，范冰冰将对方告上法庭。范冰冰认为该广告把她的名字和“整容”放在一起，造成了恶劣影响，遂索赔120万元精神损失费。2007年12月10日，北京市东城法院正式受理了该案。

范冰冰在诉状中说，2007年9月，她在网上发现了一则题为“范冰冰整容·暑期特别奉献”的广告。点击该广告后，范冰冰进入了某医院的网站，并转到了刊载有“经期前后三天不宜游泳”文章的网页上。再次核对“范冰冰整容·暑期特别奉献”的广告时，范冰冰发现广告上标有某医院的网址。

范冰冰说，她从未授权某医院用自己的名字发布任何广告。某医院发布该广告以提高点击率，引导进入医院主页，是侵权行为。同时，该广告的内容导致公众认为她整过容，还会把她与妇科炎症相联系。范冰冰认为，某医院的做法严重侵害了自己的合法权益，造成了极其不良的社会影响。协商未果后，范冰冰起诉要求某医院撤销广告，公开道歉，并赔偿精神损失费120万元。

对此事，范冰冰经纪人穆小光说，范冰冰此前已经做了鉴定，证明没有整过容。因此，这次起诉不仅针对某医院，也是为了让人们不要再把范冰冰和整容联系在一起了。

北京市东城法院对案件进行审理调查后作出一审判决，被告不服，提出上诉。2008年北京市第二中级人民法院对该案作出终审判决，驳回当代女子医院上诉，维持原审法院作出的要求北京当代女子医院停止对范冰冰名誉侵权，撤销其网页中的相关内容，刊登致歉声明，并赔偿范精神损害抚慰金10万元的判决。

法院最终认定，当代女子医院以营利为目的，未经范冰冰本人同意，利用其名人效应宣传医院的整形项目，使社会公众产生范冰冰曾整容的误解，损害了范冰冰的公众形象，降低了范冰冰的社会评价，对其名誉权构成侵害。据此，二中

① 参见：《范冰冰状告某医院整形广告侵权索赔120万》，载《《京华时报》》2007年12月11日。

院作出上述判决。

评 述

范冰冰未整容是本案胜诉的关键之一，也因为她赢得本案，可以再度证明她没有整容。

被告方同时侵害了范冰冰的名誉权和肖像权。

首先，他们捏造范冰冰整容这个虚假事实，构成侵犯名誉权；

其次，他们再利用这个虚假事实的诽谤为自己谋求商业利益，侵害了当事人的肖像权。

法庭判决赔偿的额度，则是根据原告的知名度，社会影响力及侵害程度，中伤程度所决定的。

作为原告一方，提出诉讼的理由是被告方侵犯了范冰冰的名誉权，被告方在广告中使用了"范冰冰整容·暑期特别奉献"的字样，这是一个捏造的事实，构成诽谤，这个捏造的事实侵犯了范冰冰个人的名誉权。如果范冰冰确实整过容，官司是不可能打赢的。而法庭判定的，也是范冰冰赢得了名誉权，关于肖像权的侵害，是被告方另一项侵权，并不是本案的主要内容。

名誉权是公民或法人依法享有的维护所获得的社会公正评价并排斥他人侵害的权利。主要包括两个方面：

一是公民、法人有权维护其名誉，要求他人对其进行客观、公正的评价，不得贬毁和损害；

二是借助法律手段和公力救济，排斥他人对其名誉权的侵害。

在现实生活中，侵犯名誉权的行为主要是侮辱、诽谤。这里的侮辱，主要是指利用暴力或者其他方法公然贬低他人人格，损害他人名誉；诽谤则主要指捏造虚构的事实并散发，侮辱他人的人格。

最高人民法院对精神损害赔偿有统一标准：

侵害他人生命权的精神损害抚慰金的赔偿数额，可依照该地区上年度职工平均工资标准赔偿 20 年。受害人不满 16 岁的，每小一岁减一年，最低不少于 5 年；60 岁以上的，每增加一岁减少一年，最低不少于 5 年。

侵害他人健康权的精神损害抚慰金的赔偿数额，参照侵害生命权的精神损害抚慰金的赔偿标准予以酌减，但不以受害人年龄作为参酌因素。

侵害他人身体权的，参照侵害精神性人格权的赔偿标准酌定赔偿数额。

与此同时，最高人民法院对侵害他人精神性人格权的规定根据以下标准酌定赔偿数额：

严重精神损害，抚慰金的赔偿数额分为 5 万元、4 万元、3 万元、2 万元和 1

万元五个等级；

一般性精神损害，抚慰金的赔偿数额分为 8000 元、6000 元、4000 元和 2000 元四个等级。名誉权、荣誉权、姓名权、肖像权等精神利益受到侵害以及监护权、配偶权等身份权受到侵害的，参照前款规定或适当从轻。

7. 成都首例网上电影侵权案①

2005 年 5 月，北京慈文影视制作有限公司、韩国宝蓝电影制作公司、香港华映电影有限公司共同摄制完成电影《七剑》。三方约定，《七剑》在中国大陆地区的版权、发行权及由此产生的各种形式的收益权归慈文公司拥有。

《七剑》海报

2005 年 6 月 10 日，慈文公司与中国文联音像出版社签订协议，以非排他许可方式授权其使用《七剑》在大陆地区的信息网络传播权，期限为一年，出版社一次性支付最低版权许可费 80 万元。

可仅过数天，铁通四川分公司支付 36 万元与北京某科技有限公司签订协议，取得其提供的音视频节目的授权许可，期限为一年，其中包括电影《七剑》。

慈文公司发现铁通四川分公司在其经营的网站“西部在线”上播放《七剑》，并查明观看人次达 12 万余次，认为其权益受到侵犯，且造成重大经济损失，故将铁通公司及其四川分公司告上法庭，请求两被告立即停止侵权，公开赔礼道歉，赔偿经济损失 30 万元及由诉讼引发的合理开支 5 万元。

成都市中级人民法院受理此案，在法庭上被告辩称，依著作权法规定，制片者享有电影作品的著作权，原告只是《七剑》摄制、出品人之一，摄制、出品与制片是不同的法律概念。且《七剑》电影内容是由北京一科技有限公司提供版权，

① 参见晨迪：《首例网上电影侵权案一审结案》，载《成都日报》2006 年 6 月 01 日。

自己支付了36万元使用费,仅是在线免费观看,没有广泛传播,不存在侵权。同时放映时间短,获利才数百元。故请求法院驳回原告诉请。

法院认为,在此案中,出品、摄制、制片应为同一含义,即拍摄并制作电影作品。经查实,慈文公司享有《七剑》在中国大陆地区的著作权、信息网络传播权,即以有线或无线方式向公众提供作品,使公众可以在其个人选定的时间和地点获得作品的权利。铁通四川分公司的行为侵犯了原告的信息网络传播权。虽然被告辩称,原告发现其在网站上播放《七剑》,却未发出书面通知要求移除,说明原告当时并不认为其侵权,但依照最高人民法院《关于审理涉及计算机网络著作权纠纷案件适用法律若干问题的解释》第5条的规定,提供内容服务的网络服务提供者,明知网络用户通过网络实施侵犯他人著作权的行为,或者经著作权人提出确有证据的警告,仍不采取移除侵权内容等措施以消除侵权后果的,人民法院应当根据《民法通则》第130条的规定,追究其与网络用户的共同侵权责任。该案系被告直接将侵权作品上载到其经营的网站上并播放,并非网络服务提供者,其侵权行为的构成无需权利人的先行警告程序,其辩解无法成立。

2006年5月31日,成都市中级人民法院综合考虑作品类型为电影作品、四川分公司的侵权行为的方式、影响范围、持续时间和主观过错等因素,酌情作出判决,判令被告中国铁通集团有限公司四川分公司停止侵权,赔礼道歉,并赔偿原告经济损失10万元和合理开支3万元,不足部分,由中国铁通集团有限公司承担赔偿责任。

评 述

本案判定的法律依据是最高人民法院《关于审理涉及计算机网络著作权纠纷案件适用法律若干问题的解释》第5条,提供内容服务的网络服务提供者,明知网络用户通过网络实施侵犯他人著作权的行为,或者经著作权人提出确有证据的警告,但仍不采取移除侵权内容等措施以消除侵权后果的,人民法院应当根据《民法通则》第130条的规定,追究其与网络用户的共同侵权责任。

成都市中级人民法院据此作出的判决不仅有法可依,而且合情合理,作为成都首例网上电影侵权案,此案件的审理为以后类似的案件提供了好的范例,同时也在一定程度上起到了警示作用,遏制了相关案件的再次发生。

8. 七家知名唱片公司起诉百度侵权案①

2005年,包括环球、华纳、百代在内的七家知名唱片公司将百度公司诉至北京市第一中级人民法院。

七家公司均诉称,在百度网站上发现百度从事大量歌曲在线播放和下载服务,这其中包括了七家公司享有信息网络传播权的歌曲上百首,而百度公司并未通过他们的许可。故请求法院判令百度公司停止提供涉案歌曲的在线播放和下载服务,并赔偿经济损失人民币173万元。

法院审理后认为,搜索引擎服务旨在帮助网民在浩如烟海的信息中迅速地定位并显示其所需要的信息,其提供的MP3搜索引擎服务是以互联网中的音频数据格式文件为搜索对象的,搜索范围遍及整个互联网空间中未被禁链的网络站点。百度对搜索内容的合法性不具有预见性、识别性、控制性。百度提供的MP3搜索服务并没有侵犯他人信息网络传播权的主观过错。

对于试听和下载功能,法院也认为并不侵犯了唱片公司的信息网络传播权。因为试听功能是属于对搜索结果的显示或展现,其目的在于使查询者能够作出识别和判断。而且试听和下载的作品并非来自百度网站,而是来自未被禁链的第三方的网络服务器。

法院表示,如果权利人认为搜索引擎服务所涉及的录音制品侵犯了其信息网络传播权,可以向搜索引擎服务提供商提交书面通知,要求其断开与该制品的链接,通知中应当明确告知侵权网站的网址。搜索引擎服务提供商接到权利人的通知后,应立即断开与该制品的链接。在此案中,原告未尽到通知义务。

七家唱片公司起诉百度侵权一案,在2006年11月17日的一审判决中,唱片公司诉讼请求被驳回。唱片公司不服一审判决又提起上诉,2007年12月20日,北京市高级人民法院作出终审判决,驳回国际唱片业协会组织下的五家唱片公司全部诉讼诉求,百度不侵权,不承担任何赔偿责任。

在二审中,百代和金牌两大唱片公司分别和百度达成战略合作协议,退出了原告行列,仅余下五家唱片公司与百度对簿公堂。

评述

这是中国搜索引擎在侵权案中首次取得此类型的一审判例。2007年12月20日,国际唱片公司诉百度一案了结,终审判决维持了一审原判,原告败诉。

---

① 参见王殿学:《七家唱片公司诉百度搜歌侵权案终审败诉》,载《新京报》2007年12月31日。

事实上,继2005年9月百度一审败诉于上海步升音乐文化传播有限公司后,该公司遭遇了多起侵权诉讼困扰。除百度外,中国整个搜索引擎行业都相继遭遇"网络侵权"的拷问,新浪、搜狐、中搜等先后卷入与唱片公司的侵权纠纷,网易也为避嫌暂停了MP3搜索服务。

与"步升"一案相同的是,在此次七大唱片公司诉百度一案中,双方争议焦点仍是互联网搜索企业提供对侵权内容的直接链接是否构成对版权所有者的侵权。而在2006年7月我国首部网络版权保护行政法规——《信息网络传播权保护条例》(下称《条例》)颁布后,唱片公司起诉搜索引擎的法律环境已有很大改变。《条例》对此案也产生了相应影响。

《条例》为搜索引擎提供了国际通用的"避风港规则",即网络服务提供者提供搜索、链接服务的,如在接到权利人通知书后立即断开与侵权作品的链接,则不承担赔偿责任。而这也反向增大了唱片公司的诉讼成本,甚至"倒逼"唱片公司与搜索引擎进行合作。

《条例》在信息网络传播权领域提供了一个"避风港"。对百度这类提供搜索技术服务的公司来说,只要与权利人有充分的沟通,并按照规定采取措施,就会减少针对其服务的诉讼案件的发生。

自从有了搜索引擎行业服务以来,全球搜索引擎厂商与内容提供商的版权冲突用"爱恨交加"做形容一点不为过。搜索引擎是开放式服务,而内容提供商则以商业授权程度而划定它的"有限开放"。

我国已经加入了WTO,这个版权矛盾的协调机制需要与国际规则同步,否则中国企业与中国用户的权益将受到损害。

9. 小说影射真人:浙江首例网络小说侵权案判决①

2005年7月12日,浙江省首例网络小说侵害名誉权案在该省安吉县法院作出一审判决。法院责令教师刘永亮在《红袖添香》网站、浙江《湖州晚报》等媒体上公开向校长吕伯海书面赔礼道歉,并赔偿校长吕伯海精神损害抚慰金3000元。②

被告指出,小说《调动》是反映社会现象的虚构文学作品,原告自己在阅读

① 参见方益波、张力:《教师写小说影射校长》,http://www.people.com.cn/GB/paper40/15222/1349875.html。

② 见新华网2005年7月13日,www.xinhuanet.com

小说后产生想象与联想，并自愿“对号入座”，与被告的文学创作无关。

法庭一审审理认为，被告以特定的地名“安吉”为主人公命名，以“浙北山区”中学作为故事的发生地，以“李海伯”为小说校长命名，与曾任校长的原告吕伯海的名字字音相近，极易混淆；次要人物命名也与现实中的雷同，足以使原告及认识原、被告的人在阅读小说后，产生对小说中的反面人物就是生活中的原告的认同，使原告的名誉受到侵害，从而降低原告的社会评价。

法庭认为，被告的行为已构成侵害原告的名誉权，依法应当承担侵权的民事责任。原告因名誉受到侵害而产生的精神痛苦，被告也应予以抚慰。原告要求2万元精神损害赔偿金，法院认为，精神损害赔偿的目的在于给受害人以安慰，给致害人予一定的惩戒，精神损害赔偿金应限定在合理的范围内。

评 述

原告吕伯海与被告刘永亮在浙北山区安吉县杭垓中学同事期间，原告担任校长，被告教语文，双方曾有矛盾。2004年年底，被告以笔名“蓑笠翁”开始在《红袖添香》网站上发表中篇小说《调动》，该小说以主人公“安吉”老师工作调动为线索，构筑故事情节，展开人物矛盾，塑造了中学校长“李海伯”在本校老师的工作调动过程中，利用职权吃、拿、卡、要、嫖的反面形象。

小说中的副校长“涂八担”、教导主任“马匹勤”则直接引用了原告同事的绰号。小说发表后在一定社会范围内产生了较大的影响。

因为个人恩怨采用侵犯名誉权的行为向他人报复，是不可取的行为，其结果一定是害人害己。

10. 信息网络传播权索赔第一案①

2005年下半年，李某开始撰写《上海相亲情人》。自2006年3月起，李以“歌唱生命”和“段剑”为笔名，陆续在新浪、“猫扑”上发表该小说。截至同年6月底，小说写至第100章，李某于7月就作品著作权向上海市版权局递交申请登记，并获得登记证书。

此后，李某在搜狐网站原创频道的《都市情感》栏目发现有“段剑”的《上海

① 参见何勇、吴艳燕：《信息网络传播权索赔第一案宣判》，http://news.xinhuanet.com/newmedia/2007-04/26/content_6030610.htm。

相亲情人》链接,内容包括情节简介和小说的前72章。网页显示发布时间为2006年6月4日,截至当年7月11日,点击数为13256;而在该网站《啃书一族》论坛中,也有该小说前32章和前20章相关链接。

2006年7月,李某以著作权受侵害为由,将搜狐告上法庭,请判对方停止侵权;在搜狐首页位置刊登致歉声明;赔偿原告经济损失10万元。

李某向法院提起诉讼后,搜狐删除了网页上相关内容,同时认为小说是网友以发帖的形式登载,非网站所为,不具有主客观上的故意。

市二中院在审理后认为,搜狐网作为网络信息内容提供者,在网站原创频道登载小说《上海相亲情人》,公众通过登陆搜狐便可随意浏览或下载该小说。在此过程中,这部由李某享有著作权的作品已被网络所传播,而李某对此并未表示许可,搜狐也未支付报酬,其行为构成侵权,应承担相应民事责任。

法院同时认为,《啃书一族》论坛上所登载的相关内容,其发帖人为该论坛首席斑竹(版主),搜狐对其管理人员的这一职务行为也应承担相应民事责任。

在李某提起诉讼后,搜狐对原创频道内的侵权内容予以删除,却忽略了对网站的其他栏目进行必要检索,没有尽到合理的注意义务。

鉴于原告李某未能提供实际损失的确切依据,被告搜狐的违法所得也无法确定,法院综合本案作品类型、合理使用费、侵权行为性质、后果等因素,酌情确定了赔偿数额。

>> 评 述

因自己的小说《上海相亲情人》被搜狐网站免费转载,小说作者李某一纸诉状将这家知名门户网站告上法庭。2007年4月25日上海市二中院对这起网络著作权纠纷案作出一审判决,判令被告北京搜狐互联网信息服务有限公司赔偿原告经济损失人民币4万元;在判决生效之日起十日内在其网站www.sohu.com首页连续48小时刊登致歉声明。

本案是《信息网络传播权保护条例》自2006年7月1日起实施后的全国侵犯著作权之信息网络传播权索赔第一案。

商业网站通过引用论坛文稿方式变相回避版权责任问题是一种"商业技巧"。事实上,一些中文商业网站编辑不断地招揽一些作者在其论坛、博客、专栏中发表原创作品,然后免费把标题链接进新闻或者商务频道中,不付给作者稿酬。

《信息网络传播权保护条例》就著作权人的信息网络传播权问题专门作了规定。任何组织或个人将他人的作品,通过信息网络向公众提供,应当取得权利人许可,并支付报酬。任何未经许可通过信息网络传播他人作品,或者应当支付

报酬而没有支付的，都属于侵犯著作权人信息网络传播权的行为。

这个案子的意义在于提醒相关类型的网站，如果其设置论坛，论坛版主的行为属于其职务行为，由网站承担责任。因此，网站应该加强对版主的管理，同时还应该对网站内容及其运作模式作全面的合法性审核。

11. 网络明星状告天涯社区侵权案①

网络歌手张可可诉“天涯社区”案，2007 年 10 月 25 日在宣武法院一审宣判。法院认为“天涯社区”的管理义务仅限于一般性的审核义务，对网友发表的特定性事件的言论及评述，从客观上无法也不可能一一核实，对其真伪的判定显然超出了网络经营者的审查能力。据此，法院驳回了张可可要求天涯在线赔礼道歉、赔偿精神损害抚慰金 50 万、付律师代理费 3000 元、取证费 1000 元的诉讼请求。

张可可到庭领取了判决书，未表示是否上诉。

评 述

网络歌手张可可诉海南天涯在线网络科技有限公司（“天涯社区”论坛的所有者和管理者，以下简称“天涯社区”）侵害名誉权一案一审审理终结。

张可可是中视亚太国际传媒公司的签约歌手，2006 年 4 月照片和歌曲在“天涯社区”登出，点击率一路攀升，被网友们认为是继芙蓉姐姐、二月丫头后的又一天涯红人。随后她推出了首张个人 EP《可不可以这样用心去爱》。

2006 年 5 月 19 日，网名为“菜霸”的网民在“天涯社区”发表帖子《洗版前因:18 万 PK 一夜情的谣言故事》，指名道姓地称张可可是靠出卖身体才获得签约的机会。之后，张可可悬赏万元寻找发帖网民。

由于未找到发帖网民，张可可起诉“天涯社区”，称“天涯社区”未尽审查义务，致使文章广为流传，败坏了她的名誉。

张可可在庭审时说，文章流传后，可能有歌迷不再喜欢她。她的三名歌迷出庭作证，称“天涯社区”的相关帖子及照片毁了张可可在他们心目中的形象，一女孩还说“挺失望的”。

---

① 参见《湖北女孩张可可状告天涯社区 曾遭黑客诽谤》，http://www.hackbase.com/news/2008-05-16/17160.html

"天涯社区"代理人称,"天涯社区"中的言论是由社区注册用户发布,系统自动生成的,如果网友投诉,会得到及时处理,但张可可当时并没有投诉。该代理人说,发帖的网友也有合法的权利,网站没有权利随意删除帖子。

宣武法院经审理认为,对网友发表的特定性事件的言论及评述,被告无法也不可能一一核实,对其真伪的判定显然超出了网络经营者的审查能力,而且被告已经删除了涉案文章,尽了管理义务,张可可要求对方承担名誉侵权责任没有依据,法院不予支持。

尽管"天涯社区"一审胜诉,但是此案也带给人们一些思考和法律上的追问。

法院对"天涯社区"的管理义务的认定,不仅不能为网站在此类事件中彻底"解套";使得人们无法找到发帖者时,面对受害者的名誉受损,不得不发出追问:谁应该为论坛"毒帖"负责?

"天涯社区"在此前的另一起同样的诉讼中,却得到与本案完全相反的结果,这颇耐人寻味。

2006年,"天涯社区"网友"百昧"发帖分析社区中颇为活跃的"牙疼妹妹"的"身份之谜",并得出"牙疼妹妹"是女扮男装的结论。这引起了"牙疼妹妹"的"愤怒"。"牙疼妹妹"对"百昧"开始了"网络追查"。

但最终"牙疼妹妹"错将吴某的真实姓名、住址、通讯号码予以公布,称"湖南警方正努力查办吴某",甚至连其8岁女儿是领养的隐私也被人公布,吴某曾向"天涯社区"相关栏目的版主投诉,天涯公司将帖子删除。后吴某将"天涯社区"告上法庭,要求恢复名誉,公开赔礼道歉,并赔偿精神抚慰金50万元。

湖南桃江县人民法院对这起网络名誉权纠纷作出一审判决,判决"天涯社区"赔偿原告吴某精神抚慰金3万元,并赔礼道歉。

面对两个结果相反的案件,人们不由得产生疑问,论坛在什么情况下应该为不实的内容负责呢?

一般而言,是否构成侵害名誉权,应当根据受害人确有名誉被损害的事实、行为人行为违法、违法行为与损害后果之间有因果关系、行为人主观上有过错来认定。对此,司法实践中,判决侵权人承担侵权责任一般应有两个前提:

第一,侵害名誉权损害事实的发生,并且这种损害确实构成了对受害人人格、名誉的诋毁,导致其综合社会评价降低;

第二,必须有明确的侵权人。

而对于像前文提到的因论坛发帖引发的名誉权纠纷,一方面,张可可有义务提供其遭受损害、社会评价降低等相关事实的证据;另一方面,更为重要的是,当我们无法确认具体的侵权人,即基于网络的天然特点,对发帖人根本无法查证时，如何追究论坛的所有者和管理者失职导致的受害人名誉受损的法律责任？

作为互联网信息服务提供者的网站，到底怎样确定其在发帖人发布侵权或违法帖子时的责任？关键还要看其对发布的信息应承担怎样的义务。

根据《计算机信息网络国际联网安全保护管理办法》规定，互联单位、接入单位及使用计算机信息网络国际联网的法人和其组织应当建立计算机信息网络电子公告系统的用户登记、信息管理制度和有害信息审查制度。

《互联网信息服务管理办法》第 15 条规定，互联网信息服务提供者不得制作、复制、发布、传播侮辱或者诽谤他人，侵害他人合法权益的信息内容；如互联网信息服务提供者发现其网站传输的信息明显属于上述内容的，应当立即停止传输，保存有关记录，并向国家有关机关报告。

另外，《互联网电子公告系统服务管理规定》第 13 条规定，电子公告服务提供者发现其电子公告服务系统中出现明显有害信息时，应当立即删除，保存有关记录，并向有关国家机关报告。

由此，可以看出，在因论坛帖子涉嫌侵权的纠纷中，网站具有两个义务：

第一，通过自身的管理和判断，禁止涉嫌侮辱或者诽谤他人，侵害他人合法权益的信息传播；

第二，当发现上述信息时，应立即予以删除。

问题在于，作为论坛管理者，对于海量的论坛发言，除明显出现侮辱、诽谤他人言辞的语句内容外，对其他描述性内容的真实性显然无法一一查实，怎样才能做到“立即删除”呢？

另外，如果网站“立即删除”，是否就意味着其可以不为发帖人所发侵权信息担责？或者说，网站在类似的名誉权纠纷中，仅仅承担因没有及时删帖的责任？

目前，法律尚无明确规定。所以，在更多的情况下，所谓网站的“及时删除”义务履行，还应在于受害者向网站提出书面申请要求删除帖子。

在帖子内容不存在明显侵犯他人合法权益内容或者根本无法查证的情况下，网站实在无法进行主动删除。

此外，在不能完全确定网站自身的责任时，更多的受害者要求网站配合提供发帖人的具体信息。而网站不能提供时，才将网站告上法庭。

实际上，这一点在事实上也很难做到。对网站而言，网站需要保护发帖人的个人信息，而且，即使网站提供发帖人的信息，此信息也不能确保其真实性。因此，对于受害者而言，在发帖人一时无法查明的情况下，应首先向网站提交删帖的书面申请，如果网站不予理睬，导致其侵权损失进一步扩大，那么一经证实帖子内容侵权后，才需要确定网站要承担的责任。

纵观网络侵权案件,相较于20世纪90年代末,21世纪初已有了一定变化,网络管理者的法律意识有了一定的增强,这也是网络不断总结、吸取前人经验教训的结果。

1999年12月15日上午,全国最有影响的网上言论侵权案在北京海淀区法院公开宣判,诉讼标的高达240万元人民币,消费者王洪和同为被告的两家媒体被判侵权成立,需赔偿原告"恒升"集团合计百万元人民币。其中,王洪个人被判赔50万元,在千年结束之际创下国内名誉权侵权案个人赔偿最高纪录。

诉讼案缘于王洪把所购"恒升"笔记本电脑引起的纠纷在网上发布。①

国内第一个用个人主页发布消费纠纷的消费者王洪徒呼奈何:"没想到为一台'恒升'笔记本电脑付出的代价是一百万!"

在众多消费者纷纷利用网络媒体倾诉苦衷的今天,这个百万判决不啻为中国千万网民和消费者敲响一记警钟。

被告不服,提起上诉。北京市第一中级人民法院二审审判,由于"恒升"集团的经济损失百万元的计算依据不足,赔偿额由百万元改为9万元,并免除两家媒体的经济赔偿责任而仅以向"恒升"集团赔礼道歉为限。

2001年2月5日,"恒升"以王洪没有履行生效判决为由,向海淀法院提出强制执行申请。

3月12日上午,王洪因拒不履行生效判决而被法院司法拘留。3月13日下午,王洪的朋友将9万元送至法院,当天傍晚,王洪被解除拘留。

网上发言的效力、风险和责任,消费者应该怎样维权和维权成本,媒体在实施舆论监督和自我保护之间的成本核算和价值取舍,以及司法实践的程序公正和实体公正等等问题均随该案宣判而趋于明晰和尖锐。

2001年中秋之夜,搜狐发表声明,拟起诉国内新浪网"针对搜狐进行歪曲报道的行为"。2002年1月24日,新浪网向北京市第二中级人民法院正式提起诉讼,状告其竞争对手搜狐网站侵权。接着搜狐进行了反击,于2002年1月25日公布部分新浪网抄袭搜狐公司的证据。两家国内当时最大门户网站的侵权纠纷引起业内及媒体的关注。

新浪指控搜狐对新浪短信频道手机图片、财经频道、体育频道的内容进行剽窃和抄袭,构成著作权侵权及不正当竞争,索赔30万元。在新浪诉搜狐之后的

① 1997年8月,保定消费者王洪在京购买了一台万余元的"恒升"笔记本电脑,因质量问题与销售商及"恒升"公司发生纠纷。在多方求解未果之后,王洪于1998年6月在互联网BBS上张贴《请看我买恒升上大当的过程》一文,后又制作个人主页系统发布事情经过和动态,以唤起网民共鸣。《生活时报》和《微电脑世界周刊》分别报道了此事,最终导致诉讼。1998年9月,"恒升"集团以名誉侵权为由把王洪和两家媒体告上法庭,要求索赔240万元。

一星期，搜狐也以同样的案由提起反诉，指控新浪著作权侵权并构成不正当竞争。

2002年12月2日，在历时一年、经过三次庭审后，北京市二中院对新浪诉搜狐案作出一审判决，搜狐被判侵权并向新浪公开道歉，赔偿新浪经济损失21万元。2002年12月12日，搜狐对认定其构成著作权侵权和不正当竞争的判决不服，提出上诉。在搜狐上诉后，新浪也就法院对搜狐侵权的全部手机图片中的170幅不予审理，没有包括认定在一审判决中提出上诉。新浪表示，上诉只是为了使有关搜狐侵权的事实被更准确地定量。搜狐和新浪分别上诉后，北京市高级人民法院审理后认为，一审判决事实不清、证据不足，裁定发回重审。

2003年12月23日北京市二中院作出重审判决，认定搜狐构成著作权侵权，再次判决搜狐赔偿21万元，并连续在搜狐首页向新浪道歉24小时。新浪、搜狐之间长达两年的知识产权大战终于告一段落。

在此之前，2002年5月，搜狐曾向市一中院起诉新浪抄袭、使用了其享有专有使用权的7篇文章和享有著作权的手机图片74幅。2003年12月23日上午，市一中院一审驳回搜狐诉新浪的全部诉讼请求。历时良久的互联网侵权案件至此终于有了个清晰的了结。

新浪和搜狐诉讼的意义远大于案件本身。互联网作为新生事物，其立法、维权与规范都还任重而道远，要来推动这一行业的健康发展，离不开商家、消费者和有关部门共同的社会责任感。

“狼狐”互诉的这场纠纷案也是国内第一场因手机这一新媒体图片下载而引起的著作权诉讼。它的标志意义在于，经此一役，网络行业的领袖们终于意识到知识产权是网络业重塑诚信形象、与社会建立和谐关系、营造良好发展空间的第一块基石。

此外，发生在20世纪初的“臧天朔诉两网站侵害名誉权案”也十分有代表性。

2000年10月17日至11月13日，“网蛙”公司在其“三九网蛙音乐网”举行的“国内歌坛十大丑星评选活动”中，将臧天朔列为候选人之一。评选活动同时在网易网站音乐频道进行互动链接。2000年11月13日，评选结果在上述两家网站公布，臧天朔以16911票当选“十大丑星”之一。

“网蛙”公司和“网易”公司在举办上述评选活动时，没有告知臧天朔把他列为“丑星”候选人之一，也未征得臧天朔本人的同意。在发布候选人名单中使用了三张不同的臧天朔的肖像照片，照片的使用也没有经过臧天朔本人的同意。对臧天朔的文字介绍是：“有人说要嫁就嫁臧天朔。我怎么也没看出来广大未婚女青年有什么重大举措啊！”文字介绍中“要嫁就嫁臧天朔”是《音乐生活报》

上关于臧天朔的一篇报道的标题。

为此,臧天朔将两网站以侵犯名誉权等告上了法庭。

2001 年 9 月 24 日北京市朝阳区人民法院经审理后认为,“网蛙”公司和“网易”公司在未告知臧天朔并经其本人同意的情况下,擅自将臧天朔列为“国内歌坛十大丑星评选活动”的候选人,在“评丑”的前提下,又擅自加配了涉及人身的调侃性文字,并最终给臧天朔冠以国内歌坛十大丑星第三名的称谓,侵害了臧天朔的人格尊严;同时其对臧天朔照片的使用,一定程度上是以营利为目的经营性行为,构成对臧天朔肖像权的侵害。

为此,判决被告“网蛙”公司和“网易”公司自判决生效之日起停止侵害原告臧天朔肖像权和人格权的侵权行为;在各自所属的网站上发布向原告臧天朔赔礼道歉的声明;在判决生效后十日内一次性赔偿原告臧天朔的经济损失人民币 1500 元,其中“网蛙”公司赔偿 1125 元,“网易”公司赔偿 375 元;因侵害原告臧天朔的人格权赔偿臧天朔 10000 元,其中网蛙公司承担 7500 元,“网易”公司承担 2500 元;因侵害原告臧天朔的肖像权赔偿臧天朔人民币 10000 元,其中“网蛙”公司承担 7500 元,“网易”公司承担 2500 元。原告臧天朔认为二被告侵害其名誉权的诉讼请求,朝阳区人民法院没有支持。

通过以上案例我们可以看到,从根本上讲,法律是具有社会本质属性的。通过司法实践,实现法律对正当舆论导向的保护,是法官的职责。同时,这也是法官正确把握案件性质的标准之一。人类进入 21 世纪后,网络以及网络文化的发展十分迅猛。由于网络新媒体给广大网民提供了极其广阔的网络活动空间和快捷的联络方式,给人们带来了便捷,网站成为网民了解信息、进行沟通的平台。我们应当把网站定性为:网站是继广播、电视和报纸等传统传媒之后出现的新兴传播媒介,只是网站的传播方式和广播、电视和报纸等传统的传播媒介的传播渠道和方式不同而已。网站不是独立或超越于法律之外的特殊领域。不受任何约束的自由等于是对他人合法权益的损害。所以,我国法律保护的是网站正当的言论自由和正当的舆论权利。网站的行为不应侵犯公民的合法权益。

第五章　规避传媒纠纷

第一节　不同层面上的自由

要预防和减少传媒侵权纠纷的发生，除了法律亟待完善外，传媒单位和传媒工作者应加强自律，从源头上把侵权纠纷的可能性降至最低程度，因此分清楚一些概念是十分必要的。

1. 言论自由和出版自由

言论自由和出版自由是公民的宪法权利，保障言论和出版的自由，是社会主义民主政治的基本内容之一，其对于促进经济和社会文化生活的发展，探索和发现真理，促进人的全面发展，具有重要意义。

言论和出版自由属于相对的自由权，既需要保障，也有一个界限问题，在任何国家都要受一定的法律、法规的制约。目前我国对言论和出版自由具体的保障与限制性规定，主要体现在《出版管理条例》之中，是权利与义务的统一。

言论自由(Freedom of Speech)和出版自由(Freedom of the Press)是宪法规定的公民的基本权利。

言论自由是指公民在法律规定或法律未加禁止的范围内，通过口头语言、书面语言或象征性语言(Symbolic Speech)等形式，按照自己的意愿发表意见、交流信息的权利。

出版自由则是言论自由在出版领域的延伸，是公民在法律规定或法律未加禁止的范围内，通过印刷媒介或电子媒介，按照自己的意愿发表意见、交流信息的权利。

在各国宪法性文件中，通常将行使言论自由和出版自由权的主体规定为公民个人，而不是社会组织或团体等。这是因为社会组织、社会团体是由公民组成的，公民享有的言论和出版自由，社会组织或团体自然也享有。

但是,当政府机构及其公职人员不是作为普通公民,而是代表其所属机构发表意见时,则不享有言论和出版自由,因为他所代表的不是他本人的意见,行使的不是其公民权利,而是公权力,对于相对人或相对事物是具有约束力的。这在言论和出版自由主体行使其权利时属于特殊情况。

我国是社会主义国家,新闻出版媒介是党、政府和人民的喉舌。在具体活动方式上,我国的新闻出版媒介是党和政府各级组织下属的工作机构,其工作人员不是自由职业者,而属于国家公职人员,行使言论和出版自由权时必须服从于所属媒介机构的性质和目标,服从于党和国家的整体利益,遵守党纪国法。这一点,是我国新闻出版媒介及其工作人员与西方国家的本质区别之一。

言论自由和出版自由作为公民的基本权利,其功能和价值,首先在于保障人民群众参与国家事务、履行当家做主的权力,这是社会主义民主政治的基本内容之一。①

公民行使自己的言论和出版自由权,对国家事务和政府决策发表意见和建议,对各级政府部门及其工作人员进行监督,使得人民群众的意愿充分反映出来,有利于政府决策的民主化、科学化,有利于政府工作人员时刻保持廉洁高效的工作作风。

其次,促进经济发展,繁荣社会文化生活。经济的发展,人们社会生活和文化生活的繁荣,没有信息的相互交流和各种意见的表达,是不可想象的。

再次,有助于真理的探索和发展。发现真理是人类自诞生以来的永恒追求。真理是客观存在的,但真理往往容易被各种假象所遮蔽,探索真理的过程也往往充满艰难险阻。受条件的限制,人们对真理的认识要有一个过程,言论和出版自由使得人们对真理的不同认识有了存在的条件,只有当各种信息得以共享,各种不同意见得以碰撞,去伪存真时,真理才能得到广泛的认可和传播。

从相对真理向绝对真理逐步推进的过程,也是社会不断发展和进步的过程。

最后,促进人的全面发展,造就社会整体的勃勃生机。人的全面发展和社会的发展,不是简单的包含关系,而是互为前提和基础的关系。言论和出版自由属于表达自由(Freedom of Expression)范畴,现代社会里,在依法的前提下,人们能够自由表达自己的意愿才谈得上自由发展,自由发展的人才能称得上是全面发展的人。

另一方面,社会是由无数个体的人结合而成的,人的需求分为不同层次,在基本的生存需求满足后,必然会追求更高层次的精神需求的满足,以实现自身的全面发展。表达自由是人类精神活动自由的外在表现形式,可以充分体现人的

---

① 参见李斯颐:《言论和出版的自由与边界》,载《新闻与传播研究》2002 年第 1 期。

潜能和个性,是人们的精神需求之一。由生存需求和精神需求都得到满足的人构成的社会,必然是一个生机勃勃、健康向上的社会。

2. 新闻自由

新闻自由,是言论和出版自由在新闻传播领域的延伸,或者说是通过新闻传播媒介实现的言论和出版自由。

“新闻自由”一词在许多语种里没有相应的专有语词,与出版自由使用相同的词组。这是由于各国宪法原则上规定了公民的言论和出版自由权后,新闻出版领域的成文法或判例法已通过对新闻媒介的目标、职责、权利、义务等规定,将其落实为具体规则,就没有必要再提出宪法之外的公民基本权利了。我国宪法也没有使用新闻自由一词,这正是我们之所以说新闻自由是言论和出版自由的延伸,而不直接将其称为公民宪法权利的原因。

目前,“新闻自由”一词正式进入中文法律文本里的,仅见于我国香港和澳门特别行政区的两部《基本法》,其中新闻自由是与言论和出版自由区分开来,并列使用的。

在中文里,新闻自由主要还是学术界使用的术语,因为随着传播媒介技术和分工的发展,报刊、广播、电视等媒介的新闻性活动的特征与书籍的区别越来越大,在研究属于新闻媒介特有的问题时,使用新闻自由加以概括,比起出版自由来说行文上更自然一些。

关于新闻自由的内涵,众说纷纭,其中比较重要的是创办权、采访权和报道评论权。

从国家管理形式看,新闻传媒的创办主要有登记制和批准制两种。登记制是由创办者向主管部门申请注册,只要符合法律规定的条件,如国籍、年龄、居所、未被剥夺政治权等即可开办,无需批准,类似于创办工商企业。

批准制是除上述条件外,将创办者限定于特定对象,须经批准方可开办。我国目前实行的是批准制,这是因为我国是社会主义国家,必须使新闻传媒牢牢掌握在党和人民手中,坚持以马克思主义为指导,坚持社会主义方向,从而保证能够有一个稳定的、正确的舆论环境。

新闻传媒属于上层建筑领域,一个国家究竟采用什么样的新闻传播制度,是由其历史、文化和现实社会制度等国情所决定的,新闻传媒的性质、功能以及活动方式,取决于它所依存的传播制度,随着传播制度的发展而变化。

除这两种制度外，历史上还曾出现过保证金制，往往与批准制结合采用，目的是限制创办人的资质或控制报纸数量。由于现代新闻传媒本身就是一种大规模、高投入的产业，早期那种一两个人就可以办起一家报纸或通讯社的状况早已不复存在，所以保证金制到20世纪初就很少见了。

此外，还有一种完全自由的创办制度，如德国北莱茵——威斯特伐利亚州的《新闻法》就规定，创办新闻传媒"可不经过任何形式的登记或认可"[①]。这种形式十分罕见。

采访权是指新闻传媒为报道新闻而接近信息源的权利。我国新闻传媒承担的职责，是传达党和政府的声音，指导工作，引导舆论，迅速、准确、客观地报道新闻，充分满足人民群众的信息需求。采访权是新闻传媒履行这一责任的基础。

一般来说，管理公共事务的党政部门是最大的信息源，我国新闻传媒由于性质和职能特点，接近这一信息源有着西方媒介所不具备的得天独厚的优势和便利条件。而对于社会现实生活中所涉及的采访，我国除按国际惯例在涉及军事、保密、青少年以及司法活动等方面有一定的程序限制外，其他没有限制。

在有关采访权的问题上，西方一些发达国家在二次大战后提出了知情权（Right to Know）和接近权（Right of Access）概念，两者有不少内容与采访权相关。在此基础上，许多国家形成了由信息公开法等专门法规或相关法律条文组成的较为完备的法律制度。

报道评论权在诸项权利中是最为重要的，其他权利可以说都是为了这一权利的实现提供保障的。在报道评论活动中体现言论和出版自由，需要两个前提条件：一是依法管理，从业者可以明了自身行为的合理范围，不违法违规就不受事后惩罚；二是不实行预审制。

对于前者，我国各类新闻传媒都属于党的新闻事业组成部分，根据党对新闻工作的要求，有关部门分别对报刊、广播、电视，包括因特网如何刊载新闻，颁布了多项管理条件，报道评论活动规则十分明确，减少了人治的可能性。

对于后者，各国除战时等紧急状态外都不实行预审制，这一点我国也不例外。我国对"特别重要的批评稿"也有事先听取被批评者意见的规定，但这不同于预审制，不需要被批评者的批准。从业务角度看，这种做法也有防止失实、避免涉讼、使报道评论更加平衡的作用。被批评者的解释和批评者的意见同时刊登出来，这种报道手法现在用得很多。

随着社会主义法治建设的发展，我国新闻传媒的舆论监督工作将会不断进步和完善。

---

① 参见《各国新闻出版法选辑》，人民日报出版社1981年版。

3. 言论和出版的界限

言论和出版的自由只是相对而言，它们也有一定的界限，具体而言就是言论和出版自由的范围。从另一个角度看，由于自由的界限是以法律形式存在的，因此，言论和出版自由的界限也可以说具体表现为法律或法规如何对之加以保障和限制的问题。

也就是说，当人们自由表达自己的意见和交流信息，行使法律法规保障的自由权利时，不能滥用这种自由权利，也要受到法律法规的制约。具体到我国的新闻媒介，还必须遵守党的新闻宣传纪律。在保障和限制这一矛盾统一体中，“表达自由的保障是目的，而表达自由的限制是达到保障目的的手段”①。

人必然存在于一定的社会关系之中。由于人们的言论和出版自由总要表现为一种行为，所以就必须以不侵害他人的自由权利为前提，否则的话，当他人也可以随意侵害你的自由权利时，自由本身就不存在了，正常的社会关系乃至社会秩序也就无法维持了。这正是行使言论和出版自由权时要有所制约、承担相应责任和义务的原因。

大众传媒不能盲从于商业利益，在满足人们自由发表意见、获取信息的需求时，还应当担负起教育引导的责任，为公众的整体利益而承担社会责任。

自由既要受到保障，也要有所限制。如今各种涉及人权方面的国际公约、宣言以及各国的法律，都是在保障自由权利的同时也规定了义务性或禁止性规范。

我国《宪法》明文规定：“中华人民共和国公民在行使自由和权利的时候，不得损害国家的、社会的、集体的利益和其他公民的合法的自由和权利。”言论、出版自由和其他自由一样，也是权利和义务的统一，因而也是相对的而不是绝对的，是具体的而不是抽象的，属于可克减的权利。在各个国家和不同社会制度下，如何确定言论和出版自由的界限，体现了不同的历史文化背景。

目前，我国尚未颁布新闻出版领域的专门法律，有关言论和出版自由的规定主要体现在 2001 年 12 月以国务院令的形式颁布的《出版管理条例》中。该条例规定：“公民可以依照本条例的规定，在出版物上自由表达自己对国家事务、经济和文化事业、社会事务的见解和意愿，自由发表自己从事科学研究、文学艺术创作和其他文化活动的成果。”这是对宪法相关原则的具体化，属于赋权性规范。

义务性规范则涉及两个方面：一是作为权利主体的公民，“在行使出版自由

---

① 参见甄树青：《论表达自由》，社会科学文献出版社 2000 年版。

的权利的时候,必须遵守宪法和法律,不得反对宪法确定的基本原则,不得损害国家的、社会的、集体的利益和其他公民的合法的自由和权利”。这一义务在条例第26条中又被具体化为不得危害国家安全等10项内容;二是在法律关系中对处于对应关系的政府或其他法人、自然人的义务,规定:“公民依法行使出版自由的权利,各级人民政府予以保障。”“合法出版物受法律保护。任何组织和个人不得非法干扰、阻止、破坏出版物的出版。”条例体现了权利与义务统一、保障与限制结合的精神,从大的方面界定了言论和出版自由的范围。

但是,《出版管理条例》属于行政法规性质,按《立法法》的规定,在我国立法层级中处于第三个层次,地位还不是很高,上述内容也仍是比较原则的规定。在具体操作层面上,还有待新闻出版领域的部门法出台后加以规范。

4. 媒介的管制

每个国家对媒介的管制都有一定的历史背景,有自己国家的特殊问题,即使如此,仍有一些共同点是可以相互学习、借鉴的。

在英国,BBC对电视的管制起到了独特的作用。英国BBC是受到政府管制的,由政府颁发《特许状》,并与文化部、体育部等部门签订《许可协议》。BBC的特许状每10年延续一次,所以BBC的独立性很脆弱,其长期受政治的影响,随时要意识到《特许状》到期需要延期的问题;而且BBC的董事由政府任命,有很强的政治色彩。

英国媒体法包括三个层次:一是成文法。如1990年颁布的《广播电视法》,管理广播电视行业;1990年的《电视新闻法》,管理卫星电视和有线电视新闻。

二是普通法。如《泄密法》、《诽谤法》和《隐私权法》。

三是自律规则。“报业投诉委员会”和“独立电视委员会”的《广播电视道德标准》分别处理来自公众对印刷媒体和电子媒体的投诉。

为了加强自律,英国成立了“新闻投诉委员会”,并制订了英国第一个《行业自律标准》,专门处理关于媒体的各种纠纷,如果投诉人认为该委员会作出了有利于媒体的决定,那么他还可以向政府提起上诉,对媒体的行为进行限制。

从表面上看,英国政府对传媒的行政管理色彩较淡,并不直接通过行政部门进行管理,而是通过法律管制,如《诽谤法》、《隐私法》等,行政部门与传媒的关系十分超脱。但实质上英国政府对媒介的管制是通过中介组织来管理的,而且有一定的历史和模式。

其模式有两类：

一是政府授权组成的机构，有行政权力，如“独立电视委员会”、“广播电视规范委员会”；

二是自律机构，如“新闻投诉委员会”和“网络观察基金会”。

前者是半官方组织，后者则是传媒业的自律组织，调节着媒体与外界的各种关系。

其中，“网络观察基金会”是近年来随着互联网的迅速发展，英国网络商于1996年自发成立的一个自律性组织。

基金会由私人公司提供资金，董事会由12人组成，其中4人是网络业主，8人是非网络人士，成立基金会的主要目的是阻止互联网上日益增多的违法犯罪活动，如色情、性虐、人兽混交、宗教歧视等。

基金会的职责有两个方面：

一是接受投诉，即网络使用者可向基金会投诉在电脑上所见到的不良图片。英国法律规定，凡拥有（无论是否传播）儿童色情图片就是犯罪，由于技术上无法确认图片的最终来源，基金会所采用的做法是要求网络商从其网站上撤掉其图片。

二是对网络进行分级，并贴上相关警示，同时主张开发各种过滤软件来控制分级。网络基金会希望据此在全球发展和建立一个共同的网络分级制度。

英国法院对于媒体报道内容方面进行的限制，如涉及国家安全的案件，对家庭、儿童、性犯罪等案件，在报道时就有很多限制；出于公正判案的考虑，预审阶段的报道也受限制。

另外，英国制定了《藐视法庭法》，规定：记者有权不透露消息来源，除非法院认为必要，如出于对法庭正义、国家安全、防止犯罪的必要。针对媒体记者设立了“藐视法庭罪”。

具体分为两种情况，一是记者不遵守法庭命令，二是记者干涉法庭程序，如扰乱法庭程序或者发表文章导致对公正审判的影响。但也有免责理由。对报道的限制，有些是自动的，有些是法官行使自由裁量权决定的。

议会也制定了一些法律保护脆弱群体，如对于家庭案件、儿童案件、性犯罪的案件，在预审阶段，媒体的报道只能是非常简单的。刑事案件一旦进入正式审判阶段，媒体可完全报道，包括姓名、住址等。

在对名誉权、隐私权保护方面，原来英国的媒体如果严重侵犯了公民的名誉权就构成诽谤罪，现已名存实亡。

在英国侵犯名誉权的抗辩理由有三个，即事实真实、公正评论、权威消息等。近年英国的法官为媒介又提供了一个新的辩护理由——特权。即保护那些公众有权了解但不能被证明为事实的新闻，这是目前针对诽谤诉讼最有力的辩护理由。

美国的情况和英国有所不同。

“明显和即刻的危险”(Clear and Present Danger)是美国人最为熟悉的司法标准之一，在宪政学说中占有相当重要的地位。该标准是针对一些言论尤其是政治言论是否受第一修正案保护作出的一个判定标准，由美国法官霍尔姆斯于1919年在“申克”案中首次提出。长期以来，该规则一直是美国政治学界与传播法学界论争的重点问题之一。一些学者认为这一原则明显有违于第一修正案，因而是违宪的，但也有一些人对此持赞同态度。

“明显和即刻的危险”规则产生于以下背景。第一次世界大战前后，左派势力对美国政府的一些做法提出尖锐的批评，并且号召人们反对美国政府的备战政策。当时美国社会不少人担心共产主义势力会渗透美国社会，作为少数派别的社会主义者因此受到普遍的社会歧视。在1919～1920年间，“100%的美国化”运动达到高潮。针对左派的暴力活动时有发生，正如《华盛顿邮报》称：“在这个年头，没有人再有时间对侵犯自由作咬文嚼字的分析。”

为保证联邦政策的顺利实施，美国国会于1917年制订了《反间谍法》(Espionage Act)。该法确认了三项新的犯罪活动：“在合众国参战时，(1) 任何人不得企图以故意制造或传达虚假报道或错误陈述来干涉合众国军事行动的成功或促使敌人成功；(2) 任何人不得故意引起合众国军队的违抗、不忠、兵变或拒绝履行使命；(3) 任何人不得故意阻碍合众国的征兵计划，以损害合众国或其服役。违者可被判罚不超过10000美元罚款或不超过20年的监禁。”

此后，美国政府根据该法精神，指控左翼势力阻碍政府征兵的言行。

在1919年的“抵制征兵第一案”中，霍尔姆斯法官(J. Homes)为最高法院首次确定了“明显和即刻的危险”的司法原则。该案的被告查坦克斯·申克是美国社会党总书记，在该党散发的传单中，呼吁人们“不要向恐吓投降”，号召美国公民索求自己的权利，认为美国政府无权把美国公民送往国外去枪杀其他国家的人民。

联邦政府认为申克在鼓动抵制征兵，因此根据《反间谍法》对他加以指控。在地区法院审讯后，大陪审团裁决被告有罪。最高法院肯定了这一判决，霍尔姆斯法官在解释高等法院作出这一判决的理由时，提出了著名的“明显和即刻的危险”规则。

他指出，在通常时期的许多场合，被告具有宪法权利，去谈论在其传单中所谈论的全部内容。但每一项行为的特征，取决于它在被作出时的情形。即使对自由言论最严格的保护，也不会保护一人在剧院谎报火灾而造成一场恐怖。它甚至不保护一人被禁止言论,以避免可能的暴力效果。每一个案件中,问题都是,在这类环境中所使用的那些言论和具有这种本性的言论是否造成了一种明显和即刻的危险,以致这些语言会产生国家立法机关有权禁止的那些实质性罪恶。它是一个准确性和程度的问题。

霍尔姆斯认为,当一个国家处于战争状态时,许多在和平场合可以说的话就会构成障碍,只要人们还在战斗,他们的意见就不会受到容忍,而且任何法庭都不会把它们看做受宪法权利保护。人们似乎承认,如果这些言论被证明会对征兵产生一种实际妨碍效果,那么,对于导致这种效果的言论就可以追究法律责任。

此案的裁决是美国高等法院关于言论出版自由作出的第一个重要裁决,但可以看出霍尔姆斯对这一原则的理解也不是非常清晰,另一位自由主义的大法官布兰蒂斯(J. Brandeis)在后来的案件中对这一原则作了进一步阐述(后文将作介绍)。

"明显和即刻的危险"规则在司法实践中的运用是这样的。由于霍尔姆斯对"明显和即刻的危险"规则的陈述尚有不少模糊之处,因此不同的法官对此会作出从严或从宽两种不同倾向的解释。

作出从严解释的法官对这一标准的理解与早期美国法院由来已久的"不良倾向"(Reasonable Tendency or Bad Tendency)原则无太大差别,多少有点"欲加之罪,何患无词"的味道,持这种解释的法官在初期的司法审讯中占有主导地位(包括霍尔姆斯本人)。因此在随后的抵制征兵的一系列案件中,最高法院根据这一原则作了与"申克"一案类似的判决。但美国国内不少自由主义学者对霍尔姆斯提出的这一原则感到灰心,一些学者包括霍尔姆斯的同事对他提出了非常严厉的批评。

后来霍尔姆斯法官在抵制征兵第四案中部分改变了自己的观点,即对言论的界限作出了较宽容的解释,并发表了以下著名的反对意见:

针对战争所特有的危险,自由言论权利的原则从来是一致的。只有那些能即刻产生危害的危险,才能授权国会去限制不影响私人权利的见解表达。国会自然不得禁止国人交换思想的一切尝试……一旦人们理解时间曾推翻一度富有战斗力的许多信念,他们终于……坚信:他们所期望的至善,最好通过思想的自由交流(Free Trade)获得;对真理的最佳检验,在于思想在市场竞争中获得接受的力量,并且这项真理是其愿望得以实现的唯一基准……政府认为,第一修正案通俗读物普通法继续禁止煽动性诽谤。我全然不同意这种论点;历史是反对这种论点的。我看到,合众国在多年来一直为1789年的《反煽动法案》忏悔,并偿还着它施加的处罚。把危害留待时间来纠正,有时确实会构成直接危险;只有这种紧急情形才能为第一修正案绝对命令提供任何例外:“国会不得制定任何法律……去剥夺言论自由”。

霍尔姆斯法官在这次辩论中强调了思想应该在思想的自由市场进行自由交换的观念,这其实是西方自由主义思潮的延续。不过事实表明,即使自由主义思想在西方思想发展史上颇有渊源,但在当时的美国法官当中,这种思想并没有在实践中得到切实的贯彻,霍尔姆斯和另一位法官布兰蒂斯的观点仅属于少数派的意见。因此尽管他们对征兵第四案持有不同的意见,但法院多数意见还是作出了被告有罪的判决。

一战以后,联邦政府虽然失去了控制左派言论的理由,但此类控制并没有减轻。在1935年的“左翼党派第一案”(Gitlow v. NewYork,268U. S. 652)中,左派人士因在《革命时代》杂志上发表“左翼宣言”,鼓吹阶级斗争和革命暴力而受到惩罚。最高法院的判决意见称:

言论和新闻自由并不保护任何人去扰乱公共治安或企图颠覆政府。它并不保护具有危险倾向的出版和教学,去颠覆或危及政府、或妨碍或防止政府履行职责。它也不保护鼓动用暴力推翻政府的刊物;如果作品发表具有摧毁组织社会的倾向,那么处罚这类作品对保障自由和国家稳定而言都是必不可少的。如果言论公开宣扬用暴力和其他非法手段来推翻合众国和州的代议制和宪政形式的政府,那么国家就可以对它施加惩罚。

我们可以看出,这次判决中,“不良倾向”的原则又占有主导地位。

但在1927年的“左翼党派第二案”(Whitney v. California,274U. S. 357)中,布兰蒂斯法官修正了“明显和即刻的危险”标准,再一次建议对言论的表达采用了更为宽容的政策。他指出:

对严重伤害的恐惧本身,并不能为自由言论的压制提供理由;人们曾因害怕巫婆而焚烧妇女。言论本身的作用就在于把人们从非理性的恐惧中解脱出来。要为镇压言论提供理由,就必须存在畏惧的合理基础:一旦实行言论自由,严重危害就将发生;所忧虑的危险必须迫在眉睫,并且所要防止的危害必须是严重的……如果宣扬违法并未构成煽动,且没有证据表明这类倡议将被立即实施,那么无论在道德上应该受到何种谴责,宣扬违法并不能成为剥夺自由言论的理由。我们必须记住宣扬与煽动、准备与企图、集会与阴谋之间的区别。要发现明显和即刻的危险,必须证明即刻的严重暴力可被预期或受到鼓动。

布兰蒂斯强调“明显和即刻的危险”指的是那些不但非常可能即刻发生,且事件的发生还具有“严重危害”的程度。否则,言论自由就受第一修正案的保护,而不受联邦或各州政府的禁止。布兰蒂斯的理念是,某种犯罪的危险是“如此临近发生的,以至于在我们有机会对之进行充分的讨论之前,它就可能会发生。如果我们还有时间通过讨论去揭示、通过教育过程来避免这种犯罪的虚假性与虚谬性的话，那么我们可以运用的补救方式，就是允许人们有更多的自由言论，而不是以强制来让人们保持沉默。唯有紧急情况下才可以证明压制的正当合理性，如果权威要与自由保持和谐，这必须成为规则。”他在谈到辩护性主张（而非煽动）时又说：“言论有可能导致某种暴力或财产破坏的结果，这一事实并不足以证明压制言论是正当合理的。它还必须是有严重伤害国家之可能的言论。用来防止人们犯罪的方式通常是教育和惩罚违法行为，而不是剥夺人们自由言论和自由集会的权利。”

进入30和40年代后，由于社会紧张气氛相对缓和，第一修正案中对于言论自由的绝对保护似乎重新起作用，社会对政府反对派言论的指控相对较少，对此类言论的审讯也大多较为宽松。

但是随着二战的结束和冷战状态的开始，美国国内对左派活动尤其是对共产主义活动又加强了控制，“麦卡锡主义”泛滥，国会于1939年通过了《史密斯法》（Smith Act）。

该法案第2条规定：“任何人不得故意鼓吹、帮助、建议或教唆他人有责任、必要或需要，去通过暴力或谋杀官员来推翻或摧毁合众国的任何政府。”

在50年代和60年代，联邦政府根据该法案指控共产党在美国的活动，因而产生了一系列的“美共案”。这些案件的共同特点之一是“不良倾向”原则重新抬头，法院对言论表达的限制更为严厉。

在“美共第一案”中，法院多数在名义上“重述”了“明显和即刻的危险”的原则，但实际判决时又采用了极为严厉的“不良倾向”的标准：只要被告的言论具有产生严重危害的嫌疑，那么不论这种危害是否可能发生，政府都有权禁止此类言论。

维因森大法官（C. J. Vinson）的法院意见指出，“明显和即刻的危险”一词“显然并不表明：政府行动必须等到暴力即将开始、计划只待信号的危急关头。如果意识到指望推翻政府的团体正试图教育其成员，并使之在其领袖认为时机成熟时就开始动手，那么政府就必须采取行动……这类企图可能对国家造成物质和政治损害，因而政府不可能去衡量这类企图的成功机会或迫切程序。”布兰蒂斯的政策又被束之高阁了。

不过对“明显和即刻的危险”规则的解释分歧一直存在，论争也一直进行着。多数法官仍然采用利益“平衡”的标准：即在政府的治安利益和第一修正案所保护的个人言论利益之间作出平衡处理；少数法官则反对任何形式的平衡，坚持认为第一修正案对自由言论授予“绝对”保护。

最后，在1969年“布兰登伯格诉俄亥俄州”一案（Brandenburg v. Ohio）中，最高法院正式推翻了1927年左翼党派第二案的多数决定,再次回到了布兰蒂斯提倡的对言论采用更为宽容的政策上来了。

该案中,一名三K党首领通过电视媒介,召集地方三K党成员,在电视上辱骂黑人和犹太人,并扬言"如果我们的总统、国会和最高法院继续压制高加索白种人,我们将采取某些报复行动。我们有40万人,将于7月4日向国会进军。"

俄亥俄州法院判定该首领有罪,但该三K党首领上诉至联邦法院后,最高法院的全体意见(Per-Curium Opinion)推翻了州法。

"左翼党派第二案"已被其后的决定彻底抛弃。这些决定形式的原则是:除非宣扬使用暴力或违反法律的倡议是为了煽动或制造迫切的违法行为,宪法所保障的言论自由和新闻自由就不允许一州去禁止这类倡议。

在其赞同意见中,道格拉斯法官建议全面停止使用"明显和即刻的危险"规则,他指出:"当我们仔细阅读法院意见,并发现'明显和即刻的危险'标准如何受到实际应用时,极大的忧虑油然而生。

首先,言论的威胁经常是'雷声大,雨点小',且只有墨守现状的法官才会把它们看得如此严重……

其次,这项标准已受'美共第一案'如此曲解与误用,以至于它把对马克思主义教员的法律审讯完全变成一场政治审讯。这是冷战的必要组成部分,它削弱了第一修正案的实质内容。"

在"右翼党派案"之后,最高法院在"平衡"标准和"绝对"保护之间确定了折中位置。

法院采取的基本方法是把言论加以分类:某些具体类型的言论——例如鼓励犯罪、商业广告以及挑衅、泄恨或淫秽言论——不受第一修正案的保护,因而立法机构可以行使权力加以限制与惩罚。

其他言论,尤其是政治讨论——列入第一修正案保护的"言论自由"范围。对于后者,即使是为了促进公共利益而采取的必要措施,政府仍然可以调控言论的时间、地点或方式。

然而,政府调控必须保护"内容中性"(Content Neutral):即调控不得规定或限制言论所要表达的内容信息。对于受保护言论的"内容调控",法院仍然沿用霍尔姆斯法官的"明显和即刻的危险"一词,因而要求对每个案例的实际情况作出平衡。然而,这项平衡在实际上强烈倾向于保护个人的言论自由。法院要求言论不但相当可能导致即刻危害,而且危害必须相当严重,政府才能限制受宪法保护的言论。不仅如此,"右翼党派案"还要求政府证明被告具有损害公共利益的主观意图。不过这类证明极为困难,这项标准在实际上对言论内容给予了绝对保护。因此半个世纪之后,最高法院最终接受并超越了霍尔姆斯和布兰蒂斯法官所表达的少数意见。

由此可以看出，美国法院对“明显和即刻的危险”规则的理解存有分歧，而在不同的社会情形下，法官们对这一原则的理解直接左右着美国的司法实践。那么美国理论界是如何理解这一原则，而他们的分歧又是建立在怎样的理论基础之上的？

(1) 思想、言论与行为

在讨论“明显和即刻的危险”规则时，我们有必要区分思想、言论和行为这三个不同的概念。仔细区分这三个不同的概念对我们理解美国人的思想是有帮助的。

思想、言论和行为这三个概念似乎可以用一条直线上的三个区间来表示。一端是思想的权利，这种权利对于生活在有组织社会里的人们来说是绝对必要的。尽管在实践中有时有偏差，但传统的美国观点就是，思想不容侵犯，政府无权因思想问题而处罚人，也无权以任何方式干涉思想自由。另一端是行为，通常是受约束的。宪法保护我们可以不受政府控制地设想抢劫，但是我们没有宪法权利去实施抢劫行为。正如人们所说，“挥动你的手臂的权利，以不触及他人的鼻尖为止。”言论介乎思想与行为之间。它不像思想那样享有绝对的权利，也不像行动那样易受政府约束。

淫秽、诽谤或煽动造反的(Sedition)言论，或使用挑衅字眼(Fightin Gword)的言论不属于宪法保护之列，但在区别是否属于这些言论的范畴上还有很多问题。

(2) 自由

关于自由，绝大多数论者都强调对其含义理解的巨大分歧。但是如果把政治自由(言论自由可以被看做政治自由的一部分)从其他自由中离析出来，其就会突显一个特征：它的意义的连续性和持久性超越了时间限制。只要国家具体表现了纵向的实体，那么西方的个人在要求自由的时候，基本上总是指霍布斯所说的自由：没有外部压制，摆脱外部障碍，减少强制性的束缚。

也就是说，就其特征而言，政治自由是摆脱外物的自由，而不是行动的自由。

孟德斯鸠在他的那部名著《论法的精神》第11章中确定了“法律”、“自由”及“宪法”之间三位一体的结构，并阐述了作为司法事务的法律同作为价值的自由及作为政体结构的宪法之间的关系。

在他看来，法律就是“人的理性，因为它支配着地球上的所有人民；每个国家的政治法规和民事法规应该只是把这种人类理性适用于个别的情况”。政治自由丝毫不意味着为所欲为：在一个存在法律的国家中，“自由仅仅是：一个人能够做他应该做的事情，而不是强迫做他不应该做的事情”。实际上，“自由就是做法律所许可的一切事情的权利;如果一个公民可以做法律所禁止的事情,他就不再有自由了,因为其他人也同样会有这种权利”(第11章第3节)。

孟德斯鸠这里说的是“做”与“不应该做”的自由问题,“做”实质上就是一种行为。而“言论”如前所述是介乎于“思想”和“行为”之间的东西,那么认为言论的自身存在一种无可限制与应该限制的进阶,当是可以接受的一种理念。

霍尔姆斯法官和布兰蒂斯法官针对言论的自由与限制而提出的“明显和即刻的危险”规则的哲学基础盖在于此。

(3) 言论保护的界限

随着时间的推移,人们认识到对所有一般性学说探讨、对基本结构之正义及其各种政策的探讨都要得到充分的保护,这一观念已渐成共识,但颠覆性、煽动之类的言论还是一个没有解决的问题。

人们普遍认为言论自由是宪法应当保护的公民的基本权利,但颠覆性、煽动性的言论却又应当被排除在这种保护之外,也就是说言论自由存在一个界限。那么言论的界限到底该如何确定呢?这一问题一直是美国理论界思考的重要问题之一。

在 Gitlow v. NewYork 案件中,最高法院采取的原则是“自由言论和自由出版的宪法保护并不允许某个州禁止或剥夺使用暴力或犯法的主张,除非这种主张直接产生煽动或即将导致违法行动,或可能产生煽动或导致这类行动。”

也就是说,这种被禁止的言论必须既是有意图的,又是会直接产生非法行动并在使这一结果成为可能的环境下会引起此类行动的言论。但即使是这样的标准,也是令人担心的。正如著名的美国当代哲学家、哈佛大学教授罗尔斯谨慎地提醒人们注意的:颠覆性主张总是一种更为完备的政治观点的一部分;而且,在所谓犯罪工团主义(许多历史情形中的法律犯罪)的情形中,这种政治观点就是社会主义,也是有史以来最为完备的政治学说……压制颠覆性主张,就是镇压有关这些理由的讨论,而这样做,也就是限制我们在判断基本结构的正义及其社会政策时,自由而明智地公共使用我们的理性。因而思想自由这一基本自由[权]就受到了侵犯。

(4) 未遂行为的法律解释

霍尔姆斯法官提出的这一原则根据的是他自己在《共同法》一书中对未遂行为的法律解释。未遂行为的法律试图在被告的行为与已经依法裁定的犯罪之间架起一座桥梁。在未遂行为中,以及在与之类似的自由言论情形中,未产生严重后果的行为可以忽略不计。关于未遂行为的传统看法要求特别注意这种特殊犯罪行为的意图。

在霍尔姆斯看来,意图之所以相关,只是因为它增加了行为者的行动将要产生实际伤害的可能性。罗尔斯指出：当我们把这一看法运用到自由言论上来时，这一看法就具有宽容无害言论的优点，也不会证明那种对纯粹思想的惩罚是正当合理的。但是对于政治言论的宪法保护来说，这一看法就只是一个不能令人满足的基础，因为它把我们引导到只集中关注这种言论是多么危险这一方面，仿佛通过说明这种政治言论多多少少是危险的，它就成了一种很平常的犯罪。

美国学者对"明显和即刻的危险"规则的评价主要有下面一些。

在美国政治学者科恩看来，民主国家中维护言论自由的条件不容许有任何例外。它适用一切意见和一切人，不论它们或他们是多么错误和不合情理，也不论它们或他们会使多数人感到多么不快。因为是没有例外的，这种观点不仅适用于讨厌的人与意见，而且适用于那些危险的思想。

在他看来，依据言论是否具有"明显与现存的危险"来决定是否限制这些言论表达的主张，与它所要保持的民主的精神与运行原则是格格不入的。在美国学者的眼里，"明显和即刻的危险"规则存在如下几方面的问题：

第一，"明显和即刻的危险"规则模糊不清，难以准确把握。正如布兰蒂斯和霍尔姆斯在 Whitney 诉 California 一案中承认的，最高法院尚未"确定一个标准用来决定何时危险是明显的；危险可能有多遥远及应被视为即刻的；什么程度上的恶行应该被认为是可以正当诉诸言论和集会自由并将作为保障的手段"。

第二，即使人们普遍了解这一规则的含义，将其用于直接或间接禁止言论自由方面受到社会质疑的立法，其后果也会因战争或和平、冷战或国际关系缓和，以及世界形势繁荣或萧条等外部条件的变化而异。

在一种社会背景下，表达自由有可能得到第一修正案的保护，在另一种社会情况下则又可能被拒绝给予保护，而且，除非法院认可了当事人的表达，否则，言论或出版者不会知道其具体表达是否可以得到保护。"因此'明显和即刻的危险'标准也可能产生使边缘写作或议论失去信心的作用。"

第三，民主就意味着公民可以有效地参与管理，而要做到这一点就要准许他们就共同关心的问题听取正面和反面的一切意见，其中当然包括某些被认为是危险的意见。否则是不利于他们作出明智的决断的。而民主所依靠的正是公民的智慧，而不是别的什么。从这一层面上看，"明显和即刻的危险"规则"干扰了这种智慧，也就削弱了民主。"

第四，"明显和即刻的危险"规则的背后是对人民缺乏基本的信任，对人民的判断能力缺乏信心。然而民主要求尊重的正在于此——正是由于对公民的信心才有理由把社会的最高决定权置于他们手中。如果认为危险时期社会成员即不可信任，则任何以此为前提的主张都是和民主不相容的。

科恩指出：如果某些意见太危险而不准发表，或某些人太危险而不准有言论自由,谁替社会来做这些决定呢?凡持此种观点的虽未明言,却已假定某些人可以听取那些难应付的人的意见而不受危害,但其余的人必须禁止接触,以免感染。简言之,他们所假定的正是民主所否定的——广大人民无能自治,他们需要一伙聪明的统治者以保护他们免受“危险思想”的侵害。“明显和即刻的危险”规则是公然与民主为敌的。

第五,宪政学者史蒂芬·霍姆斯指出,民主就是通过公众讨论来进行统治,而不仅仅是贯彻多数派的意志。公众意见的分歧是符合民意的政府的必要手段。不是任何‘意志’,而只能是经过激烈的普遍的讨论而形成的意志才应该给予最高的权威。因而受法律保护的反对权是民主政府的基本规范;它为民主的公众意志的形成提供了一条基本的前提。如果不存在威胁或不会被剥夺生命,公民必定能够发表和公开捍卫其极端性的政治主张。如果不存在有关异议不受处罚的制度保障,同意是没有意义的。如果缺乏组织和保护公众辩论的规则,人民主权也就毫无意义。如果一个国家要通过压制与检查才能“保全”,所挽救的可能不值得一救。剥夺自由就可能毁灭我们打算保全的这一制度。压制言论自由必然(在其实行范围内)否定它宣称要保护的民主。它所造成的伤害,不仅是一种危险,不只是威胁要破坏民主,而是实际上破坏了民主。

第六,任何限制言论自由的观点都是以国家的安全为依据的,他们往往认为言论如果不利于国家的安全,法院就有权对发表意见的人加以惩罚。按照这一假定,如果某些人或某些意见不加禁止,整个社会即处于危险之中。这一前提显然是荒唐可笑的。国家的幸福与安全从不系之于禁止任何人或任何党说话。如果一个国家真的如此不稳固,我们说应当对其政策的明智与公正表示严重关切,而且要更急于听取一切可能与政策有关的意见。

正如罗尔斯所言,一个得到适度而良好管理的民主社会的基本制度不会如此脆弱或如此不稳定,以至于会仅仅用颠覆性的主张就可以颠覆之。确实,在这样一个社会里,一位明智的政治领导者会把这种主张看作是一种警告,它使他意识到,可能有必要进行某些根本的变革。而他部分是从那种用来解释和证明抵抗和革命之主张的更为完备的政治观点中,了解到需要做些什么样的变革。

今天,人们虽然抛弃了最初意义上的“明显和即刻的危险”标准,但这种思想还有相当深厚的理论基础和现实土壤,因而我们不能下断言美国司法实践不会再重新回到“左翼党派第二案”中采取的对言论实行严厉控制的“明显和即刻的危险”标准,即“不良倾向”标准。因为到目前为止,“尽管自由言论对民主政治具有重大价值,有些人似乎认为,只有同意自己意见的人才有言论自由。当容忍原则表现为一般的、抽象的形式时(例如,‘你是否信奉言论自由?’)美国人绝对支持这些原则。一旦问题或矛盾变得比较具体时,美国人对言论自由就表现为很低水平的支持。不仅四个美国人中有三个人'当问到是否知道第一修正案是什么……或它讲什么问题时,茫然无知',而且几乎40%的公众愿意看到对报纸加以严格的管制。"

从上述分析中可以看出,霍尔姆斯的规则,甚至布兰蒂斯在怀特尼案件中对"明显和即刻的危险"规则的陈述"都不能令人满意"。如罗尔斯所言,"根本的问题是我们讨论的这种言论和这种言论在民主政体中所具有的作用。"他指出要检验这一原则必须区别"一种必要的宪法危机"与"一种紧急情况"之间的不同。

在紧急情况下,有一种现存的或可预见的严重伤害(政治的、经济的和道德的伤害)国家甚至是毁灭国家的威胁。比如说,国家处于战争状态。出现这种紧急情况的事实,并不必然意味着也存在必要的宪法危机。理由是,限制或压制自由政治言论,包括颠覆性主张,至少总是意味着一部分民主的悬置。

罗尔斯强调,强行实行这种悬置必须是在存在一种宪法危机的情况下进行的,在这场宪法危机中,自由政治制度已经无法有效运作,或者需要必要的手段来维护这些制度。许多历史情况表明,自由民主政治制度一直都能在遇到各种严重的紧急情况时,有效地采取各种必要手段,而无须限制自由政治言论。在某些强行采取这类限制的情况中,这些限制实际是不必要的,对解除紧张情况也毫无益处。

因此,如果一定要使用"明显和即刻的危险"规则,首先,立法所力图防止的那些实质性罪恶,必须是极为特殊的那种罪恶,即,必须是造成我们失去思想自由本身,或失去其他基本自由的罪恶。其次,必须在我们除了限制自由言论之外别无选择的情况下这样做。据此罗尔斯对"明显和即刻的危险"规则提出如下要求:"即那种必然的宪法危机乃是一种使得自由政治制度无法运作或需要采取各种步骤来保护这些自由政治制度的危机。"

从美国司法实践看,美国人对于自由言论的主张一直存在着较严重的分歧,一些人强调自由言论是全体公民的基本的权利,因此应受到第一修正案的绝对保护,但更多的人愿意采取一种"利益平衡"的原则,也就是从权衡政府的治安利益和个人的言论利益的角度来处理这一问题。很明显,判决案件的既不是原则,也不是符合宪法的检验标准,而是法官。原则是法官的出发点,每个案件都要求法官衡量各种因素。说的是什么?在什么地方说的?是怎样说的?说话人的意图是什么?哪一级政府(是州政府还是国会)想控制这种言论?该级政府想怎样控制这种言论?如此等等,问题是如此之复杂。不同的法官甚至同一法官在不同的社会情形下对类似的案件往往会作出不同的判决,并无一定之规。

所以,简单地认为美国公民享有绝对的言论自由或者同样简单地认为美国公民没有享有绝对的言论自由,都是不了解美国历史与现状的。本书从“明显和即刻的危险”这一规则入手,也许有利于我们更深一层地了解美国人对于言论自由的理解。

5. 传媒记者避免侵权纠纷的思考

新中国第一起传媒诽谤纠纷案发生在1985年,上海某公司业务经理杜某,告《民主与法制》杂志社两名记者,认为他们的通讯《二十年“疯女”之谜》涉嫌诽谤。此后,媒体被告事件屡屡发生。之后又出现“告传媒、告记者热”。

然而,各大媒体却大叫冤枉,同时大呼舆论监督权。这反映出传媒界的什么状况呢?

改革开放30年过程中,中国社会在经济、政治、文化方面发生了深刻变化,伴随着经济的快速发展,媒体不仅成为人们获取知识和信息的主要渠道,也成了实现舆论监督强有力的工具,媒体在实现公民的知情权、保证公共利益的正确使用方面表现出了越来越巨大的作用。同时,法制观念也不断深入人心,依法治国成为我国的基本国策,人们的法律意识不断增强,学会对自我的合法权益和利益用法律方式加以保护。

在“传媒侵权纠纷”频频发生的情况下,在传播活动中,一方面记者和编辑呼吁宪法所赋予的言论自由、出版自由、舆论自由,极力维护传媒机构和传媒工作者的合法权益和利益,实现采访权、报道权、知晓权,提高新闻舆论监督的社会效果;另一方面,维护公民和法人的合法权益不受报道的侵害又不断得到重视,人们对传媒侵权行为奋起反击。这两方面是我国传媒工作遇到的一个很实际的问题。从传媒工作者的角度来讲,如何在传媒侵权纠纷案迭起的情况下尽量避免和减少“侵权纠纷”?下面从三个方面探讨。

(1) 关于“公正评论”

如果将新闻从内容上分类,可分为报道事实和发表意见两类。宣扬虚假事实,损害他人名誉,是为诽谤,应当承担相应的法律责任,这一原则已为越来越多的人所掌握。那么意见不当也会导致诽谤吗?事实是客观的,意见是主观的。事实只有一个,而意见往往众说纷纭。确认事实是否真实相对说来还比较简单,而衡量意见是否正确有时则要经过长期的检验。进入社会公共领域的人、事、物,在公众中发生意见差异以至于对立的现象十分常见,也是正常的。如果把反对的、批评的、否定性的意见笼统说成是对于他人的诽谤,显然会成为笑话。

在国际诽谤法中，对于这个问题是以“公正评论抗辩”来解决的。“公正评论”和“真实”、“特许权”是新闻媒介面对诽谤指控的三大抗辩理由。“公正评论”的前提是承认公众对于社会公共事务，对于一切进入公共领域的事物，应有自由评论的权利。“公正评论”要求在诽谤诉讼中，把事实同意见严格区分开来，对于那些根据可靠的事实所发表的意见，即使被认为是片面的、偏激的、夸张的甚至具有诽谤性的，也不应追究法律上的责任。当然，适用“公正评论”的言论必须没有恶意，所评论的事项与社会公共利益或者“公众人物”有关等等。

西方学术界认为，“公正评论”的原则体现了在舆论和公民名誉之间应对与社会公益有关的评论予以优先保护。在国际诽谤法中，如果说真实抗辩是规范言论中事实的真实性的，那么公正评论抗辩就是规范言论中意见的合法性的。

我国名誉权法没有明文规定“公正评论”的原则。不过在有关司法解释中，对批评文章引起的名誉权纠纷规定了两种情况构成侵权：“文章的基本内容失实，使他人名誉受到损害的，应认定为侵害他人名誉权”；“文章反映的问题虽基本属实，但有侮辱他人人格内容使他人名誉受到损害的，应认定为侵害他人名誉权”。这既是对新闻批评的规范，也是对评论的规范。

据此，评论只要是有真实的事实依据的，不侮辱他人的，就同侵害名誉权没有关系。在这两条界限之内，即使发表的评论观点有失偏颇、偏激，甚至错误，都不应当承担侵害名誉权的法律责任。相反，即使评论的观点是正确的，如果有损害当事人的虚假事实陈述或侮辱性语句，也将被认为构成侵权。

这个原则的实质是要把评论的侵权和评论观点的不当甚至错误严格区分开来，名誉权法只解决侵权问题，而不过问观点的是非、趣味感情的好恶。评论观点的分歧不应当由法律来裁判，不应当成为提起侵权诉讼的理由。这同国际“公正评论”原则是接近的。

“公正评论抗辩”最重要也是最困难的是要把意见和事实区分开来，外国媒介法学者甚至把“公正评论抗辩”仅仅限于意见的陈述而不涉及事实的陈述的原则看做诽谤法的基本特征。

所以，为了防止发生侵权问题，评论必须把所依据的事实交代清楚（众所周知的事实除外），意见要同事实分开表述，不致使公众把意见误解为事实，在意见中不应当夹杂其他事实，等等。

（2）从新闻名誉侵权的法律构成上着手避免与防范

因为我国目前没有颁布正式的新闻法，对此类案件的适用法律散布在宪法、民法通则、最高人民法院司法解释及其对具体案件的复函和有关行政法规中。所以，一些新闻工作者在受诉新闻媒体侵害名誉权并诉诸法律时，感到没有一部专门的法律可适用，对其行为是否构成侵权只有模糊的认识。

新闻侵害名誉权行为构成民事侵权时,首先也要满足一般民事侵权行为的全部构成要件,即:民事违法行为的存在、损害事实、违法行为与损害结果之间的因果关系、行为人的过错。

由于新闻报道活动有其自身的特殊规律,所以产生的名誉侵权行为有其特殊性。根据这些特点结合民事侵权行为违法构成的一般要件,可将新闻侵害名誉权行为的具体构成要件重新归纳为三个方面:

新闻侵害名誉权行为。此类行为方式又可分为三种:新闻侮辱行为、新闻诽谤行为、新闻侮辱诽谤行为。

新闻侮辱行为指新闻作品中使用了侮辱他人人格的语言,使他人名誉权受到损害的行为。当然,从法律上判断语言是否具有侮辱性,还须将其放在一定的语言环境背景中方可断定。

此外,新闻侮辱行为还容易发生在以下两方面:(1) 政治上的侮辱。比如把某位党政干部说成是封建社会的"钦差大臣",意指其专横跋扈。(2) 才能上的侮辱。如天津作家吴若增诉名誉权受侵害案,涉诉作品嘲讽吴是"三脚猫的把式",他的作品不过"是一篇文学函授学院学员的习作"。这就否定了作家的创作才能,损害了作家的名誉。

新闻诽谤行为指新闻作品基本内容失实,使他人名誉权受到损害的行为。主要包括三种:(1) 法律上的诽谤。1989 年 5 月 30 日四川某报发表一篇报道,披露著名影星刘晓庆偷漏税上百万元,税务机关据此进行调查,发现事实并非如此。后刘晓庆以该报和作者侵害其名誉权为由提起诉讼,法庭最后判定这条新闻贬低了刘晓庆的社会评价,侵害了她的名誉权。(2) 道德、纪律上的诽谤。(3) 政治上的诽谤。

不管是政治、法律上的诽谤,还是道德、纪律上的诽谤,它们都有一个共同的特点,就是无中生有、故意或过失捏造事实。而新闻侮辱诽谤行为自然是不但使用了侮辱性语言,而且基本内容失实,使他人名誉权受到严重损害的行为。笔者在此提请注意的是:名誉侵权认定既可以是内容上的失实所致,也可以是作品的语言带有侮辱性而造成,两者具备其一即可成立名誉侵权行为。1993 年最高人民法院《关于审理名誉权案件若干问题的解答》第 8 条更是明确了这一点。

新闻侵权作品必须有特定的指向。侵权作品必须有特定的指向,即所涉及的对象能够被受害人或公众辨识、指认。如果缺乏这种特定指向就不存在侵害名誉权,因为那就意味着没有谁的名誉权受到侵害。

判断是否有特定指向有以下三个标志:作者明确有所指向;新闻作品所涉及的人明白指的是自己;公众理解指的是某人。有的新闻作品指名道姓,指向一目了然。然而,特定指向并非都要指名道姓。如果作品中提及受害人的绰号、荣誉称号、笔名等或作品中所描述的特定时空及相关环境使公众理解就是指某人，就可以认定具有特定指向。

有的新闻作品在批评某人时没有指名道姓，被批评人也没有什么名气，一般读者也不了解其指向是谁，但是只要作品所涉及的人理解作品中指的人是他，仍可确认有特定指向。有人不同意上述结论，认为只有一定范围的公众指认才能构成名誉侵权的特定指向，否则就是“对号入座”。

其实并非如此，原因很简单，根据民法的有关原则，法律对个人合法权益的保护并不以公众知悉其受到非法侵害为条件。所以即使是受害人一人认为其名誉权受到非法侵害，他仍然有权起诉。至于人们常说的“对号入座”，其实是新闻作品对社会上存在的某一类不良现象进行批评，而并非特指某一人或某一单位，这时有人硬是往自己身上套用，这种情况当然不构成名誉侵权，因为它并不具备特定指向的要件。

同时，新闻侵权行为人还必须有过错。贬低他人名誉的语言还不等于侮辱行为，而单纯地散布了他人本不存在的事实也不等于就是诽谤。构成侵害名誉权的侮辱和诽谤行为，必须具有主观上的过错。主观过错是指侵权行为人在实施加害行为时的某种应受非难的主观状态。它分两种：故意和过失。

但是在民事责任中，区分故意和过失的意义不大，因为在民事责任构成中，大多强调的是过错责任，有过错有责任，无过错无责任。检验是否有过错的标准应该是客观的，即通过侵权人的侵权行为来判断其主观过错有无。明确这个问题，不仅具有理论意义，同样具有司法实践意义。因为它涉及民事侵权案件中原告方的举证责任和举证范围。

(3) 谨慎对待个人隐私

新闻失实会造成侵权，但是真实的新闻也会发生侵权问题，这就是宣扬他人隐私的新闻。虽然现行法律还没有把隐私权作为一项独立的人格权予以规定，但有关司法解释已把隐私纳入名誉权范围加以保护，宣扬他人隐私造成名誉损害，按侵害名誉权处理。所以绝不能说报道他人私生活就“没事”。即使眼下还无法说清法律何时明文规定隐私权，但审判实践对隐私的保护有强化的趋向。

例如有一法院对某公司召开新闻发布会指责某演员“罢演”一案做了侵权判决，其理由不仅因为“罢演”之类的不实指责，造成这位演员社会评价的降低，而且还认定这家公司在发布会上散布某演员怀孕、人工流产的秘密，是对她个人尊严的伤害，这一论断颇有启发意义。

怀孕、人流无疑属于妇女的隐私，但它又是正常生理现象，同当事人的社会评价没有关系，似乎很难纳入名誉权保护的范围。但按照法院的思路，披露怀孕、人流等事，虽然没有贬低当事人的社会评价，却会使她感到尴尬、羞辱，导致她的尊严受到损害,从人格尊严同名誉权存在交叉关系的角度说,也可以认为侵害了当事人的名誉权。这个判决显然扩大了隐私保护的范围。报道这次发布会的新闻媒介幸免于法,因为某演员没有告他们。

在保护隐私方面,新闻与法律也应该是一致的。新闻的职能是传达党和政府的声音,报道国家大事和社会公共事务,而不应当热衷于满足"窥探隐私"之类的低级趣味。拒绝隐私只会提高新闻的品位,更好地完成自己的使命。

第二节　传媒侵权纠纷中的敏感问题

传媒侵权,是传媒机构与公民、法人和其他组织之间民事权利相互冲突而产生的。在传媒机构逐渐进入市场经济轨道,表达言论自由,行使舆论监督权,肩负公众知情权的时候,怎样才能维护自身的合法权益,正确履行职责呢?

以下是有关传媒侵权纠纷中的几个敏感问题:

1. 正确认识新闻自由与人格权之间的法律关系

公民言论自由(Free Speech)是《宪法》第35条赋予公民的基本权利之一。新闻自由是由言论自由和出版自由结合而派生出来的一种现代人权。现在我们所说的新闻自由,就属于言论自由的范畴。

新闻自由的概念,是宪法规定的言论、出版自由在新闻活动中的体现。

新闻自由包括两个方面的内容:

一是报道事实真相的自由;

二是公正评论的自由。

新闻自由的概念可延伸解释为采访自由、撰稿自由、发表自由、阅读和收听(看)自由。显然,这是一种法定权利,为人民大众所共同享有,只不过由新闻机构和新闻记者集中行使,并在行使过程中要受到种种法律限制,是一种相对的权利。

再看公民的人格权。人格权分为两种:一种是一般人格权,在立法上叫做人格尊严,它包括三个方面,即人格独立、人格自由和人格尊严;另一种是具体人格权,它具体的表现形式为姓名权、名誉权、肖像权、隐私权、人身自由权等。

人格权是人类与生俱来的权利,它不受任何限制,不同种族、民族,不同信仰的人享有同样的人格权,即使一个人犯了杀头的重罪而被剥夺政治权利终身,他的人格权仍然要受到尊重。世界各国法律都对人格权无条件地加以保护,这是因为人格是做人基本资格,尊重他人的人格则是做人的起码的义务。一个社会尊重人格的程度是其文明进步的标志。因此,人格权是一类民事权利,其性质是绝对的权利。

从法律关系上讲,言论自由与人格权都是基本权利,在基本的性质上具有一致性,但二者之间有时会发生冲突。

为了保护民主主体的人格权,就让相对性的权利服从于绝对的权利,使言论自由(新闻自由)受到限制。

就新闻自由而言,要受到国家法律对公民、法人利益人格权予以保护的限制,因为宪法规定了公民法人在行使权利的同时,不得损害他人的合法权益。言论自由一旦超过这个限度,造成损害他人格权的后果,就视为侵权。

要在言论自由和人格尊严之间划一条明显的界限,是非常困难的。从公权与私权的角度去理解,当公权与私权发生冲突的时候,法律强调要保护私权。

因此,在新闻实践中,新闻工作者应在以下几个方面谨慎从事:

一是不要使用过激的语言去评论被报道人,更不能使用侮辱、诘骂、诽谤的词句,要把尊重他人人格放到重要的位置上;

二是报道内容尽量不要涉及被报道人的隐私,必要时,要征得被报道人同意;

三是在搞舆论监督时,尽量要给被报道各方提供一个发言的平台。用一句时髦的话说:“我不同意你的观点,但我誓死捍卫你发言的权利。”

2. 如何认定传媒侵权造成损害的结果

一般情况下侵权损害赔偿责任的构成要件是:有损害事实;存在违法行为;损害事实与违法行为之间有因果关系;主观上有过错。

传媒侵权的侵害结果不难认定,但是,如果没有掌握好认定的标准,就会造成认定的困难。如有的人人格权受到侵害时,并没有因此带来身体上的不适,也没有显得异常的痛苦、焦躁,财产和地位等也没有具体损失,受损的仅仅是社会对他的评价。其实,这就是受害人的人格权已经受到了损害的客观事实。

传媒侵权主要是侵害人格权中的名誉权,一个人的名誉是社会对主体的一种客观评价。这种评价降低,权利就已经受到了损害。

如何确认社会评价降低?只要传媒报道中对被报道人所实施的侮辱和诽谤

行为已为第三人知道,即稿件一经传媒发布,就可以确认损害结果已经发生。至于受害人是否受到他人指责、嘲笑、轻视、怨恨、议论、产生不信任感,甚至与其断绝关系等等,则不必细作计较。也有的把精神损害与精神病混为一谈,即认为导致精神损害的事实必须是被害人得了精神病,这是不对的。

3. 传媒报道中的所述事实不能被证实,是否构成侵权?

传媒报道中的所述事实不能被证实是否构成侵权,主要看传媒报道的内容是否为虚假报道。

虚假报道分为两种:一种是歪曲事实,造成他人名誉受损,即对现实中确实存在的事件进行与原事实不符合的报道;二是子虚乌有编造事实,也就是所谓制造新闻。虚假报道常常是贬低侮辱被报道人,但也有的虚假报道是为吹捧他人而编造故事、制造情节。

报道的内容失实是构成新闻侵权的一个重要方式,如果报道中所描述的事情,全部或者部分不能被证实是真实发生的,具有贬损、败坏他人名誉等内容,即可成立侵权。如果报道基本真实,个别细节不能被证实确有其事,则不能被确认为侵权。

4. 怎样确定通讯员、自由撰稿人加盖公章来稿的责任关系?

传媒机构对通讯员、自由撰稿人加盖公章的来稿,怎样确定责任关系?一旦这类来稿引发传媒纠纷,传媒机构是否构成侵权?

最高人民法院《关于人民法院审理名誉权案件若干问题的解答》中规定,如果作者是新闻机构的记者,作者是履行职务行为的,只列新闻机构为被告;如果作者与新闻机构无隶属关系,作者和新闻机构都可列为被告;只诉作者或者只诉新闻机构或者既诉作者又诉新闻机构,则依原告的起诉确定。

加盖公章的通讯员、自由撰稿人的来稿,发生侵权后新闻侵权的主体是作者,传媒机构是否也是侵权主体,这要做一点分析:如果传媒机构尽到了审查、核实、把关的义务,则无需承担侵权责任;如果审查、把关不严,则与作者一起承担侵权责任。

在现实中，传媒机构在这种情况下很难证明自己已经尽到了审查、核实的责任，因此，传媒机构很难免除其侵权责任。至于稿件是不是盖了公章，并不是排除传媒机构侵权责任的证据。事实上，只要发表的新闻造成了侵权后果，就可推定传媒机构在审查、核实上有过错，就应当承担侵权责任。

5. 传媒侵权后精神损失赔偿的标准界定[①]

精神损害是指对民事主体精神利益和活动的损害。精神损害赔偿应具备三重功能：即补偿、抚慰和惩罚。关于补偿，主要是填补损害。精神损害是无形的，绝大多数不能以财产的标准来衡量，但确立精神损害赔偿的目的就是以财产方式补偿受害人所遭受的精神损害，对受害人的精神利益损失和精神痛苦的赔偿，具有填补损害的作用，使受害人的损害得以平复。

关于精神损害赔偿的标准确定，由法官酌量，同时，应区别对待原则和适当限制原则。不同地区、不同的当事人、不同的影响范围、不同的案件性质，很难用一个标准来推行。可以从三个方面来掌握赔偿标准：对加害人要起到惩戒作用；对受害人要有抚慰作用；对社会有教育作用。符合以上三项要求的赔偿数额，都是正确的。各地区可根据当地的经济状况、人均收入水平制定适当的限额，但是原则上精神损害赔偿的数额不应当统死，要由法官裁量。

6. 如何认定传媒评论中的侵权行为

传媒评论（言论、综述、社论、点评、电视评论、广播评论、杂文、随笔）中的侵权行为主要是诽谤和侮辱。

美国哥伦比亚大学新闻学院对诽谤（libel）的定义是：诽谤是以文字、印刷品或者其他可见方式侵害他人名誉的行为……以印刷或书写的文字将罪过、欺诈、不诚实、道德败坏、恶习或者耻辱强加于诽谤诉讼中涉及的原告身上，指控或怀疑原告身上有不良行为，暗示原告有传染病，或者有损他所在服务的部门、职业或者行业中的声誉倾向，皆为诽谤。同样，以各种文字形式，使原告受到藐视、憎

① 参见杨立新民法网上的相关论述。

恨、轻蔑或嘲笑,使理智清醒的人对他产生反感,致使原告为朋友和社会所抛弃,也是诽谤。这种对诽谤概念的界定有一定的参与价值。

传媒评论中的侵权行为,根据最高人民法院《关于审理名誉侵权案若干问题解答》规定的标准:(1) 反映问题基本真实,没有侮辱他人人格的内容,不应当认定为侵害他人名誉权。(2) 新闻报道所反映问题基本属实,但有侮辱他人人格内容,使他人名誉受到损害的,应认定为侵害他人名誉权。(3) 新闻报道内容基本失实,使他人名誉受到损害的,应定为侵害他人名誉权。这包括两个方面的内容,一是内容不真实,二是有侮辱人格的词句存在。一般评论当中多是引证别处的新闻事实,所以内容不真实的较少,关键问题是评论中有无侮辱他人人格的词句,通常叫做发表了不当评论。新闻报道中的评论,无论观点持有人是谁,都必须客观、公正、适当,否则,即为侵权成立。

7. 传媒工作者如何准备和应对名誉侵权纠纷

传媒工作者应对侵权纠纷,要有较高的法律素养才能应付自如。所谓法律素养,主要是指要学会尊重法律,懂得最基本的法理和法律规定。通俗一点说,一般新闻工作者应该明确自己有哪些权利和义务,知道别人同自己平等地享受哪些权利和自由。德国法学家鲁道夫·冯·叶林说:“要想知道一个民族于多事之秋如何维护其政治权利和国际地位,只要看一下它的各个成员在民事生活中是如何主张自己的权利的,就一目了然了。”他还说:专制主义无论在何处,都首先从侵害私权,虐待个人开始着手。”这个观点就新闻工作者而言,是只有从尊重公民的权利入手做好每一件事,才能使自己立于不败之地。任何侵犯公民利益的不法行为,都是以蔑视、亵渎、侮辱或冒犯他人的人格为前提的。因此,新闻从业人员应该把尊重被报道人的人格,放在职业道德标准的第一条,并把它当做考评一个新闻工作者是否合格的必要标准。有了尊重被报道人人格这个前提,新闻工作者便很少会陷入侵权纠纷当中。

我国目前已进入一个空前发展的经济时代,对传媒工作者的要求已不再是仅仅能写一篇锦绣文章就可以了,确实存在知识更新、升级、换代的问题。传媒工作者必须从提高自身素质开始,研究这个时代,写出这个时代最美丽的生活篇章。

参考资料

书籍：

1. 邵飘萍:《新闻文存》,中国新闻出版社 1987 年版。

2. 李良荣:《宣传学导论》,福建人民出版社 1989 版。

3. 魏永征:《被告席上的记者——新闻侵权论》,上海人民出版社 1994 年版。

4. 孙旭培等:《新闻侵权与诉讼》,人民日报出版社 1994 年版。

5. 孙旭培:《新闻学新论》,当代中国出版社 1994 年版。

6. 李東、文力主编:《中国名人名案实录》,法律出版社 1994 年版。

7. 宋克明:《美英新闻法制与管理》,中国民主法制出版社 1998 年版。

8. 顾理平:《新闻法学》,中国广播电视出版社 1999 年版。

9. 曹瑞林:《新闻法制学初论》,解放军出版社 1998 年版。

10. 叶子主编:《中国电视名记者谈采访》,长城出版社 1999 年版。

11. 黄瑚:《中国近代新闻法制史论》,复旦大学出版社 1999 年版。

12. 王利明、杨立新主编:《人格权与新闻侵权》,中国方正出版社 2000 年版。

13. 王强华、魏永征主编:《舆论监督与新闻纠纷》,复旦大学出版社 2000 年版。

14. 郭卫华主编:《新闻侵权热点问题研究》,人民法院出版社 2000 年版。

15. 曹瑞林:《新闻媒介侵权损害赔偿》,人民法院出版社 2000 年版。

16. 魏永征:《新闻传播法教程》,中国人民大学出版社 2002 年版。

17. 郭可:《当代对外传播》,复旦大学出版社 2003 年版。

18. 赵中颉主编:《法制新闻与新闻法制》(法制新闻研究第五卷),法律出版社 2004 年版。

19. 郭娅莉、孙江华、龚灏等编著:《媒体政策与法规》,中国传媒大学出版社 2006 年版。

20. 〔德〕约格·莱因伯特、〔德〕西尔克·冯·莱温斯基:《WTO 因特网条约评注》,万勇、相靖译,中国人民大学出版社 2008 年版。

21. 王眉:《网络传播中的侵权问题研究》,中国广播电视出版社 2008 年版。

22. 蔡海宁主编:《信息与高新技术法律前沿 2009》,法律出版社 2009 年版。

23. 徐迅主编:《新闻(媒体)侵权研究新论》,法律出版社 2009 年版。

24. 中国新闻侵权案例精选与评析课题组编著:《中国新闻(媒体)侵权案件精选与评析

50例》,法律出版社2009年版。

25. 各类相关法学、法规书籍等。

26. 各类相关新闻学、传播学专业书籍等。

报纸:

《人民日报》
《南方周末》
《北京青年报》
《中国青年报》
《法制日报》
《检察日报》
《京华时报》
《新京报》
《声屏周报》
《光明日报》
《云南日报》
《新闻出版报》
《北京时晨报》
《华商报》
《文摘报》
《市场报》

刊物:

《民主与法制》
《社会》
《道德与文明》
《新华文摘》
《读书》
《电视研究》
《中国记者》
《新闻战线》
《新闻记者》
《新闻大学》
《新闻实践》
《现代传播》
《国际新闻界》
《新闻与传播研究》

网站、网页:

中央政府门户网站:http://www.gov.cn
百度百科:http://baike.baidu.com
新人网:http://xinhuanet.com
中国法院网:http://www.chinacourt.org
人民网:http://www.people.com.cn
《老魏说法》:http://www.zjol.com.cn
中华传媒网学术网:http://academic.mediachina.net
劳动法专业博客:http://blog.sina.com.cn/melomeho
北大法律信息网:http://vip.chinalawinfo.com
侵权责任法网:http://www.qinquan.info
学者社区:http://www.china.review.com
《法律图书馆》网:http://www.law-lib.com
豆瓣:http://www.douban.com

后　记

本书是我在华东政法大学从教16年后撰写的又一本交叉学科研究的专著。

首先，我要感谢华东政法大学，如果没有这样良好的法学环境给我学术上的滋养，我可能写不出此书，同时我还要感谢华东政法大学人文学院给予我一如既往的支持；其次，我要感谢北京大学出版社给予我的支持，使得这本专著能够得以顺利出版。

在写作过程，作者自始至终持审慎的态度，但是还可能会出现一些不足，欢迎广大读者提出宝贵意见。

作者写于2013年5月